Entscheidungen

Deutsch als Geschäfts- und Verhandlungssprache

Für fortgeschrittene Lerner

Anne Buscha ⦿ Juliane Matz
Susanne Raven ⦿ Szilvia Szita

Das vorliegende Lehrbuch beinhaltet eine CD zur Hörverstehensschulung.

 Hörtext (z. B. Nr. 2)

Der Inhalt der CD ist auch unter
http://www.schubert-verlag.de/entscheidungen_audio.php
als kostenloser MP3-Download verfügbar.

Zeichnungen: Jean-Marc Deltorn
Verlagsredaktion: Silvia Hofmann
Layout und Satz: Diana Becker

Die Hörmaterialien wurden gesprochen von:
Burkhard Behnke, Claudia Gräf, Susanne Prager, Axel Thielmann

---

© SCHUBERT-Verlag, Leipzig
   1. Auflage 2016
   Alle Rechte vorbehalten
   Printed in Germany
   ISBN: 978-3-941323-23-0

Wachsmuthstr. 10a
D-04229 Leipzig
produkt@schubert-verlag.de

Inhaltsverzeichnis

Vorwort 8

Kapitel 1
Arbeit und Beschäftigung

Themen
- Arbeit von heute und morgen 9
- Moderne Arbeitsformen: Projektarbeit . . 18
- E-Mails und andere Zeitfresser im Büro . . 22

Strukturen
- Nomen-Verb-Verbindungen 13
- Personenbezeichnungen 16
- Nominalisierung 17
- Verben mit präpositionalem Kasus 22
- Indirekte Rede 24

Kapitel 2
Arbeitsumfeld und Informationstechnologie

Themen
- Das Arbeitsumfeld 31
- Moderne Gebäude 37
- Informationstechnologie 43

Strukturen
- Lokale Präpositionen 38
- Wortstellung im Hauptsatz 45
- Negation 49

Kapitel 3
Produktinnovation und Patentschutz

Themen
- Produktinnovation 53
- Produkt- und Markennamen 57
- Erfindungen und Patente 63

Strukturen
- Nomen der n-Deklination 59
- Deklination der Adjektive 64
- Passivsätze 72

Kapitel 4
Werbung und Konsumverhalten

Themen
- Werbung 75
- Soziale Medien und Vermarktungsstrategien 85
- Marken und Konsumverhalten 89

Strukturen
- Komparation der Adjektive 80
- Relativsätze 82
- Partizipien als Adjektive 94

Kapitel 5
Einnahmen und Ausgaben

Themen
- Geld und Aktien 97
- Steuern 108
- Geld und Arbeit 113

Strukturen
- Konjunktiv II 103
- Sinngerichtete Infinitivkonstruktionen . . 112
- *das* oder *dass* 116

Kapitel 6
Personalpolitik und Führungskompetenzen

Themen
- Personalpolitik und Mitarbeitermotivation 119
- Lebenslanges Lernen 130
- Führungskompetenzen 137

Strukturen
- Verben mit direktem Kasus 122
- Adjektive mit präpositionalem Kasus . . 136
- Finalangaben 141

Kapitel 7
Internationale Zusammenarbeit und Interkulturelles

Themen
- Kooperation 145
- Teamarbeit 151
- Smalltalk und Interkulturelles 159

Strukturen
- Modalverben I 151
- Modalverben II 154
- Nationalitätsbezeichnungen 163

Kapitel 8
Vertragliches und Juristisches

Themen
- Verträge 167
- Verbraucherschutz 176
- Rechtsprechung gestern und heute . . . 181

Strukturen
- Kausal- und Konsekutivangaben 179
- Konzessivangaben 188

Anhang 195

Kursübersicht

Kapitel 1 ■ Arbeit und Beschäftigung

Lesetexte
- Wie wir morgen arbeiten
- Projektmanagement und seine Grenzen
- Projektmanagementmethoden
- Zeitfresser im Büro
- Kennen Sie die Netiquette?

Hörtexte
- Anforderungen an die Politik – Auszüge aus Strategien der Europäischen Kommission

Mündlicher und schriftlicher Ausdruck
- Partnerinterviews und Arbeit in Kleingruppen mit Ergebnispräsentation
- Über bestimmte Themen berichten
- Untersuchungsergebnisse präsentieren
- Einen Kurzvortrag halten
- Eine Pro-und-Kontra-Diskussion führen
- Kommentare verfassen
- E-Mails an Kollegen und Auftraggeber schreiben
- Texte und Sätze nach Vorgaben formulieren

Kapitel 2 ■ Arbeitsumfeld und Informationstechnologie

Lesetexte
- Bauen für die Zukunft
- Innovationstrends für „Grüne Gebäude"
- Alternierende Telearbeit
- Softwareprogramme und ihre Aufgaben
- Büroarbeit vor dem Computerzeitalter

Hörtexte
- Ergonomie
- Der Trend zum Großraumbüro
- Eine Firma vorstellen
- Bauen für die Zukunft
- Arbeiten mit dem eigenen Gerät
- Deutsche Universität „entlässt" 48 000 Studenten und Mitarbeiter

Mündlicher und schriftlicher Ausdruck
- Vorschläge begründen, präsentieren und diskutieren
- Über Vor- und Nachteile diskutieren
- Abteilungen, Gebäude und tech. Aspekte beschreiben
- einen Kurzvortrag halten
- Pro-und-Kontra-Diskussionen führen
- Einen Smalltalk führen
- Eine Broschüre erstellen
- Schriftliche Zusagen und Absagen verfassen
- Schriftliche Erklärungen geben
- Texte und Sätze nach Vorgaben formulieren

Kapitel 3 ■ Produktinnovation und Patentschutz

Lesetexte
- Was ist Produktinnovation?
- Die innovativsten Firmen der Welt
- Der Weg zur erfolgreichen Innovation
- Die Bedeutung von Markennamen
- Auszüge aus dem deutschen Markengesetz
- Ein Urteil des Bundesgerichtshofs
- Wie bekomme ich ein Patent?
- Eine Erfindung von Studenten

Hörtexte
- Der Namenserfinder
- Seit wann gibt es Patente?
- Die Rolle der Patente
- Klein-Satelliten aus Bayern

Mündlicher und schriftlicher Ausdruck
- Über Erfahrungen berichten
- Über bestimmte Themen diskutieren
- Einen Kurzvortrag halten
- Ein Expertengespräch führen
- Pro-und-Kontra-Diskussionen führen
- Eine Statistik analysieren und beschreiben
- Ein technisches Gerät / Projekt präsentieren
- Eine Definition schreiben
- Einen Kommentar verfassen
- Den Inhalt eines Textes wiedergeben
- Texte und Sätze nach Vorgaben formulieren

Kapitel 4 ■ Werbung und Konsumverhalten

Lesetexte
- Was ist Werbung?
- Nervige Werbung
- Die bekanntesten Werbeslogans
- Gedicht: Werbung im Internet
- Studie zum Kaufverhalten
- Wie ein Produkt zur Marke wird

Hörtexte
- Offene Verführung
- Social-Media-Marketing

Mündlicher und schriftlicher Ausdruck
- Partnerinterviews und Arbeit in Kleingruppen mit Ergebnispräsentation
- Gruppen- und Partnerdiskussionen führen
- Über bestimmte Themen berichten
- Eine Strategie präsentieren
- Präferenzen begründen
- Vor- und Nachteile beschreiben
- Eine Pro-und-Kontra-Diskussion führen
- Eine Grafik beschreiben
- Texte und Sätze nach Vorgaben formulieren

Kursübersicht

Arbeit und Beschäftigung ■ Kapitel 1

Wortschatz

Inhaltsbezogener Wortschatz
- Entwicklungen in der Arbeitswelt, Anforderungen an die Politik
- Projekte, Projektmanagement, Projektmanagementmethoden
- Zeitraubende Tätigkeiten im Büro, Anreden und Grußformeln in E-Mails

Allgemeine Redemittel
- Veränderungen beschreiben und Vermutungen formulieren
- Einen Kurzvortrag halten
- Ergebnisse einer Studie präsentieren
- Eine Pro-und-Kontra-Diskussion führen

Sprachliche Strukturen
- Nomen-Verb-Verbindungen
- Personenbezeichnungen
- Nominalisierung
- Verben mit präpositionalem Kasus
- Indirekte Rede

Arbeitsumfeld und Informationstechnologie ■ Kapitel 2

Wortschatz

Inhaltsbezogener Wortschatz
- Ergonomie, Büro
- Abteilungen und Aufgabenbereiche in einer Firma
- Firmengebäude und Firmengelände
- Technische Neuerungen und Renovierungsarbeiten
- Telearbeit und Informationstechnologie

Allgemeine Redemittel
- Sich auf Argumente anderer beziehen
- Auf Vorschläge reagieren
- Vor- und Nachteile abwägen

Sprachliche Strukturen
- Lokale Präpositionen
- Wortstellung im Hauptsatz
- Negation

Produktinnovation und Patentschutz ■ Kapitel 3

Wortschatz

Inhaltsbezogener Wortschatz
- Produktinnovation
- Produkte und ihre Namen
- Juristischer Wortschatz zum Thema *Markenverletzung*
- Die Rolle der Patente
- Erfindungen
- Technische Geräte bzw. Projekte

Allgemeine Redemittel
- Überzeugung und Zweifel ausdrücken
- Eine Meinung vertreten und begründen
- Stellung nehmen
- Eine Statistik analysieren
- Eine Argumentation aufbauen
- Ein technisches Gerät oder Projekt präsentieren

Sprachliche Strukturen
- Nomen der *n*-Deklination
- Deklination der Adjektive
- Passivsätze

Werbung und Konsumverhalten ■ Kapitel 4

Wortschatz

Inhaltsbezogener Wortschatz
- Werbung, Ausgaben für Werbung und Werbeslogans
- Soziale Medien und Vermarktungsstrategien
- Konsumverhalten und Markennamen

Allgemeine Redemittel
- Grafiken beschreiben
- Vor- und Nachteile abwägen

Sprachliche Strukturen
- Komparation der Adjektive
- Relativsätze
- Nomen-Verb-Verbindungen (Übungen)
- Partizipien als Adjektive

Kursübersicht

Kapitel 5 ▪ Einnahmen und Ausgaben

Lesetexte	Hörtexte	Mündlicher und schriftlicher Ausdruck
• Bargeldlos in Hamburg • Mehr Vertrauen in die Presse • Apps ändern Anlageverhalten • Geld für die Gemeinschaft • Einige Steuerregelungen • Bessere Arbeit • Flexibilität statt Sicherheit • Ein Durchschnittsgehalt	• Bargeldlos in Hamburg (Fortsetzung) • Deutsche Banken unter Druck	• Über bestimmte Themen berichten • Grafiken analysieren und beschreiben • Hypothesen aufstellen • Entwicklungen beschreiben, Gründe nennen, Prognosen formulieren • Gespräche führen und Ergebnisse präsentieren • Vorschläge diskutieren und präsentieren • Fragen zu Texten mündlich und schriftlich beantworten • Informationen zusammenfassen • Kommentare schreiben

Kapitel 6 ▪ Personalpolitik und Führungskompetenzen

Lesetexte	Hörtexte	Mündlicher und schriftlicher Ausdruck
• Personalpolitik bei Greenpeace • Bewerben in Deutschland • Bewerbung um eine Stelle • Jeder Zweite ist unzufrieden mit seinem Job • Tipps zur nachhaltigen Mitarbeitermotivation • Lebenslanges Lernen? • Was ist Führungskompetenz?	• Weiterbildung: Fluch oder Gebot der Zeit • Folgen von Führungsstilen	• Partnerinterviews und Arbeit in Kleingruppen mit Ergebnispräsentation • Vor- und Nachteile beschreiben • Über bestimmte Themen berichten • Umfrage- bzw. Studienergebnisse präsentieren • Bewerbungsgespräche führen • An einer Sitzung teilnehmen • Tipps geben • Eine Pro-und-Kontra-Diskussion führen • Ein Bewerbungsanschreiben verfassen • Eine Stellungnahme schreiben • E-Mails schreiben • Texte und Sätze nach Vorgaben formulieren

Kapitel 7 ▪ Internationale Zusammenarbeit und Interkulturelles

Lesetexte	Hörtexte	Mündlicher und schriftlicher Ausdruck
• Die Grenzen eines Konzerns • Kooperation in der Autoindustrie • Mythos Teamarbeit • Tritte ins interkulturelle Fettnäpfchen • Typisch Deutsch?	• Arbeiten ohne Grenzen • Fluch der Teamarbeit • Brasilianer kennen keine Leitfäden	• Partnerinterviews und Arbeit in Kleingruppen mit Ergebnispräsentation • Gruppen- und Partnerdiskussionen führen • Über bestimmte Themen berichten • Vermutungen äußern • Smalltalk führen • Regeln formulieren • Einen Artikel für eine Zeitschrift schreiben • Kommentare verfassen • Texte und Sätze nach Vorgaben formulieren

Kapitel 8 ▪ Vertragliches und Juristisches

Lesetexte	Hörtexte	Mündlicher und schriftlicher Ausdruck
• Vertragsarten und Vertragspartner • Arbeitsvertrag • § 305 des Bürgerlichen Gesetzbuches • Ein Urteil des Berliner Landgerichts • Schokolade statt Gold • Im Name des Volkes	• Das „Kleingedruckte" • Die Aufgaben des Bundesverfassungsgerichts	• Partnerinterviews führen und Ergebnisse präsentieren • Fragen zum Text mündlich und schriftlich beantworten • Rollenspiele durchführen • In einer Sitzung diskutieren, Vorschläge unterbreiten • Texte und Interviews zusammenfassen • Eine Grafik beschreiben • Diskussionen führen • Zusammenfassungen formulieren • Allgemeine Geschäftsbedingungen formulieren • E-Mails in einem Bewerbungsverfahren schreiben • Einen Bericht schreiben und ein Protokoll verfassen

Kursübersicht

Einnahmen und Ausgaben ■ Kapitel 5

Wortschatz

Inhaltsbezogener Wortschatz
- Online-Buchung einer Fahrkarte
- Redewendungen zum Thema *Geld ausgeben*
- Geldanlagen, Aktien und Aktienkurse
- Steuern und Steuerregelungen in der EU
- Gehalt, Lohn und Einkommen

Allgemeine Redemittel
- Eine Grafik kommentieren
- Aktienkurse beschreiben

Sprachliche Strukturen
- Konjunktiv II
- Präpositionen (Übung)
- Sinngerichtete Infinitivkonstruktionen
- *dass*-Sätze, *dass* vs. *das*

Personalpolitik und Führungskompetenzen ■ Kapitel 6

Wortschatz

Inhaltsbezogener Wortschatz
- Personalpolitik, Bewerbungsverfahren, Mitarbeiterzufriedenheit
- Berufliche Weiterbildung, Lernen für Ältere
- Führung, Führungsstile, Persönlichkeitsmerkmale, Positionsbezeichnungen

Allgemeine Redemittel
- Ergebnisse einer Umfrage wiedergeben
- An einer Sitzung teilnehmen

Sprachliche Strukturen
- Verben mit direktem Kasus
- Personenbezeichnungen (Übung)
- Konjunktiv II (Übung)
- Adjektive mit präpositionalem Kasus
- Finalangaben

Internationale Zusammenarbeit und Interkulturelles ■ Kapitel 7

Wortschatz

Inhaltsbezogener Wortschatz
- Kooperation, Arbeiten im Ausland
- Teamarbeit, Rollen im Team
- Smalltalk
- Interkulturelle Differenzen, Nationalitäten

Allgemeine Redemittel
- Argumente zum Thema *Zusammenarbeit* anführen

Sprachliche Strukturen
- Modalverben im objektiven und subjektiven Gebrauch
- Nationalitätsbezeichnungen
- Nomen-Verb-Verbindungen (Übungen)
- Vergangenheitsformen der Verben (Übungen)

Vertragliches und Juristisches ■ Kapitel 8

Wortschatz

Inhaltsbezogener Wortschatz
- Verträge und allgemeine Geschäftsbedingungen
- Verbraucherschutz
- Rechtsprechung: Geschichte und Rolle des Bundesverfassungsgerichts

Allgemeine Redemittel
- Ein Sitzungsprotokoll schreiben

Sprachliche Strukturen
- Kausalangaben
- Konsekutivangaben
- Konzessivangaben

Vorwort

Das Lehrwerk **Entscheidungen – Deutsch als Geschäfts- und Verhandlungssprache** richtet sich an fortgeschrittene Lerner, die ihre sprachlichen Fähigkeiten im berufssprachlichen Bereich erweitern und vertiefen möchten. Die Schwerpunkte des Buches liegen auf einer systematischen Wortschatzarbeit, dem Training der mündlichen und schriftlichen Ausdrucksfähigkeit und der sicheren Verwendung sprachlicher Strukturen im jeweiligen Kontext. Der Schwierigkeitsgrad der Texte und Übungen setzt voraus, dass die Lerner Niveau B2 des Gemeinsamen Europäischen Referenzrahmens abgeschlossen haben.

Entscheidungen besteht aus acht **Kapiteln**, die sich an Arbeitsfeldern verschiedener Abteilungen eines Unternehmens/einer Institution und an Aufgaben im Bereich des Managements bzw. der Führungsebene orientieren. Die einzelnen Kapitel des Buches umfassen Lese- und Hörtexte, Wortschatztraining, Aufgaben zur mündlichen und schriftlichen Kommunikation sowie Übungen zu relevanten Strukturen. Am Ende jedes Kapitels befindet sich eine Übersicht mit themenspezifischen Redemitteln. Das Buch integriert Kurs- und Arbeitsbuch in einem Band. Dadurch sind Sprachvermittlung und Sprachtraining bzw. -übung eng aneinander gebunden.

Die verwendeten Texte entstammen aktuellen Zeitungen, Zeitschriften und Berichten. Der Auswahl lagen sowohl inhaltliche als auch sprachliche Kriterien zugrunde. Die **Textarbeit** beinhaltet Fragen zum Textverständnis sowie Aufgaben zu Wortschatz und Grammatik. Bei den Fragen zum Textverständnis wurde besonderer Wert auf solche Aufgabenformen gelegt, die den Lerner zum aktiven Gebrauch und zur Festigung des Wortschatzes anhalten. Daneben spielen prüfungsrelevante Aufgabentypen (aus der *Prüfung Wirtschaftsdeutsch International*) eine wichtige Rolle.

Die **Arbeit am Wortschatz und an den sprachlichen Strukturen** erfolgt mit dem fortgeschrittenen Sprachniveau angemessenen Übungstypen: Im Mittelpunkt stehen Satzbildungs- bzw. Satzumformungsübungen sowie Zuordnungs- und Ergänzungsübungen. Die sprachlichen Strukturen werden innerhalb relevanter Kontexte kurz eingeführt und geübt. Zur Erleichterung für den Lernenden werden die entsprechenden Hinweise in den Kapiteln durch eine ausführliche Grammatikübersicht im Anhang des Buches ergänzt. Lernende, die sich darüber hinaus mit grammatischen Strukturen beschäftigen möchten, finden in der C-Grammatik (ISBN: 978-3-941323-11-7) umfangreiche Erklärungen, Übersichten und Aufgaben.

Das Lehrwerk zielt auf eine zügige und nachhaltige Verbesserung und Erweiterung der **mündlichen und schriftlichen Ausdrucksfähigkeit** der Lernenden. Alle Aufgaben für das Training im Bereich der mündlichen Kommunikation, wie gezielte Meinungsäußerungen, mündliche Berichte, Kurzvorträge oder Präsentationen, sind in authentische Sprechsituationen eingebunden. Die Übungen zur schriftlichen Kommunikation beinhalten neben dem Verfassen von kürzeren E-Mails auch längere Texte, wie Stellungnahmen zu ausgewählten berufsrelevanten Themen. Daneben wird besonderer Wert auf im beruflichen Alltag besonders häufige Textformen, wie beispielsweise Protokolle, gelegt.

Eine Übersicht über die **Lernziele** ermöglicht dem Lerner zu Beginn jedes Kapitels eine schnelle Orientierung und gibt einen Überblick über Themen, Inhalte und Schwerpunkte. Nach der Arbeit am Kapitel kann diese Übersicht zur Selbstevaluation verwendet werden.

Am Ende des Buches befindet sich ein **Lösungsteil**. Hier sind auch die Transkriptionen der Hörtexte abgedruckt. Dem Lehrwerk liegt eine **Audio-CD** zur Schulung des Hörverstehens bei. Der Inhalt der CD ist auch unter *http://www.schubert-verlag.de/entscheidungen_audio.php* als kostenloser MP3-Download verfügbar.

Wir wünschen Ihnen viel Freude bei der Arbeit mit *Entscheidungen*.

Anne Buscha, Juliane Matz, Susanne Raven und Szilvia Szita

Arbeit und Beschäftigung

Kapitel 1

Am Ende des Kapitels können Sie:

- Hör- und Lesetexte zu den Themen *Zukunft der Arbeit*, *Beschäftigungspolitik*, *Projektarbeit* und *Tätigkeiten im Arbeitsalltag* verstehen und deren Inhalt in zusammengefasster Form und zu bestimmten Details wiedergeben
- den themenbezogenen Wortschatz adäquat und variabel verwenden
- Prognosen über die Zukunft des Arbeitslebens stellen und einen Kurzvortrag über zukünftige Herausforderungen halten
- über Untersuchungsergebnisse und eigene Erfahrungen zu den Themen *Projektarbeit* und *Arbeitseffizienz* berichten
- die Ergebnisse einer Studie über das Scheitern von Projekten und ein eigenes Projekt präsentieren
- eine Pro-und-Kontra-Diskussion zum Thema *Geschäftliche E-Mails außerhalb der Arbeitszeit* führen, Ihre Meinung äußern und begründen und Argumente anführen
- einen kurzen schriftlichen Kommentar zum Thema *Arbeitszeitverschwendung* verfassen
- Anrede und Grußformeln in E-Mails adressatenbezogen verwenden und E-Mails an Kollegen und Auftraggeber formulieren
- inhaltsrelevante Sätze/Texte aus vorgegebenen Wörtern/Wendungen formulieren bzw. umformen
- grammatische Strukturen des offiziellen Sprachgebrauchs und der indirekten Rede erkennen und einsetzen.

Arbeit von heute und morgen

1 **Partnerinterview: Kennenlernen**

Formulieren Sie aus den Stichpunkten Fragen und notieren Sie die Antworten Ihrer Gesprächspartnerin/Ihres Gesprächspartners. Stellen Sie Ihre Gesprächspartnerin/Ihren Gesprächspartner im Anschluss im Plenum vor.

Stichpunkte

1. Name
   Wie heißen Sie?/Wie ist Ihr Name?
2. Beruf/Tätigkeit
3. bevorzugte und ungeliebte Tätigkeiten im beruflichen Alltag
4. drei wichtige Aspekte im Berufsleben bzw. bei der Stellensuche (z. B. Gehalt, Karrieremöglichkeiten, Spaß o. Ä.)
5. Weiterbildungswünsche/Bereiche, in denen man noch etwas lernen will/muss
6. Hobbys

Antworten

1. ....
2. ....
3. ....
   ....
4. ....
   ....
   ....
5. ....
   ....
6. ....
   ....

Kapitel 1

Arbeit und Beschäftigung

2 Arbeit heute und morgen

Beschreiben Sie die gegenwärtige Situation und erarbeiten Sie in Gruppen eine Prognose zur Arbeitswelt der Zukunft. Gehen Sie dabei u. a. auf folgende Aspekte ein:

- Arbeitsplatz und Tätigkeiten
- Arbeitszeit/Lebensarbeitszeit
- Anstellungsverhältnisse (z. B. befristet, unbefristet, auf Honorarbasis) und Arbeitsformen (z. B. Projektarbeit)
- hierarchische Strukturen/Karrieremöglichkeiten
- Digitalisierung/Technologie
- Mobilität
- Ausbildung/Weiterbildung

Präsentieren Sie Ihre Ergebnisse im Plenum. Nutzen Sie dafür u. a. die folgenden Redemittel.

Redemittel

Veränderungen beschreiben und Vermutungen formulieren

- In … Jahren wird es …
- Vielleicht/Vermutlich/Ganz sicher wird/werden …
- Im Vergleich/Im Gegensatz zu heute …
- Auch die … werden sich verändern, denn … • Die größten Veränderungen wird es im Bereich … geben.
- … gewinnt/verliert immer mehr an Bedeutung.
- … wird/werden in der Zukunft eine wichtigere/größere Rolle spielen.

3 Die Arbeitswelt von morgen

Lesen Sie den folgenden Text und ordnen Sie die passenden Teilüberschriften zu.
Arbeiten Sie zu zweit: Eine/Einer übernimmt Teil A, eine/einer Teil B.

Das Wissen • Der Fachkräftemangel • Die Mobilität • Die Dienstleister • Die Selbstvermarkter • Die Bildung • Neue Arbeitsverhältnisse • Die Demografie

Wie wir morgen arbeiten

Flexibles Arbeiten jenseits des Büros, projektbezogene Aufträge, wachsende Bedeutung von Wissen: Die Arbeitswelt wandelt sich rapide – und stellt die Beschäftigten vor neue Herausforderungen. Denn sie müssen mit größerer Unsicherheit leben und lernen, sich ständig zu vermarkten. Ein Überblick über die wichtigsten Entwicklungen in der Arbeitswelt:

Teil A

1

Die westliche Welt befindet sich im Übergang von der industriellen zur nachindustriellen Wirtschaft. Die digitale Revolution fordert die Gesellschaft heraus. Sie stellt die alten, gut eingefahrenen Strukturen infrage, ja löst sie teilweise sogar auf. *Den* festen Arbeitsplatz wird es bald nicht mehr geben. Schon heute arbeiten viele mobil, schlagen ihr Büro dank Laptop und Blackberry mal hier und mal dort auf. Damit sind für Unternehmen die Mitarbeiter ständig und überall verfügbar. Für die Beschäftigten lösen sich Zeitgrenzen auf. Arbeitstage, die um 9.00 Uhr beginnen und um 17.00 Uhr enden, werden seltener. Immer mehr Menschen arbeiten selbstbestimmt, legen Arbeitszeit und Freizeit eigenständig fest: Die große Herausforderung wird sein, die Balance zu finden und Grenzen selbst zu ziehen.

2

Wissensarbeit ist zu einer dominierenden Form der Erwerbsarbeit geworden. Teamorientierte Projektarbeit ist auf dem Vormarsch. Hierarchien werden unwichtig, sind von gestern. Morgen ist Chef, wer gerade ein Projekt betreut. Der Erfolg von Firmen wird immer mehr davon abhängen, wie die Wissensarbeiter zusammenarbeiten und wie kreativ sie dabei sind. Dabei läuft ohne Kooperation und Vernetzung im Job bald gar nichts mehr. Man trifft sich in sozialen Netzwerken.

3

Arbeit wird nicht weniger, sie wird nur anders. Das zeigt sich bereits an der Bedeutung der Wirtschaftsbereiche. Noch vor 60 Jahren arbeitete hierzulande gut ein Viertel aller Beschäftigten in der Land- und Forstwirtschaft und in der Fischerei. Heute sind es gerade noch knapp zwei Prozent. Mehr als zwei Drittel der Beschäftigten sind inzwischen im Dienstleistungsbereich tätig. Damit hat sich der Anteil seit 1950 mehr als verdoppelt. Die wissensbasierten Dienste boomen, aber auch die sozialen: Familiendienste jeglicher Art, von der Kinderbetreuung bis zur Altenpflege, werden wichtiger.

Arbeit und Beschäftigung — Kapitel 1

④

Auf dem Weg in die Wissensgesellschaft und in die Kreativarbeit entstehen neue Erwerbsformen. Projektarbeit, Honorar- und Zeitverträge sind damit eng verbunden. Die Firmen fordern mehr Flexibilität: Leiharbeit und befristete Jobs nehmen deshalb zu. Und der Staat unterstützt das, indem er die Gesetze anpasst.

Teil B

⑤

Zurückhaltung war einmal. Die Arbeitswelt von morgen bevorzugt Extrovertierte, Exoten und Selbstdarsteller. Wer sich gut in Szene setzen kann, der setzt sich durch. Denn wenn Arbeitsverhältnisse immer kürzer und immer lockerer werden, wenn Unternehmen nicht mehr nach Arbeitnehmern, sondern nach Auftragnehmern suchen, dann profitieren vor allem jene, die auf den schnellen ersten Blick gut aussehen. Das gilt auch für das Internet. Um die berufliche Karriere voranzutreiben, werden Arbeitnehmer von morgen die neuen Plattformen nutzen müssen.

⑦

Kluge Köpfe, sogenannte personelle Ressourcen, werden dafür verantwortlich sein, ob Firmen morgen wachsen oder nicht. In Deutschland fehlen bereits Fachkräfte im naturwissenschaftlichen, technischen und medizinischen Bereich.

⑧

Sie ist die beste Investition in die Zukunft. Doch bei den Bildungsausgaben liegt Deutschland im OECD-Vergleich nur auf Rang 23 unter den 27 wichtigsten Ländern. Viele Betriebe klagen bereits über mangelnde Disziplin, Leistungsbereitschaft und Belastbarkeit der Jugend. Das müssen die Schulen aufgreifen. Doch Bildungspolitik hat auch den drohenden Fachkräftemangel zu berücksichtigen. Und sie muss dafür sorgen, dass Abschlüsse auch über die Grenzen Europas hinweg anerkannt werden, denn der Arbeitsmarkt von morgen ist international.

⑥

Die Menschen werden älter, und sie bleiben länger gesund. Immer weniger Arbeitnehmer kommen für die Renten auf. Da liegt es auf der Hand, dass die Menschen länger arbeiten werden. Der Trend zur Frühverrentung ist bereits gestoppt. Der Anteil der 60- bis 64-Jährigen unter den Arbeitnehmern hat sich seit dem Jahr 2000 verdoppelt – das zumindest zeigen Daten der Bundesregierung. Lebenslanges Lernen und Beschäftigungsfähigkeit bis ins hohe Alter hinein gewinnen an Bedeutung. Daher gilt: Arbeitsplätze müssen an die Bedürfnisse Älterer angepasst werden, ebenso die Arbeitszeiten. Für die Gewerkschaften ist das eine große Herausforderung. Das Festhalten an starren Rentenaltersgrenzen passt nicht mehr in die Zeit.

4 Zusammenfassung

Fassen Sie die wichtigsten Informationen des Textes zusammen. Arbeiten Sie zu zweit und ergänzen Sie die folgenden Punkte. Vergleichen Sie im Anschluss die Aussagen des Textes mit Ihren Ergebnissen aus Aufgabe 2.

- Arbeitsplatz und Arbeitszeit
- Karrieremöglichkeiten
- Arbeitsformen und Hierarchien
- Lebensarbeitszeit
- Wirtschaftsbereiche
- Fachkräfte und Ausbildung

Kapitel 1 — Arbeit und Beschäftigung

5 **Sätze mit ähnlicher Bedeutung**

Formen Sie die folgenden Sätze um, indem Sie die in Klammern angegebenen Wörter in der richtigen Form einarbeiten.

⊙ Die digitale Revolution <u>fordert</u> die Gesellschaft <u>heraus</u>. *(Herausforderung • sein)*
Die digitale Revolution ist eine Herausforderung für die Gesellschaft.

1. Den festen Arbeitsplatz wird es bald <u>nicht mehr geben</u>. *(verschwinden)*
Der feste Arbeitsplatz ....
....

2. <u>Schon heute arbeiten viele mobil</u>, <u>dadurch</u> sind die Mitarbeiter für die Unternehmen ständig und überall verfügbar. *(steigende Mobilität)*

3. Der Erfolg von Firmen wird immer mehr davon abhängen, <u>wie</u> die Wissensarbeiter <u>zusammenarbeiten und wie kreativ sie dabei sind</u>. *(Zusammenarbeit und Kreativität)*

4. Die Bedeutung der Wirtschaftsbereiche <u>verändert sich</u>. *(Veränderungen • unterworfen sein)*

5. Wissensbasierte und soziale Dienste wie Familiendienste jeglicher Art <u>werden wichtiger</u>. *(Bedeutung • gewinnen)*

6. Der Weg in die Wissensgesellschaft und in die Kreativarbeit ist mit Projektarbeit, Honorar- und Zeitverträgen <u>verbunden</u>. *(koppeln)*

7. Der Staat muss diese Entwicklung unterstützen, <u>indem er</u> die Gesetze <u>anpasst</u>. *(Anpassung)*

8. Die Arbeitswelt von morgen <u>bevorzugt</u> Extrovertierte, Exoten und Selbstdarsteller. *(leichter haben)*

9. <u>Wenn</u> Arbeitsverhältnisse <u>immer kürzer und lockerer werden</u>, profitieren vor allem jene, die auf den schnellen ersten Blick gut aussehen. *(Verkürzung und Lockerung)*

10. Immer weniger Arbeitnehmer <u>kommen für die Renten auf</u>. *(Rentenkasse • einzahlen)*

11. Arbeitsplätze <u>müssen</u> an die Bedürfnisse Älterer angepasst werden, ebenso die Arbeitszeiten. *(notwendig sein)*

12. <u>Das Festhalten</u> an starren Rentenaltersgrenzen <u>passt</u> nicht mehr <u>in die Zeit</u>. *(festhalten • nicht zeitgemäß • sein)*

13. Kluge Köpfe werden dafür <u>verantwortlich sein</u>, ob Firmen <u>in der Zukunft wachsen oder nicht</u>. *(Verantwortung • tragen • zukünftiges Wachstum)*

14. Bei den Bildungsausgaben <u>liegt</u> Deutschland im OECD-Vergleich nur auf Rang 23. *(belegen)*

15. Viele Betriebe klagen über <u>mangelnde</u> Disziplin, Leistungsbereitschaft und Belastbarkeit von Jugendlichen. *(Mangel)*

16. Bildungspolitik <u>hat</u> auch den drohenden Fachkräftemangel <u>zu</u> berücksichtigen. *(werden müssen)*

17. Die Politik muss dafür sorgen, <u>dass</u> Abschlüsse über die Grenzen Europas hinweg <u>anerkannt werden</u>. *(Anerkennung)*

Arbeit und Beschäftigung   Kapitel 1

6 Nomen-Verb-Verbindungen

Lesen Sie die folgenden Sätze und markieren Sie die Verben und die dazugehörenden Ergänzungen. Wie wirken die Sätze auf Sie? Diskutieren Sie mit Ihrer Lernpartnerin/Ihrem Lernpartner. Lesen Sie danach die Hinweise.

> 1. Projektarbeit ist auf dem Vormarsch.
> 2. Wer sich gut in Szene setzen kann, der setzt sich durch.
> 3. Lebenslanges Lernen und Beschäftigungsfähigkeit bis ins hohe Alter gewinnen an Bedeutung.

Hinweise

○ Im offiziellen, formelleren Sprachgebrauch, z. B. in der Sprache der Wissenschaft, der Ämter oder der Politik, werden gerne Kombinationen aus einem Nomen und einem Verb verwendet.

○ Diese Verbindungen geben der Sprache einen offizielleren Charakter.
Bei Nomen-Verb-Verbindungen beschreibt das Nomen die Handlung, das Verb verliert seine eigentliche Bedeutung. Oft lassen sich Nomen-Verb-Verbindungen durch einfache Verben ersetzen: *sich in Szene setzen – sich präsentieren*

➔ Weitere Hinweise zu Nomen-Verb-Verbindungen siehe Grammatikübersicht im Anhang.

7 Üben Sie die Strukturen.

a) Was passt zusammen? Ordnen Sie die Verben zu.

⊙ Anforderungen an Mitarbeiter — e. stellen
1. klare Grenzen zwischen Arbeitszeit und Freizeit — a. sein
2. Profit aus einer Situation — b. gewinnen
3. auf dem Vormarsch — c. unterbreiten
4. an Bedeutung — d. stehen
5. Kritik an der Bildungspolitik — f. schlagen
6. Vereinbarungen über Arbeitsbedingungen — g. treffen
7. der Firma Tag und Nacht zur Verfügung — h. üben
8. sich im Wandel — i. ziehen
9. einen Vorschlag — j. vornehmen
10. Anpassungen an die demografische Entwicklung — k. befinden

b) Neue Entwicklungen in der Firma
Ergänzen Sie die fehlenden Verben. Arbeiten Sie zu zweit.

Das Management sollte …

⊙ die neuen Entwicklungen auf dem Markt zur Kenntnis *nehmen*.
1. Entscheidungen über die nächsten Forschungsschwerpunkte ....
2. Vorschläge für ein zukunftsfähiges Weiterbildungskonzept ....
3. dringend Maßnahmen im Bereich der IT-Sicherheit ....
4. sich Gedanken über neue Investitionen ....
5. Verantwortung für die Verluste des letzten Jahres ....
6. einen Beschluss zur Sicherung von Arbeitsplätzen ....
7. Verbesserungen am bisherigen Vergütungssystem ....
8. höhere Ansprüche an die fachlichen und sozialen Kompetenzen zukünftiger Führungskräfte ....

8 Schriftlicher Ausdruck: Kommentar

Schreiben Sie zu dem Zeitungstext „Wie wir morgen arbeiten" (Aufgabe 3) einen kurzen Kommentar und äußern Sie Ihre Meinung. Schreiben Sie etwa 150 Wörter.

Kapitel 1 — Arbeit und Beschäftigung

9 Mündlicher Ausdruck: Kurzvortrag

In einem Meeting zum Thema *Welchen beruflichen Herausforderungen müssen wir uns in Zukunft stellen?* halten Sie einen Kurzvortrag.
Sprechen Sie etwa drei Minuten und beziehen Sie die folgenden Fragen in Ihre Überlegungen ein.

- Welche Veränderungen vollziehen sich auf Ihrem Arbeitsgebiet/in Ihrer Firma/in Ihrer Branche?
- Welche Anforderungen werden in Zukunft an die Mitarbeiter gestellt?

10 Anforderungen an die Politik: Auszüge aus Strategien der Europäischen Kommission

Sie nehmen an einer Tagung zum Thema *Europa und die sozialökonomischen Veränderungen* teil und hören dort einen Beitrag eines Vertreters der Europäischen Kommission.

 a) Hören Sie zunächst Teil A. Kreuzen Sie während des Hörens oder danach die Aussage an, die dem Gehörten entspricht.

1. Die Europäische Kommission schlägt eine Initiative vor. Sie dient
   - a) zur Steigerung der Leistungsbereitschaft der Arbeitgeber.
   - b) zur Verbesserung der Ausbildung von Arbeitnehmern.
   - c) zur Angleichung der Sozialausgaben innerhalb Europas.

2. Eine Analyse hat ergeben,
   - a) dass in der Vergangenheit Arbeitsplätze verloren gingen.
   - b) dass die Ökologie ein Schwerpunkt der neuen Politik werden muss.
   - c) dass sich durch die demografische Entwicklung und im ökologischen Bereich neue Chancen bieten.

3. Die Arbeitnehmer müssen
   - a) ihre Kommunikationsfähigkeit verbessern.
   - b) den steigenden Anforderungen an Kompetenzen und Qualifikationen gerecht werden.
   - c) in der Lage sein, Probleme alleine zu lösen.

4. Die vorgeschlagenen Aktionsbereiche der Europäischen Kommission beziehen sich hauptsächlich
   - a) auf Informationsaustausch und Entwicklungsvorhersage.
   - b) auf die Einrichtung eines europäischen Arbeitsmarktes.
   - c) auf gemeinsame Lernprogramme.

Nutzen Sie für Ihren Kurzvortrag folgende Redemittel.

Einen Vortrag halten

Den Vortrag einleiten und strukturieren
- In meinem Vortrag geht es um .../befasse ich mich mit der Frage ...
- Beginnen möchte ich mit ... • Zuerst werde ich mich mit ... auseinandersetzen.
- Danach wende ich mich der Frage zu, ... • Dann betrachte/beschreibe/erläutere ich ...
- Zum Schluss werde ich noch kurz auf ... eingehen.

Die Bedeutung des Themas hervorheben • den Wissensstand referieren
- Das Thema ist erst seit wenigen Jahren aktuell/wird schon lange diskutiert/ist vor allem für ... von großer Bedeutung.
- Es ist allgemein bekannt, dass ...
- Nach neuesten Erkenntnissen ... • Forschungsergebnissen zufolge ...
- Untersuchungen haben gezeigt, dass ... • Wissenschaftler haben herausgefunden, dass ...

Gedanken verbinden • Beziehungen herstellen
- Ich komme jetzt zu ... • Mein nächster Punkt ist ... • Nun wende ich mich der Frage zu, ...
- Außerdem sollte man bedenken, ...
- Einen Aspekt habe ich vergessen/möchte ich noch nachtragen: ...
- Daraus ergibt sich/folgt, dass ...

Beispiele anführen
- Hierfür lassen sich einige Beispiele anführen: ...
- Ein weiteres Beispiel wäre ...
- Das kann man anhand von Beispielen sehr gut belegen/widerlegen: ...

Den eigenen Standpunkt deutlich machen
- Meinen Erfahrungen/Meiner Ansicht nach ...
- Für mich ist ausschlaggebend, dass ...
- Hervorzuheben ist noch ein weiterer Gesichtspunkt: ...
- ... bin ich mit ... nicht/ganz einer Meinung.

Ausblicke geben
- Daraus ergibt sich die Schlussfolgerung, dass ...
- Die Konsequenzen daraus sind ...
- Für die Zukunft könnte das bedeuten/heißen, dass ...

Arbeit und Beschäftigung

Kapitel 1

b) Lesen Sie zunächst die unvollständigen Sätze, die Ihnen eine Hilfe beim Hören von Teil B bieten. Hören Sie danach den Text zweimal und ergänzen Sie die fehlenden Informationen.

1. Die Modernisierung der Arbeitsmärkte erfordert ebenso die .... integrierter Flexicurity-Maßnahmen.
2. Damit die Strategien zur Modernisierung des Arbeitsmarktes wirksam sind, müssen .... von Arbeitnehmern und Arbeitgebern berücksichtigt werden.
3. Arbeitnehmer müssen über die Fähigkeit verfügen, sich an die Arbeitsmarktentwicklungen anzupassen und .... zu bewältigen.
4. Um den Bedürfnissen der Arbeitgeber zu entsprechen und .... von Beruf und Familie zu verbessern, muss auch die Flexibilität der Unternehmen und der Arbeitsorganisation gefördert werden.
5. Die Sicherheit für die Arbeitnehmer spielt ebenfalls eine große Rolle. Arbeitnehmer sollen die Möglichkeit erhalten, beruflich voranzukommen, ... und in Zeiten der Erwerbslosigkeit von den Systemen der sozialen Sicherheit unterstützt zu werden.
6. Die Flexicurity-Strategien sollen .... in der Europäischen Union verringern.

Die nationalen Flexicurity-Strategien müssen auf vier Grundsätzen aufbauen, die sich gegenseitig verstärken:

7. – flexible und zuverlässige ...., die die arbeitsrechtlichen Vorschriften, die Tarifverträge und die modernen Grundsätze der Arbeitsorganisation erfüllen;
8. – Einrichtung von Strategien für ...., die die beständige Anpassungsfähigkeit der Arbeitnehmer, insbesondere derjenigen, die auf dem Arbeitsmarkt am meisten benachteiligt sind, fördern;
9. – wirksame aktive ...., um die Arbeitnehmer nach einer Zeit der Erwerbslosigkeit bei der Arbeitssuche zu unterstützen;
10. – Modernisierung der Systeme ...., damit finanzielle Hilfe zur Förderung der Beschäftigung und zur Verbesserung der Mobilität auf dem Arbeitsmarkt gewährt wird.

11 Was passt zusammen?

a) Verbinden Sie die Satzteile miteinander. Orientieren Sie sich am Inhalt von Teil A des Hörtextes. Arbeiten Sie zu zweit.

- ⊙ Europa steht
1. Die Kommission startet eine Initiative
2. Sie stützt sich dabei
3. In Europa gibt es ein großes Potenzial
4. Auf dem Markt für ökologische Dienstleistungen und Produkte entstehen
5. In allen Berufszweigen steigen die Anforderungen
6. Die Arbeitgeber fordern
7. Das jetzige Qualifikationsniveau der Erwerbstätigen in Europa entspricht nicht immer
8. Eine Anhebung des Qualifikationsniveaus erreichen die Länder
9. Die Kommission plant die Informationsverbreitung
10. Sie fordert Vorhersageinstrumente
11. Die Mitgliedstaaten intensivieren ihre Zusammenarbeit

a. zur Verbesserung der Qualifikation von Arbeitnehmern.
b. neue Berufszweige.
c. vor sozioökonomischen Veränderungen.
d. bereichsübergreifende Qualifikationen.
e. zur Gewinnung genauer Daten pro Wirtschaftssektor.
f. auf eine vorausschauende Analyse der Arbeitsmarktentwicklung.
g. durch effizientere Systeme der allgemeinen und beruflichen Bildung.
h. für die Schaffung von Arbeitsplätzen.
i. an Kompetenzen und Qualifikationen der Arbeitnehmer.
j. zur Fortsetzung des politischen Dialogs und Erfahrungsaustauschs.
k. den neuen Arbeitsmarkterfordernissen.
l. über Entwicklungen und neue Möglichkeiten des Arbeitsmarktes.

b) Schreiben Sie die Sätze.

⊙ *Europa steht vor sozioökonomischen Veränderungen.*
1. *Die Kommission startet eine Initiative ...*

Kapitel 1   Arbeit und Beschäftigung

12 **Vertiefen Sie den Wortschatz des Textes.**

a) Bilden Sie aus den Nomen Komposita. Nennen Sie auch die Artikel.

> ~~Erfahrung~~ • Qualifikation • Mitglied • Arbeitsmarkt • Beruf • Information • Dienst • Kommunikation • Wirtschaft • Vorhersage • Arbeitslose(r) • Tarif • Beschäftigung • Bevölkerung

> Verbreitung • Niveau • Erfordernisse *(Pl.)* • ~~Austausch~~ • Instrument • Staaten *(Pl.)* • Zweig • Fähigkeit • Leistung • Sektor • Quote • Politik • Alterung • Vertrag

⊙ der Erfahrungsaustausch, …

b) Hier ist einiges durcheinander geraten. Ordnen Sie den Nomen die richtigen Ergänzungen zu. Orientieren Sie sich am Hörtext.

1. *lebenslange* Maßnahmen ▸ arbeitspolitische Maßnahmen
2. *vorausschauende* Sicherheit ▸ ....
3. *arbeitspolitisches* Lernen ▸ ....
4. *soziale* Vorschriften ▸ ....
5. *bereichsübergreifende* Gruppen ▸ ....
6. *arbeitsrechtliche* Qualifikation ▸ ....
7. *finanzielle* Analyse ▸ ....
8. *benachteiligte* Unterstützung ▸ ....

13 **Personenbezeichnungen**

a) Wie heißen die Personen? Ergänzen Sie die maskuline und feminine Form sowie den Plural. Achten Sie darauf, dass einige Nomen wie Adjektive dekliniert werden. Überlegen Sie zu zweit, welche Unterschiede zur „normalen" Deklination für nominalisierte Adjektive und Partizipien signifikant sind.

	maskulin		feminin	Plural
	mit bestimmtem Artikel	mit unbestimmtem Artikel		
⊙ Arbeit (an)nehmen	der Arbeitnehmer	ein Arbeitnehmer	die Arbeitnehmerin	die Arbeitnehmer
⊙ beschäftigt sein	der Beschäftigte	ein Beschäftigter	die Beschäftigte	die Beschäftigten
1. jemandem Arbeit geben				
2. erwerbslos sein				
3. angestellt sein				
4. berufstätig sein				
5. arbeiten				
6. ein Unternehmen haben/führen				
7. verantwortlich sein				
8. erwerbstätig sein				
9. an einer Umfrage teilnehmen				
10. befragt werden				

b) Notieren Sie die Personenbezeichnungen, die der Adjektivdeklination folgen. Suchen Sie weitere Personenbezeichnungen, die genauso dekliniert werden.

⊙ der Beschäftigte/die Beschäftigte, …

16

Arbeit und Beschäftigung — Kapitel 1

14 Nominalisierung

Lesen Sie die folgenden Sätze und vergleichen Sie sie. In welchem Kontext würden Sie Satz 1, in welchem einen der Sätze aus Nr. 2 verwenden? Lesen Sie danach die Hinweise.

1. Die Modernisierung des Arbeitsmarktes erfordert die Umsetzung integrierter Flexicurity-Maßnahmen.
2. Um den Arbeitsmarkt zu modernisieren, muss man integrierte Flexicurity-Maßnahmen umsetzen.
   Um den Arbeitsmarkt zu modernisieren, ist es notwendig, integrierte Flexicurity-Maßnahmen umzusetzen.

Hinweise

- Beispielsatz 1 ist im Nominalstil verfasst. Der Nominalstil ist hauptsächlich in wissenschaftlichen, fachsprachlichen oder amtssprachlichen Texten zu finden.
  Mithilfe des Nominalstils kann eine größere inhaltliche Komplexität erzielt werden.
- Die Beispielsätze in Nr. 2 sind im Verbalstil und werden in der „normalen" mündlichen und schriftlichen Kommunikation verwendet.

➲ Hinweise zur Nominalisierung siehe Grammatikübersicht im Anhang.

15 Formen Sie die Sätze in nominale Ausdrücke um.

Das muss geschehen:	Die Kommission plant
⊙ Die Arbeitsmarktentwicklung muss analysiert werden.	▶ eine Analyse der Arbeitsmarktentwicklung.
1. Die Arbeitslosenquote muss verringert werden.	▶
2. Die Arbeitsmärkte müssen modernisiert werden.	▶
3. Das Qualifikationsniveau der Erwerbstätigen muss angehoben werden.	▶
4. Die Chancen für Geringqualifizierte müssen verbessert werden.	▶
5. Arbeitsverträge müssen flexibilisiert werden.	▶
6. Die Sicherheit der Arbeitnehmer muss gewährleistet werden.	▶
7. Die arbeitsrechtlichen Vorschriften müssen eingehalten werden.	▶
8. Ein Programm für lebenslanges Lernen muss entwickelt werden.	▶
9. Die internationale Zusammenarbeit muss intensiviert werden.	▶
10. Der politische Dialog und Erfahrungsaustausch muss fortgesetzt werden.	▶

16 Berichten Sie.

1. Wie ist die Beschäftigungssituation in Ihrem Heimatland? (Arbeitslosigkeit, Arbeitsmöglichkeiten für junge Menschen, freie Stellen, befristete oder unbefristete Arbeitsverträge, Arbeitszeiten usw.)
2. Welche beschäftigungspolitischen Maßnahmen wurden in Ihrem Heimatland getroffen und welche werden diskutiert?
3. Was sollten die Politiker in Ihrem Heimatland im Bereich der Beschäftigungs- und Arbeitsmarktpolitik noch stärker berücksichtigen/fördern/verändern?

Kapitel 1 — Arbeit und Beschäftigung

Moderne Arbeitsformen: Projektarbeit

17 Assoziogramm

Was gehört Ihrer Meinung nach zu einer erfolgreichen Projektarbeit? Sammeln Sie in Kleingruppen Ideen und präsentieren Sie diese anschließend im Plenum.

18 Stellen Sie ein Projekt vor, an dem Sie mitgearbeitet bzw. das Sie geleitet haben.

Verfassen Sie einen mündlichen oder schriftlichen Bericht.

19 Warum Projekte scheitern

Obwohl Projektarbeit heute zum Arbeitsalltag gehört, werden viele Projekte nicht erfolgreich abgeschlossen. Eine Studie über die Ursachen des Scheiterns ergab folgendes Resultat:

*aktive Betreuung der Projektbeteiligten

Präsentieren Sie das Ergebnis der Studie. Sprechen Sie auch über eigene Erfahrungen und Konsequenzen des Scheiterns von Projekten.
Nutzen Sie für Ihre Präsentation ausgewählte Redemittel aus der nebenstehenden Übersicht.

Ergebnisse einer Studie präsentieren

Redemittel

Die Ergebnisse darstellen
- Die Ergebnisse der Studie zeigen …
- Der Studie/Umfrage zufolge …
- Man kann aus/anhand der Studie deutlich erkennen, dass …
- Aus der Studie geht hervor/wird deutlich, dass …
- An der Spitze/Auf Platz eins/zwei steht/liegt …
- Die häufigste Ursache für das Scheitern von Projekten ist/liegt in …
- Das größte Problem besteht in …
- Dahinter kommt/folgt …
- Am Ende der Skala befindet/befinden sich …
- … spielt eine untergeordnete Rolle.

Eine Meinung zu den Ergebnissen äußern
- Überrascht/Verwundert hat mich, dass …
- Besonders bemerkenswert ist meiner Ansicht nach, dass …
- Dieses Ergebnis habe ich erwartet/entspricht meinen Erwartungen/Erfahrungen.

Konsequenzen benennen
- Bei der Projektarbeit ist unbedingt darauf zu achten, dass …
- Aus dem Ergebnis müssten/sollten folgende Konsequenzen gezogen werden: …
- Für die Zukunft könnte das … bedeuten/heißen, dass …

Arbeit und Beschäftigung

Kapitel 1

20 **Bilden Sie aus den vorgegebenen Wörtern Sätze.**

Achten Sie auf eventuell fehlende Präpositionen und den richtigen Kasus.

- innovative Projekte • ein wichtiges Element • unternehmerischer Erfolg • sein
  Innovative Projekte sind ein wichtiges Element für unternehmerischen Erfolg.

1. die meisten Unternehmen • heute • standardisierte Projektleitfäden • nutzen
   ....
2. trotzdem • viele Projekte • Scheitern • verurteilt sein
   ....
3. entgegen, Erwartungen • der Hauptgrund • der Misserfolg • nicht • das Geld • sein
   ....
4. eine neue Studie • die Ursachen • vor allem • unklare Zieldefinitionen und mangelnde Projektmanagement-erfahrungen auf der Leitungsebene • liegen
   ....
   ....
5. die Studie • außerdem • zeigen, dass • sogenannte „weiche" Faktoren • der Projekterfolg • eine große Rolle • spielen
   ....
6. die meisten Unternehmen • diese „weichen" Faktoren • die gesamte Projektlaufzeit • vernachlässigen
   ....
7. „harte" Faktoren • zu hohe technische Anforderungen • Befragte • nur selten • Ursache • Probleme • genannt werden
   ....

21 **Projektmanagement und seine Grenzen**

Lesen Sie die folgenden Textabschnitte und ordnen Sie die passenden Ergänzungen (A, B, C, D) zu.

1 Es gibt heute keine Stellenanzeige für Führungspositionen mehr, in der Erfahrungen im Projektmanagement (PM), nicht zu den Standardanforderungen zählen. Projektarbeit wird immer wichtiger.

2 Doch der Siegeszug der Projektarbeit bedeutet nicht automatisch Erfolg. Studien scheinen sogar das Gegenteil zu beweisen: Untersuchungen haben ergeben, dass mehr als die Hälfte aller Projekte scheitert. So ist es kein Wunder, dass das Projektmanagement einen immer größeren Raum einnimmt.

3 Eines der größten Probleme in der Projektarbeit stellen Verantwortung und Befugnisse der Projektleitung dar. Die Folgen sind oft gravierend: Notwendige Entscheidungen werden hinausgezögert oder gar nicht getroffen.

4 Hat ein Nachwuchs-Manager ein Projekt am Ende doch erfolgreich abgeschlossen, lässt er sich gern in eine reguläre Führungsposition befördert. Sein Wissen und seine Erfahrungen im Projektmanagement werden nicht mehr genutzt. Viele Manager sehen Projekte nur als Sprungbrett in die Leitungsebene.

A Dabei stehen die drei großen Themen des Projektmanagements im Vordergrund. Erstens die Ziel- und Risikoanalyse: Was ist möglich und sinnvoll, was genau will man erreichen? Zweitens die Planung: Wie verteile ich das Vorhaben auf handliche Blöcke, wer übernimmt welche Aufgaben? Und schließlich die Steuerung: Wie stelle ich fest, welche Fortschritte ich erzielt habe und wann Handlungsbedarf ist?

B Nach Meinung von Experten sei es aber viel schwieriger, ein Großprojekt zu leiten als Vorgesetzter einer Abteilung zu sein. Die beste Führungskraft müsste Projektleiter werden – und nicht umgekehrt.

C Das hängt mit der Stellung der Projektleiter in der Unternehmenshierarchie zusammen: Als Führungskräfte für einen bestimmten Zeitraum überschneidet sich ihr Verantwortungsbereich oft mit den Bereichen der regulären Führungskräfte. Gerangel um Kompetenzen und Macht lässt sich da nur schwer vermeiden.

D Das liegt u. a. am immer schnelleren Tempo, in dem Unternehmen umorganisiert und neue Produkte entwickelt werden müssen. Die Innovationszyklen werden kürzer, die Betriebe benötigen zur Bewältigung der Herausforderungen flexiblere Arbeitsformen.

Kapitel 1 — Arbeit und Beschäftigung

22 Vertiefen Sie den Wortschatz des Textes.

a) Verbinden Sie die passenden Nomen miteinander. Verwenden Sie entweder den Genitiv oder eine Präposition.

- Führungspositionen
- Unternehmenshierarchie
- ~~Projektarbeit~~
- Macht
- Projektmanagement
- Herausforderungen
- Projektleitung
- Abteilung
- Untersuchung

- der Siegeszug *der Projektarbeit*
1. die Bewältigung ....
2. Stellenanzeigen ....
3. die Ergebnisse ....
4. Erfahrungen ....
5. die Befugnisse ....
6. die Stellung des Projektleiters ....
7. das Gerangel ....
8. der Vorgesetzte ....

b) Ordnen Sie die passenden Verben zu. (In einigen Fällen passen mehrere Verben.)

- neue Produkte
1. flexiblere Arbeitsformen
2. ein Vorhaben auf handliche Blöcke
3. ein Projekt als Sprungbrett
4. sein Wissen im Projektmanagement nicht mehr
5. einen größeren Raum
6. eine Aufgabe
7. jemanden in eine Führungsposition
8. zu den Standardanforderungen
9. ein Projekt erfolgreich
10. Fortschritte
11. Kompetenzgerangel
12. das Gegenteil

a. einnehmen
b. sehen
c. entwickeln
d. abschließen
e. erzielen
f. befördern
g. übernehmen
h. benötigen
i. verteilen
j. beweisen
k. zählen
l. nutzen
m. vermeiden

23 Projektmanagementmethoden

a) Berichten Sie.

- Welche Projektmanagementmethoden kennen Sie? Beschreiben Sie die Methoden kurz.
- Mit welchen Projektmanagementmethoden haben Sie schon gearbeitet? Welche Erfahrungen haben Sie damit gemacht?
- Haben Sie schon einmal an einer Weiterbildung zum Thema *Projektmanagement* teilgenommen? Wenn ja, was haben Sie gelernt?

b) Eine von mehreren führenden Projektmanagementmethoden ist PRINCE2 (Projects in Controlled Environments). Sie bildet einen strukturierten Rahmen für Projekte und gibt den Mitgliedern des Projektmanagementteams anhand des Prozessmodells konkrete Handlungsempfehlungen für jede Projektphase.

PRINCE2 besteht aus vier integrierten Bausteinen:
- 7 Grundprinzipien
- 7 Themen
- 7 Prozesse
- Anpassung an die Projektumgebung

Hören Sie als Auszug aus den Handlungsempfehlungen die Beschreibung der sieben Themen und ergänzen Sie die fehlenden Informationen. Hören Sie im Anschluss den Text zur Kontrolle noch einmal. Markieren Sie beim zweiten Hören für Sie wichtige Redemittel im Text und tragen Sie die Redemittel im Plenum zusammen.
Erstellen Sie zum Schluss eine Redemittelliste zum Thema *Projektmanagementmethoden*.

Arbeit und Beschäftigung — Kapitel 1

Thema	Beschreibung	Bietet Antworten auf die Frage:
Business Case	Am Anfang des Projekts steht eine Idee, von der man sich *einen bestimmten Nutzen* für die betreffende Organisation erhofft. Das Thema *Business Case* zeigt, wie sich die Idee zu einem lohnenden und .... (1) für die Organisation entwickelt und wie sichergestellt werden kann, dass das Projekt während .... (2) auf die Ziele der Organisation ausgerichtet bleibt.	Warum?
Organisation	Die Organisation, die das Projekt in Auftrag gibt, muss .... (3) an Personen delegieren, die für die Durchführung und den Abschluss dieser Arbeiten verantwortlich sind. Projekte sind in der Regel bereichsübergreifend angelegt, weshalb die Strukturen einer Linienorganisation für Projekte ungeeignet sind. Das Thema *Organisation* beschreibt .... (4) im PRINCE2-Managementteam, das befristet für das effektive Management des Projekts eingerichtet wird.	Wer?
Qualität	Die ersten Vorstellungen vom Projekt sind meist noch nicht klar umrissen. Das Thema *Qualität* erläutert, wie die ersten Ideen immer weiter ausgearbeitet werden, bis allen Teilnehmern klar ist, welche .... (5) die zu liefernden Produkte erfüllen müssen – und wie das Projektmanagement sicherstellen wird, dass .... (6) auch erfüllt werden.	Was?
Pläne	PRINCE2-Projekte laufen auf der Basis genehmigter Pläne ab. Das Thema *Pläne* beschreibt als Ergänzung zum Thema *Qualität* die einzelnen Schritte zur Entwicklung der Pläne und .... (7). In PRINCE2 werden Pläne an die Informationsbedürfnisse der Mitarbeiter auf .... (8) der Organisation angepasst. Während der gesamten Projektlaufzeit sind sie die Richtschnur für die Kommunikation und Steuerung.	Wie? Wie viel? Wann?
Risiken	Mit Projekten sind üblicherweise mehr Risiken verbunden als mit .... (9). Das Thema *Risiken* beschäftigt sich damit, wie das Projektmanagement mit .... (10) in Plänen und der sonstigen Projektumgebung umgeht.	Was ist, wenn?
Änderungen	Dieses Thema beschreibt, wie das Projektmanagement offene Punkte bewertet und behandelt, die potenziell ....(11) auf das Projekt haben können (insbesondere auf dessen Pläne und fertiggestellte Produkte). Offene Punkte können unerwartete allgemeine Probleme, Änderungsanträge und Qualitätsfehler sein.	Was ist, wenn?
Fortschritt	Gegenstand dieses Themas ist .... (12) der Durchführbarkeit der Pläne. Es beschreibt den Entscheidungsprozess für die Freigabe von Plänen, die Beobachtung .... (13) und den Eskalationsprozess für den Fall, dass Ereignisse nicht nach Plan laufen. Im Endeffekt wird im Thema *Fortschritt* festgestellt, ob und wie das Projekt fortgeführt werden soll.	Wo stehen wir jetzt? Wohin gehen wir? Sollen wir weitermachen?

Kapitel 1

Arbeit und Beschäftigung

24 **Verben mit präpositionalem Kasus**

Lesen Sie die folgenden Sätze aus den Texten in den Aufgaben 21 und 23 und markieren Sie die Verben mit präpositionalen Ergänzungen. Lesen Sie danach die Hinweise.

1. Es gibt heute keine Stellenanzeige für Führungspositionen mehr, in der Erfahrungen im Projektmanagement nicht zu den Standardanforderungen zählen.
2. Das liegt unter anderem am immer schnelleren Tempo.
3. Am Anfang des Projekts steht eine Idee, von der man sich einen bestimmten Nutzen für die betreffende Organisation erhofft.

Hinweise

Das Verb regiert im Satz! Viele Verben haben eine Ergänzung mit einer Präposition, z. B.: *zählen zu, liegen an, sich etwas erhoffen von*. Die Präposition gehört zum Verb und bestimmt den Kasus des nachfolgenden Nomens/Pronomens. Es empfiehlt sich, Verb, Präposition und Kasus zusammen zu lernen.

→ *Weitere Hinweise zur Rektion der Verben siehe Grammatikübersicht im Anhang.*

25 **Bilden Sie aus den vorgegebenen Wörtern Sätze.**

Achten Sie auf die zum Verb gehörende Präposition und den richtigen Kasus.

⊙	sich erhoffen	man • eine Projektidee • Nutzen • für die Organisation
		Man erhofft sich von einer Projektidee einen Nutzen für die Organisation.
1.	sich entwickeln	die Idee • ein lohnender Investitionsvorschlag • die Organisation
2.	delegieren	die Organisation • die anfallenden Arbeiten • für das Projekt verantwortliche Personen
3.	sich eignen	Strukturen einer Linienorganisation • nicht • Projekte
4.	gefordert werden	Qualitätskriterien beschreiben, • was • die Teilnehmer
5.	angepasst werden	die Pläne • die Informationsbedürfnisse der Mitarbeiter
6.	sich beschäftigen	das Thema *Risiken* • der Umgang mit Unsicherheiten
7.	sich auswirken	ungeklärte Punkte • das Projekt • negativ

E-Mails und andere Zeitfresser im Büro

26 **Klassenspaziergang**

Wählen Sie drei Fragen aus und befragen Sie während des Umhergehens im Raum möglichst viele andere Kursteilnehmer. Berichten Sie dann im Plenum über die gesammelten Informationen.

1. Wie oft nehmen Sie an Besprechungen oder Konferenzen teil? Welche Punkte/Teile/Situationen finden Sie überflüssig bzw. stören Sie in einer Besprechung?

2. Lesen und/oder schreiben Sie am Wochenende oder im Urlaub dienstliche E-Mails?

3. Wenn Sie die Möglichkeit hätten, eine Tätigkeit aus Ihrer täglichen Arbeit zu streichen, welche wäre das?

4. Wie viel Zeit benötigen Sie pro Woche zum Lesen und Schreiben von E-Mails?

5. Was ist für Sie der größte Zeitfresser bei Ihrer täglichen Arbeit?

6. Gibt es bei Ihnen eine klare Trennung zwischen Arbeit und Freizeit?

Arbeit und Beschäftigung — Kapitel 1

27 Zeitraubende Tätigkeiten

Lesen Sie den folgenden Bericht über das Untersuchungsergebnis einer amerikanischen Unternehmensberatung.

Zeitfresser im Büro

Für viele Menschen beginnt der Arbeitstag schon in der U-Bahn: mit dem Lesen von E-Mails. Kaum im Büro angekommen, geht es los mit der ersten Konferenz, direkt danach folgt die zweite. Und das Ende des Postfachs ist noch lange nicht in Sicht. Also wird zwischendurch schnell weitergelesen, gelöscht, geantwortet.

Wenn einer redet und alle tippen, ist das ärgerlich für den, der gerade spricht. Aber auch teuer fürs Unternehmen. 60 Millionen US-Dollar verliert ein Konzern mit 10 000 Mitarbeitern im Schnitt pro Jahr, weil die Teilnehmer in Meetings E-Mails lesen und schreiben statt zuzuhören. Das hat eine amerikanische Unternehmensberatung ausgerechnet. Die Berater haben untersucht, wie die Mitarbeiter von 17 US-Konzernen ihre Arbeitszeit verbringen. Das Ergebnis: Tausende Stunden werden jährlich mit überflüssigen E-Mails und Konferenzen vertrödelt.

Von 40 Wochenstunden verbrachten die Mitarbeiter im Schnitt 21 Stunden in Konferenzen – und davon acht Stunden in solchen, die man problemlos hätte streichen können. Acht Arbeitsstunden pro Woche gingen für das Schreiben und Beantworten von E-Mails drauf – vier davon unnötigerweise.

Für Führungskräfte sieht die Bilanz noch schlechter aus: Sie erhalten im Schnitt 30 000 E-Mails pro Jahr. Zusammengerechnet sitzt die Führungsmannschaft eines durchschnittlichen Konzerns 7 000 Stunden in Konferenzen. Werden vorbereitende Besprechungen und Folgemeetings addiert, fallen insgesamt 300 000 Stunden an – oft ohne nennbares Ergebnis. Viele Meetings fänden nur aus reiner Gewohnheit statt, so die Berater. In den Siebzigerjahren hätten Führungskräfte etwa tausend Anfragen pro Jahr bekommen – also nur einen Bruchteil dessen, was heute auf sie hereinprasselt. Setze sich diese Entwicklung fort, würden Topmanager bald mehr als einen kompletten Arbeitstag in der Woche für elektronische Kommunikation aufwenden.

Für ihre Studie befragten die Berater Tausende Mitarbeiter, vom Teamleiter bis zum Vorstand, und analysierten deren elektronische Kalender und E-Mail-Aktivitäten. In einem der untersuchten Unternehmen schickten während eines Meetings zwei von zehn Teilnehmern alle 30 Minuten drei oder mehr E-Mails ab.

Für Projektarbeit empfehlen die Berater, Zeitbudgets festzulegen und diese so konsequent zu managen wie Finanzetats. Das bedeutet allerdings auch, den Umgang mit der Zeit zu überwachen. Denn: Was nicht überwacht wird, kann auch nicht gemessen werden. Für jedes neue Projekt muss ein eigener Businessplan angelegt werden, Konferenzen dürfen nur noch von bestimmten Personen einberufen werden, E-Mails sind in Meetings tabu.

Deutsche Unternehmen haben ein anderes Mittel gegen die Kommunikationsflut gefunden: löschen. Beim Autobauer Daimler können alle 10 000 Mitarbeiter E-Mails, die während ihres Urlaubs eintrudeln, automatisch entfernen lassen. Eine Abwesenheitsnotiz verweist auf den zuständigen Vertreter – und darauf, dass die soeben geschickte Nachricht gelöscht wurde.

Noch zeitsparender als Nachrichten zu löschen, ist nur eines: Sie erst gar nicht zu schreiben. Auf dieses Prinzip setzt die Telekom. Dort haben sich leitende Angestellte verpflichtet, Mitarbeitern nach Dienstschluss, am Wochenende und im Urlaub keine Nachrichten zu schicken.

28 Fassen Sie den Inhalt des Textes mit eigenen Worten zusammen.

Gehen Sie dabei auf die folgenden Fragen ein:

- Welche Probleme hat die Unternehmensberatung aufgezeigt?
- Welche Zahlen/Fakten werden angeführt?
- Welche Lösungsansätze werden vorgeschlagen?
- Welche Maßnahmen wurden in einigen deutschen Unternehmen getroffen?

Kapitel 1

Arbeit und Beschäftigung

29 Vertiefen Sie den Wortschatz des Textes.

a) Ersetzen Sie die unterstrichenen Ausdrücke durch synonyme Wendungen.

- zusammenkommen
- untersagt sein
- abzusehen sein
- vergeuden
- glauben
- eingehen
- kosten

1. Das Ende des Postfachs <u>ist</u> noch lange nicht <u>in Sicht</u>.
   ....
   ....

2. Tausende Stunden <u>werden</u> jährlich mit überflüssigen E-Mails und Konferenzen <u>vertrödelt</u>.
   ....
   ....

3. Acht Arbeitsstunden pro Woche <u>gehen</u> für das Schreiben und Beantworten von E-Mails <u>drauf</u>.
   ....
   ....

4. Werden vorbereitende Besprechungen und Folgemeetings addiert, <u>fallen</u> insgesamt 300 000 Stunden <u>an</u>.
   ....
   ....

5. E-Mails <u>sind</u> in Meetings <u>tabu</u>.
   ....

6. Beim Autobauer Daimler können alle 10 000 Mitarbeiter E-Mails, die während ihres Urlaubs <u>eintrudeln</u>, automatisch entfernen lassen.
   ....
   ....

7. Auf dieses Prinzip <u>setzt</u> die Telekom.
   ....
   ....

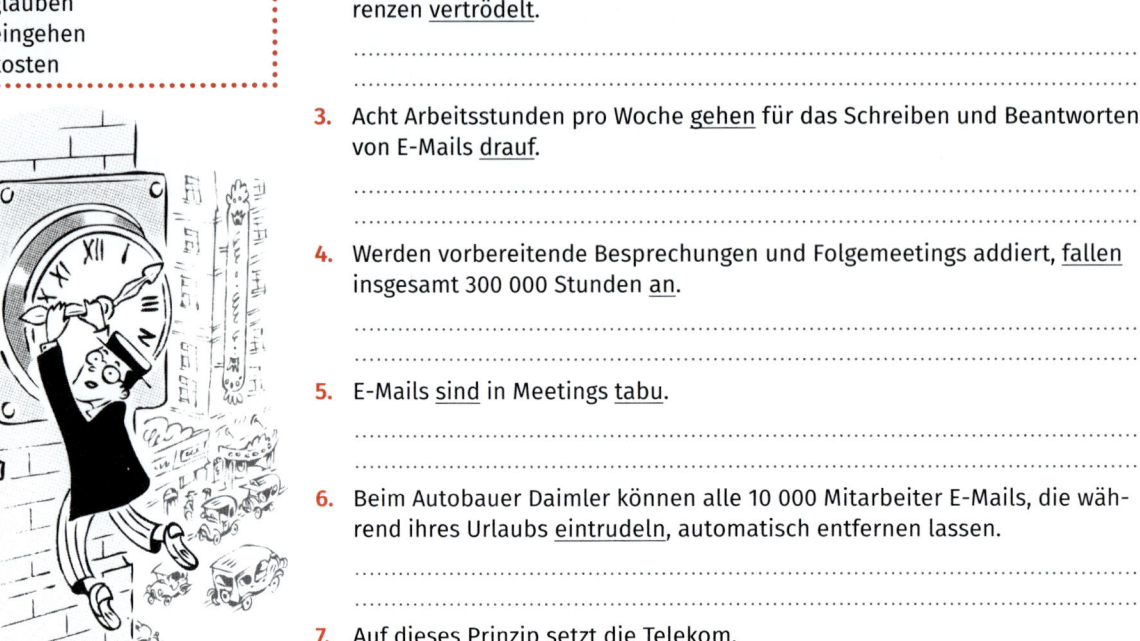

b) Was passt zusammen? Ordnen Sie die passenden Verben zu. Orientieren Sie sich am Textinhalt.

- ⊙ Zeit mit überflüssigen E-Mails — d. vertrödeln
1. für jedes Projekt Zeitbudgets
2. auf einen zuständigen Vertreter
3. E-Mails automatisch
4. ein Mittel gegen die Kommunikationsflut
5. einen Businessplan
6. viele Stunden in Konferenzen
7. wegen unnötiger Besprechungen Geld
8. einen kompletten Arbeitstag für die elektronische Kommunikation

a. finden
b. verlieren
c. festlegen
d. vertrödeln
e. sitzen
f. anlegen
g. entfernen lassen
h. aufwenden
i. verweisen

30 Die indirekte Rede

Lesen Sie den Auszug aus dem Text und markieren Sie die Verben. Diskutieren Sie dann mit Ihrer Lernpartnerin/ Ihrem Lernpartner, welche Funktion die grammatische Form der Verben hat. Lesen Sie danach die Hinweise.

> Viele Meetings fänden nur aus reiner Gewohnheit statt, so die Berater. In den Siebzigerjahren hätten Führungskräfte etwa tausend Anfragen pro Jahr bekommen – also nur einen Bruchteil dessen, was heute auf sie hereinprasselt. Setze sich diese Entwicklung fort, würden Topmanager bald mehr als einen kompletten Arbeitstag in der Woche für elektronische Kommunikation aufwenden.

Arbeit und Beschäftigung

Kapitel 1

Hinweise

- Ergebnisse von Umfragen oder wissenschaftlichen Untersuchungen und Aussagen von Personen werden in der Presse oft im **Konjunktiv I** wiedergegeben.
- Die Wiedergabe wird in der Regel ergänzt von Wendungen wie:
  Die (Berater) stellten fest/gelangten zu der Auffassung ...
  Nach Ansicht der (Berater) .../..., so die (Berater).
  Der Abteilungsleiter meinte/sagte dazu ...
- Die Gegenwartsform des Konjunktivs I wird aus der **Stammform des Präsens** und den **Endungen** gebildet:
  Singular: *-e/-est/-e*, Plural: *-en/-et/-en* gebildet.
  Setze sich diese Entwicklung fort, ... (vgl.: Präsens: *Setzt sich ...*)
  Eine Sonderform bildet das Verb *sein*: *ich sei, du sei(e)st, er sei, wir seien, ihr sei(e)t, wir seien.*
- Die am häufigsten verwendeten Formen sind die 3. Person Singular und die 3. Person Plural.
- Wenn der Konjunktiv I mit dem Indikativ identisch ist, kann man ihn durch den Konjunktiv II ersetzen:
  Viele Meetings finden nur aus reiner Gewohnheit statt. → *Viele Meetings fänden nur aus reiner Gewohnheit statt./Viele Meetings würden nur aus reiner Gewohnheit stattfinden.*
- Im Konjunktiv I gibt es nur eine Vergangenheitsform. Sie wird aus der **Konjunktiv I-Form** von *haben* oder *sein* (*habe/hätten* oder *sei/seien*) und dem **Partizip II** gebildet:
  Früher hätten viele Meetings nur aus reiner Gewohnheit stattgefunden, sagt der Abteilungsleiter.

➔ *Weitere Hinweise zur indirekten Rede siehe Grammatikübersicht im Anhang.*

---

31 Geben Sie die Untersuchungsergebnisse und Empfehlungen der Unternehmensberatung wieder.

a) Formulieren Sie aus den vorgegebenen Wörtern zwei Sätze im Präsens wie im Beispiel. Achten Sie auch auf eventuell fehlende Präpositionen.
Verwenden Sie im Satz a) den Indikativ, im Satz b) die indirekte Rede (Konjunktiv I bzw. II).

Die Unternehmensberatung hat bei der Untersuchung herausgefunden, ...

◉ viele Menschen • ihre dienstlichen E-Mails • schon • Arbeitsbeginn • lesen und beantworten

    a) *dass viele Menschen ihre dienstlichen E-Mails schon vor Arbeitsbeginn lesen und beantworten.*
    b) *dass viele Menschen ihre dienstlichen E-Mails schon vor Arbeitsbeginn lesen und beantworten würden.*

1. der Büroalltag • Besprechungen und Konferenzen • bestimmt werden
   a) .... b) ....

2. von 40 Wochenstunden • Mitarbeiter • durchschnittlich 21 Stunden • Besprechungen • verbringen
   a) .... b) ....

3. viele Meetings • nur aus reiner Gewohnheit • stattfinden
   a) .... b) ....

4. man • diese Meetings • problemlos • streichen können
   a) .... b) ....

5. das Schreiben und Beantworten von E-Mails • ungefähr acht Stunden • Woche • kosten
   a) .... b) ....

6. Führungskräfte • ca. 30 000 E-Mails • Jahr • erhalten
   a) .... b) ....

7. Tausende Stunden • jährlich • überflüssige E-Mails und Konferenzen • vertrödelt werden
   a) .... b) ....

Kapitel 1 — Arbeit und Beschäftigung

8. bessere Kontrolle • jedes Projekt • ein genaues Zeitbudget • festgelegt werden müssen
   a) .... b) ....
   ....

9. Konferenzen • nur noch • bestimmte Personen • einberufen werden dürfen
   a) .... b) ....
   ....

10. das Lesen und Schreiben • E-Mails • ein Meeting • tabu sein
    a) .... b) ....
    ....

b) Berichten Sie. Wie wirken die Sätze auf Sie? Welche Form würden Sie bevorzugen und warum?

32 Schriftlicher Ausdruck: Kommentar

Schreiben Sie zu dem Zeitungstext *Zeitfresser im Büro* (Aufgabe 27) einen kurzen Kommentar und äußern Sie Ihre Meinung. Schreiben Sie etwa 150 Wörter.

33 Mündlicher Ausdruck: Pro-und-Kontra-Diskussion

Es gibt in Ihrer Firma den Vorschlag, dass nach Arbeitsende keine geschäftlichen E-Mails mehr geschrieben werden dürfen. Diese Regelung soll für alle Beschäftigten des Betriebs einschließlich des Managements gelten.

Nehmen Sie dazu Stellung. Arbeiten Sie zu zweit. Eine/Einer nimmt die Pro-, die/der andere die Kontra-Position ein. Finden Sie zuerst Argumente. Beginnen Sie danach mit der Diskussion.

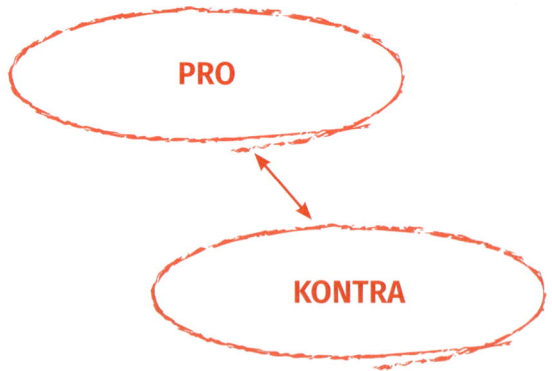

Redemittel

Eine Pro-und-Kontra-Diskussion führen

Die eigene Meinung ausdrücken
- Meiner Meinung nach/Meines Erachtens ... • Ich bin der Auffassung/Meinung/Überzeugung, dass ... • Ich bin davon überzeugt/bin mir sicher, dass ...

Jemandem zustimmen
- Da gebe ich Ihnen vollkommen recht. • Damit/Mit dieser Aussage bin ich einverstanden. • Das entspricht auch meiner Erfahrung/Vorstellung. • Dem kann ich nur zustimmen.

Jemandem widersprechen • Zweifel anmelden
- In diesem Punkt habe ich eine ganz andere Meinung. • Ich kann mir nicht vorstellen, dass ... • Ich befürchte/Ich bezweifle, dass ... • Man sollte bedenken, dass ... • Wäre es nicht besser, wenn ...?

Pro- und Kontra-Argumente nennen
- Einerseits ..., andererseits ... • Auf der einen Seite ..., auf der anderen Seite ... • ... spricht dafür, ... spricht dagegen. • Ein klarer Vorteil ist ..., es gibt allerdings auch einen Nachteil: ...

34 Schriftliche Umgangsformen bei geschäftlichen E-Mails

Berichten Sie.

- Wie viele E-Mails bekommen und schreiben Sie täglich?
- Bei welchen E-Mails achten Sie besonders auf Höflichkeit, bei welchen eher nicht?
- Hat sich Ihrer Meinung nach der Schreibstil in den letzten Jahren verändert? Wenn ja, beschreiben Sie die Veränderungen.

Arbeit und Beschäftigung — Kapitel 1

35 **Welche Anrede und welche Grußformel würden Sie für die Adressaten im beschriebenen Kontext verwenden?**
Arbeiten Sie zu zweit und tauschen Sie im Anschluss Ihre Ergebnisse aus.

> Hallo Frau/Herr (Müller) • Guten Tag Frau/Herr (Müller) • Hallo • Liebe Frau (Müller)/Lieber Herr (Müller) • Sehr geehrte Frau (Müller)/Sehr geehrter Herr (Müller) • Sehr geehrte Damen und Herren • Hallo (Eva/Klaus) • Liebe (Eva)/Lieber (Klaus) • *nur Vorname* (Eva/Klaus) • Liebe alle • Ihr Lieben • Liebe Kolleginnen und Kollegen • Sehr geehrte Kolleginnen und Kollegen • Liebe Freunde • Liebe Leute • *gar keine Anrede*

> Hochachtungsvoll • Ganz liebe Grüße • Beste Grüße • Liebe Grüße • Schöne Grüße • Viele Grüße • Herzliche Grüße • Mit freundlichen Grüßen • Ich grüße Sie herzlich • *keine Schlussformel*

Adressat/Kontext	Mögliche Anreden	Mögliche Schlussformeln
1. Sie schreiben an eine Firma/Institution, wissen aber nicht genau, wer der Ansprechpartner ist.		
2. Sie schreiben einer deutschen Kollegin/einem deutschen Kollegen, von der/dem Sie nur den Namen kennen.		
3. Sie schreiben einer deutschen Kollegin/einem deutschen Kollegen, mit der/dem Sie schon öfter schriftlichen Kontakt hatten.		
4. Sie schreiben einer deutschen Kollegin/einem deutschen Kollegen, die/den Sie persönlich gut kennen und mit der/dem Sie sich duzen.		
5. Sie tauschen mit einer Kollegin/einem Kollegen Informationen aus. Mehrere Mails gehen in kurzer Zeit hin und her.		
6. Sie schreiben eine Mail an das Kollegium. Sie sind eine Mitarbeiterin/ein Mitarbeiter.		
7. Sie schreiben eine Mail an das Kollegium. Sie sind die Chefin/der Chef.		
8. Sie arbeiten in einer kleinen Projektgruppe und schreiben eine kurze Informationsmail an die anderen Beteiligten.		

In der Anrede im Brief/in der Mail wird heute häufig bei *Hallo, Klaus* und *Guten Tag, Herr Müller* kein Komma gesetzt. Also: *Hallo Klaus* und *Guten Tag Herr Müller*.

Kapitel 1

Arbeit und Beschäftigung

36 Netiquette und schriftliche Kommunikation im Netz

a) Lesen Sie den folgenden Text.

Kennen Sie die Netiquette?

Unter dem Wort *Netiquette*, einem sogenannten Kofferwort aus dem Englischen *net* für Netz und dem Französischen *etiquette* für Verhaltensregeln, versteht man das angemessene und respektvolle Benehmen in der elektronischen Kommunikation. Viele Internetnutzer halten die Netiquette für sinnvoll, obwohl sie in den meisten Fällen keinerlei rechtliche Relevanz hat und es keine einheitlichen Regeln gibt. Was im Netz als guter Umgang miteinander akzeptiert wird, hängt von den Teilnehmern innerhalb eines Kommunikationssystems ab. Meistens liegt es in der Hand des jeweiligen Netzbetreibers, Art und Ausmaß der Netiquette vorzugeben und ihre Einhaltung zu kontrollieren. Doch unabhängig von Nutzern und Betreibern gilt: Unhöflichkeiten, Doppeldeutigkeiten oder Beleidigungen erschweren jede Art der Kommunikation, auch die im Netz.

Um eine gute Kommunikation in einem geschäftlichen Kontext zu ermöglichen, sollten neben den genannten Punkten auch die Themen Stilsicherheit und sprachliche Korrektheit beachtet werden. Dazu gehören nicht nur ein korrekter Satzbau und die Einhaltung der Rechtschreibregeln, sondern auch der richtige Ton im E-Mailverkehr. Natürlich hat sich die Kommunikation durch das Internet stark verändert, sie ist einfacher und schneller geworden. Trotzdem kann man zum Beispiel in einer Mail nicht so einfach auf Anrede und Grußformel verzichten. Wenn man mit dem Adressaten noch keinen Kontakt hatte, ist es ratsam, „Sehr geehrter Herr X" oder „Sehr geehrte Frau X" zu verwenden. Bei bekannten Personen ist die Anrede mit „Lieber Herr X/Liebe Frau X" üblich. Etwas umgangssprachlicher wirkt das moderne „Hallo Frau X" oder „Hallo Herr X", was immer mehr an Beliebtheit gewinnt. In E-Mails an Geschäftspartner, bei denen man davon ausgeht, dass die Mail am selben Tag gelesen wird, kann man auch „Guten Tag Herr X" oder „Guten Tag Frau X" schreiben. Eine Orientierung am Empfänger ist bei den Grußformeln ebenfalls angebracht: Formelle E-Mails schließt man „Mit freundlichen Grüßen" ab, beispielsweise in einem Bewerbungsanschreiben. Auf andere, bekannte Personen kann diese Grußformel aber unpersönlich und steif wirken. Hier sind Formulierungen wie „Beste Grüße" oder „Herzliche Grüße aus/nach …" geeigneter. Es kann sogar durchaus richtig sein, bei einem schnellen Mailwechsel auf Anrede und Grußformel in den Antwortmails zu verzichten. Dann ist der Charakter der Kommunikation eher dialogisch und eine fortwährende Einleitung der E-Mail durch eine Anrede würde keinen Zweck erfüllen. Wichtig ist es, gut zu überlegen, wem man was schreibt, und immer daran zu denken, dass sich hinter jeder virtuellen Adresse ein Mensch verbirgt. Es ist auf jeden Fall zu empfehlen, das Geschriebene vor dem Absenden noch einmal zu lesen. Auch wenn das Internet ein schnelles Medium ist, sollte man sich für schriftliche Äußerungen Zeit nehmen.

b) Entscheiden Sie, ob die folgenden Feststellungen und Empfehlungen mit dem Inhalt des Textes übereinstimmen oder nicht.

		ja	nein
⊙	Das Wort Netiquette bezeichnet das innerhalb eines bestimmten Umfelds angemessene kommunikative Verhalten im Netz.	✗	☐
1.	Die Nichteinhaltung der Netiquette hat rechtliche Konsequenzen.	☐	☐
2.	Zuständig für die Kontrolle des Verhaltens der Teilnehmer sind die Netzbetreiber.	☐	☐
3.	Stilsicherheit und sprachliche Korrektheit spielen in der geschäftlichen Kommunikation eine große Rolle.	☐	☐
4.	In E-Mails muss immer eine Anrede und eine Grußformel stehen.	☐	☐
5.	Die Anrede „Hallo Herr/Frau X" ist umgangssprachlich und hat in geschäftlichen Mails nichts zu suchen.	☐	☐
6.	Die Grußformel „Mit freundlichen Grüßen" ist im geschäftlichen Kontext korrekt und freundlich.	☐	☐

37 Textarbeit

Welche Möglichkeiten der Anrede und Grußformeln in E-Mails werden im Text beschrieben? Berichten Sie. Vergleichen Sie die Hinweise mit den Anrede- und Grußformeln, die in Ihrer Muttersprache/Ihrem Heimatland/Ihrer Firma üblich sind.

Arbeit und Beschäftigung   Kapitel 1

38 Schreiben Sie kurze E-Mails.

1. Sie haben eine Einladung zur Konferenz zum Thema *Chancen und Risiken der Projektarbeit* erhalten. Sie sollen dort über Ihre Erfahrungen als Projektleiter berichten.
   a) Schreiben Sie eine E-Mail an den Organisator Dr. Wupper und nehmen Sie die Einladung an. Stellen Sie in der Mail noch ein paar Fragen zum organisatorischen Ablauf und zu Ihrem Beitrag.
   b) Sagen Sie ab.

2. Sie sind in Ihrer Firma verantwortlich für ein Projekt im Auftrag des Verkehrsministeriums. Sie sollen einen Plan zur Verhinderung von Staus in den Zentren großer Städte entwickeln. Ihr Auftraggeber möchte, dass Sie zwei Monate vor dem eigentlichen Termin fertig werden.
   a) Geben Sie diese Information per Mail an Ihre Mitarbeiter weiter und kommentieren Sie sie.
   b) Sie wissen, dass die neue Vorgabe nicht zu schaffen ist. Schreiben Sie eine Mail an den Auftraggeber.

3. Sie sind Mitarbeiter in einem Projektteam und Ihre Aufgabe ist es, Daten zu analysieren. Diese Analyse ist ein wichtiger Bestandteil des Projekts.
   a) Schreiben Sie eine E-Mail an den Projektleiter, dass die Daten, die Ihnen bis jetzt vorliegen, Ihrer Meinung nach nicht ausreichen. Sie benötigen noch weitere Daten.
   b) Schreiben Sie an einen Kollegen, der ohne die Ergebnisse Ihrer Analyse mit seiner Arbeit nicht weiterkommt, einen kurzen Bericht über den Stand der Dinge.

Wichtige Redemittel zu den Themen

Lesen Sie die folgenden Redemittel zu den behandelten Themen und markieren Sie den für Sie besonders relevanten Wortschatz. Wiederholen Sie die aufgeführten Wendungen als Ganzes (Nomen mit Verben und Ergänzungen).

Arbeit von heute und morgen

Die Arbeitswelt von heute und morgen
- neue **Anforderungen** an Mitarbeiter stellen
- notwendige **Anpassungen** vornehmen
- Das **Anstellungsverhältnis** ist befristet/unbefristet.
- Die **Arbeitswelt** wandelt sich.
- **Arbeitszeiten** eigenständig festlegen
- **Bildung/Ausbildung/Weiterbildung** wird eine größere Rolle spielen.
- Wissensbasierte **Dienste** boomen.
- Neue **Erwerbsformen** entstehen.
- Es wird **Fachkräftemangel** herrschen.
- zur dominierenden **Form** der Erwerbstätigkeit werden
- **Gesetze** an die neuen Entwicklungen anpassen
- vor neuen **Herausforderungen** stehen/die Beschäftigten vor neue Herausforderungen stellen
- Die **Hierarchie** wird flacher.
- die berufliche **Karriere** vorantreiben
- Ohne **Kooperation und Vernetzung** läuft nichts.
- Die **Lebensarbeitszeit** steigt.
- Lebenslanges **Lernen** gewinnt an Bedeutung.
- **Profit** aus einer Situation schlagen
- **Projektarbeit** ist auf dem Vormarsch.
- für die steigenden **Renten** aufkommen
- eingefahrene **Strukturen** in Frage stellen
- **Studienabschlüsse** anerkennen
- sich gut in **Szene** setzen
- mit größerer **Unsicherheit** leben
- der Firma Tag und Nacht zur **Verfügung** stehen
- sich im **Wandel** befinden
- nicht mehr in die **Zeit** passen
- **Zeitgrenzen** lösen sich auf.

Anforderungen an die Politik
- die **Arbeitslosenquote** verringern
- den **Arbeitsmarkt** modernisieren
- sich den **Arbeitsmarktentwicklungen** anpassen
- **Arbeitsplätze** schaffen
- den **Bedürfnissen** der Arbeitgeber entsprechen
- den politischen **Dialog** fortsetzen
- über bestimme **Fähigkeiten** verfügen
- die **Flexibilität** der Unternehmen und der Arbeitsorganisation fördern
- finanzielle **Hilfe** zur Förderung der Beschäftigung leisten
- **Kritik** an der jetzigen Politik üben
- das **Qualifikationsniveau** anheben
- **Strategien** entwickeln
- **Tarifverträge** einhalten
- **Vereinbarungen** über Arbeitsbedingungen treffen
- **Vorhersageinstrumente** entwickeln
- **Vorschläge** unterbreiten
- arbeitsrechtliche **Vorschriften** erfüllen

Kapitel 1 — Arbeit und Beschäftigung

Projektarbeit

- anfallende **Arbeiten** delegieren
- aus der **Arbeitswelt** nicht mehr wegzudenken sein
- negative **Auswirkungen** auf das Arbeitsklima haben
- **Befugnisse** haben
- zur **Belohnung** in eine Führungsposition befördert werden
- für die **Durchführung** verantwortlich sein
- ein wichtiges **Element** für den unternehmerischen Erfolg sein
- die tatsächlich erzielten **Ergebnisse** beobachten
- Die **Ereignisse** laufen nicht nach Plan.
- die „weichen" **Faktoren** vernachlässigen
- **Fortschritte** feststellen/machen
- anhand eines Prozessmodels konkrete **Handlungsempfehlungen** geben
- kürzer werdende **Innovationszyklen** bewältigen
- sich zu einem lohnenden und durchführbaren **Investitionsvorschlag** entwickeln
- sich einen konkreten **Nutzen** erhoffen
- **Pläne** entwickeln/genehmigen/anpassen
- standardisierte **Projektleitfäden** nutzen
- mit einer bestimmten **Projektmanagementmethode** arbeiten
- **Qualitätskriterien** erfüllen
- einen strukturierten **Rahmen** bilden
- einen immer größeren **Raum** einnehmen
- **Ressourcenanforderungen** hinreichend planen
- eine **Richtschnur** für Kommunikation und Steuerung darstellen
- mit **Risiken** verbunden sein
- **Rollen** und Verantwortlichkeiten im Managementteam beschreiben
- zum **Scheitern** führen/verurteilt sein
- etwas als **Sprungbrett** sehen
- zu den **Standardanforderungen** zählen
- mit **Unsicherheiten** umgehen können
- Die **Ursachen** liegen in unklaren Zieldefinitionen.
- **Verantwortungsbereiche** überschneiden sich.
- **Vorhaben** auf handliche Blöcke verteilen
- während der gesamten Laufzeit auf die **Ziele** der Organisation ausgerichtet bleiben

Zeitfresser im Büro

- **Arbeitszeit und Freizeit** klar trennen
- nach **Dienstschluss** keine Mails mehr senden
- **E-Mails** erhalten, schreiben, lesen und beantworten
- keine nennbaren **Ergebnisse** erzielen
- viel **Geld** durch überflüssige Besprechungen verlieren
- etwas aus reiner **Gewohnheit** tun
- einen kompletten Arbeitstag für elektronische **Kommunikation** aufwenden
- ein **Mittel** gegen die Kommunikationsflut finden
- auf ein **Prinzip** setzen
- viele **Stunden** am Tag vertrödeln
- Eine Abwesenheitsnotiz verweist auf einen zuständigen **Vertreter**.
- **Zeit** in Konferenzen und Sitzungen verbringen
- ein **Zeitbudget** festlegen

Arbeitsumfeld und Informationstechnologie — Kapitel 2

Am Ende des Kapitels können Sie:

- Hör- und Lesetexte zu den Themen *Arbeitsumfeld*, *Gebäude* und *Informationstechnologie* verstehen und deren Inhalt in zusammengefasster Form und zu bestimmten Details wiedergeben
- den themenbezogenen Wortschatz adäquat und variabel verwenden
- zu den Bereichen *Arbeitsumfeld* und *Informationstechnologie* Ihre Meinung darlegen und sich auf Argumente anderer beziehen
- Vorschläge für eine ergonomische Arbeitsumgebung unterbreiten und begründen
- Aufgabenbereiche und Firmengebäude beschreiben
- Vor- und Nachteile von Telearbeit benennen und darüber diskutieren
- einen kurzen Kommentar zum Thema *Großraumbüro* verfassen
- auf eine Einladung zu einer Weiterbildung schriftlich reagieren
- inhaltsrelevante Sätze/Texte aus vorgegebenen Wörtern/Wendungen formulieren bzw. umformen
- Orts- und Richtungsangaben formulieren und Ergänzungen und Angaben in der richtigen Reihenfolge in Sätze einfügen.

Das Arbeitsumfeld

1 Ihr Arbeitsplatz

Beschreiben Sie Ihren Arbeitsplatz und berichten Sie.

- Fühlen Sie sich an Ihrem Arbeitsplatz wohl?
- Haben Sie genug Platz zum Schreiben, um etwas abzulegen, sich zu bewegen o. Ä.?
- Sind die technischen Geräte auf dem neuesten Stand?
- Was würden Sie gern verbessern?

2 Wie ergonomisch ist Ihr Arbeitsplatz?

Beantworten Sie die folgenden Fragen mit Ja oder Nein. Vergleichen Sie Ihre Antworten mit einem oder mehreren Gesprächspartnern. Präsentieren Sie die Ergebnisse im Plenum.

		ja	nein
1.	Meiner Meinung nach ist mein Büro/Arbeitsplatz ergonomisch.	☐	☐
2.	Mein Bürostuhl ermöglicht wechselnde Körperhaltungen.	☐	☐
3.	In meinem Büro stehen viele Grünpflanzen.	☐	☐
4.	Den Sehabstand zwischen meinen Augen und dem Computer finde ich optimal.	☐	☐
5.	Die Luftfeuchtigkeit in den Arbeitsräumen wird regelmäßig gemessen.	☐	☐
6.	Ich arbeite im Büro manchmal stehend.	☐	☐
7.	Ich mache im Büro regelmäßig Gymnastikübungen.	☐	☐
8.	Mein Tisch kann zwischen Steh- und Sitzhöhe verstellt werden.	☐	☐

Kapitel 2 — Arbeitsumfeld und Informationstechnologie

3 Ergonomie

Hören Sie eine Präsentation zum Thema *Ergonomie am Arbeitsplatz* und machen Sie sich Notizen zu den folgenden Punkten. Vergleichen Sie anschließend Ihre Ergebnisse mit Ihrer Nachbarin/Ihrem Nachbarn.

1. Bürostuhl: ....
2. Tisch: ....
3. Bildschirm: ....
4. Licht: ....
5. Raumklima: ....
6. Schallschutz: ....

4 Sätze mit ähnlicher Bedeutung

Formen Sie die folgenden Sätze um, indem Sie die in Klammern angegebenen Hinweise oder Wörter in der richtigen Form einarbeiten.

⊙ Der Bürostuhl <u>sollte</u> die Wirbelsäule stützen und wechselnde Körperhaltungen, also etwas Bewegung, <u>ermöglichen</u>. *(seine Funktion • erfüllen • wenn)*

   Der Bürostuhl erfüllt seine Funktion, wenn er die Wirbelsäule stützt und wechselnde Körperhaltungen, also etwas Bewegung, ermöglicht.

1. Die Höhe der Arbeitsfläche sollte <u>sich</u> auf die Größe des Nutzers einstellen <u>lassen</u>. *(Passiv)*

2. Bei einem 21-Zoll-Monitor <u>sollte</u> der Abstand zwischen Auge und Bildschirm etwa 60 bis 70 Zentimeter <u>betragen</u>. *(ideal • sein)*

3. Unter Ergonomie wird nicht nur die richtige Position von Büromöbeln, sondern auch die Arbeitsumgebung im Allgemeinen <u>verstanden</u>. *(bedeuten)*

4. Das Raumklima <u>wirkt</u> sich positiv oder negativ auf unser Wohlbefinden <u>aus</u>. *(Auswirkungen haben)*

5. Lärm und Geräusche <u>gelten</u> als <u>die größte Beeinträchtigung</u> der Konzentration und als <u>starke physische und psychische Belastung</u>. *(beeinträchtigen, belasten)*

6. Unternehmen, die Ergonomie <u>ernst nehmen</u>, statten die Arbeitsräume mit speziellen Decken, Böden, Wänden und Stellwänden aus. *(wichtig sein)*

5 Satzverbindungen

Ergänzen Sie die Satzverbindungen im Text. Manchmal gibt es mehrere Lösungen.

> ~~wenn~~ • nicht nur ... sondern auch • zum einen ... zum anderen • andernfalls • sowie • sowohl ... als auch • so • allerdings • als • dass

1. <u>Wenn</u> Sie täglich mehrere Stunden sitzen, sollten Sie dafür sorgen, dass Ihr Bürostuhl ergonomisch geformt ist. .... soll er die Wirbelsäule stützen, ... wechselnde Körperhaltungen ermöglichen.

2. Tische, deren Höhe einfach verändert werden kann, eignen sich für die Büroarbeit am besten. .... können Sie mal sitzend, mal stehend arbeiten. .... ist häufiges Aufstehen von kurzer Dauer günstiger als lange Stehpausen: Die einzelnen Stehpausen sollen nicht länger .... 20 Minuten sein.

Arbeitsumfeld und Informationstechnologie

Kapitel 2

3. Die Höhe der Arbeitsfläche sollte sich auf die Größe des Nutzers einstellen lassen. Optimal sind Tische, die .... auf die individuelle Arbeitshöhe im Sitzen .... zwischen Sitz- und Stehhöhe verstellt werden können.

4. Unter Ergonomie wird .... die richtige Position von Büromöbeln verstanden, ... die gesamte Atmosphäre am Arbeitsplatz.

5. Sorgen Sie auch dafür, ... Ihr Arbeitsplatz ausreichend beleuchtet ist.
Lärm und Geräusche gelten als die größte Beeinträchtigung der Konzentration .... als starke physische und psychische Belastung.

6. Unternehmen, die Ergonomie ernst nehmen, statten die Arbeitsräume mit speziellen Decken, Böden, Wänden und Stellwänden aus. .... kann man auch Schränke oder andere geeignete Möbelstücke zur Schallabsorption aufstellen.

➔ *Hinweise zu Satzverbindungen siehe Grammatikübersicht im Anhang.*

6 Mündlicher Ausdruck: Vorschläge präsentieren

Entwerfen Sie ein ergonomisches Arbeitsumfeld. Unterbreiten Sie anhand der Informationen des Hörtextes (Aufgabe 3) fünf begründete Vorschläge. Arbeiten Sie zu zweit.

Begründete Vorschläge machen

- Wer Ergonomie ernst nimmt, sollte sich über die folgenden Themen Gedanken machen: …
- Im Interesse einer ergonomischen Arbeitsumgebung sollten wir …
- Um unsere Büros ergonomischer gestalten zu können, …
- Im Hinblick auf akustische Störungen …
- Was die Schallabsorption angeht/betrifft, …
- Die Luftfeuchtigkeit kann optimiert werden, indem …
- Optimal sind … • Dafür eignen sich … • Die beste Lösung wäre …
- Wir sollten dafür sorgen, dass …
- Wenn es nicht anders geht, … • Wenn diese Möglichkeit nicht vorhanden ist, … • Im Notfall könnten wir …
- Wir sollten/könnten …

Redemittel

7 Interview

a) Stellen Sie zwei Kursteilnehmern die folgenden Fragen. Notieren Sie die Antworten der Gesprächspartner und Ihre eigenen Antworten.

Frage	Sie	Gesprächspartner/in 1	Gesprächspartner/in 2
1. Haben Sie ein Einzelbüro oder teilen Sie Ihr Büro mit Kollegen?			
2. Sind Sie mit diesem Arrangement zufrieden? Warum (nicht)?			
3. Haben Sie Erfahrungen mit der Arbeit in einem Großraumbüro? Welche?			

b) Fassen Sie die Antworten im Plenum zusammen.

Kapitel 2   Arbeitsumfeld und Informationstechnologie

8 Großraumbüro kontra Einzelbüro

a) Welche Vor- und Nachteile bietet ein Großraumbüro, welches ein kleineres Büro, welches ein Einzelbüro? Diskutieren Sie in Kleingruppen und machen Sie sich Notizen. Bereiten Sie eine Kurzpräsentation vor.

	Einzelbüro	Büro mit zwei oder drei Mitarbeitern	Großraumbüro
Konflikte unter Mitarbeitern			
Produktivität			
Kommunikationswege			
Lärmpegel			
Ablenkungen			
Fehlerquote			
Kostenersparnis			

➔ *Redemittel zur Abwägung von Vor- und Nachteilen siehe Seite 44.*

b) Präsentieren Sie Ihre Ergebnisse im Plenum. Reagieren Sie auf die Argumente der anderen Kleingruppen.

Sich auf Argumente anderer beziehen — Redemittel

- Wie Frau/Herr … schon erwähnte, …
- Ich möchte mich darauf beziehen, was Frau/Herr … gesagt hat.
- Ich möchte kurz darauf zurückkommen, was Frau/Herr … gesagt hat.
- Ich möchte noch einmal betonen/hervorheben, was wir von Frau/Herrn … gehört haben, nämlich …
- Mir hat die Argumentation von Frau/Herrn … besonders gut gefallen.
- In dieser Hinsicht/In diesem Punkt finde ich die Bemerkung von Frau/Herrn … besonders aufschlussreich.
- Was … betrifft/angeht, stimmen unsere Argumente mit denen von Frau/Herrn … (teils) überein.
- In diesem Punkt möchte ich gern Frau/Herrn … widersprechen.

Arbeitsumfeld und Informationstechnologie

Kapitel 2

9 **Der Trend zum Großraumbüro**

a) Hören Sie ein Gespräch zum Thema *Arbeit im Großraumbüro*. Entscheiden Sie, ob die folgenden Aussagen mit dem Inhalt des Gesprächs übereinstimmen oder nicht.

		ja	nein
1.	Lärm im Büro hemmt die Mitarbeiter in ihrer Produktivität.	☐	☐
2.	Großraumbüros ermöglichen in allen Situationen eine bessere Kommunikation unter den Mitarbeitern als Kleinbüros.	☐	☐
3.	Viele Unternehmen wollen mit Großraumbüros vor allem Kosten sparen.	☐	☐
4.	Die Mitarbeiter können sich in einem Großraumbüro nicht so gut konzentrieren.	☐	☐
5.	Arbeit im Großraumbüro erzeugt mehr Stress als Arbeit im Kleinbüro.	☐	☐
6.	Die meisten Befragten empfinden die vielen Unterbrechungen als den größten Nachteil.	☐	☐
7.	In jedem deutschen Unternehmen gibt es Ausweichräume.	☐	☐
8.	Jeder Mitarbeiter sollte Ohrenstöpsel bei sich haben.	☐	☐

b) Was wird im Gespräch gesagt?
Hören Sie das Gespräch noch einmal und ergänzen Sie die fehlenden Wörter.

⊙ Es sind die klassischen Probleme von Großraumbüros, die die Produktivität der Mitarbeiter beeinträchtigen.

▶ Es sind die klassischen Probleme von Großraumbüros, die die Arbeitnehmer in ihrer *Produktivität hemmen.*

1. Man darf nicht verallgemeinern. Es hängt von der Arbeitssituation ab.

▶ So pauschal lässt sich das nicht sagen, es ....

2. Das Großraumbüro bietet Vorteile, wenn die Mitarbeiter am gleichen Projekt arbeiten oder ähnliche Aufgaben ausführen müssen.

▶ .... kann das Großraumbüro dann sein, wenn die Mitarbeiter am gleichen Projekt arbeiten oder .... haben.

3. Mit Großraumbüros wollen Unternehmen Kosten sparen.

▶ Großraumbüros werden von Unternehmen ....

4. Aus der Sicht der Arbeitnehmer hat das Großraumbüro deutlich mehr Nachteile als Vorteile.

▶ Aus der .... der Mitarbeiter .... im Großraumbüro .... die Nachteile.

5. Wegen des Lärms und den vielen Ablenkungen kann man sich nur schwer auf die Arbeit konzentrieren.

▶ Durch den relativ hohen .... und die vielen Ablenkungen .... konzentriertes Arbeiten ....

6. Für 60 Prozent der Befragten sind die ständigen Störungen das größte Problem.

▶ 60 Prozent der Befragten sagen, ständig .... zu .... sei das größte Problem.

7. Die Mitarbeiter können sich eine Zeit lang aus dem Großraumbüro zurückziehen, um, wenn nötig, konzentriert und ungestört arbeiten zu können.

▶ Die Mitarbeiter können sich .... aus dem Großraumbüro zurückziehen, um.................... konzentriert und .... arbeiten zu können.

8. Das Hinweisschild zeigt deutlich, wann jemand nicht gestört werden will.

▶ Durch ein Hinweisschild ist für die ...., wann jemand nicht gestört werden will.

9. Ohrenstöpsel können von Nutzen sein. Wenn man sich auf eine Aufgabe konzentrieren muss, kann man sein Telefon umleiten und Ohrenstöpsel benutzen.

▶ Auch Ohrenstöpsel können nützlich sein. So kann man für eine Aufgabe, die eine hohe Konzentration ...., sein Telefon umleiten und Ohrenstöpsel ....

35

Kapitel 2 — Arbeitsumfeld und Informationstechnologie

10 Vertiefen Sie den Wortschatz.

a) Finden Sie das passende Verb.

- ⊙ entsprechende Maßnahmen — b. treffen
1. etwas mit der Führungskraft
2. jemandem gute Dienste
3. zu Stress
4. sich negativ auf die Motivation
5. die Kooperation
6. Vorteile
7. ein Hinweisschild auf den Schreibtisch

a. auswirken
b. treffen
c. führen
d. bieten
e. platzieren
f. erweisen
g. erleichtern
h. absprechen

b) Ergänzen Sie die fehlenden Nomen.

- ~~Kostengründen~~
- Ohrenstöpsel
- Projekt
- Kooperation
- Ablenkungen
- Reizüberflutung
- Kommunikationswege
- Mitarbeiter *(2 x)*
- Dienste

⊙ Großraumbüros werden von Unternehmen auch aus *Kostengründen* bevorzugt.

1. Vorteilhaft kann das Großraumbüro dann sein, wenn die .... beispielsweise am gleichen .... arbeiten.
2. In diesen Fällen bietet das Großraumbüro den Vorteil der kürzeren .... und erleichtert die projektspezifische .... und Kommunikation untereinander.
3. Die Nachteile überwiegen jedoch ganz klar. Durch die vielen .... fällt konzentriertes Arbeiten schwer.
4. Die daraus resultierende .... führt zu Stress.
5. Der Stress kann auf Dauer negative Auswirkungen auf die Gesundheit, Psyche und Motivation der .... haben.
6. Hier kann ein auf dem Schreibtisch platziertes Hinweisschild „Bitte nicht stören!" gute .... leisten.
7. Auch .... können nützlich sein.

c) Lesen Sie die Sätze in Aufgabe 10b noch einmal und markieren Sie die sprachlichen Mittel, die Vor- und Nachteile beschreiben.

11 Schriftlicher Ausdruck: Kommentar

Verfassen Sie einen schriftlichen Kommentar zum Gespräch über Großraumbüros (Aufgabe 9, Hörtext) und begründen Sie Ihre Meinung. Nutzen Sie die Redemittel. Orientieren Sie sich an folgenden Fragen:

- ⊙ Welche Vorschläge finden Sie gut/umsetzbar/realistisch?
- ⊙ Bei welchen Vorschlägen sehen Sie Probleme?

Auf Vorschläge reagieren *(Redemittel)*

- Ich finde den Vorschlag ... nicht/sehr sinnvoll.
- Es stellt sich die Frage, ...
- Ich frage mich, ob ...
- Ich bin (nicht) sicher, dass/ob ...
- Ich bezweifle, dass/ob ...
- Ich halte diesen Vorschlag für umsetzbar/diskussionswürdig/unrealistisch.
- Dieser Vorschlag lässt sich meines Erachtens gut/nur schwer/nicht umsetzen.
- Ich persönlich hielte es für sinnvoll, wenn ...

Arbeitsumfeld und Informationstechnologie — Kapitel 2

Moderne Gebäude

12 Abteilungen und Räume eines Unternehmens

a) Lesen Sie die Wörter. Kreuzen Sie die Namen der Abteilungen und Räume an, die es in Ihrer Firma gibt. Ergänzen Sie die Liste, wenn nötig.

Wichtige Abteilungen in einer größeren Firma

- ☐ Geschäftsführung
- ☐ Personalabteilung
- ☐ Buchhaltung, Rechnungswesen
- ☐ Finanzen
- ☐ Rechtsabteilung
- ☐ Forschung/Entwicklung
- ☐ Fertigung/Produktion
- ☐ Qualitätssicherung
- ☐ Arbeitssicherheit
- ☐ Öffentlichkeitsarbeit
- ☐ Marketingabteilung
- ☐ IT und Technik
- ☐ Verkauf, Vertrieb
- ☐ Logistik, Materialwirtschaft
- ☐ Poststelle
- ☐ Kundenbetreuung/Call Center
- ☐ Hausverwaltung/Rezeption
- ☐ ....

Räume und Orte

- ☐ Empfangshalle/Eingangsbereich
- ☐ Kantine
- ☐ Cafeteria/Kaffeeecke
- ☐ Büroräume
- ☐ Sitzungsräume
- ☐ Konferenzräume
- ☐ Druckerei
- ☐ Lagerräume
- ☐ Werkstätten
- ☐ Konstruktionshallen
- ☐ Freigelände
- ☐ Parkplätze/Tiefgarage
- ☐ ....

b) Welche Aufgaben haben die Abteilungen Ihres Unternehmens? Berichten Sie mithilfe der folgenden Redemittel.

Aufgabenbereiche beschreiben *(Redemittel)*

- ○ Die Hauptaufgabe der Geschäftsführung besteht darin, ... zu ...
- ○ Die Finanzabteilung beschäftigt sich mit ...
- ○ Zum Aufgabenbereich der Marketingabteilung gehört/gehören ...
- ○ Zu den Aufgaben der Rechtsabteilung gehört/gehören ...
- ○ Die Abteilung für Controlling stellt sicher, dass ...
- ○ Die IT-Abteilung ist zuständig/verantwortlich für ...
- ○ Die Aufgabe der Qualitätskontrolle wird von der Abteilung für Qualitätssicherheit übernommen.
- ○ Die Abteilung für Verkauf und Vertrieb hat den Auftrag, ... zu ...
- ○ Der Betriebsrat vertritt die Interessen der Arbeitnehmer.
- ○ Die Presseberichte fallen in das Ressort der Marketingabteilung.

13 Herr Kaiser stellt seine Firma vor

Lesen Sie den Text, notieren Sie die Räume bzw. Abteilungen. Erstellen Sie zu zweit einen Grundriss der Firma. Vergleichen Sie Ihr Ergebnis mit anderen Teilnehmern.

Wir sind ein kleines Unternehmen aus der Region, das individuelle Softwarelösungen entwickelt.
Unsere Firma befindet sich im fünften Stock eines Bürogebäudes, wo wir insgesamt acht Räume haben. Hier im Eingangsbereich werden unsere Kunden von einer Rezeptionistin empfangen.
Gegenüber der Rezeption befindet sich unsere Marketingabteilung. Unsere Mitarbeiter in dieser Abteilung haben eine schwere Aufgabe. Sie müssen dafür sorgen, dass unsere Verkäufe steigen und wir immer neue Kunden für uns begeistern können. Sie beschäftigen sich auch mit der Preisgestaltung und der Distribution.
Unsere Mitarbeiter für Buchhaltung, Rechnungswesen und Finanzen teilen sich das Büro neben der Marketingabteilung. Für jeden Aufgabenbereich haben wir im Moment eine zuständige Person, aber wir überlegen uns gerade, ob wir wegen der großen Arbeitsbelastung nicht noch einen Mitarbeiter anstellen.

Das nächste Zimmer auf dieser Seite ist der Verhandlungsraum. Hier empfangen wir unsere Kunden und führen Verhandlungen und Besprechungen durch.
Ganz am Ende des Korridors ist das Büro der Geschäftsführung. Hier sitze ich mit meinem Kollegen Matthias Siegel.
In den drei Räumen hinter dem Eingangsbereich arbeiten unsere Ingenieure. Vor allem aus Platzgründen haben wir die Telearbeit eingeführt, damit sie an bestimmten Tagen hier im Büro, an anderen Tagen zu Hause arbeiten können. Sie entwickeln unsere neuen Produkte und nehmen Verbesserungen an den bestehenden Produkten vor.
Eine Rechtsabteilung haben wir nicht, das ist auch nicht nötig, da wir eine recht kleine Firma sind.

Kapitel 2 — Arbeitsumfeld und Informationstechnologie

14 Lokale Präpositionen

Lesen Sie die folgenden Sätze und markieren Sie die Präpositionen und den nachfolgenden Kasus. Lesen Sie danach die Hinweise.

1. In den drei Räumen hinter dem Eingangsbereich arbeiten unsere Ingenieure.
2. Gegenüber der Rezeption befindet sich unsere Marketingabteilung.
3. Die Akten werden aus dem Archiv geholt und in die einzelnen Abteilungen gebracht.

15 Üben Sie die Strukturen.

a) Ergänzen Sie die fehlenden Präpositionen und, wo nötig, den Artikel im richtigen Kasus.

⊙ Wir haben zwei Büros *im* Erdgeschoss.

1. .... unserem Firmengelände befinden sich mehrere Konstruktionshallen.
2. .... Eingangsbereich stehen einige Stühle, ... denen die Kunden Platz nehmen können.
3. Sie werden gebeten, sich .... d............ Rezeption zu melden.
4. .... zweiten Stock finden Sie die Rechtsabteilung.
5. .... d............ Marketingabteilung arbeiten insgesamt sechs Kollegen.
6. .... d............ Tür hängt ein Schild, dass unser Jurist nicht gestört werden will.
7. Der Schreibtisch des Geschäftsführers steht unmittelbar .... Fenster.
8. Die Besprechung findet .... großen Konferenzraum .... Ende des Korridors statt.
9. Die Vertragsunterlagen sind alle .... dies............ Schublade. Frau Müller bringt Sie gleich .... d............ Besprechungsraum.

b) Bilden Sie Sätze wie im Beispiel. Verwenden Sie dafür die angegebenen lokalen Präpositionen. Achten Sie auf den richtigen Kasus.

> zu (2 x) • ~~außerhalb~~ • gegenüber • in • aus • nach • neben

⊙ Besucherparkplätze • Firmengelände • sich befinden

Die Besucherparkplätze befinden sich außerhalb des Firmengeländes.

1. Edwin und Martina • Kantine • gehen

   ....
   ....

Hinweise

○ **Ortsangaben** beantworten die Frage *Wo?* Man verwendet für Ortsangaben verschiedene Präpositionen, z. B.:

→ an, auf, in, hinter, neben, über, unter, vor, zwischen *(Beispielsatz 1)*
Diese sogenannten Wechselpräpositionen stehen als Ortsangabe im Dativ: *hinter dem Eingangsbereich*.

→ gegenüber, bei *(Beispielsatz 2)*
Beide Präpositionen werden mit dem Dativ gebraucht.
Gegenüber bedeutet *auf der anderen Seite*, es kann vor- oder nachgestellt sein: *Gegenüber der Rezeption befindet sich unsere Marketingabteilung. – Unsere Marketingabteilung befindet sich der Rezeption gegenüber.*
Bei verwendet man z. B. bei Personen, Behörden, Firmen oder Veranstaltungen: *Frau Müller ist gerade beim Chef.*

→ innerhalb, außerhalb
Innerhalb und *außerhalb* machen eine Begrenzung deutlich und werden mit dem Genitiv gebraucht: *Innerhalb des Firmengeländes gelten besondere Sicherheitsmaßnahmen.*

○ **Richtungsangaben** beantworten die Frage *Wohin?* oder *Woher? (Beispielsatz 3)*
Oft werden dafür die folgenden Präpositionen verwendet:

→ an, auf, in, hinter, neben, über, unter, vor, zwischen
Die Wechselpräpositionen stehen als Richtungsangabe im Akkusativ: *Die Akten werden in die Abteilungen gebracht.*

→ zu, nach
Beide Präpositionen werden mit dem Dativ verwendet.
Zu bedeutet *in Richtung*, es wird auch für Personen, Behörden und Veranstaltungen verwendet: *Frau Müller geht zum Chef.*
Nach verwendet man bei Angaben ohne Artikel (z. B. Städten, den meisten Ländern, Kontinenten): *Der Direktor fliegt nach München.*

→ aus, von
Aus und *von* beantworten die Frage *Woher?* und stehen mit dem Dativ. *Aus* wird im Sinne von *heraus* gebraucht oder bei Städten und Ländern. *Von* steht z. B. bei Personen, Behörden oder Veranstaltungen: *Frau Müller kommt vom Chef.*

⇒ *Weitere Hinweise zum Gebrauch der Präpositionen siehe Grammatikübersicht im Anhang.*

Arbeitsumfeld und Informationstechnologie — Kapitel 2

2. Sie • Kaffeeautomat • Fahrstuhl • finden

   ....

3. Sie • Prospekte • Materialraum • holen • und • Chef • bringen • könnten?

   ....

4. Herr Sander • Konferenz • Berlin • fahren

   ....

5. rote Zone • Schutzkleidung • getragen werden müssen

   ....

6. Büro • unser Jurist • Besprechungsraum • liegen

   ....

16 Mögliche Probleme mit einem Gebäude

Ergänzen Sie die Verben in der richtigen Form.

> ~~sanieren~~ • bestehen • sein • aufkommen • durchführen • bringen • werden • abreißen • erfüllen • übersteigen • streichen • verstärken

⊙ Das Gebäude ist in schlechtem Zustand: Es muss *saniert* werden.

1. Die Sanierung wird voraussichtlich im Herbst zum Abschluss ....
2. Verbesserungen .... dringend erforderlich.
3. Ohne die vorgesehenen Bauarbeiten können die Sicherheitsanforderungen nicht .... werden.
4. Es .... erheblicher/umfangreicher Renovierungsbedarf.
5. Für den Großteil der Kosten der Arbeiten muss das Unternehmen selbst ....
6. Das Gebäude .... den Bedürfnissen der Mitarbeiter nicht mehr gerecht.
7. Die natürliche Alterung der Bausubstanz ist durch die strengen Winter in der jüngsten Zeit noch .... worden.
8. In nächster Zukunft müssen Wartungsarbeiten .... werden.
9. Die Außenwände müssen neu .... werden.
10. Die Umbaukosten sind viel zu hoch: Sie .... den derzeitigen Wert des Gebäudes.
11. Das Gebäude muss wegen seines baufälligen Zustandes .... werden.

17 Mündlicher Ausdruck: Präsentation

Wählen Sie ein Thema aus und berichten Sie.

a) Stellen Sie Ihr Firmengebäude vor. Machen Sie eine (gedankliche) Führung durch Ihre Firma, nutzen Sie, wenn vorhanden, auch Fotos oder Grafiken der jeweiligen Internetseite.

Redemittel

Ein Gebäude beschreiben

- Unser Firmengebäude befindet sich/liegt …
- Die Firma ist in (Berlin) angesiedelt.
- Der Sitz unseres Unternehmens befindet sich in (Stuttgart).
- Wir haben auch Dienststellen in (Magdeburg) und (Cottbus).
- Unser Firma verfügt über … Gebäude.
- Das Firmengelände erstreckt sich über …/umfasst … qm.
- Im Jahr 20… sind wir in ein größeres Gebäude gezogen.
- Wir haben vor, ein kleineres Gebäude zu mieten.
- Ich lade Sie zu einem kleinen Firmenrundgang ein:
- Im Eingangsbereich/Im Erdgeschoss/Im ersten Stock finden Sie …
- Links/Rechts von …/Gegenüber …/Neben …/Hinter …/Vor …/Zwischen … liegt …

b) Wurden in Ihrer Firma/Institution in letzter Zeit Sanierungs- und Renovierungsarbeiten sowie Veränderungen oder größere Ausbesserungen an Firmengebäuden vorgenommen? Berichten Sie. Verwenden Sie auch die Verben aus Aufgabe 16.

Kapitel 2 — Arbeitsumfeld und Informationstechnologie

18 Schriftlicher Ausdruck: Eine Broschüre erstellen

Schreiben Sie einen Text für eine Broschüre über die von Ihrer Firma genutzten Gebäude.
Schreiben Sie mindestens 200 Wörter. Gehen Sie dabei auf folgende Punkte ein:

- Die wichtigsten Abteilungen und ihre Aufgaben
- Beschreibung des Firmengebäudes / Firmengeländes
- Änderungen am Firmengebäude (Renovierung, Ausbesserungen, Umbau usw.)

19 Grüne Gebäude

a) Was charakterisiert ein „Grünes Gebäude"? Erstellen Sie ein Assoziogramm.

b) Lesen Sie die Definition für „Grüne Gebäude" und ergänzen Sie die fehlenden Artikel in der richtigen Form.

Als „Grüne Gebäude" werden Gebäude bezeichnet, die unter dem Leitgedanken d...... Nachhaltigkeit entwickelt wurden. D...... Gebäude zeichnen sich unter anderem durch eine hohe Ressourceneffizienz in d...... Bereichen Energie, Wasser und Material aus, während gleichzeitig schädliche Auswirkungen auf d...... Gesundheit und d...... Umwelt reduziert werden. D...... Leitgedanke wird dabei idealerweise über alle Phasen d...... Gebäude-Lebenszyklus von d...... Projektentwicklung, d...... Planung und d...... Konstruktion über d...... Betrieb, d...... Wartung und d...... Demontage verfolgt.

c) Geben Sie den Textinhalt mündlich wieder.

20 Was passt zusammen?

Ordnen Sie den Verben die richtigen Nomen zu. Einige Nomen passen zu mehreren Verben.

CO₂-Emissionen • Qualität • Wärme • Energie • Anforderungen • Aufgabe • Ergebnis • Kriterium • Erwartungen • Funktion • Wünsche • Bedingungen • Strom • Stimmung • Spannung • Benzin • Gas • Ertragslage • Situation

Das kann man verbrauchen:	Das kann man erzeugen:	Das kann man erfüllen:	Das kann man verbessern:
	CO₂-Emissionen		die Qualität

Arbeitsumfeld und Informationstechnologie

Kapitel 2

21 Zukunftsfähige Gebäudekonzepte
Diskutieren Sie in Kleingruppen und machen Sie sich Notizen.

- Welche Vorteile bietet Ihrer Auffassung nach ein nachhaltiger, umweltbewusster Ansatz? (Denken Sie z. B. an Kostensenkung, Energieeffizienz, Umweltschutz.)
- Sind Energieeffizienz und nachhaltiger Bau wichtige Themen in Ihrem Unternehmen? Warum (nicht)?

22 Grüne Bautechnologien

a) Hören Sie den Text und vergleichen Sie ihn mit der folgenden Fassung. Der abgedruckte Text enthält gegenüber dem Hörtext fünf falsche Informationen. Korrigieren Sie die Angaben.

> **Bauen für die Zukunft**
>
> In Europa entfallen auf Privathaushalte, Unternehmen und öffentliche Gebäude etwa 40 Prozent des gesamten Energieverbrauchs und damit mehr als auf die Bereiche Landwirtschaft (32 Prozent) und Transport (28 Prozent).
>
> Da Europa stark daran gelegen ist, seine Energieproduktion zu senken und seine CO_2-Bilanz zu verbessern, wurde der Gebäudesanierung oberste Priorität eingeräumt. Bereits in den kommenden Jahren steht der Bau unzähliger Häuser an, und nach dem Inkrafttreten strengerer EU-Richtlinien 2025 wird die Zahl der Neubauten und Gebäuderenovierungen in die Millionen gehen.
>
> Die Patentanmeldungen, die auf grüne Bautechnologien gerichtet sind, haben sich innerhalb von gut zehn Jahren verdoppelt.

b) Sätze mit ähnlicher Bedeutung
Formen Sie die folgenden Sätze um, indem Sie die in Klammern angegebenen Hinweise oder Wörter in der richtigen Form einarbeiten.

- In Europa <u>entfallen</u> auf Privathaushalte, Unternehmen und öffentliche Gebäude etwa 40 Prozent des gesamten <u>Energieverbrauchs</u>. *(verbrauchen)*
  In Europa verbrauchen Privathaushalte, Unternehmen und öffentliche Gebäude etwa 40 Prozent der gesamten Energie.

1. Europa <u>ist stark daran gelegen</u>, seinen Energieverbrauch zu senken. *(großen Wert legen)*
   ....

2. Der Gebäudesanierung <u>wird oberste Priorität eingeräumt</u>. *(an erster Stelle • stehen)*
   ....

3. Bereits in den kommenden Jahren <u>steht die Sanierung</u> unzähliger Häuser <u>an</u>. *(sanieren müssen, Passiv)*
   ....

4. <u>Nach dem Inkrafttreten</u> strengerer EU-Richtlinien 2020 wird die Zahl der Neubauten und Gebäuderenovierungen in die Millionen gehen. *(wenn)*
   ....
   ....

5. Von 2020 an müssen alle Neubauten praktisch <u>CO_2-frei sein</u>. *(ihren CO_2-Ausstoß • auf Null • reduzieren)*
   ....

6. Die Patentanmeldungen, die auf grüne Bautechnologien <u>gerichtet sind</u>, haben sich innerhalb von gut zehn Jahren verdreifacht. *(zum Gegenstand haben)*
   ....
   ....

Kapitel 2 — Arbeitsumfeld und Informationstechnologie

23 **Innovationstrends für „Grüne Gebäude"**

a) Lesen Sie die folgenden Texte.

1

■ **Heizung und Kühlung**

Etwa die Hälfte der Gesamtenergie eines Gebäudes wird für Heizungs-, Lüftungs- und Klimatechnik (HLK) verwendet. Einer der vielen Erfolg versprechenden HLK-Patentierungsbereiche ist die Luftreinigung, etwa mittels UV-Licht und photoreaktiver Chemikalien, die in ähnlicher Form auch in der Erdatmosphäre vorkommen. Solche Systeme machen es möglich, einen Großteil der Innenluft eines Gebäudes wiederzuverwenden und die Heizkosten zu senken.

Ebenfalls im Kommen ist der Bereich der passiven Solar- und Strahlungsheizung: Von der Sonne erwärmte Luft wird abgeleitet und dazu verwendet, ein Gebäude zu heizen oder – in den Sommermonaten – kühlere Luft zur Klimatisierung zuzuführen. Passive Solarlösungen dieser Art kommen in vielen energieeffizienten Gebäuden zum Einsatz, z. B. in der großen Glaskuppel des Reichstagsgebäudes in Berlin und im Raiffeisenhaus in Wien.

2

■ **Nachhaltige Dämmung**

Eine energieeffiziente Heizung kann ein Gebäude nur dann warmhalten, wenn durch thermische Isolierung dafür gesorgt ist, dass die Wärme nicht entweichen kann.

Ein neuartiges Dämmverfahren hat seit seiner Markteinführung vor einigen Jahren für eine kleine Sensation gesorgt. Anders als herkömmliche Dämmungen, bei denen Luft meist in fasergefüllten Hohlräumen festgehalten wird, um den Wärmeverlust zu vermindern, können Phasenübergangsmaterialien (PCM) Wärme aufnehmen oder abgeben, indem sie sich beim Phasenübergang verfestigen (erstarren) bzw. verflüssigen (schmelzen).

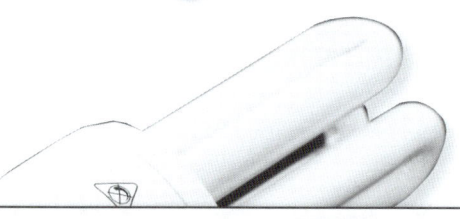

3

■ **Licht**

Auf die Beleuchtung entfallen zwischen 10 Prozent und 30 Prozent des Gesamtenergieverbrauchs eines Gebäudes. Die Entwicklung innovativer, effizienter Beleuchtungstechnologien verläuft mit unglaublicher Geschwindigkeit.

Zahlreiche Anwendungen mit anorganischen (LED) und organischen (OLED) Leuchtdioden verheißen erhebliche Einsparungen beim Energiebedarf für Beleuchtung. LEDs brauchen nur etwa ein Zehntel der Energie, die herkömmliche Glühlampen benötigen, und etwa halb so viel wie Kompaktleuchtstofflampen (Energiesparlampen), die in Europa Standard sind. Außerdem halten sie mindestens 40-mal so lange.

b) Präsentieren Sie einen Aspekt der zukunftsfähigen Gebäude. Bereiten Sie die Präsentation in Kleingruppen vor.

Heizung und Kühlung
- Luftreinigung mittels UV-Licht und photoreaktiver Chemikalien
- einen Großteil der Innenluft eines Gebäudes wiederverwenden
- die Heizkosten senken
- passive Solar- und Strahlungsheizung
- von der Sonne erwärmte Luft ableiten
- kühlere Luft zur Klimatisierung zuführen

Nachhaltige Dämmung
- thermische Isolierung
- Die Wärme kann nicht entweichen.
- Phasenübergangsmaterialien nehmen Wärme auf oder geben sie ab.
- sich beim Phasenübergang verfestigen bzw. verflüssigen

Beleuchtung
- innovative, effiziente Beleuchtungstechnologien
- zahlreiche Anwendungen mit anorganischen (LED) und organischen (OLED) Leuchtdioden
- erhebliche Einsparungen beim Energiebedarf für Beleuchtung
- LEDs: ein Zehntel der Energie, die herkömmliche Glühlampen benötigen
- LEDs halten mindestens 40-mal so lange.

Arbeitsumfeld und Informationstechnologie — Kapitel 2

24 **Üben Sie den Wortschatz.**

Ergänzen Sie die fehlenden Verben in der richtigen Form.

> verwenden • sorgen • machen • benötigen • senken • kommen • entfallen • verlaufen • sein

- Etwa die Hälfte der Gesamtenergie eines Gebäudes wird für Heizungs-, Lüftungs- und Klimatechnik verwendet.

1. Die neuesten Luftreinigungssysteme .... es möglich, einen Großteil der Innenluft eines Gebäudes wiederzuverwenden und die Heizkosten zu ....
2. Ebenfalls im Kommen .... der Bereich der passiven Solar- und Strahlungsheizung.
3. Ein neuartiges Dämmverfahren hat seit seiner Markteinführung vor einigen Jahren für eine kleine Sensation ....
4. Passive Solarlösungen .... in vielen energieeffizienten Gebäuden zum Einsatz.
5. Auf die Beleuchtung .... zwischen 10 Prozent und 30 Prozent des Gesamtenergieverbrauchs eines Gebäudes.
6. Die Entwicklung innovativer, effizienter Beleuchtungstechnologien .... mit unglaublicher Geschwindigkeit.
7. LEDs brauchen nur etwa ein Zehntel der Energie, die herkömmliche Glühlampen ....

25 **Mündlicher und schriftlicher Ausdruck: Ein „Grünes Gebäude" vorstellen**

Suchen Sie nach einem Beispiel für „Grüne Gebäude" im Internet. Schreiben Sie einen Text über das Gebäude und stellen Sie es im Plenum vor (z. B. das umgebaute Reichstagsgebäude in Berlin).

Informationstechnologie

26 **Telearbeit**

a) Diskutieren Sie über die folgenden Fragen in Kleingruppen.

> - Kennen Sie das Konzept der Telearbeit? Was ist Telearbeit? Was wissen Sie über das Konzept der alternierenden Telearbeit?
> - Gibt es in Ihrem Unternehmen Telearbeit? Was waren die Gründe für ihre Einführung/Nichteinführung?
> - Berichten Sie über Ihre Erfahrungen.

b) Welche Vor- und Nachteile bietet Ihrer Meinung nach Telearbeit? Notieren Sie die wesentlichen Punkte und diskutieren Sie dann in der Kleingruppe darüber.
Denken Sie an die Anforderungen an Arbeitnehmer und Arbeitgeber: Arbeitsschutz, Zeitverlust, Produktionsziele, Leistung, Disziplin, Vereinbarkeit von Familie und Beruf, Qualitätskontrolle, finanzielle Folgen usw.

Vorteile	Nachteile

Kapitel 2 — Arbeitsumfeld und Informationstechnologie

27 Lesen Sie den folgenden Text über alternierende Telearbeit.
Vergleichen Sie die Argumente im Text mit Ihren eigenen Argumenten.

Alternierende Telearbeit

Im Rahmen der alternierenden Telearbeit wird die Arbeitsleistung teils am häuslichen Arbeitsplatz, teils im Gebäude des Unternehmens erbracht.

Diese flexible Arbeitsform bringt für das Unternehmen zahlreiche Vorteile mit sich: Mehreren Personen steht ein Arbeitsplatz zur Verfügung, den sie abwechselnd nutzen. Auf diese Weise können Bürokosten und der Energieverbrauch des Unternehmens erheblich gesenkt werden. Der Vorteil der alternierenden Telearbeit für ein Unternehmen liegt außerdem in einer erhöhten Produktivität: Wenn die Mitarbeiter ihre Arbeit nach ihren individuellen „Leistungshochs" gestalten können, nutzen sie ihre Arbeitszeit möglicherweise effektiver als im Büro.

Telearbeit stellt jedoch einige Anforderungen an Arbeitnehmer und Arbeitgeber. Es muss ein geeigneter Arbeitsplatz zu Hause eingerichtet werden und dem Mitarbeiter ein Firmenhandy und ein Internetanschluss zur Verfügung stehen. Außerdem müssen die Erfordernisse des Arbeitsschutzes und der Arbeitssicherheit auch am häuslichen Arbeitsplatz erfüllt sein.

Alternierende Telearbeit ist vor allem dann sinnvoll, wenn die Anfahrt zum Arbeitsplatz sehr lang oder die persönliche Anwesenheit zu Hause erforderlich ist (etwa wenn Kinder aus der Schule kommen). Aber genau da lauern auch die Gefahren der alternierenden Telearbeit: Privatleben und Berufliches sind unter diesen Umständen nicht mehr so einfach voneinander zu trennen, wodurch die Telearbeit eine Belastung für das Familienleben darstellen kann. Darüber hinaus kann diese Arbeitsform auch mit dem Verlust des sozialen Arbeitsumfeldes oder bestimmter Rechte einhergehen. Viele Unternehmer stehen Telearbeit skeptisch gegenüber, denn sie fürchten, so die nötige Kontrolle über die Arbeit ihrer Mitarbeiter zu verlieren – manchmal nicht ganz zu Unrecht.

28 Vertiefen Sie den Wortschatz.
Ergänzen Sie die fehlenden Verben in den Sätzen über Telearbeit.

⊙ Die Arbeitsleistung wird abwechselnd am häuslichen Arbeitsplatz und im Gebäude des Unternehmens *erbracht*.
1. Der Arbeitgeber muss den Mitarbeitern weniger Bürofläche zur Verfügung ....
2. Der Vorteil der alternierenden Telearbeit .... in der Senkung der Bürokosten und einer erhöhten Produktivität.
3. Alternierende Telearbeit .... hohe Anforderungen an die Arbeitnehmer.
4. Die Erfordernisse des Arbeitsschutzes müssen .... werden.
5. Der Mitarbeiter muss zu Hause, meist mit privaten Mitteln, einen geeigneten Arbeitsplatz ....
6. Es ist möglich, dass die Telearbeit mit dem Verlust bestimmter Rechte ....
7. Außerdem kann sie eine erhebliche Belastung für das Privatleben ....
8. Viele Unternehmer .... dieser neuen Arbeitsform skeptisch ....
9. Sie ...., die nötige Kontrolle über ihre Mitarbeiter zu verlieren.
10. Experten zufolge .... diese flexible Arbeitsform für das Unternehmen zahlreiche Vorteile mit sich.

29 Mündlicher Ausdruck: Vortrag und Diskussion

a) Halten Sie einen kurzen Vortrag anhand der Argumente in den Aufgaben 26 und 27. Bemühen Sie sich um eine ausgewogene Darstellung der Pro- und Kontra-Argumente. Verwenden Sie dazu die angegebenen Redemittel.

Redemittel — Vor- und Nachteile abwägen
- Als Vorteil/Nachteil würde ich ansehen, dass …
- Ich sehe/erachte das als eindeutigen Vorteil/Nachteil.
- Das wirkt sich positiv/negativ auf … aus.
- Das ist eindeutig vorteilhaft/nachteilig.
- Das ist einer der wichtigsten Vorteile/Nachteile.
- Das bringt zahlreiche Vorteile/Nachteile mit sich, nämlich: …
- Durch alternierende Telearbeit ergeben sich wesentliche Vorteile, zum Beispiel: …
- Auf der einen Seite …, auf der anderen Seite …

Arbeitsumfeld und Informationstechnologie — Kapitel 2

b) Bereiten Sie einen kurzen Vortrag *für* oder *gegen* alternierende Telearbeit vor. Diskutieren Sie anschließend miteinander. Verwenden Sie u. a. die Redemittel von Seite 14 (Kapitel 1: Einen Vortrag halten).

c) Fassen Sie abschließend die wichtigsten Argumente aller Kursteilnehmer mündlich oder schriftlich zusammen. Wenn Sie einen Abstand zu Aussagen von anderen deutlich machen wollen, benutzen Sie den Konjunktiv I bzw. II.

➔ *Hinweise zum Gebrauch des Konjunktiv I siehe Kapitel 1 und Grammatikübersicht im Anhang.*

30 Damit Telearbeit zum Erfolg wird

a) Lesen Sie die folgenden Tipps, die Microsoft Deutschland gemeinsam mit dem Umfrage-Institut Gallup zusammengestellt hat.

Zehn Regeln für Arbeitgeber:
- Klare Vereinbarungen treffen!
- Nutzung freistellen!
- Mitarbeitern vertrauen!
- Mitarbeiterleistung messen!
- Führung nicht vernachlässigen!
- Fürsorgepflicht ernst nehmen!
- Neue Meetingkulturen schaffen!
- Gemeinschaftsgefühl stärken!
- Mitarbeiter willkommen heißen!
- Unternehmenskultur überprüfen!

Zehn Regeln für Arbeitnehmer:
- Nach Feierabend abschalten!
- Eignung prüfen!
- Selbstbewusstsein entwickeln!
- Verantwortung übernehmen!
- Klare Ziele setzen!
- Richtig kommunizieren!
- Arbeitsrhythmus definieren!
- Mit Kollegen austauschen!
- Sorgfältig arbeiten!
- Sich selbst managen!

b) Wählen Sie die Ihrer Meinung nach wichtigsten Tipps aus und erläutern Sie sie anhand von Beispielen.

31 Die Wortstellung im Hauptsatz

Lesen Sie die folgenden Beispielsätze und markieren Sie die Ergänzungen und Angaben nach dem finiten Verb. Lesen Sie danach die Hinweise.

1. Der Arbeitgeber muss den Mitarbeitern weniger Büroräume zur Verfügung stellen.
2. Telearbeit stellt diverse Anforderungen an Arbeitnehmer und Arbeitgeber.
3. Man kann sie nicht allen Mitarbeitern zumuten.
4. Die Mitarbeiter kommen zu unterschiedlichen Zeiten ins Büro.

Hinweise *(Strukturen)*

- Normalerweise ist die Reihenfolge der Ergänzungen: Nominativ, Dativ, Akkusativ.
  Der Arbeitgeber (Nom.) *muss* *den Mitarbeitern* (Dativ) *weniger Büroräume* (Akk.) *zur Verfügung stellen.*
- Pronomen stehen direkt nach dem konjugierten Verb (Beispielsatz 3). Gibt es als Kasusergänzung zwei Pronomen, so steht der Akkusativ vor dem Dativ.
  Man kann sie (Akk.) *ihnen* (Dativ) *nicht zumuten.*
- Dativ- oder Akkusativergänzungen stehen meistens vor präpositionalen Ergänzungen.
  Telearbeit stellt diverse Anforderungen (Akk.) *an Arbeitnehmer und Arbeitgeber* (präpositionale Ergänzung).
- Die Reihenfolge der Angaben ist meistens: 1. temporal 2. kausal 3. modal 4. lokal (kleine Eselsbrücke: *te – ka – mo – lo*).
  Die Mitarbeiter kommen zu unterschiedlichen Zeiten (temporal) *ins Büro* (lokal).

➔ *Weitere Hinweise zur Wortstellung siehe Grammatikübersicht im Anhang.*

Kapitel 2 Arbeitsumfeld und Informationstechnologie

32 **Praktikanten wollen dazugehören.**

Rekonstruieren Sie den Text. Formulieren Sie aus den vorgegebenen Wörtern Sätze bzw. Teilsätze. Achten Sie dabei auf die richtige Reihenfolge der Wörter und die Konjugation.

- zuschauen • den anderen • bei der Arbeit • und • ansonsten • rumbringen • irgendwie • die Zeit
  Kaffee kochen, *den anderen bei der Arbeit zuschauen und ansonsten die Zeit irgendwie rumbringen.*

1. solche Assoziationen • schon lange nicht mehr • ein Praktikum • wecken
   ....

2. die Generation Y • von einem Praktikumsplatz • anspruchsvolle Aufgaben • selbstständiges Arbeiten • sowie erste Verantwortung • erwarten
   Im Gegenteil: ....
   ....

3. flache Hierarchien • kurze Entscheidungswege • und • ein lockerer Austausch • wichtig • den Einsteigern • sein
   ....

4. sie • immer • bei Problemen • ansprechen können
   Sie brauchen einen Betreuer, den ....

5. unter 1 283 Studenten • zum Thema *Das coolste IT-Praktikum* • aus einer Umfrage
   Das geht .... hervor.

6. sich einrichten • auf die neuen Bedürfnisse • der Generation Y
   Die Arbeitgeber haben ....

7. ihre Praktikanten • arbeiten • selbstständig • und • mit 200 bis 500 Euro • sie • im Monat
   Sie lassen .... und entlohnen
   ....

8. ehemalige Praktikanten • weiterbeschäftigen • als Werkstudenten oder Mitarbeiter
   Zwei Drittel der befragten Unternehmen ....

9. mit den Praktikumsinhalten • die Studieninhalte • verknüpfen
   Leider gelingt es Praktikanten zu selten, ...

33 **Bürogeräte**

a) Welche technischen Geräte haben Sie in Ihrem Büro? Kreuzen Sie an. Ergänzen Sie ggf. die Liste.

☐ der Computer	☐ das Laminiergerät	☐ das Tablet
☐ der Aktenvernichter	☐ der (3D-)Drucker	☐ die externe Festplatte
☐ die Registrierkasse	☐ der Scanner	☐ die Netzwerk-Festplatte
☐ das Faxgerät	☐ der E-Book-Reader	☐ ....
☐ die Geldzählmaschine	☐ das Notebook	☐ ....
☐ das Diktiergerät	☐ der PC	☐ ....

b) Stellen Sie die folgenden Fragen mindestens zwei Gesprächspartnern. Notieren Sie die Antworten und berichten Sie.

Frage	Gesprächspartner/in 1	Gesprächspartner/in 2
1. Welche der genannten Geräte benutzen Sie täglich?		
2. Auf welche Geräte könnten Sie nicht verzichten? Warum?		
3. Welche Geräte finden Sie weniger nützlich? Warum?		

Arbeitsumfeld und Informationstechnologie — Kapitel 2

34 Softwareprogramme und ihre Aufgaben

a) Welche Software passt zu den beschriebenen Aufgabenbereichen?
Ordnen Sie den Beschreibungen die passende Überschrift zu.

> ~~Inventarisierung~~ • Finanzbuchhaltung • Sitzungsmanagement • Überwachung der Computeraktivitäten • Terminplaner • Auftragsbearbeitung

1 Inventarisierung
Das Programm unterstützt Sie beim Verfassen Ihrer Inventarliste. Es erkennt Produkte mit Barcode-Etiketten, z. B. Büromöbel, Betriebsmittel, Computer. Mit dieser Software können Sie Ihre Inventargüter einfach verwalten.

4 ....
Die bewährte Lösung für kleine und mittlere Unternehmen. Das Programm verfügt über leistungsfähige Module für Kunden-, Lieferanten- und Mitarbeiterverwaltung, Artikel- und Lagerverwaltung inkl. kundenspezifischer Preise und Stücklisten.

2 ....
Die Software beinhaltet die Optionen für eine Vorlagenerfassung und -mitzeichnung, eine Sitzungsplanung, eine Beschlussverwaltung und -überwachung sowie für die Tagesordnung.

5 ....
Aussagekräftige Berichte und Analysen sowie ein integriertes Finanz- und Bilanzcontrolling bilden eine fundierte Basis für Geschäftsentscheidungen. Eine intuitive Bedienung, die übersichtliche Darstellung und ein Aufbau, der sich am Buchhaltungsalltag orientiert, erleichtern die Arbeit mit diesem Programm.

3 ....
Die Software ermöglicht Ihnen, Ihre Kundentermine unkompliziert zu planen und zu vergeben. Durch die grafische Darstellung einer kompletten Kalenderwoche überblicken Sie schnell alle noch freien und die eingetragenen Termine.

6 ....
Ein Softwaretool, das die Aktivitäten der Mitarbeiter am Arbeitsplatz misst und die Internetnutzung betriebswirtschaftlich auswertet. Es zeichnet alle Internetadressen auf, die benutzt werden, und alle E-Mail- sowie Chat-Adressaten, die der Mitarbeiter anschreibt.

b) Welche Programme kennen Sie? Welche nutzen Sie im Büro? Berichten Sie.

c) Computerbefehle
Wofür steht die Tastenkombination? Diskutieren Sie und ordnen Sie zu.

> ~~kopieren~~ • rückgängig machen • alles markieren • drucken • kursiv • wiederherstellen • fett • den Taskmanager aufrufen • einfügen • unterstreichen • das Fenster schließen • ausschneiden

- ⊙ Strg + C = kopieren
1. Strg + V = ...
2. Strg + A = ...
3. Strg + P = ...
4. Strg + X = ...
5. Strg + Z = ...
6. Strg + Y = ...
7. Alt + F4 = ...
8. Strg + Alt + Entf = ...
9. Strg + ↑ + F = ...
10. Strg + ↑ + U = ...
11. Strg + ↑ + K = ...

Kapitel 2 — Arbeitsumfeld und Informationstechnologie

35 Schriftlicher Ausdruck: E-Mails schreiben

Lesen Sie die folgende E-Mail. Reagieren Sie auf die Einladung. Schreiben Sie zuerst eine Zusage, dann eine Absage.

> Liebe Kolleginnen und Kollegen,
>
> wir laden Sie herzlich zu unserer nächsten Weiterbildungsveranstaltung zum Thema *Die Umsetzbarkeit des Modells: Bring Your Own Device – Arbeite mit deinem eigenen Gerät* ein.
>
> Die Veranstaltung findet am 24. November um 10.00 Uhr im Raum 105 statt. Unser Referent, Herr Johann Eberle, gilt als Experte auf diesem Gebiet.
>
> Bitte bestätigen Sie Ihre Teilnahme per E-Mail.
>
> Im Voraus vielen Dank.
>
> Mit freundlichen Grüßen
>
> Helga Polger

36 Arbeiten mit dem eigenen Gerät

a) Diskutieren Sie in Kleingruppen. Präsentieren Sie anschließend die besprochenen Informationen.

- Mit welchen Geräten wird in Ihrer Firma gearbeitet? Welche sind Firmeneigentum und welche die eigenen Geräte der Mitarbeiter?

- Welche Vor- und Nachteile/Risiken kann es mit sich bringen, wenn Mitarbeiter ihre eigenen technischen Geräte für dienstliche Zwecke nutzen? (Kosten, Datenschutz, Modernisierung der Geräte, Grenzen zwischen Privat- und Berufsleben usw.)

b) Sie nehmen an der Weiterbildung teil (Aufgabe 35) und hören dort einen Kurzvortrag. Machen Sie sich beim Zuhören Notizen.

c) Ihr Kollege konnte nicht zur Weiterbildung kommen.
Fassen Sie die wichtigsten Informationen anhand Ihrer Notizen zusammen und informieren Sie ihn.

37 Sicherer Datenverkehr

Ergänzen Sie die Sätze mit dem passenden Verb in der richtigen Form.

> einsetzen • ~~beeinflussen~~ • nutzen • schützen • einrichten • sein • ergreifen • darstellen • fallen • absegnen • gefährden • verlangen

- Die moderne Technologie *beeinflusst* immer mehr die Art und Weise, wie wir arbeiten.

1. Mobile Endgeräte wurden in den letzten Jahren verstärkt ....
2. Immer häufiger werden private Smartphones und Notebooks für dienstliche Zwecke ....
3. Die Nutzung von privaten Geräten wurde von der IT-Abteilung oft nicht ....
4. Vertrauliche Firmendaten müssen .... werden.
5. Der größte Risikofaktor, der sicheren Datenverkehr ...., ist der Benutzer selbst.
6. Nur jede dritte Firma .... von ihren Mitarbeitern, sich aktiv um die Datensicherheit zu bemühen.
7. Viele Firmen sollten strengere Sicherheitsmaßnahmen ....
8. Mobile Endgeräte .... ein Risiko ....
9. Die Nutzer sollten mindestens eine Zugangssperre (mittels Passwort oder PIN) an ihrem Gerät ....
10. Andernfalls können die Daten Unbefugten in die Hände ....
11. Die Mitarbeiter und die Firmenleitung müssen sich darüber im Klaren ...., dass solche Nachlässigkeiten schwerwiegende Folgen haben können.

Arbeitsumfeld und Informationstechnologie — Kapitel 2

38 Schriftlicher oder mündlicher Ausdruck: Erklärungen geben

In der Weiterbildungsveranstaltung betont der Seminarleiter:

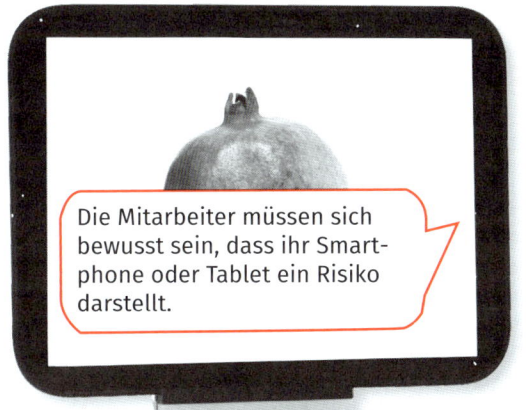

Die Mitarbeiter müssen sich bewusst sein, dass ihr Smartphone oder Tablet ein Risiko darstellt.

Er bittet Sie, sich dazu näher zu äußern und dabei auf die folgenden Fragen einzugehen.

- Warum ist sicherer Datenverkehr im Allgemeinen wichtig?
- Wie nutzen Sie persönlich Ihre eigenen Geräte am Arbeitsplatz?
- Haben Sie Sicherheitsmaßnahmen ergriffen und wenn ja, welche?
- Was könnten die Mitarbeiter Ihrer Firma zusätzlich für den sicheren Datenverkehr tun?

Schreiben Sie etwa 200 Wörter. Verwenden Sie dazu das Sprachmaterial aus den Aufgaben 36b (Hörtext) und 37.

39 Negation

Lesen Sie die folgenden Beispielsätze und markieren Sie die Wörter, die eine Verneinung ausdrücken. Lesen Sie dann die Hinweise.

1. 44 Prozent der deutschen Unternehmen machen keine Vorgaben für die Benutzung privater Mobilgeräte im Unternehmen.
2. Größere Unternehmen setzen unternehmenskritische Informationen Risiken aus, weil sie keine entsprechenden Richtlinien ausgegeben haben.
3. Allein mit technischen Hilfsmitteln ist Nachlässigkeiten nicht beizukommen.

Hinweise

- *Kein* steht immer vor einem Nomen (*Beispielsatz 1*) oder einer Nomengruppe (*Beispielsatz 2*).
- Mit *nicht* kann man Sätze oder Satzteile negieren. In der **Satznegation** (*Beispielsatz 3*) steht *nicht* möglichst weit am Ende des Satzes (am Satzende, vor dem zweiten Teil des Verbes oder vor der Ergänzung, die eng zum Verb gehört).
- In der **Teilnegation** steht *nicht* vor dem Satzteil, der negiert wird.
  Der Chef hat *nicht* Paul befördert, sondern Ferdinand.

Strukturen

➜ *Weitere Hinweise zur Negation siehe Grammatikübersicht im Anhang.*

40 Unterschiedliche Meinungen

Negieren Sie die Sätze.

- Alle Mitarbeiter sollten an dieser Weiterbildung teilnehmen.
  Kein (einziger) Mitarbeiter sollte an dieser Weiterbildung teilnehmen.

1. Ich bin sicher, dass sich das Raumklima auf unser Wohlbefinden auswirkt.
   ....
2. Im Hinblick auf das Wohlbefinden der Mitarbeiter spielt der Lärmpegel eine entscheidende Rolle.
   ....
3. Mein Arbeitstisch ist ausreichend beleuchtet.
   ....
4. Wir sollten unseren Mitarbeitern die Nutzung eigener mobiler Geräte erlauben.
   ....
5. Auch in einem Großraumbüro kann man effizient arbeiten.
   ....
6. Unser Unternehmen hat spezielle schallabsorbierende Stellwände angeschafft.
   ....

49

Kapitel 2 — Arbeitsumfeld und Informationstechnologie

41 **Deutsche Universität „entlässt" 48 000 Studenten und Mitarbeiter**

a) Lesen Sie die Sätze über einen spektakulären Softwarefehler und bringen Sie diese in die richtige Reihenfolge. Arbeiten Sie zu zweit und vergleichen Sie Ihre Version mit den Texten anderer Teilnehmer.

- ( ) Ein Softwarefehler im Rechenzentrum der Universität war für diese Fehlinformation verantwortlich.
- ( ) Diese E-Mail erhielten 37 000 Studenten und 11 000 Mitarbeiter einer großen deutschen Universität vor einiger Zeit an einem Sonntagmorgen.
- (1) „In zwölf Tagen wird Ihr Log-in gesperrt."
- ( ) „Dies geschieht, weil Sie als Student exmatrikuliert worden sind, als Mitarbeiter Ihr Vertrag geendet hat oder die Gültigkeit Ihres Gast-Log-ins abläuft."
- ( ) Vermutlich habe sogar der Rektor die Nachricht erhalten.
- ( ) So führten Probleme beim Datenabgleich der Personal- und Studentendaten dazu, dass die E-Mail in Umlauf gebracht wurde.
- ( ) Die Sprecherin der Universität versuchte, die vermeintliche Massenentlassung von der humorvollen Seite zu nehmen:

b) Finden Sie die passende Ergänzung.

1. Eine E-Mail mit falschen Informationen wurde in Umlauf   a. abgelaufen.
2. Sogar der Rektor habe die Nachricht   b. erhalten.
3. Die Daten des Personals wurden   c. gebracht.
4. Die Gültigkeit des Log-ins ist   d. gesperrt.
5. Den Benutzern wurde mitgeteilt: Ihr Log-in wird in zwölf Tagen e. geführt.
6. Ein Softwarefehler hat zu den Problemen   f. abgeglichen.

c) Mündlicher Ausdruck: Smalltalk über Computerprobleme
Sie machen mit einigen Kollegen gerade eine Kaffeepause. Berichten Sie über die Softwarepanne an einer deutschen Universität und über eigene Probleme mit Ihrem Computer.

1. Probleme mit dem Internetzugang
2. Probleme mit Spyware und Computerviren
3. geringe Leistung, wenn mehrere Anwendungen gleichzeitig ausgeführt werden
4. Der Virenschutz lässt sich nicht installieren.
5. Einige Programme stürzen regelmäßig ab/reagieren nicht.
6. Probleme mit der Festplatte
7. Der Computer hängt sich ständig/immer wieder auf.
8. ....

Arbeitsumfeld und Informationstechnologie

Kapitel 2

42 Büroarbeit vor dem Computerzeitalter

a) Bilden Sie Komposita. Oft gibt es mehrere Lösungen.

- Arbeits- — h. -organisation
1. Routine- — a. -entzündung (?) / f. -tätigkeit
2. Arbeits- — b. -haus
3. Eltern- — c. -möglichkeit
4. Sehnenscheiden- — d. -leiter
5. Durchgangs- — e. -stadium
6. Abteilungs- — f. -tätigkeit
7. Erwerbs- — g. -chancen
8. Aufstiegs- — i. -druck

b) Ergänzen Sie die passenden Komposita aus Aufgabe 42a in der richtigen Form.

1 Als Frauen die Büros eroberten
Mit dem Wandel der *Arbeitsorganisation* am Anfang des 20. Jahrhunderts vollzog sich eine Feminisierung in den Büroetagen der Firmen, vor allem bei den .... (1). Die Zahl der weiblichen Kollegen unter den Stenografen und Typisten betrug in den USA um 1900 bereits 86 000.

2 Prägendes Berufsbild: Die Angestellte
Auch in Deutschland waren es vornehmlich Frauen, die diese neue .... (2) wahrnahmen. Sie kamen meist aus einem bürgerlichen .... (3), doch auch jungen Frauen aus der Arbeiterschaft gelang immer häufiger der Sprung in den besser angesehenen Angestelltenstatus.

3 Über den Schreibsaal an den häuslichen Herd
Die einseitige, kraftaufwendige und nicht zuletzt laute Arbeit in den Schreibsälen führte nicht selten zu Beeinträchtigungen der Gesundheit wie Nervosität, Schwindel, Erschöpfung, ... (4) und Schwerhörigkeit. Auch Klagen über den enormen .... (5) findet man in zeitgenössischen Berichten. Für die meisten Frauen war diese Tätigkeit daher auch keine Dauerstellung, sondern eher ein .... (6) vor dem Eintritt in die Ehe.

Wichtige Redemittel zu den Themen

Lesen Sie die folgenden Redemittel zu den behandelten Themen und markieren Sie den für Sie besonders relevanten Wortschatz. Wiederholen Sie die aufgeführten Wendungen als Ganzes (Nomen mit Verben und Ergänzungen).

Das Arbeitsumfeld

Ergonomie
- die **Atmosphäre am Arbeitsplatz** beeinflussen
- als eine **Beeinträchtigung der Konzentration** gelten
- eine psychische und physische **Belastung** darstellen
- durch **Geräusche und Lärm** (nicht) gestört werden
- **Gymnastikübungen** machen
- wechselnde **Körperhaltungen** ermöglichen/einnehmen
- die **Luftfeuchtigkeit** messen/optimieren
- schallabsorbierende **Möbelstücke** aufstellen
- den Tisch zwischen **Steh- und Sitzhöhe** verstellen können
- die **Wirbelsäule** stützen
- sich positiv oder negativ auf unser **Wohlbefinden** auswirken

Großraumbüros
- den Mitarbeitern **Ausweichräume** zur Verfügung stellen
- einen hohen **Geräuschpegel** und viele **Ablenkungen** haben
- die projektspezifische **Kooperation und Kommunikation** untereinander erleichtern
- eine **Lösung aus Kostengründen** bevorzugen
- entsprechende **Maßnahmen** treffen
- die **Produktivität** hemmen/beeinträchtigen
- (keinen) **Stress** erzeugen

Kapitel 2 — Arbeitsumfeld und Informationstechnologie

Moderne Gebäude

Aufgaben der Abteilungen
- Zum **Aufgabenbereich**/Zu den **Aufgaben** der Marketingabteilung gehört/gehören …
- Die Abteilung für Verkauf und Vertrieb hat den **Auftrag**, …
- Der gesamte **Bereich der Finanzen** wird von der Finanzabteilung bearbeitet.
- Die **Hauptaufgabe** der Geschäftsführung besteht darin, …
- Die **Qualitätskontrolle** wird von der Abteilung für Qualitätssicherheit durchgeführt.
- Die IT-Abteilung übernimmt die **Verantwortung** für …
- Die Personalabteilung nimmt die **Zuständigkeiten** für das Personal wahr.

Gebäude
- schädliche **Auswirkungen** reduzieren/haben
- auf grüne/nachhaltige **Bautechnologie** gerichtet sein
- den **Bedürfnissen der Mitarbeiter** (nicht mehr) gerecht werden
- die CO_2-**Bilanz** verbessern
- CO_2-**Emissionen** erzeugen/vermeiden
- zum **Einsatz** kommen, z. B. passive Solarlösungen
- erhebliche **Einsparungen** einbringen/verheißen
- den **Energieverbrauch** senken
- ein **Gebäude** sanieren/abreißen/heizen
- kühlere **Luft zur Klimatisierung** zuführen
- hohe/niedrige **Renovierungskosten**
- eine hohe **Ressourceneffizienz** aufweisen
- die **Sicherheitsanforderungen** erfüllen
- den **Wärmeverlust** vermindern
- **Wartungsarbeiten** durchführen

Technologie für die Arbeit

Telearbeit
- hohe **Anforderungen** an die Mitarbeiter stellen
- **Belastungen** für das Familienleben darstellen
- den **Energieverbrauch des Unternehmens** reduzieren
- einige **Herausforderungen** mit sich bringen
- mit **Mängeln im Arbeitsschutz** einhergehen
- zum **Verlust des sozialen Arbeitsumfeldes** führen
- erhebliche finanzielle **Vorteile** erzielen

Bürogeräte
- Nachlässigkeiten können schwerwiegende **Folgen** haben.
- auf ein **Gerät** (nicht) verzichten können
- die **Internetnutzung** messen und betriebswirtschaftlich auswerten
- **Inventargüter** verwalten
- eine **Inventarliste** verfassen
- Das **Programm** verfügt über leistungsfähige Module.
- ein **Risiko** darstellen
- einfache **Sicherheitsmaßnahmen** ergreifen
- private **Smartphones** für geschäftliche Zwecke nutzen
- alle **Termine** schnell überblicken können
- **Vorlagen** erfassen
- eine **Zugangssperre** mittels Passwort oder PIN einrichten

Produktinnovation und Patentschutz **Kapitel 3**

Am Ende des Kapitels können Sie:

- Hör- und Lesetexte zu den Themen *Innovation*, *Markennamen*, *Markenrecht*, *Erfindungen* und *Patente* verstehen und deren Inhalt in zusammengefasster Form und zu bestimmten Details wiedergeben
- den themenbezogenen Wortschatz adäquat und variabel verwenden
- zu den genannten Themen Stellung nehmen und Überzeugung und Zweifel ausdrücken
- einen Kurzvortrag zum Thema *Markennamen* halten
- eine Grafik zur Patentierung beschreiben und ein Gespräch über Patente führen
- eine Pro-und-Kontra-Diskussion über die Notwendigkeit von Patenten führen und Ihre Meinung darlegen und begründen
- ein technisches Gerät/ein technisches Projekt präsentieren
- einen Leserbrief zum Thema *Produktinnovation* verfassen
- inhaltsrelevante Sätze/Texte aus vorgegebenen Wörtern/Wendungen formulieren bzw. umformen
- grammatische Strukturen der Beschreibung verwenden.

Produktinnovation

1 Diskussion: Produktinnovation

Welche der folgenden Aspekte gehören Ihrer Meinung nach zum Begriff *Produktinnovation*? Welche davon halten Sie für besonders wichtig? Diskutieren Sie zu zweit und präsentieren Sie anschließend Ihre Ergebnisse im Plenum.

- technischer Fortschritt
- vermarktungsfähiges Produkt
- Marktnische
- geplante Obsoleszenz*
- niedriger Marktpreis
- Befriedigung ausgefallener Wünsche
- Anpassung an ein sich ständig erweiterndes Bedarfsniveau
- Kreativität
- Risikomanagement
- aus der Not eine Tugend machen
- Nachhaltigkeit
- Alltagsbedürfnisse befriedigen
- neue Bedürfnisse schaffen
- Überraschungseffekt
- gelungener Markenname

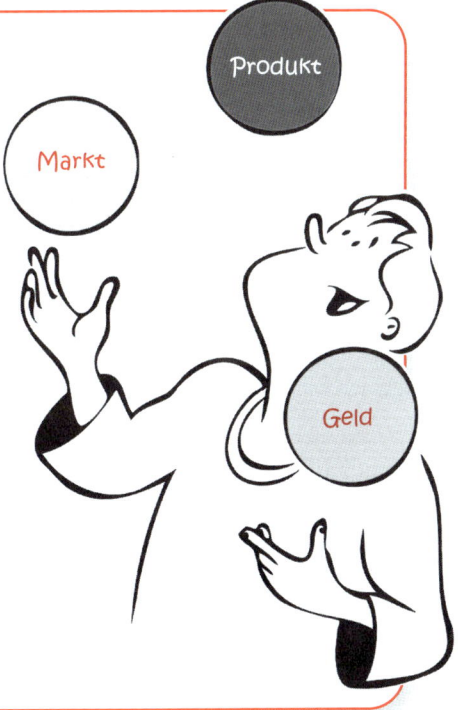

*Obsoleszenz: Abnutzung, Alterung von Produkten auf natürliche oder künstlich beeinflusste Art

53

Kapitel 3 — Produktinnovation und Patentschutz

2 **Was ist Produktinnovation?**

a) Formulieren Sie zu zweit eine kurze Definition des Begriffs *Produktinnovation*.

b) Ergänzen Sie die fehlenden Satzteile in dem folgenden Lexikoneintrag zum Stichpunkt *Produktinnovation*. Arbeiten Sie zu zweit.

> Ergebnis der Suche • hinsichtlich einer Nutzenkomponente • in jeder Hinsicht • ~~eine wichtige Wachstumsstrategie~~ • vor Nachahmung • um eine echte Basisinnovation • die erste gewerbliche Nutzung • der internationalen Markenpiraterie • im Angebotsprogramm • in Markt- und Betriebsneuheiten

Die Produktinnovation ist *eine wichtige Wachstumsstrategie*. Sie besteht in der Entwicklung neuartiger Produkte als .... (1) nach Produktideen und der Aufnahme in das Produktionsprogramm. Die Produktinnovation ist .... (2) einer Problemlösung für ein bestimmtes Abnehmerbedürfnis. Aus Marketingsicht (Neuproduktentwicklung) ist besonders relevant, ob die Zielgruppe das Produkt .... (3) wesentlich anders einstuft als die bisher angebotenen Produkte. Produktinnovationen werden deshalb .... (4) unterteilt. Eine Marktneuheit ist .... (5) neu. Dabei kann es sich .... (6) oder nur um eine Weiterentwicklung (Verbesserungsinnovation) handeln. Eine Betriebsneuheit ist lediglich eine Neuheit .... (7) des betreffenden Unternehmens. Ein solches Erzeugnis stellt oft eine Imitation eines vorhandenen Produkts dar, bei dem zumindest einige Eigenschaften modifiziert bzw. weiterentwickelt werden (innovatorische Imitation). Ein gewisser Rechtsschutz .... (8) kann durch Patente, Gebrauchsmuster, Geschmacksmuster und Warenzeichen erlangt werden, auch wenn dadurch .... (9) nur begrenzt begegnet werden kann.

c) Beschreiben Sie mit eigenen Worten den Unterschied zwischen *Marktneuheit* und *Betriebsneuheit*.

3 **Bilden Sie aus den Nomen Komposita.**
Manchmal gibt es mehrere Lösungsmöglichkeiten. Nennen Sie auch die Artikel.

> Produktion • Waren (*Pl.*) • Ziel • Gebrauch • Recht • Wachstum • Basis • Produkt • Marken (*Pl.*)
>
> Schutz • Gruppe • Idee • Piraterie • Muster • Innovation • Zeichen • Strategie • Programm • Komponente

das Produktionsprogramm, ...

4 **Die innovativsten Firmen der Welt**

a) Welche Unternehmen halten Sie für die innovativsten? Begründen Sie Ihre Meinung.

b) Lesen Sie den folgenden Text.

■ Neue Ideen führen zum Erfolg

Apple und Google machen es seit Jahren vor: Innovationen sind der Schlüssel zum Erfolg der beiden Konzerne. Doch auch Unternehmen jenseits der Technologiebranche scheinen immer mehr Wert auf innovative Ideen zu legen. Denn nichts ist Topmanagern weltweit derzeit so wichtig wie das Erneuerungspotenzial ihrer Firmen. Zu diesem Ergebnis kommt eine Studie der Boston Consulting Group (BCG). Für das Ranking der 50 innovativsten Unternehmen der Welt befragt die Unternehmensberatung jährlich 1 500 Führungskräfte aus verschiedenen Branchen.

Ihre Einschätzung zeigt: Mehr als drei Viertel der Befragten bewerten die Innovationsfähigkeit ihrer Unternehmen als höchste oder mindestens als eine von drei Top-Prioritäten. Der Trend der vergangenen Jahre setzt sich somit fort.

Es zeigt sich immer mehr, dass nicht nur Technologieunternehmen von Neu- und Weiterentwicklungen profitieren. Zwar führt Apple – gefolgt von Samsung und Google – bereits zum neunten Mal in Folge die Rangliste der innovativsten Unternehmen an, doch allein in den Top 20 sind neun Autohersteller vertreten, ⇨

Produktinnovation und Patentschutz — Kapitel 3

> darunter auch BMW als höchstplatzierter deutscher Autobauer auf Position 9, Audi und Mercedes schaffen es auf
> 25 die Ränge 19 und 20.
> Welche Ideen der Produktentwicklung, unabhängig von den Branchen, tatsächlich umgesetzt werden, entscheidet in den meisten Unternehmen die Konzernleitung. Zwei Drittel der Befragten nannten strategische und fi-
> 30 nanzielle Kriterien als besonders wichtig für die Entscheidung, ob ein neues Produkt entwickelt wird oder nicht.
>
> Als ähnlich wichtig schätzen die Innovatoren die Ansichten ihrer Kunden ein. 73 Prozent sagen, deren Wünsche spielten eine besondere Rolle bei der Pro-
> 35 duktentwicklung. Große Bedeutung maßen die Topmanager sich selbst bei: 83 Prozent der innovationsstarken Unternehmen sahen die Geschäftsführer oft oder sehr oft als treibende Kraft für Erneuerungsprozesse, während nur 55 Prozent der schwächeren Innovatoren der
> 40 Unternehmensleitung so viel Kompetenz zusprachen.

c) Fassen Sie den Text mit eigenen Worten zusammen.

d) In welchem Zusammenhang werden diese Zahlenangaben im Text verwendet? Antworten Sie in ganzen Sätzen.

| 50 | drei Viertel | zwei Drittel | 83 |
| 1 500 | 9 | 73 | 55 |

5 **Bilden Sie aus den vorgegebenen Wörtern Sätze.**
Achten Sie auf eventuell fehlende Präpositionen, den richtigen Kasus und die in Klammern angegebene Zeitform.

- Innovationen • ein großer Beitrag • Erfolg • die Konzerne • leisten *(Präsens)*
  Innovationen leisten einen großen Beitrag zum Erfolg der Konzerne.

1. auch • Unternehmen • jenseits • Technologiebranche • Innovationen • immer wichtiger • finden *(Präsens)*
   ....

2. dieses Ergebnis • eine Studie • die Boston Consulting Group • kommen *(Präteritum)*
   ....

3. das Ranking • die 50 innovativsten Unternehmen • jährlich • eine Befragung • 1 500 Führungskräfte • stattfinden *(Präsens)*
   ....

4. etwa drei Viertel • die Befragten • die Innovationsfähigkeit • ihrer Unternehmen • Top-Priorität • bewerten *(Präteritum)*
   ....

5. der Trend • die vergangenen Jahre • somit • anhalten *(Präsens)*
   ....

6. nicht nur • Technologieunternehmen • Nutzen • Neu- und Weiterentwicklungen • ziehen *(Präsens)*
   ....

7. Top 20 • neun Autohersteller • zu finden sein *(Präsens)*
   ....

8. die Umsetzung • die neuen Ideen • die meisten Unternehmen • die Konzernleitung • entscheiden *(Präsens)*
   ....

9. zwei Drittel • die Befragten • strategische und finanzielle Kriterien • Grundlage • die Entscheidung • nennen *(Präteritum)*
   ....

10. die Ansichten • die Kunden • 73 Prozent • die Befragten • eine wichtige Rolle • spielen *(Präsens)*
    ....

11. die größte Bedeutung • die Topmanager • innovative Unternehmen • sich selbst • beimessen *(Präteritum)*
    ....

Kapitel 3 — Produktinnovation und Patentschutz

6 Besprechen Sie die folgenden Fragen in Kleingruppen und berichten Sie über die Ergebnisse im Plenum.

- Spielt Innovation in Ihrer Firma eine wichtige Rolle? Wenn ja, in welchen Bereichen? Wenn nicht, warum nicht?
- Haben Sie Tipps, wie man die Innovationsfähigkeit einer Firma steigern könnte?
- Würden Sie sich als innovativ bezeichnen? Warum (nicht)?

7 Erfolgreiche Innovationen planen

a) Lesen Sie den folgenden Text.

■ Der Weg zur erfolgreichen Produktinnovation

Zwar gibt es kein allgemeingültiges Erfolgsrezept, aber eines steht fest: Innovation benötigt viele Zutaten.

Ohne eine tief verankerte und gelebte Innovationskultur können auch die besten Ideen nicht umgesetzt werden. Unternehmen, bei denen die Mitarbeiter einen großen Handlungsspielraum haben und über ein Zeitbudget für freie Experimente verfügen, bieten einen fruchtbaren Boden als Firmen, die ihren Mitarbeitern diese Freiheit nicht gewähren. Führungskräfte innovationsfreudiger Unternehmen können außerdem auf motivierte Mitarbeiter hoffen, die sich mit den Zielen der Firma identifizieren.

Selbstverständlich werden auch unter solchen Umständen nicht alle guten Ideen weiterentwickelt. Eine kritische Analyse entscheidet, welche Vorschläge großes Potenzial haben und weiterverfolgt werden.

Auch Firmen, die dem Gedanken „Keine Angst vor Fehlern und vorm Scheitern" eng verbunden sind, sind im Allgemeinen erfolgreich. Sie wissen, dass aus misslungenen Experimenten neue Ideen wachsen können.

Manche Unternehmen pflegen besonders enge Kontakte zu ihren Kunden und schöpfen daraus ihre Inspiration. Ihre Forschungslabore sind offen und die Kunden werden zum Ideenaustausch eingeladen.

b) Geben Sie den Textinhalt anhand der folgenden Stichpunkte wieder:

- Innovationskultur im Unternehmen
- kritische Analyse neuer Ideen
- keine Angst vor Fehlern
- besonders enge Kontakte zu Kunden

8 Ergänzen Sie die fehlenden Verben in der richtigen Form.

bilden • weiterverfolgen • wachsen • schöpfen • umsetzen • hoffen • pflegen • verfügen • einladen • bieten

- Wer denkt, Kreativität allein würde die Grundlage für Innovation **bilden**, irrt sich.
1. Ohne eine Innovationskultur im Unternehmen können auch die besten Ideen nicht .... werden.
2. In manchen Unternehmen .... die Mitarbeiter über ein Zeitbudget für freie Experimente.
3. Diese Freiheit .... einen fruchtbaren Boden für die Innovation.
4. Die Führungskräfte können außerdem auf motivierte Mitarbeiter ....
5. Eine kritische Analyse entscheidet, welche Ideen .... werden.
6. Viele Firmen wissen, dass aus misslungenen Experimenten neue Ideen .... können.
7. Einige Unternehmen .... besonders enge Kontakte zu ihren Kunden und .... daraus ihre Inspiration.
8. Ihre Forschungslabore sind offen und die Kunden werden zum Ideenaustausch ....

Produktinnovation und Patentschutz   Kapitel 3

9 Mündlicher Ausdruck: Diskussion

Was halten Sie von den Aussagen in Aufgabe 8? Diskutieren Sie in Kleingruppen.
Begründen Sie kurz Ihre Meinung.

Redemittel

Überzeugung und Zweifel ausdrücken

Überzeugung	Zweifel
Ich bin mir (ganz) sicher, dass …	Ich glaube nicht, dass …
Ich bin (davon) überzeugt, dass …	Ich frage mich, ob …
Ich glaube fest daran, dass …	Ich bin nicht (davon) überzeugt, dass …
Ich kann mir vorstellen, dass …	Ich bezweifle, dass …
Ich halte es für nützlich, dass …	Ich bin mir nicht so sicher, dass/ob …
Ich weiß aus Erfahrung, dass …	Ich halte es für unrealistisch, dass …
	Mir stellt sich die Frage, ob …

10 Schriftlicher Ausdruck: Kommentar

Schreiben Sie einen Leserbrief, in dem Sie sich zu dem Text *Der Weg zur erfolgreichen Produktinnovation* (7a) äußern. Verwenden Sie dazu die Stichpunkte aus Aufgabe 7b und einige der folgenden Sätze.

> Sehr geehrte Damen und Herren,
>
> ich habe Ihren Artikel mit großem Interesse gelesen und möchte darauf reagieren. • Das Thema fand ich sehr interessant und ich möchte mich dazu gern äußern.
>
> Im Artikel geht es um … / wird die Frage gestellt, … / macht der Autor Vorschläge, …
>
> Mit freundlichen Grüßen

Produkt- und Markennamen

11 Gelungene Markennamen

a) Welches Produkt/Welche Produkte stehen hinter diesen Namen? Welche Eigenschaften verbinden Sie mit den Namen und den Produkten?

b) Nennen Sie besonders gelungene oder auch misslungene Markennamen. Womit ist deren Erfolg bzw. Misserfolg zu erklären? Diskutieren Sie in Kleingruppen und präsentieren Sie im Anschluss Ihre Ergebnisse.

> ⊙ Ich vermute, dass … • Ich halte es für wahrscheinlich, dass …
> ⊙ Das könnte an der gelungenen Vermarktung/an den positiven Assoziationen liegen.
> ⊙ Das ist meiner Meinung nach reine Glückssache.
> ⊙ Der Erfolg eines Markennamens ist unvorhersehbar.

Kapitel 3 — Produktinnovation und Patentschutz

12 Produktnamen

a) Würden Sie jemanden beauftragen, einen Namen für ein Produkt zu erfinden, das Sie entwickelt haben? Oder würden Sie den Namen selbst suchen? Begründen Sie kurz Ihre Meinung.

b) Sind Ihrer Meinung nach die folgenden Aussagen richtig oder falsch? Diskutieren Sie mit einer Gesprächspartnerin/einem Gesprächspartner. Begründen Sie Ihre Meinung.

	richtig	falsch
1. Die wichtigste Funktion eines Namens ist, das Produkt klar von ähnlichen Produkten zu unterscheiden.	☐	☐
2. Ein guter Name sollte gleich erkennen lassen, was für ein Produkt sich dahinter verbirgt.	☐	☐
3. Namen, die wenig Bedeutung haben, haben bessere Chancen, sich auf dem Markt durchzusetzen.	☐	☐
4. Englische Markennamen und Werbesprüche liegen im Trend.	☐	☐
5. Es ist besser, bei Werbung die Landessprache zu verwenden.	☐	☐

Redemittel — Eine Meinung begründen

- Meiner Meinung nach ist diese Aussage richtig, denn …
- Das ist vermutlich/wahrscheinlich/höchstwahrscheinlich richtig, denn …
- Das dürfte/könnte stimmen, weil/denn …
- Ich weiß aus Erfahrung, dass …
- Aufgrund (der vielen englischsprachigen Werbung) gehe ich davon aus, dass …
- Ich kenne mich auf diesem Gebiet nicht so gut aus, deshalb kann ich leider nichts dazu sagen.

13 Der Namenserfinder: Jürgen Zahn erfindet Produktnamen

a) Hören Sie ein Gespräch mit Jürgen Zahn und überprüfen Sie anschließend Ihre Aussagen aus Aufgabe 12.

b) Hören Sie das Gespräch noch einmal und beantworten Sie die folgenden Fragen.

1. Woraus besteht die Arbeit eines Namenserfinders?

2. Warum brauchen Unternehmen Namenserfinder?

3. Was ist die wichtigste Funktion des Namens eines Produkts?

4. Was ist die Faustregel bei der Namenwahl für ein Produkt?

5. Was ist für Jürgen Zahn ein misslungener Name?

6. Warum entscheiden sich viele Unternehmen für englische Markennamen und Werbesprüche?

7. Was ist das Problem mit englischen Werbesprüchen?

Produktinnovation und Patentschutz

Kapitel 3

c) Ergänzen Sie die fehlenden Ausdrücke in der richtigen Form. Überprüfen Sie Ihre Lösungen mit dem Hörtext.

> zu einem Gespräch einladen • Geld ausgeben • einen passenden Namen finden • Strategien verfolgen • alles verraten • mit Bedeutungen aufladen • als Faustregel gelten • einen großen Unterschied machen • im Gedächtnis bleiben

Wenn Unternehmen auf der Suche nach Namen sind, beauftragen sie oft spezialisierte Namenserfinder. Sie *laden* mich *zu einem Gespräch ein*, beschreiben mir ihr Produkt und ich versuche, ... (1). Viele Unternehmen sind bereit, dafür .... (2), denn sie wissen, dass ein gelungener Name .... (3) kann.
Die wichtigste Funktion eines Namens ist, das Produkt klar von ähnlichen Produkten der Konkurrenz zu unterscheiden. Er muss auffallen, damit die Kunden es bemerken und kaufen.
Bei der Namenswahl kann man verschiedene .... (4). .... (5) jedoch Folgendes: Ein guter Name sollte nicht gleich .... (6). Er muss überraschen, nur so .... er .... (7). Namen, die keine oder wenig Bedeutung haben, können dann erst .... (8) werden.

d) Finden Sie die passende Satzhälfte.

⊙ Viele Unternehmen sind bereit, für gelungene Namen

1. Ein guter Name kann
2. Bei der Wahl des Namens kann man
3. Ein Wort ohne konkrete Bedeutung kann man
4. Der Überraschungseffekt bleibt aus. Der Name
5. Die englische Sprache steht
6. Englische Werbesprüche können aber von den Kunden

a. einen großen Unterschied machen.
b. für Weltoffenheit und Fortschritt.
c. missverstanden werden.
d. mit Bedeutungen aufladen.
e. viel Geld auszugeben.
f. bleibt nicht im Gedächtnis.
g. verschiedene Strategien verfolgen.

14 Nomen der n-Deklination

Lesen Sie die folgenden Sätze und unterstreichen Sie die Nomen der n-Deklination. Lesen Sie danach die Hinweise.

1. Ein guter Name prägt sich beim Kunden ein.
2. Kennen Sie gelungene Produktnamen?
3. Der Erfolg eines Markennamens ist unvorhersehbar.

Hinweise

- Einige maskuline Nomen haben eine besondere Endung: Sie enden außer im Nominativ Singular immer auf *-n*. Zu diesen Nomen gehören u. a. maskuline Nomen auf *-e*, wie z. B. *der Kunde, der Kollege*.
- Eine kleine Gruppe der maskulinen Nomen der n-Deklination bildet den Genitiv zusätzlich mit *-s*: *der Name, den Namen, dem Namen, des Namens*.
Außerdem: *der Gedanke, der Funke, der Wille, der Buchstabe* und das neutrale Nomen *das Herz (das Herz, das Herz, dem Herzen, des Herzens)*

→ *Weitere Hinweise zu besonderen Nomen siehe Grammatikübersicht im Anhang.*

Strukturen

59

Kapitel 3 — Produktinnovation und Patentschutz

15 Üben Sie die Strukturen.

Ergänzen Sie die Nomen in der richtigen Form.

⊙ Ein gelungener Produktname kann einen großen Unterschied machen. *(ein gelungener Produktname)*

1. Die wichtigste Funktion .... ist, das Produkt klar von ähnlichen Produkten zu unterscheiden. *(ein Name)*
2. Man braucht ...., den jeder aussprechen und verstehen kann. *(ein Name)*
3. Was genau verstehen Sie unter ....? *(ein misslungener Name)*
4. Namenserfinder versuchen, für ein neues Produkt .... zu finden. *(ein passender Name)*
5. ...., dass der Erfolg eines Produkts von .... abhängt, wurde in der Fachliteratur oftmals behandelt. *(der Gedanke, sein Name)*
6. Unser Unternehmen spielt mit ...., ein neues Produkt auf den Markt zu bringen. *(der Gedanke)*

16 Die Bedeutung von Markennamen

Welche Marke ist das? Diskutieren und raten Sie.

1 Mit Nationalstolz nannten Schweizer Uhrenhersteller ihre Uhren „Swiss Watch", kurz Swatch.

2 Abgeleitet ist der Name des Röstkaffees von seinem Gründer Carl Tchiling-Hiryan und dem Wort Bohne. Kurz: ....

3 Der Name ist so einfach wie er klingt. Die Putztücher des Weinheimer Unternehmens sollen so gut „wie Leder" sein. Und so heißen sie auch: ....

4 Diese Marke existiert bereits seit 1911. Der Name der Kosmetikprodukte wurde abgeleitet vom lateinischen Wort für Schnee *(nix)*: ....

5 Nachdem der Schweizer Philippe Suchard 1825 in Neuenburg ein Süßwarengeschäft gründete und bald die erste besonders sahnige Schokolade herstellte, brauchte er einen Namen. .... nennt ihre Bestandteile: Milch und Kakao.

6 „Spiel gut" wollte uns der dänische Hersteller Ole Kirk Christiansen sagen, indem er seiner Spielzeugmarke den Namen „leg godt" gab. Das Spielzeug kennen wir heute unter dem Namen ....

7 So leicht wie Ingvar Kamprad es sich mit der Benennung seiner Möbelstücke macht, so einfach ist auch der Name des Möbelhäuser-Imperiums entstanden: Ingvar Kamprad wuchs auf Elmtaryd in Agunnaryd auf. Alle Anfangsbuchstaben aneinandergereiht bilden ....

17 Mündlicher Ausdruck: Rollenspiel und Kurzvortrag

Wählen Sie eine der Aufgaben aus.

a) Rollenspiel

Eine Firma möchte einen passenden Namen für ihr neues Produkt finden. Erklären Sie den Vertretern der Firma die wichtigsten Regeln für eine gelungene Namensfindung. Die Vertreter der Firma sind die anderen Kursteilnehmer, die Ihnen Fragen stellen.

b) Kurzvortrag

Wenn Ihre Firma (eigene) Produkte vertreibt, berichten Sie darüber, wie die Produkte zu ihrem Namen gekommen sind.

Wenn Ihre Firma keine Produkte vertreibt, wählen Sie ein Alltagsprodukt und finden Sie heraus, woher sein Name kommt. Präsentieren Sie Ihrer Gruppe die Informationen.

Über eine Namensfindung berichten *(Redemittel)*

- Der Name stammt ... • Der Name entstand ...
- Der Name wurde von ... erfunden.
- Das Produkt wurde nach ... benannt.
- Wir haben uns für diesen Namen entschieden, weil ...

Produktinnovation und Patentschutz — Kapitel 3

18 Markenrecht: Das Deutsche Markengesetz

a) Lesen Sie den folgenden Abschnitt aus dem Deutschen Markengesetz.

> **Markengesetz § 3, Absatz 1:**
> Als Marke können alle Zeichen, insbesondere Wörter einschließlich Personennamen, Abbildungen, Buchstaben, Zahlen, Hörzeichen, dreidimensionale Gestaltung einschließlich der Form einer Ware oder ihrer Verpackung sowie sonstige Aufmachungen einschließlich Farben und Farbzusammenstellungen geschützt werden, die geeignet sind, Waren oder Dienstleistungen eines Unternehmens von denjenigen anderer Unternehmen zu unterscheiden.

b) Finden Sie Beispiele für einige im Markengesetz definierte Namenstypen. Präsentieren Sie Ihre Ergebnisse mündlich.

- Personennamen
- Abbildungen
- Buchstaben, Zahlen oder Hörzeichen
- dreidimensionale Gestaltung einschließlich der Form einer Ware
- Farben und Farbzusammenstellungen

19 Bilden Sie das Nomen oder das Verb.

Nennen Sie auch Artikel und Plural für die Nomen und die Vergangenheitsformen der Verben in der 3. Person Singular.

Nomen	Verb
⊙ die Abbildung, *Abbildungen*	*etwas abbilden: bildete ab, hat abgebildet*
1. die Gestaltung, ...	....
2. die Verpackung, ...	....
3. die Farbzusammenstellung, ...	....
4. das Unternehmen, ...	....
5.	etwas schützen: ....
6.	etwas unterscheiden: ....
7.	sich eignen: ....

➡ *Hinweise zur Vergangenheitsform der Verben siehe Grammatikübersicht im Anhang.*

20 Ein Urteil des Bundesgerichtshofs

a) Sie sind Hersteller von T-Shirts und wollen für eine bestimmte Zielgruppe T-Shirts mit dem Aufdruck „DDR" (als Abkürzung für die ehemalige Deutsche Demokratische Republik) herstellen.

Was meinen Sie: Ist das unter markenrechtlichen Gesichtspunkten möglich? Was müssen Sie beachten?

Diskutieren Sie in Kleingruppen und präsentieren Sie Ihre Meinung im Plenum.

Die eigene Meinung vertreten — Redemittel

- Meines Erachtens verstößt der Aufdruck der Buchstaben (nicht) gegen das Markengesetz, weil ...
- Das Gesetz besagt/legt fest, dass ...
- Ich sehe (keine/folgende) markenrechtlichen Einwände ...
- Soweit ich das beurteilen kann, müssen wir unbedingt beachten, dass/ob ...

61

Kapitel 3 — Produktinnovation und Patentschutz

b) Lesen Sie die folgende Pressemitteilung des Bundesgerichtshofs.

■ Keine Markenverletzung durch „CCCP" und „DDR" auf Kleidung

Der u. a. für das Markenrecht zuständige I. Zivilsenat des Bundesgerichtshofs hat in zwei Fällen entschieden, dass Dritte auf Bekleidungsstücken Symbole ehemaliger Ostblockstaaten anbringen dürfen, obwohl diese Symbole mittlerweile als Marken für Bekleidungsstücke geschützt sind.

Der Kläger des Verfahrens I ZR 92/08 ist Inhaber der unter anderem für Bekleidungsstücke eingetragenen Wortmarke „DDR". Er war außerdem Inhaber einer für Textilien eingetragenen Bildmarke, die das Staatswappen der DDR abbildete. Der Beklagte vertreibt sogenannte Ostprodukte. Er bewirbt und vertreibt T-Shirts mit der Bezeichnung „DDR" und ihrem Staatswappen. Der Kläger hat dagegen eine Unterlassungsklage eingereicht. Das Landgericht München I hat die Klage abgewiesen. Das Oberlandesgericht München hat den Beklagten antragsgemäß verurteilt.

Das zweite Klageverfahren (I ZR 82/08) betraf die Verwendung der Buchstabenfolge „CCCP" zusammen mit dem Hammer-und-Sichel-Symbol auf T-Shirts. Die Buchstabenfolge „CCCP" (in lateinischen Buchstaben SSSR) steht als Abkürzung der kyrillischen Schreibweise der früheren UdSSR. Die Klägerin ist Lizenznehmerin der Wortmarke „CCCP", die für bestimmte Bekleidungsstücke (z. B. Hosen, Overalls) eingetragen ist. Die Beklagte vertreibt über das Internet bedruckte Bekleidungsstücke. Zu den zur Auswahl stehenden Motiven gehört auch ein Hammer-und-Sichel-Symbol mit der Buchstabenfolge „CCCP". Die Klägerin hat auf Unterlassung des Vertriebs dieser Produkte geklagt. Landgericht und Oberlandesgericht Hamburg haben die Klage mangels markenmäßiger Benutzung der angegriffenen Bezeichnung abgewiesen.

Der Bundesgerichtshof hat die klageabweisenden Entscheidungen im Hamburger Verfahren bestätigt. Im Münchner Verfahren I ZR 92/08 hat er das von der Vorinstanz ausgesprochene Verbot aufgehoben und die Klage abgewiesen.

Im markenrechtlichen Verletzungsverfahren geht es nicht mehr um den Bestand der Marken. Die Ansprüche der Kläger aus ihren Marken hat der Bundesgerichtshof verneint, weil die Anbringung der Symbole der ehemaligen Ostblockstaaten auf Bekleidungsstücken die Markenrechte der Kläger nicht verletzt. Die markenrechtlichen Ansprüche setzen voraus, dass der Handelsverkehr auf Bekleidungsstücken angebrachte Aufdrucke als Hinweis auf die Herkunft der Produkte von einem bestimmten Unternehmen und nicht nur als dekoratives Element auffasst, das nach Art des Motivs variieren kann. Der Bundesgerichtshof hat angenommen, dass die Verbraucher die auf der Vorderseite von T-Shirts angebrachten Symbole ehemaliger Ostblockstaaten ausschließlich als dekoratives Element auffassen und in ihnen kein Produktkennzeichen sehen.

c) Beantworten Sie die Fragen zum Text.

1. Wie lautet die Entscheidung des Bundesgerichtshofs über Symbole der ehemaligen Ostblockstaaten?
   ....
2. Wer sind die Kläger im Fall „DDR" und im Fall „CCCP"?
   ....
3. Wer sind die Beklagten im Fall „DDR" und im Fall „CCCP"?
   ....
4. Auf welche Argumente stützt der Bundesgerichtshof seine Entscheidung?
   ....

21 Vertiefen Sie den Wortschatz des Textes.

a) Welches Wort passt zur Definition? Ergänzen Sie.

> der Beklagte • der Kläger • der Lizenznehmer/die Lizenznehmerin • der Bundesgerichtshof • der Verbraucher

- ⊙ Person, Institution, Firma, gegen die eine Zivilklage erhoben wird: — *der Beklagte*
1. Person, Institution, Firma o. Ä., die im Zivilprozess Klage führt: ....
2. in der Bundesrepublik Deutschland oberster Gerichtshof des Bundes im Bereich der ordentlichen Gerichtsbarkeit: ....
3. jemand, der Waren kauft und verbraucht; Konsument: ....
4. jemand, dem eine Lizenz erteilt wird: ....

62

Produktinnovation und Patentschutz — Kapitel 3

b) Ergänzen Sie die Sätze.

> eingetragenen Wortmarke „DDR" • ~~als Marken für Bekleidungsstücke geschützt~~ • mit der Bezeichnung „DDR" und ihrem Staatswappen • um den Bestand der Marken • Symbole ehemaliger Ostblockstaaten anbringen • ausschließlich als dekoratives Element auffassen • Unterlassungsklage eingereicht • abgewiesen • in den Symbolen kein Produktkennzeichen

- Die Symbole ehemaliger Ostblockstaaten sind mittlerweile *als Marken für Bekleidungsstücke geschützt*.
1. Trotzdem dürfen Dritte auf Bekleidungsstücken ....
2. Der Kläger des Verfahrens ist Inhaber der für Bekleidungsstücke ....
3. Der Beklagte bewirbt und vertreibt T-Shirts ....
4. Der Kläger hat eine ....
5. Im markenrechtlichen Verletzungsverfahren geht es nicht mehr ....
6. Die Ansprüche der Kläger aus ihren Marken hat der Bundesgerichtshof ....
7. Der Bundesgerichtshof hat angenommen, dass die Verbraucher die auf der Vorderseite von T-Shirts angebrachten Symbole ehemaliger Ostblockstaaten ....
8. Die Verbraucher sehen ....

c) Ergänzen Sie das passende Nomen in der richtigen Form.

> *Marke* • Beklagter • Element • Entscheidungen • Produkt • Klage • Verbot • Markenrechte

- eine *Marke* eintragen (lassen)
1. die klageabweisenden .... bestätigen
2. eine .... abweisen
3. den .... antragsgemäß verurteilen
4. das ausgesprochene .... aufheben
5. ein .... vertreiben
6. die .... verletzen
7. ein Symbol lediglich als dekoratives .... auffassen

Erfindungen und Patente

22 Erfindung und Patent

a) Lesen Sie das folgende Zitat und nehmen Sie dazu schriftlich oder mündlich Stellung.

> „Was sich nicht verkaufen lässt, will ich nicht erfinden."
> (Thomas Alva Edison)

Stellung nehmen — *Redemittel*

- Ich bin mit dieser Aussage völlig einverstanden.
- Ich kann dieser Aussage nicht zustimmen.
- Ich bin der Meinung/der Auffassung/der Ansicht, dass ...
- Ich muss Edison recht geben, weil ...
- Man sollte auch im Auge behalten, dass ...
- Dafür/Dagegen spricht ...

b) Was fällt Ihnen zu dem Begriff *Patent* ein? Diskutieren Sie und erstellen Sie ein Assoziogramm.

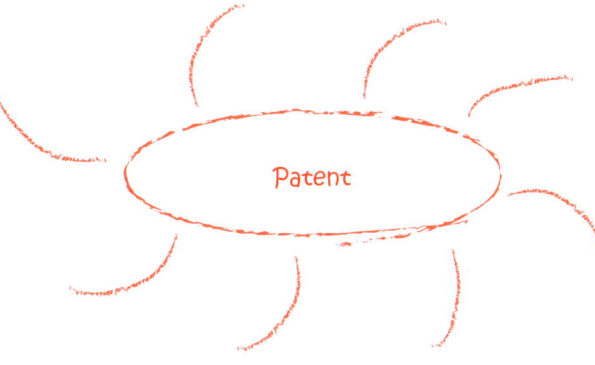

Kapitel 3

Produktinnovation und Patentschutz

23 Ihre Erfahrungen mit Patenten

a) Beantworten Sie die folgenden Fragen und notieren Sie Ihre Antworten.

- Haben Sie schon einmal ein Patent gelesen/mit Patenten zu tun gehabt? Wenn ja, berichten Sie kurz über Ihre Erfahrungen.
  ....
  ....

- Hat Ihre Firma schon einmal etwas patentieren lassen? Wie hat die Firmenleitung das kommuniziert?
  ....
  ....

- Wissen Sie, was man tun muss, um ein Patent zu bekommen? Was sind die wichtigsten Schritte?
  ....
  ....

b) Klassenspaziergang: Diskutieren Sie beim Umhergehen im Raum die Fragen aus Aufgabe 23a mit drei Kursteilnehmern und machen Sie sich Notizen.

Gesprächspartner/in 1	Gesprächspartner/in 2	Gesprächspartner/in 3

c) Berichten Sie über die Informationen und vergleichen Sie sie mit Ihren eigenen Erfahrungen.

24 Adjektivdeklination

Lesen Sie die folgenden Beispielsätze und markieren Sie die Endungen der Adjektive. Lesen Sie danach die Hinweise.

1. Die Patente befinden sich in der amtlichen Datenbank der Patentämter.
2. Das Deutsche Patent- und Markenamt hat seine Dienststellen in München, Berlin und Jena.
3. Mit einem Patent kann eine neue Erfindung geschützt werden.

Hinweise

- Im Dativ, Genitiv und Plural bekommt das Adjektiv nach jedem Artikel (bestimmt, unbestimmt, Possessiv-, Negativ- und Demonstrativartikel) die Endung *-en*. Auch im Akkusativ vor maskulinen Nomen erhält es die Endung *-en*. *(Beispielsatz 1)*
- Im Nominativ und im Akkusativ vor femininen und neutralen Nomen bekommt das Adjektiv nach dem bestimmten Artikel die Endung *-e*. *(Beispielsätze 2 und 3)*
- Wenn das Adjektiv nach unbestimmtem, negativem oder possessivem Artikel steht, erhält es im Nominativ vor maskulinen Nomen die Endung *-er*, im Nominativ und Akkusativ vor neutralen Nomen die Endung *-es*: *ein neuer Chef – ein neues Büro*.

→ *Weitere Hinweise zur Adjektivdeklination siehe Grammatikübersicht im Anhang.*

Produktinnovation und Patentschutz — Kapitel 3

25 Wie bekomme ich ein Patent?

a) Ergänzen Sie in den Lückentexten die fehlenden Artikel- und Adjektivendungen, wo nötig.

1 Patent: Was ist das?
Ein—— Patent ist ein…… Dokument, mit dem Ihr…… Erfindung davor geschützt werden kann, dass andere ohne Ihr…… Beteiligung davon profitieren. Dies…… Patent wird bei d……. Deutsch……. Patent- und Markenamt beantragt, geprüft und erteilt. Sie können sich auch an d……. Europäisch……. Patentamt wenden, um Ihr…… Patent weiträumiger schützen zu lassen. Viel…… Länder haben sich zu ein……. Schutzgemeinschaft zusammengeschlossen (Patent Community Treaty), die praktisch wie ein……. weltweit……. Patentamt handelt.

2 Welches Recht hat man?
Sobald Sie d……. Patent erteilt bekommen haben, können Sie von anderen Lizenzgebühren verlangen, wenn Sie Ihr……. Erfindung oder Idee wirtschaftlich verwerten wollen. Sie können Ihr……. Patent dann auch verkaufen. Ihr……. Patent wird vom amtlich……. Patentprüfer veröffentlicht, sodass Interessenten es in d……. amtlich……. Datenbank finden. D……. Schutz beginnt ab d……. Tag d……. Anmeldung.

3 Was muss man tun, um ein Patent zu erhalten?
Für d……. Antrag müssen Sie Ihr……. Erfindung beschreiben und Ihr……. Ansprüche formulieren. Das betrifft d……. wesentlich……. Merkmale und d……. Aufgabe, die mit Ihr……. Erfindung gelöst wird. Außerdem bezahlen Sie ein……. Gebühr. Sie können sich für Ihr……. Anmeldung auch an ein……. Patentanwalt wenden, d……. ebenfalls ein……. Gebühr verlangt.

4 Muss meine Erfindung wirklich neu sein?
Sie müssen sich davon überzeugen, dass es Ihr……. Erfindung noch nicht gibt. Dazu können Sie oder Ihr……. Anwalt sich in d……. amtlich……. Datenbank umsehen. Im Internet steht Ihnen ein……. amtlich……. Suchmaschine zu……. Verfügung. Dort finden Sie auch viel……. Formulare für Ihr……. Patentanmeldung.

b) Suchen Sie aus den Texten die passenden Verben und ergänzen Sie.

- ⊙ eine Idee wirtschaftlich *verwerten*
1. ein Patent erteilt ………………………
2. sich an einen Patentanwalt ………………………
3. von anderen Lizenzgebühren ………………………
4. sich zu einer Schutzgemeinschaft ………………………
5. ein Patent beim Deutschen Patent- und Markenamt ………………………
6. ein Patent weiträumig ……………………… lassen
7. eine Aufgabe mit der Erfindung ………………………
8. eine Gebühr ………………………
9. wie ein weltweites Patentamt ………………………

26 Mündlicher Ausdruck: Expertengespräch

Ein Kollege von Ihnen möchte mehr über Patente wissen. Beantworten Sie seine Fragen. Verwenden Sie die Informationen aus Aufgabe 25 und berichten Sie ggf. über Ihre eigenen Erfahrungen.

- ⊙ Ein Patent: Was ist das eigentlich?
- ⊙ Welche Rechte habe ich, wenn mein angemeldetes Patent erteilt wird?
- ⊙ Was muss ich tun, um ein Patent zu erhalten?
- ⊙ Muss meine Erfindung wirklich neu sein?

Kapitel 3 — Produktinnovation und Patentschutz

27 Sätze mit ähnlicher Bedeutung

Formen Sie die folgenden Sätze um, indem Sie die in Klammern angegebenen Wörter und Hinweise in der richtigen Form einarbeiten.

⊙ Ein Patent ist ein Dokument, mit dem Ihre Erfindung davor <u>geschützt werden kann</u>, dass andere ohne Ihre Beteiligung von Ihren Ideen profitieren. *(Schutz bieten)*

Ein Patent ist ein Dokument, das Ihrer Erfindung davor Schutz bietet, dass andere ohne Ihre Beteiligung von Ihren Ideen profitieren können.

1. Dieses Patent <u>wird</u> beim deutschen Patent- und Markenamt <u>beantragt, geprüft und erteilt</u>. *(erfolgen)*

   ....

2. Sie können sich auch an das Europäische Patentamt wenden, um Ihr Patent weiträumiger <u>schützen zu lassen</u>. *(Schutz beantragen)*

   ....

3. Bei der Anmeldung <u>wird eine</u> Gebühr <u>fällig</u>. *(Sie • verpflichtet sein • entrichten)*

   ....

4. Für den Patentantrag <u>müssen</u> Sie Ihre Erfindung deutlich <u>beschreiben</u> und Ihre Ansprüche <u>formulieren</u>. *(Passiv)*

   ....

5. <u>Sie können</u> sich in der amtlichen Datenbank über bereits existierende Patente informieren. *(die Möglichkeit • bestehen)*

   ....

28 Das Wort *Idee*

Ergänzen Sie die Verben, die am häufigsten zusammen mit dem Wort *Idee* verwendet werden, in der richtigen Form. Manchmal gibt es mehrere Lösungen.

> ~~verwirklichen~~ • sich entwickeln • kommen • umsetzen • weiterverfolgen • ausführen • stammen • haben

⊙ In vielen Leuten schlummern Ideen, die nur darauf warten, *verwirklicht* zu werden.

1. Gute Ideen fallen einem nicht zu, sie .... durch Problemerkennung und Kombination.
2. Manche Ideen .... ein großes Potenzial.
3. Nur Ideen mit einem großen Potenzial sollten .... und .... werden.
4. Viele Ideen lassen sich aufgrund mangelnder technischer Ausstattung nicht ....
5. Die besten Ideen .... nicht immer von Experten auf dem jeweiligen Fachgebiet.
6. Die Ideen zu nützlichen Produkten .... den Erfindern oft bei Alltagstätigkeiten, die sie vereinfachen oder beschleunigen wollen.

29 Seit wann gibt es Patente?

a) Hören Sie das folgende Gespräch über die Geschichte der Patente. Entscheiden Sie, ob die folgenden Aussagen mit dem Inhalt des Gesprächs übereinstimmen oder nicht.

	ja	nein
1. Das erste Patentgesetz wurde im 15. Jahrhundert erlassen.	☐	☐
2. Die Patente in dieser Zeit galten für einen bestimmten Zeitabschnitt.	☐	☐
3. Das Vorbild für die heutigen Patentgesetze stammt aus Deutschland.	☐	☐
4. Die Beschreibung der Erfindungen wurde im Deutschland des 19. Jahrhunderts nicht offengelegt.	☐	☐
5. Schon im 16. Jahrhundert gab es Patentverletzungsprozesse.	☐	☐
6. Zivil- und Strafprozesse unterschieden sich in dieser Zeit stark.	☐	☐
7. Zu den Aufgaben des Europäischen Patentamtes gehört es, europäische Patente zu erteilen.	☐	☐
8. Das Europäische Patentamt hat mehrere Dienststellen.	☐	☐

Produktinnovation und Patentschutz — Kapitel 3

b) Hören Sie das Gespräch noch einmal und ergänzen Sie die fehlenden Ausdrücke.

■ Zur Geschichte des Patents

(1) Das erste Patentgesetz im heutigen Sinne wurde in Venedig im Jahr 1474 erlassen. Dieses Patentrecht enthielt im Kern bereits alle wesentlichen Kriterien, die unser *heutiges Patentgesetz* ausmachen, und zwar den Schutz des persönlichen .... (1) an einer Erfindung, das Recht, andere davon auszuschließen, und die .... (2).
Diesem Gesetz folgte das *Statute of Monopolies* in England (25. Mai 1624), das weltweit als Vorbild für die Patentgesetze gilt.

(2) Patentrechtliche Regelungen gab es in den .... (3) erst zu Beginn des 19. Jahrhunderts, insgesamt 29 Patentgesetze mit jeweils .... (4). Alle diese deutschen Gesetze schützten die Erfindung dadurch, dass die erteilten Patente bis zu ihrem Erlöschen geheim gehalten wurden. Patentiert wurden sowohl neue Erfindungen als auch erprobte .... (5), die aus dem Ausland eingeführt wurden.

(3) Der erste Patentverletzungsprozess wurde 1593 wegen eines „newerfunden Mühlwerckh" zum Schleifen von Halbedelsteinen in Nürnberg geführt. Derselbe Schutzrechtsinhaber erwirkte 1601 gegen einen .... (6) einen Unterlassungsanspruch und eine Strafe von zehn Gulden. Ein anderer Patentverletzer wurde in Nürnberg in Eisen gelegt und erlangte erst nach Abschwörung und Zahlung der Haftkosten die Freiheit. Eine Trennung zwischen Zivil- und Strafprozess war damals nicht gegeben. Der Patentinhaber erhielt einen Teil der Geldstrafe als Entschädigung.

(4) Seit 1973 besteht mit der .... (7) (EPO) eine übergeordnete Einrichtung und seit 1977 mit dem Europäischen Patentamt ein weiteres Patentamt. Das Europäische Patentamt (EPA), dessen Aufgabe die Prüfung und Erteilung .... (8) ist, hat am 1. Juni 1978 die erste Patentanmeldung registriert. Es erteilt auch in Deutschland wirksame Patente und hat seinen Sitz in München und Dienststellen in Rijswijk (bei Den Haag), Berlin, Wien und ein Verbindungsbüro in Brüssel.

30 Finden Sie das passende Verb.
Manchmal gibt es mehrere Lösungen.

⊙ ein Gesetz — h. erlassen

1. eine Entschädigung
2. eine Erfindung
3. ein Patent
4. einen Prozess
5. als Vorbild für Patentgesetze
6. einen Unterlassungsanspruch
7. eine Patentanmeldung
8. Haftkosten
9. ein Verfahren aus dem Ausland

a. erteilen
b. führen
c. schützen
d. zahlen
e. registrieren
f. erwirken
g. gelten
h. erlassen
i. einführen
j. erhalten

31 Früher und heute
Lesen Sie die folgenden Fragen der Moderatorin des Gesprächs (Aufgabe 29) und beantworten Sie sie.

⊙ Heutzutage gehören Patente zum Leben eines Unternehmens. Aber seit wann gibt es eigentlich Patente?
⊙ Und wie war die Situation in Deutschland? Gab es auch bei uns Patentgesetze?
⊙ Gab es auch früher schon Patentverletzungen? Wenn ja, welche?
⊙ Wie sieht das europäische Patentwesen heute aus?

Kapitel 3 — Produktinnovation und Patentschutz

32 Die Rolle der Patente

Bilden Sie aus den vorgegebenen Wörtern Sätze. Achten Sie auf eventuell fehlende Artikel, die korrekte Zeitform und den richtigen Kasus. Arbeiten Sie zu zweit. Lesen Sie danach den gesamten Text noch einmal.

- Patent • hoheitlich erteiltes gewerbliches Schutzrecht • (auf) Erfindung • sein

  Das Patent ist ein hoheitlich erteiltes gewerbliches Schutzrecht auf eine Erfindung.

1. Erfinder • so • einen Anreiz bekommen, • seine Idee • nicht • geheim halten

   ....

2. Erfindung • in Form • ein Patent • offengelegt werden • und somit • Gesellschaft insgesamt • (zu) Verfügung • stellen

   ....

3. (von) Nutzer • er • dann • dafür • Lizenzgebühren • einfordern können

   ....

4. (von) besondere Bedeutung • das • (für) Hochtechnologie • sein, • vor allem • (in) Chemie • und • Pharmakologie

   ....

5. teure Ideen • oftmals • ungeheuer teure Grundlagenforschung • voraussetzen

   ....

6. ohne Erträge • (aus) gesicherte Rechte • diese • (in) viele Fälle • kaum • sich finanzieren lassen *(Konjunktiv II)*

   ....

7. das Patentsystem • jedoch • einige Nachteile • aufweisen

   ....

8. so • beispielsweise Universitäten und andere Forschungseinrichtungen • (mit) Vermarktung • ihre Ideen *(Genitiv)* • oftmals • sich schwertun

   ....

9. kleine Unternehmen • gelegentlich • das notwendige Kapital • fehlen

   ....

10. ein anderer Grund • allerdings • schlicht • strategisches Verhalten • sein

    ....

11. manche Patente • nur • (mit) Ziel • angemeldet werden, • Konkurrenz • zuvorkommen • und • diese • bestimmte Entwicklungspfade • abschneiden

    ....

33 Warum Unternehmen ihre Erfindungen patentieren lassen

a) Beschreiben Sie die folgende Statistik.

Redemittel — Eine Statistik analysieren

- Die Grafik zeigt ... / gibt ... an.
- Aus der Grafik geht hervor ...
- An erster Stelle steht ... • Auf dem Spitzenplatz liegt ...
- Auf den nächsten Plätzen folgen ...
- Auch ... spielt eine wichtige Rolle.

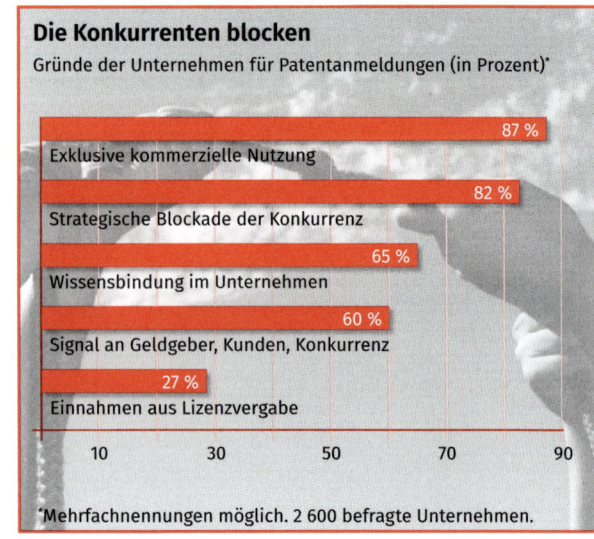

Die Konkurrenten blocken
Gründe der Unternehmen für Patentanmeldungen (in Prozent)*

- Exklusive kommerzielle Nutzung — 87 %
- Strategische Blockade der Konkurrenz — 82 %
- Wissensbindung im Unternehmen — 65 %
- Signal an Geldgeber, Kunden, Konkurrenz — 60 %
- Einnahmen aus Lizenzvergabe — 27 %

*Mehrfachnennungen möglich. 2 600 befragte Unternehmen.

Produktinnovation und Patentschutz Kapitel 3

b) Was ist die Aufgabe von Patenten? Bilden Sie Sätze. Achten Sie auf eventuell fehlende Präpositionen und den richtigen Kasus.

Patente sollen …

- ⦿ umsetzen • die Fortschritte • exklusive kommerzielle Nutzung
   Patente sollen die Fortschritte in exklusive kommerzielle Nutzung umsetzen.

1. dienen • strategische Blockade der Konkurrenz
   ....

2. beitragen • Wissensbildung im Unternehmen
   ....

3. senden • Signal an Geldgeber, Kunden und Konkurrenz
   ....

4. sichern • Unternehmen • Einnahmen aus Lizenzvergabe
   ....

5. der Wert • das Unternehmen • steigern
   ....

6. technologische Neuentwicklungen • nachahmende Wettbewerber • schützen
   ....

34 Mündlicher Ausdruck: Pro-und-Kontra-Diskussion

a) Bereiten Sie eine Debatte zum Thema *Brauchen wir überhaupt Patente?* vor. Ein Teil der Gruppe ist dafür, der andere dagegen. Verwenden Sie Informationen aus den vorangegangenen Aufgaben. Präsentieren Sie zuerst Ihre Argumente.

Eine Argumentation aufbauen

Einleitung
- Es handelt sich um … • Es geht um …
- Heute sprechen wir über …

Folgerungen ableiten
- Daraus/Aus dem Gesagten/Aus den dargelegten Argumenten lässt sich entnehmen, dass … / ergibt sich, dass … / folgt, dass … / geht hervor, dass …
- Dies/Das hat zur Folge, dass …
- Aus diesem Grund …
- Daher/Deshalb/Folglich/Somit/Deswegen …
- Es ist klar/deutlich/offensichtlich, dass …
- Es ist selbstverständlich, dass …

Einen neuen Sachverhalt einführen
- Ich möchte noch etwas hinzufügen. (Nämlich, dass …)
- Ich möchte auf eine (äußerst) wichtige Tatsache hinweisen: …
- Es muss auch berücksichtigt werden, dass …
- Wir dürfen nicht vergessen, dass …

Sich auf schon Gesagtes beziehen
- Wie Sie früher/schon erwähnt haben, …
- Sie kommen zum Ergebnis, dass …
- Wenn ich Sie richtig verstehe, meinen Sie, dass …
- Ich möchte noch einmal darauf hinweisen, dass/wie wichtig …
- Die vorgebrachten/genannten/dargelegten/ausgeführten Argumente zeigen (ganz) deutlich/beweisen, dass …

Die eigene Meinung formulieren
- Ich bin der Meinung/der Auffassung/der Ansicht, dass …
- Ich vertrete (nach wie vor) die Meinung/die Auffassung/die Ansicht, dass …
- Im Gegensatz zu Ihnen bin ich der Meinung/der Auffassung/der Ansicht, dass …

Redemittel

➔ *Redemittel zur Pro-und-Kontra-Diskussion siehe Kapitel 1 Seite 26.*

b) Verfassen Sie einen Text zum Thema *Vor- und Nachteile von Patenten* für einen Internetblog. Schreiben Sie mindestens 250 Wörter.

Kapitel 3 — Produktinnovation und Patentschutz

35 **Eine Erfindung von Studenten**

a) Lesen Sie zuerst die wichtigsten Nomen aus dem Text in Teil b. Um was für eine Erfindung könnte es sich handeln? Formulieren Sie Ihre Vermutungen.

> Sensoren • Bluetooth-Schnittstelle • Steuerungssoftware • Nase • Arbeitsschutzbrille • Brillenbügel • Daten • Freigabe • Arbeitsschutzvorschrift • Arbeitsmaschine • Arbeitsunfälle

b) Lesen Sie den Text.

■ Clevere Technik

¹Fünf Studenten der Technischen Universität Darmstadt haben eine clevere Idee erfolgreich umgesetzt. Sie entwickelten eine mit Sensoren ausgestattete Arbeitsschutzbrille, die via Bluetooth-⁵Schnittstelle mit einer Steuerungssoftware verbunden ist. Die Software kann für verschiedene Geräte verwendet werden und regelt den Betrieb dieser Geräte.

Konkret bedeutet dies, dass die digitale Arbeits-¹⁰schutzbrille ständig prüft, ob sie sich auch dort befindet, wo sie laut Arbeitsschutzvorschrift sein sollte: auf der Nase des Arbeiters. Liefern die Sensoren in den Brillenbügeln und Nasenplättchen die richtigen Daten, gibt die Brille an die Steuerungssoftware ¹⁵grünes Licht für die Inbetriebnahme des Gerätes. Wurde die Brille hingegen nicht aufgesetzt oder sitzt sie nicht korrekt, verweigert die Brille die Freigabe der Arbeitsmaschine.

Die Nachfrage nach verbesserten Arbeitsschutzge-²⁰räten besteht zweifelsfrei: Allein 2 000 Arbeitsunfälle, bei denen die Augen der Unfallopfer geschädigt werden, ereignen sich jeden Tag in der Bundesrepublik.

36 **Vertiefen Sie Ihren Wortschatz.**

a) Formen Sie die folgenden Sätze so um, dass Sie die in Klammern angegebenen Wörter und Hinweise in der richtigen Form einarbeiten.

⊙ Fünf Studenten der Technischen Universität Darmstadt <u>entwickelten</u> eine mit Sensoren ausgestattete Arbeitsschutzbrille. *(Passiv)*

Von fünf Studenten der Technischen Universität Darmstadt wurde eine mit Sensoren ausgestattete Arbeitsschutzbrille entwickelt.

1. Die Brille <u>ist</u> via Bluetooth-Schnittstelle mit einer Steuerungssoftware <u>verbunden</u>. *(die Verbindung herstellen)*
   ....

2. Die Software <u>kann</u> für verschiedene Geräte <u>verwendet werden</u>. *(sich einsetzen lassen)*
   ....

3. Die digitale Arbeitsschutzbrille prüft ständig, ob <u>sie sich auf der Nase des Arbeiters befindet</u>. *(die Brille richtig aufsetzen, Passiv)*
   ....
   ....

4. Liefern die Sensoren in den Brillenbügeln und Nasenplättchen die richtigen Daten, gibt die Brille an die Steuerungssoftware grünes Licht <u>für die Inbetriebnahme</u> des Gerätes. *(in Betrieb nehmen)*
   ....
   ....

5. Wurde die Brille hingegen nicht aufgesetzt, <u>verweigert</u> die Brille <u>die Freigabe</u> der Arbeitsmaschine. *(nicht freigegeben werden)*
   ....

6. <u>Die Nachfrage</u> nach verbesserten Arbeitsschutzgeräten <u>besteht</u> zweifelsfrei. *(großes Interesse • geben)*
   ....

7. In Deutschland <u>ereignen sich</u> jeden Tag allein 2 000 Arbeitsunfälle, bei denen die Augen der Unfallopfer geschädigt werden. *(registriert werden)*
   ....
   ....

Produktinnovation und Patentschutz — Kapitel 3

b) Stellen Sie die digitale Schutzbrille mithilfe der vorgegebenen Satzanfänge vor.

- Fünf Studenten der Technischen Universität Darmstadt haben …
- Sie entwickelten eine …
- Die Brille ist … verbunden.
- Die Software kann …
- Konkret bedeutet dies, dass …
- Liefern die Sensoren die richtigen Daten, …
- Wurde die Brille hingegen nicht aufgesetzt, …
- Die Nachfrage nach verbesserten Arbeitsschutzgeräten …
- Allein 2 000 Arbeitsunfälle …

37 Klein-Satelliten aus Bayern

a) Lesen Sie den folgenden Text und ergänzen Sie die passenden Wörter.

interessant • Doktoranden • Weltraum • ein Kilogramm • nicht • helfen • Bestätigung • Hochschulen • kreisen • konzentriert

Sie wiegen jeweils nur ……………………… (1) und stecken doch voller Hightech: Zwei Klein-Satelliten, die an ……………………… (2) in München und Würzburg entwickelt und mit derselben russischen Trägerrakete ins All geschossen wurden. Die künstlichen Trabanten „FIRST MOVE" und „UWE 3" sind kaum größer als Zauberwürfel.
UWE 3 gehört zu einer geplanten Serie von Klein-Satelliten, die von Würzburger Studierenden und ……………………… (3) entwickelt wird. Er soll dabei ……………………… (4), die Positionsbestimmung und Steuerung der Satelliten im ……………………… (5) zu verbessern. Das ist notwendig, damit in Zukunft ganze Schwärme sogenannter Picosatelliten um die Erde ……………………… (6) und sichere Daten liefern können, was mit einzelnen Exemplaren ……………………… (7) möglich wäre. Die Materialkosten für UWE 3 entsprechen nach Angaben der Uni Würzburg denen eines Mittelklassewagens. Deshalb ist ihr Einsatz auch für andere Zwecke wie zum Beispiel für Wettervorhersagen oder für die Frühwarnung vor Erdbeben ……………………… (8).
Das Münchner Projekt ……………………… (9) sich auf die Erforschung neu entwickelter Solarzellen, die unter den Extrembedingungen des Weltraums getestet werden sollen. Die Wissenschaftler erhoffen sich eine ……………………… (10) der auf der Erde gemessenen Leistungsfähigkeit und des Wirkungsgrades.

b) Finden Sie das passende Verb.

⦿ ein Kilogramm — e. wiegen
1. voller Hightech — a. entwickeln
2. an Hochschulen — b. schießen
3. mit der Trägerrakete ins All — c. gehören
4. zu einer geplanten Serie — d. stecken
5. sichere Daten — f. erhoffen
6. sich auf die Erforschung von Solarzellen — g. planen
7. um die Erde — h. liefern
8. sich eine Bestätigung — i. kreisen
9. weitere Missionen — j. konzentrieren

c) Stellen Sie die Klein-Satelliten mithilfe der Wortgruppen aus Aufgabe 37b vor.

d) Kennen Sie andere Erfindungen, die von Studenten (in Deutschland oder in Ihrem Heimatland) entwickelt worden sind? Recherchieren Sie im Internet.

Kapitel 3 — Produktinnovation und Patentschutz

38 Passivsätze
Lesen Sie die folgenden Beispielsätze und markieren Sie die Verben. Lesen Sie danach die Hinweise.

1. Die Software kann für verschiedene Geräte verwendet werden.
2. Der Minisatellit UWE-3 wurde von Würzburger Studenten entwickelt.
3. Das bestehende System musste überarbeitet werden.

Hinweise

Im Passivsatz steht die Handlung im Vordergrund, nicht die handelnde Person. Man findet das Passiv oft

- in beschreibenden Texten, zum Beispiel in technischen Beschreibungen: *Die Software kann für verschiedene Geräte verwendet werden.*
- in Nachrichten: *Gegen den Minister wurde ein Verfahren eingeleitet.*
- in der Behörden- und Juristensprache: *Sie werden gebeten, innerhalb von sechs Monaten Ihre Stellungnahme einzureichen.*

➔ *Weitere Hinweise zu Passivkonstruktionen siehe Grammatikübersicht im Anhang.*

39 Der DNA-Computer: Speicher der Zukunft
Bilden Sie Passivsätze wie im Beispiel. Ergänzen Sie die Sätze mit den angegebenen Informationen. Achten Sie auf die in Klammern angegebene Zeitform.

⊙ riesige Datenmengen auf kleinstem Raum • verstauen können *(Präsens)*
Das Besondere am Biomolekül DNA ist, dass *riesige Datenmengen auf kleinstem Raum verstaut werden können.*

1. auf einem DNA-Speicher • speichern können *(Präteritum)*
Anfang des Jahres 2013 ……………………………… in einem Experiment mit DNA-Speicher ein JPEG-Bild, einige Sonette von Shakespeare und eine Audiodatei der Rede *I have a dream* von Martin Luther King Jr. ………………………
………………………………………………………………….

2. es • voraussagen *(Präsens)*
………………………………………………, dass DNA-Computer vor allem dort neue Lösungen liefern können, wo sie sich von „traditionellen Computern" unterscheiden: in der Speicherkapazität und in der Parallelisierung.

3. das digitalisierte Wissen der Welt • lagern können *(Konjunktiv II Präsens)*
In künstlich hergestellter DNA ……………………………………………
………………………………………………. Datenbanken auf DNA-Basis könnten in nahezu unendlicher Geschwindigkeit gigantische Datenbestände durchsuchen.

4. in einem Kilogramm DNA für Zehntausende Jahre • konservieren können *(Konjunktiv II Präsens)*
DNA ist dauerhaft beständig. Das gesamte Wissen der Menschheit ………
………………………………………………………………….

5. gigantische Potenziale • erschließen können *(Konjunktiv II Präsens)*
Sobald eine Speicherung von Daten in Form von DNA kommerziell nutzbar ist, ………………………………………………………………….

6. vor allem technische Probleme • beseitigen müssen *(Präsens)*
Zur Realisierung des DNA-Computers …………………………………
……………………………………………….

7. außerdem die hohen Herstellungskosten • senken müssen *(Präsens)*
…………………………………………………………………
………………………….

8. es • davon ausgehen *(Präsens)*
……………………………………………, dass dies frühestens in 25 Jahren der Fall ist.

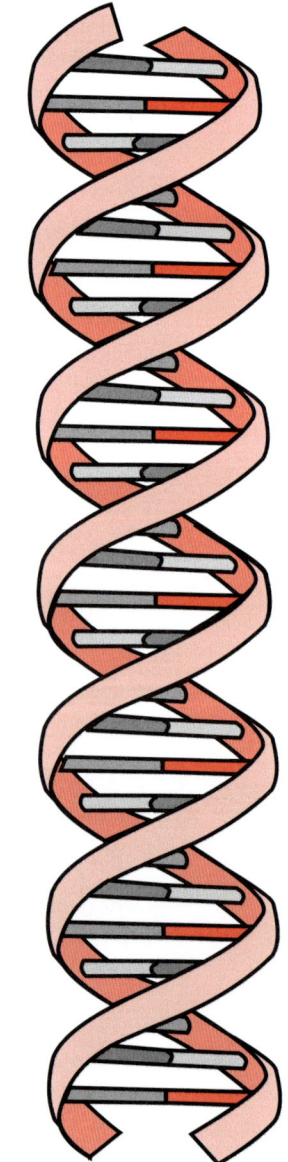

Produktinnovation und Patentschutz   Kapitel 3

40 Fassen Sie die Informationen aus den von Ihnen gebildeten Sätzen (Aufgabe 39) in einem kurzen Text zusammen.

Hier finden Sie einige Stichpunkte:

- Die Vorteile des DNA-Computers
- Die ersten Experimente
- Das Potenzial des DNA-Computers
- Die zu lösenden Probleme

41 Was passt zusammen?

Ordnen Sie zu.

- neue Lösungen
1. DNA künstlich
2. gigantische Datenbestände
3. technische Probleme
4. die hohen Herstellungskosten
5. riesige Datenmengen auf kleinstem Raum

a. senken
b. beseitigen
c. herstellen
d. verstauen
e. durchsuchen
f. liefern

42 Diskutieren Sie in Kleingruppen.

- Welche Dateien (Fotos, Bücher, Filme …) würden Sie in der DNA für Zehntausende Jahre speichern?

43 Mündlicher und schriftlicher Ausdruck: Präsentation

Präsentieren Sie eine Erfindung/ein Produkt Ihrer Firma oder eine Erfindung/ein Produkt aus dem Alltag (zum Beispiel einen Gebrauchsgegenstand) mündlich und schriftlich. Sie können dazu eine Powerpoint-Präsentation vorbereiten.

Ein technisches Gerät/Projekt präsentieren

Das Thema einführen
- Unser Team hat (eine digitale Schutzbrille) entwickelt.
- Unser Team arbeitet zur Zeit an (einer digitalen Schutzbrille).
- Ein bekanntes Problem auf dem Gebiet (der Arbeitssicherheit) ist es, dass (Arbeiter ihre Brille nicht aufsetzen), wodurch (die Augen bei einem Unfall geschädigt werden können).

Mögliche Lösungen und ihre Nachteile
- Einige in der Branche bekannte (Schutzbrillen) verwenden hierzu (kein Digitalsystem).
- Der Nachteil liegt darin, dass (man nicht prüfen kann, wo sich die Brille befindet).
- Die Sicherheit wird dadurch gewährleistet, dass (die Sensoren die Position der Brille ständig überprüfen).

Beschreibung der eigenen Lösung
- Im Unterschied zu seinen Vorgängern (wurde UWE-3 mit einer intelligenteren Steuerung ausgestattet).
- Durch die Erfindung wird erreicht, dass (Messdaten an die Erde geschickt werden können).
- Dies ist insbesondere dann von Vorteil, wenn …
- Der Vorteil wird darin gesehen, dass (der Satellit beweglicher ist als die früheren Prototypen).
- Das Gerät ist mit (Sensoren) ausgestattet.
- Das Gerät ist via Bluetooth mit (einer Steuerungssoftware) verbunden.
- Das Gerät muss noch auf seine Tauglichkeit (im Weltall/im Wasser) überprüft werden.
- Das Produkt soll die technischen Grundlagen dafür legen, dass …

Redemittel

Kapitel 3 — Produktinnovation und Patentschutz

Wichtige Redemittel zu den Themen

Lesen Sie die folgenden Redemittel zu den behandelten Themen und markieren Sie für Sie besonders relevanten Wortschatz. Wiederholen Sie die aufgeführten Wendungen als Ganzes (Nomen mit Verben und Ergänzungen).

Produktinnovation

- keine **Angst vor dem Scheitern** haben
- dem Topmanagement große **Bedeutung** beimessen
- **Eigenschaften** modifizieren und weiterentwickeln
- eine **Idee** umsetzen/weiterverfolgen
- **Innovationsfähigkeit als höchste Priorität** bewerten
- eine treibende **Kraft für Erneuerungsprozesse** sein
- strategische und finanzielle **Kriterien** beachten
- **Kundenwünsche** spielen eine große Rolle.
- sich auf dem internationalen **Markt** durchsetzen
- in **Markt- und Betriebsneuheit** unterteilt werden
- sich vor **Nachahmung** schützen
- Die **Nachfrage**/Der **Bedarf** besteht.
- von **Neu- und Weiterentwicklungen** profitieren
- die erstmalige gewerbliche **Nutzung** einer neuen Idee/einer Problemlösung
- neuartige **Produkte** entwickeln
- in das **Produktionsprogramm** aufgenommen werden
- **Produktpiraterie** begegnen
- einen gewissen **Rechtsschutz** erlangen/bieten
- der **Schlüssel zum Erfolg** sein
- Ein **Trend** setzt sich fort.
- eine **Wachstumsstrategie** sein/darstellen
- auf Innovation immer mehr **Wert** legen
- über ein **Zeitbudget** für Experimente verfügen

Produkt- und Markennamen

Markennamen

- auf **Erfolg** hoffen
- im **Gedächtnis** bleiben
- mit der **Globalisierung** zusammenhängen
- **Interesse** an einem Produkt wecken
- von **Kunden** missverstanden werden
- einen **Namen mit Bedeutung** aufladen
- an einer misslungenen **Namenswahl** scheitern
- eine **Strategie** verfolgen
- einen **Überraschungseffekt** erzielen
- für **Weltoffenheit und Fortschritt** stehen

Markenrecht

- die **Ansprüche des Klägers** ablehnen/verneinen
- **Beklagter** sein/einen Beklagten antragsgemäß verurteilen
- etwas als **dekoratives Element** auffassen
- etwas als **Hinweis auf die Produktherkunft** verstehen
- eine **Klage** einreichen/abweisen
- **Kleidungsstücke mit Symbolen** bewerben und vertreiben
- eine **Marke** eintragen lassen
- **Markeninhaber** sein
- einen **Markennamen** schützen lassen
- für das **Markenrecht** zuständig sein
- die **Markenrechte** verletzen
- einen **Prozess** gegen eine Firma führen
- auf **Unterlassung** klagen
- ein **Verbot** aufheben

Erfindungen und Patente

- gigantische **Datenbestände** durchsuchen
- eine **Erfindung** schützen lassen
- die technischen **Grundlagen** für etwas legen
- die hohen **Herstellungskosten** senken
- seine **Ideen** vermarkten
- **Lizenzgebühren** zahlen/einfordern
- neue **Lösungen** liefern
- ein **Patent** anmelden/erteilen
- technische **Probleme** beseitigen
- den **Schutz des persönlichen geistigen Eigentums** bieten/darstellen
- den **Stand der Technik** kennen
- ein bestehendes **System** überarbeiten
- als **Vorbild für** die Patentgesetze gelten

Ein technisches Gerät präsentieren

- Das **Gerät** ist mit (Sensoren) ausgestattet/via (Bluetooth) mit (einer Steuerungssoftware) verbunden/muss noch auf (seine Tauglichkeit im Wasser) überprüft werden.
- die **Sicherheit** gewährleisten
- einen **Vorteil** bieten

Werbung und Konsumverhalten

Kapitel 4

Am Ende des Kapitels können Sie:

- Hör- und Lesetexte zu den Themen *Werbung*, *Vermarktungsstrategien*, *Konsumverhalten* und *Marken* verstehen und deren Inhalt in zusammengefasster Form und zu bestimmten Details wiedergeben
- den themenbezogenen Wortschatz adäquat und variabel verwenden
- über Untersuchungsergebnisse zum Kaufverhalten berichten
- Grafiken zu den Themen *Werbung* und *Marken* beschreiben
- Werbestrategien präsentieren und darüber diskutieren
- über Vor- und Nachteile der Vermarktung in sozialen Medien und über das Thema *Marken* diskutieren und Ihre Meinung darlegen und begründen
- auf eine Meldung zum Thema *Werbung in sozialen Medien* schriftlich reagieren
- inhaltsrelevante Sätze/Texte aus vorgegebenen Wörtern/Wendungen formulieren bzw. umformen
- grammatische Strukturen der Beschreibung und des offiziellen Sprachgebrauchs erkennen und einsetzen.

Werbung

1 Klassenspaziergang

Wählen Sie drei Fragen aus und stellen Sie diese mindestens zwei Kursteilnehmern. Machen Sie sich Notizen und fassen Sie die Antworten kurz für die Gruppe zusammen.

- Spielt Werbung in Ihrem Beruf eine Rolle? Inwiefern?
- Wie sollte gute Werbung aussehen?
- Haben Sie schon einmal selbst für etwas geworben?
- Haben Sie eine Lieblingswerbung? Wenn ja, welche?
- Wie beeinflusst Werbung Ihr Konsumverhalten?
- Kann Werbung Kunst sein? Finden Sie Beispiele.
- Was halten Sie von Productplacement?
- ……………………………………………?
  (Stellen Sie Ihre eigene Frage.)

2 Zitate zum Thema *Werbung*

Was halten Sie von den folgenden Zitaten? Sagen Sie Ihre Meinung und diskutieren Sie in Kleingruppen.

- „Viele kleine Dinge wurden durch die richtige Art von Werbung groß gemacht."
  — Mark Twain
- „Werbung kostet Geld, nicht werben kostet Kunden!"
  — Henry Ford
- „Es gibt drei Arten von Werbung. Laute, lautere und unlautere*."
  — Werner Mitsch

*unlauter: unfair, ungesetzlich

75

Kapitel 4 — Werbung und Konsumverhalten

3 Was ist Werbung?

a) Ergänzen Sie die Definition aus dem *Gabler Wirtschaftslexikon* mit den jeweils passenden Wörtern (a, b oder c).

- ⊙ a) ausgebreitet
  - b) ~~verbreitet~~
  - c) gesendet
1. a) engeren
   b) begrenzten
   c) kleineren
2. a) angesprochen
   b) bedeutet
   c) gemeint
3. a) Wachstum
   b) Finanzen
   c) Geschäftsausübung
4. a) -ziele
   b) -auftritte
   c) -medien
5. a) Geschäftslebens
   b) Zusammenlebens
   c) Zusammenhalts
6. a) -präsentation
   b) -produkts
   c) -kampagne
7. a) beschrieben
   b) orientiert
   c) gekennzeichnet
8. a) Lauf
   b) Verlauf
   c) Entwicklung
9. a) -schritt
   b) -phase
   c) -überlegung
10. a) Wahl
    b) Bestimmung
    c) Entscheidung

Begriff
Werbung ist die Beeinflussung von verhaltensrelevanten Einstellungen mittels spezifischer Kommunikationsmittel, die über Kommunikationsmedien verbreitet werden. Werbung zählt zu den Instrumenten der Kommunikationspolitik im Marketing-Mix.

Merkmale
Im .... (1) Sinne ist im Rahmen der Wirtschaftskommunikation mit Werbung die Adressierung von Absatzmärkten .... (2). Ebenso werben Unternehmen aber auch für Personal, Finanzmittel oder für wirtschaftliche und rechtliche Rahmenbedingungen, die ihnen die .... (3) erleichtern.
Im Rahmen der Gesellschaftskommunikation verfolgen politische, kulturelle und gesellschaftliche Organisationen primär nicht-kommerzielle Werbe.................. (4). Politische Parteien werben z. B. um Wähler und Kommunen für die Attraktivität ihrer Städte. Werbung ist damit ein Basiselement des gesellschaftlichen .... (5), das bereits in frühen Kulturen dokumentiert ist.

Werbeplanung
Ziel der Werbeplanung ist die Erarbeitung einer Werbe.................. (6) für ein Werbeobjekt. Werbeobjekte können Produkte, Dienstleistungen, Ideen, Appelle, Organisationen oder Personen etc. sein.
Die Werbeplanung beginnt mit der Recherche und Analyse der Ausgangssituation, die durch Unternehmensfaktoren (Unternehmenspolitik, Marketing-Mix etc.) und Umfeldfaktoren (Zielgruppen/Kunden, Konkurrenz, gesellschaftliche und ökonomische Rahmenbedingungen etc.) .... (7) ist.
Auf die Analysephase folgt die Festlegung der Werbeziele wie Bekanntheit, Sympathie, Kaufabsicht etc. Ferner müssen die Adressaten der Werbung (Zielgruppen) und die Eigenschaften, die diese dem Werbeobjekt zuschreiben sollen (Positionierung), bestimmt werden. Diese Informationen sind die Grundlage der Aufgabenbeschreibung für die Kreativabteilung (Creative Brief), um im weiteren .... (8) Werbebotschaften und Gestaltungsideen zu entwickeln. Die Werbebotschaft wird dann durch die Gestaltung verschiedener Werbemittel (z. B. Werbespots) umgesetzt.
Im letzten Planungs.................. (9), der Mediaplanung, werden geeignete Werbeträger ausgewählt. Werbemittel und Werbeträger stehen naturgemäß in einem engen Zusammenhang. Die .... (10) über den zu verwendenden Werbeträger (Mediaselektion) kann sich auf Mediaselektionsmodelle stützen. Informationen über Reichweite, Preis etc. liefern Mediaanalysen. Anhand dieser Angaben lässt sich die optimale Medienkombination für eine geplante Werbekampagne bestimmen.

b) Entsprechen die folgenden Aussagen dem Text? Kreuzen Sie an: Ja oder Nein.

		ja	nein
1.	Werbung nutzt verschiedene Kommunikationsmittel, um das menschliche Verhalten zu beeinflussen.	☐	☐
2.	Werbung ist Teil der Marketingstrategie.	☐	☐
3.	Werbung hat immer einen geschäftlichen Hintergrund.	☐	☐
4.	Werbung ist keine Erfindung der heutigen Zeit.	☐	☐
5.	Bei der Werbeplanung wird zuerst das Werbeziel festgelegt.	☐	☐
6.	Bei der Wahl des geeigneten Mediums kann man sich an bereits gesammelten Informationen orientieren.	☐	☐

Werbung und Konsumverhalten — Kapitel 4

c) Suchen Sie Wörter aus dem Text mit dem Bestandteil *-werb-*. Welche weiteren Wörter mit diesem Bestandteil kennen Sie? Ergänzen Sie Ihre Liste. Arbeiten Sie in Kleingruppen.
Werbung, werben, Werbeziel, …

4 Nervige Werbung

a) Wann nervt Sie welche Werbung am meisten? Erstellen Sie in Kleingruppen eine Liste und präsentieren Sie Ihre Ergebnisse im Plenum. Hier finden Sie einige Beispiele.

- Ein unendlich langer Werbeblock läuft in der spannendsten Szene des Samstagabendfilms.
- Mitten im Filmdialog fährt plötzlich eine überdimensionale Bierflasche durchs Bild.
- Sie werden vor und nach jeder Halbzeit eines Fußballspiels an den Sponsor erinnert.
- Während einer Suche im Internet erscheint plötzlich Werbung der Fluggesellschaft, bei der Sie Ihren letzten Flug gebucht haben.
- Sie wollen im Internet einen Artikel lesen, doch nach Zeile 3 verdeckt eine großflächige Anzeige den Rest des Textes.
- An der Bushaltestelle hängt ein Werbeplakat.
- Sie müssen in einer Zeitung zwei Werbeseiten überblättern, um einen Artikel weiterlesen zu können.
- Im Autoradio hören Sie vor den Nachrichten vier Werbespots.

b) Lesen Sie die Ergebnisse einer Studie und ergänzen Sie die fehlenden Verben in der richtigen Form. Arbeiten Sie zu zweit.

finden • zuschneiden • einstufen • wirken • ~~anführen~~ • ergeben • interviewen • sein • zeigen • liegen • anfangen • machen • angeben • fühlen • befragen • sammeln

Onlinewerbung nervt die meisten Verbraucher

Onlinewerbung **führt** offenbar die Liste der unbeliebtesten Werbung **an**. Das hat eine aktuelle Studie von Adobe .... (1), für die Verbraucher aus sieben Ländern .... (2) wurden. Demnach sind die klassischen Werbeformate in TV und Printmedien deutlich akzeptierter als ihre digitalen Pendants. Für die Studie haben die Marktforscher jeweils 1 250 Personen in Deutschland, Frankreich, Großbritannien, den USA, Australien, Japan und Südkorea .... (3). In allen Ländern .... (4) circa zwei Drittel der Interviewten TV-Werbung wichtiger als Online-Werbung, die von den Befragten überwiegend als „lästig" oder „aufdringlich" .... (5) wurde. Die Werbeträger mit dem besten Image sind in Deutschland Printmagazine (28 Prozent), Plakate (23 Prozent) und Schaufensterwerbung (21 Prozent). Die digitalen Werbemittel .... (6) laut Studie weit abgeschlagen auf dem letzten Platz: Nur 6 Prozent der Deutschen können mit Werbung auf ihren liebsten Websites etwas .... (7).

Die meisten Befragten .... (8) sich außerdem Sorgen um ihre persönlichen Daten. So .... (9) etwa 85 Prozent der befragten Deutschen .... (9), dass die Unternehmen zu viele persönliche Daten über die Verbraucher .... (10). Für 64 Prozent ist vor allem Werbung unheimlich, die mit verhaltensbasiertem Targeting individuell .... (11) wird – in anderen Ländern .... (12) dieser Prozentsatz sogar noch höher.
Weitere Studien haben .... (13), dass Konsumenten sich besonders dann durch Werbung genervt .... (14), wenn durch sie die eigentliche Handlung zwangsweise unterbrochen wird, z. B. durch Werbeunterbrechungen in Spielfilmen oder durch aufpoppende Werbung bei einer Onlinerecherche.
Interessanterweise .... (15) dabei das Weiterblättern in einer Zeitschrift weniger störend als das Wegklicken eines Werbebanners im Netz.

c) Fassen Sie die wichtigsten Informationen des Textes zusammen.

d) Wenn Sie Werbefachmann in einer Firma wären, würden die Ergebnisse der Studie Ihre Entscheidungen über neue Werbekampagnen beeinflussen? Begründen Sie Ihre Meinung.

Kapitel 4 — Werbung und Konsumverhalten

5 Teure Werbung

a) Diskutieren Sie zu zweit und präsentieren Sie anschließend Ihre Meinung im Plenum.

- Wie viel Geld sollte eine Firma in Werbung investieren?
- Welche Werbung halten Sie für sinnvoll?
- Welche Art von Werbung liegt in Ihrem Heimatland im Moment im Trend?

b) Beschreiben Sie die folgende Grafik.
Wer als Markenhersteller erfolgreich sein will, braucht einen einprägsamen Slogan und vor allem viel Geld für Werbung. Diese Konzerne investieren besonders viel in ihre Kampagnen:

Redemittel — Eine Reihenfolge in einer Grafik wiedergeben

- Die Grafik zeigt ... /gibt Auskunft über ...
- Auf Platz 1 liegt ... • Den Spitzenplatz belegt ... • An erster Stelle steht ...
- Danach kommt/folgt ...
- Auf den vorderen Plätzen liegen ... • Im vorderen Feld befinden sich außerdem ...
- Mit ... Euro im Jahr kommt ... auf Platz ...
- Erstaunt/Überrascht hat mich ...
- ... habe ich erwartet/entspricht meinen Erwartungen.

c) Formulieren Sie aus den vorgegebenen Wörtern Kommentare zur Grafik. Achten Sie auf eventuell fehlende Präpositionen, den richtigen Kasus und die angegebene Zeitform. Arbeiten Sie in Kleingruppen, teilen Sie die Sätze untereinander auf.

Platz 1 a) kein Hersteller • Deutschland • mehr Geld • Werbung • der US-Konsumgüterkonzern Procter & Gamble • ausgeben *(Präsens)*
Kein Hersteller in Deutschland gibt mehr Geld für Werbung aus als der US-Konsumgüterkonzern Procter & Gamble.

b) 40 in Deutschland erhältliche Marken • unter anderem Ariel, Pampers und Gillette • gehören *(Präsens)*
....

Platz 2 a) der Süßwarenriese Ferrero • seine zuckerhaltigen Produkte • sehr intensiv • bewerben *(Präsens)*
....

b) vergangenes Jahr • die Werbeausgaben • 1,5 Prozent • steigen *(Präteritum)*
....

Platz 3 a) Elektronikhändler Media-Saturn • letztes Jahr • die Umsätze und der Werbeetat • schrumpfen *(Präteritum)*
....

b) die Firma • 14,4 Prozent • weniger • Werbung • investieren *(Präteritum)*
....

Platz 4 a) das französische Kosmetikimperium L'Oréal • Lippenstifte, Shampoos und Hautcremes • kräftig • werben *(Präsens)*
....

Werbung und Konsumverhalten — Kapitel 4

b) das Geschäft • Schönheit • ein riesiger Werbeetat • unterstützt werden *(Präsens)*

....

Platz 5 60. Geburtstag • die größte deutsche Boulevard-Zeitung „Bild" • der Axel-Springer-Verlag • 41 Millionen Gratisexemplare • verschenken *(Präteritum)*

....

....

Platz 6 a) etwa 400 Marken • das Riesenreich des niederländischen Konsumgüterkonzerns Unilever • zählen: Deos, Eis und Knorr-Suppe • fast jeder Werbeblock • vertreten sein *(Präsens)*

....

b) doch • Vergleich • Vorjahr • die Werbeausgaben • 6,1 Prozent • gekürzt werden *(Präteritum)*

....

Platz 7 a) Volkswagen • Werbeausgaben • Spitzenplatz unter den Autoherstellern • einnehmen *(Präsens)*

....

b) zum Beispiel • Volkswagen • 12 Klubs • Bundesliga • ein Sponsoring • unterstützen *(Präsens)*

....

Platz 8 a) Gegensatz • Konkurrent Aldi • der Discounter Lidl • eine Werbeoffensive • Fernsehen • starten *(Präteritum)*

....

b) zusätzlich • Lidl • bunte Printbeilagen • setzen *(Präsens)*

....

Platz 9 Image-Verbesserung • die US-Fastfood-Kette McDonald's • vergangenes Jahr • ein Spitzenkoch • werben *(Präteritum)*

....

Platz 10 a) die Telekom • nicht nur • Trikot des FC Bayern München • werben *(Präsens)*

....

b) auch • TV-Werbung • der Telekommunikationskonzern • alle Konkurrenten • präsenter sein *(Präsens)*

....

6 Die zwölf bekanntesten Werbeslogans in Deutschland

Lesen Sie die zwölf bekanntesten Werbeslogans in Deutschland und wählen Sie in Kleingruppen die drei, die Sie am wirkungsvollsten finden. Begründen Sie Ihre Wahl.

1. Alles Müller, ... oder was? *(Müllermilch; Molkerei)*

2. Otto ... find' ich gut! *(Otto; Versandhandel)*

3. Nichts ist unmöglich. *(Toyota; Automobilhersteller)*

4. Gute Preise. Gute Besserung. *(Ratiopharm; Generikaunternehmen)*

5. Wenn's um Geld geht – Sparkasse. *(Sparkasse; Kreditinstitut)*

6. Das einzig Wahre. *(Warsteiner; Brauerei)*

7. Geiz ist geil! *(Saturn; Elektronik-Fachmarkt)*

8. Hoffentlich Allianz versichert. *(Allianz; Versicherung)*

9. Ich bin doch nicht blöd. *(Media Markt; Elektronik-Fachmarkt)*

10. Haribo macht Kinder froh und Erwachsene ebenso. *(Haribo; Süßwaren-Konzern)*

11. Bitte ein Bit. *(Bitburger; Brauerei)*

12. Besser ankommen. *(Ford; Automobilhersteller)*

Kapitel 4   Werbung und Konsumverhalten

7 Komparation der Adjektive

a) Lesen Sie die folgenden Beispielsätze und markieren Sie die Adjektive. Lesen Sie danach die Hinweise.

1. Die größte deutsche Boulevard-Zeitung feierte 60. Geburtstag.
2. Der amerikanische Konsumgüterkonzern gab das meiste Geld für Werbung aus.
3. Sein Werbeetat war höher als der Etat der Konkurrenz.

Hinweise

- Die meisten Adjektive können gesteigert werden. Sie bilden den Komparativ mit *-er*, den Superlativ mit *-st-* bzw. *am -sten*.
- Einige Adjektive haben Sonderformen: z. B. *viel – mehr – meist- • hoch – höher – höchst-*.
- Einige einsilbige Adjektive mit den Vokalen *a, o* und *u* bilden Komparativ und Superlativ mit einem Umlaut: *groß – größer – größt-*. Zu dieser Gruppe zählen auch Gegensätze wie *alt ↔ jung, klug ↔ dumm, gesund ↔ krank, kurz ↔ lang, kalt ↔ warm, schwach ↔ stark* und andere Adjektive wie *arg, arm, grob, hoch, hart, nah, rot, scharf, schwarz*.
  Einsilbige Adjektive ohne Umlaut sind z. B. *klar, sanft, straff*.

Strukturen

b) Formulieren Sie zu zweit Werbeslogans mit den unterstrichenen Adjektiven im Komparativ oder Superlativ. Sagen Sie auch, welches Produkt Sie bewerben.

- der <u>lange</u> Sommer — *Genießen Sie den längsten Sommer! (Werbung für Urlaub auf einer tropischen Insel)*
1. die <u>zarte</u> Versuchung ....
2. der <u>hohe</u> Genuss ....
3. der <u>kurze</u> Weg ....
4. das <u>scharfe</u> Messer ....
5. die <u>gute</u> Idee ....
6. die <u>laute</u> Musik ....
7. die <u>kostbare</u> Zeit ....
8. die <u>massive</u> Reduktion ....
9. die <u>nachhaltige</u> Produktion ....
10. die <u>starke</u> Frau ....

c) Präsentieren Sie die Ihrer Meinung nach gelungensten Slogans im Plenum.

8 Offene Verführung

a) Hören Sie zunächst Teil A des Interviews mit der Werbefachfrau Karen Heumann. Kreuzen Sie während des Hörens oder danach die Aussagen an, die dem Gehörten entsprechen.

1 Warum nervt Werbung?
- a) ☐ Es gibt viel mehr Fernsehkanäle als früher und somit sieht jeder mehr Werbung.
- b) ☐ Die Informationen zu einem Produkt werden auf einen Schlag vermittelt und das ist zu viel Information für den Kunden.
- c) ☐ Werbung versucht den Kunden an mehreren Stellen zu erreichen, um Informationen noch zu vertiefen.

2 Was ist der Trend im Internet?
- a) ☐ Es gibt mehr Werbung auf Unternehmenswebsites und in sozialen Medien.
- b) ☐ Es gibt immer mehr Werbung, die nicht einfach als solche erkannt werden kann.
- c) ☐ Kunden stellen ihre persönlichen Erfahrungen mit Produkten online, die aber nicht glaubwürdig sind.

3 Was sagt Frau Heumann über unterschwellige Werbespots?
- a) ☐ Früher gab es diese Werbespots, sie existieren heute aber nicht mehr.
- b) ☐ Man hat so Werbung gemacht, um in die Köpfe der Konsumenten zu kommen und sie zu beeinflussen.
- c) ☐ Diese Art von Werbung existierte eigentlich nie.

Werbung und Konsumverhalten — Kapitel 4

b) Lesen Sie zunächst die folgenden Fragen. Hören Sie dann Teil B und ergänzen Sie die fehlenden Informationen.

1. Sollte Werbung immer die Wahrheit sagen?
   ....
   ....

2. Wie wird das Image von Werbeprofis beschrieben?
   ....
   ....

3. Wie hat sich der Beruf des Werbers in den letzten Jahren geändert?
   ....
   ....

4. Wie vermeidet Frau Heumann, falsche Informationen zu verbreiten?
   ....
   ....

5. Was fasziniert Frau Heumann noch an ihrem Beruf?
   ....
   ....

9 Vertiefen Sie den Wortschatz des Textes.

a) Ergänzen Sie die passenden Wörter.

> allerdings • definitiv • deutlich • durchaus • komisch • mittlerweile • ~~sanft~~ • scheinbar • störend • tendenziell • tätig • verkleidet

- ⊙ Weshalb fühlen sich Menschen nicht *sanft* umworben?
1. Werbung im Netz wird oft als .... empfunden.
2. Der Inhalt fügt sich als .... natürliches Element ein.
3. Immer mehr Werbung kommt .... daher.
4. Die Informationen zu einem Produkt sind .... eher gefärbt.
5. In dieser Hinsicht sind wir .... alphabetisiert.
6. Daran hat die Branche .... ihren Anteil.
7. Diese Zeit ist .... vorbei.
8. Heute verdienen Werber .... weniger Geld als früher.
9. Eine Marke sollte sympathisch bleiben, ... auch ihre Ecken und Kanten haben.
10. Ich bin nahezu investigativ ....
11. Jeder sieht einen ein bisschen .... an, wenn man sagt, dass man in der Werbung ist.

b) Was passt zusammen?
Hier ist einiges durcheinander geraten. Suchen Sie sinnvolle Kombinationen und den jeweiligen Artikel. Manchmal gibt es mehrere Möglichkeiten.

- ~~Unternehmens~~-hersteller
- Marken-partner
- Dialog-umgebung
- Facebook-fachfrau
- Mund-~~information~~
- Dienstleistungs-auftritt
- Online-job
- Werbe-propaganda

die Unternehmensinformation
....
....
....
....
....
....
....

Kapitel 4 — Werbung und Konsumverhalten

c) Ergänzen Sie die fehlenden Adjektive in der richtigen Form. Hören Sie danach das Interview mit Karen Heumann (Teil B) zum Vergleich noch einmal.

> jeweilig • rein • wahr • spannend • richtig *(3 x)* • sogenannt • eigen *(2 x)* • unterschwellig • gut • groß • natürlich

1
Werbung im Netz wird oft als störend empfunden. Deshalb geht der Trend zum .... *Native Advertising*, also zum Inhalt, der sich als scheinbar .... Element in die .... Online-Umgebung einfügt. Dazu gehören auch Unternehmensinformationen, die aussehen wie Journalismus. Da frage ich mich dann allerdings schon, als Leser und als Werber, ob das eine Entwicklung ist, die gut ist, wenn immer mehr Werbung verkleidet daherkommt. Dies ist auch deshalb ein .... Thema, weil Inhalte immer leichter zu produzieren sind. Sie entstehen schon, wenn man seine Fans oder Kunden auffordert, irgendetwas zu tun, und darüber berichtet. Der Markenhersteller wird grundsätzlich immer mehr zum Veranstalter, zum Dialogpartner, schafft selbst Inhalte, die er über .... Kanäle, wie einen Facebook-Auftritt, in die Welt bringt.

2
Bei der .... Werbung weiß ich, dass es eine ist. Früher wurde behauptet, wir versuchten durch .... Spots, die man nicht bewusst mitbekommt, aber unbewusst verarbeitet, in die Köpfe der Konsumenten zu kommen.

3
Vielleicht ist .... Werbung irgendwann sogar glaubwürdiger als ein Journalismus, bei dem man nicht weiß, was von wem bezahlt wird. Das macht übrigens den Job so ...., der Kampf um den ...., den .... Kern, den ...., den .... Weg. Das macht den .... Werber aus.

→ *Hinweise zur Adjektivdeklination siehe Grammatikübersicht im Anhang.*

10 Relativsätze

Lesen Sie die folgenden Beispielsätze aus dem Hörtext und markieren Sie die Relativpronomen. Lesen Sie danach die Hinweise.

1. Das ist eine Entwicklung, die gut ist.
2. Sie macht einen Dienstleistungsjob, zu dem manchmal auch Demut gehört.
3. Genervt fühlt man sich vor allem, wenn einen nicht interessiert, was man geboten bekommt.

Hinweise

- Relativsätze beschreiben Personen oder Sachen näher.
- Relativsätze sind Nebensätze, die mit einem Relativpronomen eingeleitet werden. Das **Relativpronomen** richtet sich in Genus und Numerus nach dem Bezugswort im Hauptsatz, im Kasus nach der Stellung im Relativsatz. *(Beispielsatz 1)*
  Steht vor dem Relativpronomen eine Präposition, richtet sich der Kasus nach der Präposition. *(Beispielsatz 2)*
- Relativsätze mit *was* oder *wo(r) + Präposition* beziehen sich auf ganze Sätze, Indefinitpronomen *(etwas, nichts …)*, das Demonstrativpronomen *das* oder nominalisierte Superlative *(das Beste, das Schönste …)*. *(Beispielsatz 3)*

→ *Weitere Hinweise zu Relativsätzen und Relativpronomen siehe Grammatikübersicht im Anhang.*

Werbung und Konsumverhalten — Kapitel 4

11 Üben Sie die Strukturen.

a) Werbebegriffe
Was passt zusammen? Ordnen Sie zu.

- Ein Absatzhelfer ist ein externer Beeinflusser, — **d**
1. Eine Annonce ist eine bezahlte Bild- oder Textinformation,
2. Ein Anzeiger ist eine Gratiszeitung,
3. Außenwerbung ist ein Sammelbegriff für Werbemittel,
4. Der Bekanntheitsgrad ist ein Werbeziel,
5. Emotionale Werbung will emotionale Erlebnisse vermitteln,
6. Gesetzlich verboten ist herabsetzende Werbung,
7. Eine Infomercial ist ein längerer Werbespot,
8. Das Kaufverhalten ist ein Merkmal,
9. Schleichwerbung ist Reklame,

a. deren Erscheinen meist regional beschränkt ist.
b. womit die Entscheidungsgrundlage auf die subjektive Ebene verlegt wird.
c. den man als Unterhaltungssendung konzipiert hat.
d. der in der Regel kein Geld für seine Empfehlungen bekommt, wie z. B. ein Architekt oder ein Arzt.
e. die in Zeitungen oder Zeitschriften erscheint.
f. mit dem man die Zielgruppe einstufen kann.
g. mit denen außerhalb geschlossener Räume geworben wird, wie z. B. Plakatwerbung, Werbung in öffentlichen Verkehrsmitteln.
h. die zu Werbezwecken vorgesehen, aber nicht offensichtlich als Werbung gekennzeichnet ist.
i. in der ein anderes Produkt negativ dargestellt wird.
j. dessen Erreichen mittels Umfragen geprüft wird.

b) Bilden Sie aus den Angaben Relativsätze.

1. Unterschwellige Werbung ist eine kurze Werbeeinblendung, …
   a) nicht bewusst bemerkt werden
      die nicht bewusst bemerkt wird.
   b) Ziel • sein, • nur vom Unterbewusstsein • wahrgenommen werden
      ....

2. Werbestrategen entwickeln die Verpackung eines Produkts, …
   a) die Kunden • zum Kauf • angeregt werden • sollen
      ....
   b) alles stimmen • müssen
      ....

3. Eine Werbeagentur ist ein Unternehmen, …
   a) Ideen zur Absatzförderung • entwickeln und realisieren
      ....
   b) verschiedene Kreative • z. B. Texter, Grafiker, Mediaplaner • arbeiten
      ....

4. Die Werbestrategie ist abhängig von der Marketingstrategie, …
   a) sie • Richtung und Ziele • übernehmen
      ....
   b) Marketingziele • realisiert werden • sollen
      ....

5. Die Zielgruppe ist eine vorher definierte Personengruppe, …
   a) mit der Werbung • angesprochen werden • sollen
      ....
   b) die Werbung • speziell konzipiert werden
      ....

Kapitel 4 — Werbung und Konsumverhalten

c) Ergänzen Sie die fehlenden Relativpronomen, eventuell mit einer Präposition.

⊙ Das ist der neue Energiedrink,
.... bei allen Supermarktketten angeboten wird.
.... man trinken soll, wenn man erschöpft ist.
.... Entwicklung eine Million Dollar gekostet hat.
.... der Getränkekonzern seine Hoffnungen setzt.
.... unkontrolliertem Genuss Mediziner warnen.

⊙ Unübertroffen: Unser neues Modell R10,
.... Sie in 3 Sekunden auf 100 km/h kommen.
.... die besten Fachleute der Welt entwickelt haben.
.... mit einem fantastischen Design und ausgefeilter Technik besticht.
.... jeder problemlos einparken kann.
.... nicht nur Männer träumen.

d) Vervollständigen Sie die Sätze frei.

⊙ Das war etwas, womit *er unzufrieden war*.
1. Das Beste, was ...., war ....
2. Die Kunden brauchen etwas, womit ....
3. Das Originellste, was ...., war ....
4. Es gibt vieles, woran ....
5. Beim Projekt gab es einiges, was ....
6. Das, was mich ...., ist ....

12 Werben Sie besser!

a) Sammeln Sie einige Beispiele der Werbung deutscher Unternehmen in Printmedien und im Internet, die Sie besonders auffallend finden. Was gefällt Ihnen daran, was nicht? Wodurch unterscheiden sich die von Ihnen gewählten Beispiele von anderen Werbespots beziehungsweise Anzeigen für ähnliche Produkte?

b) Arbeiten Sie in Gruppen. Sie arbeiten für die Marketingabteilung einer Firma, die soeben ein neues Produkt entwickelt hat und dieses jetzt in Deutschland auf den Markt bringen will. Entwickeln Sie eine Werbestrategie und denken Sie dabei an folgende Fragen:

⊙ Um welches Produkt handelt es sich?
⊙ Was kennzeichnet Ihr Produkt und was unterscheidet es von der Konkurrenz? Wie ist die Marktlage?
⊙ Was ist Ihre Zielgruppe?
⊙ Welche Informationen möchten Sie vermitteln?
⊙ Mit welchen Werbemitteln und Werbeträgern soll geworben werden?
⊙ Wie sollten die entsprechenden Werbemittel gestaltet werden?

c) Präsentieren Sie Ihre Strategie dann im Kurs und stellen Sie sich den Fragen der anderen.

d) Welche Strategie halten Sie für die gelungenste und warum?

Werbung und Konsumverhalten Kapitel 4

Soziale Medien und Vermarktungsstrategien

13 Soziale Medien

a) Diskutieren Sie in Kleingruppen und begründen Sie dabei auch Ihre Meinung.
Fassen Sie im Anschluss die Informationen zusammen.

- Welche sozialen Medien nutzen Sie privat?
- Warum nutzen Sie diese?
- Nutzt Ihr Unternehmen/Ihr Arbeitgeber soziale Medien? Wenn ja, welche und wie?
- Mit welchen kann man die meisten Menschen erreichen?

b) Sammeln Sie Vor- und Nachteile des Gebrauchs der sozialen Medien bei der Vermarktung von Produkten (Kosten, Kundendienst, Bekanntheitsgrad, Kritik von Nutzern usw.).

Vorteile	Nachteile

14 Social-Media-Marketing

a) Hören Sie die Informationen und vergleichen Sie Ihre Argumente aus Aufgabe 13b mit dem Gehörten. Ergänzen Sie Ihre Liste, wenn nötig.

b) Welche Verben passen? Ergänzen Sie die Verben aus dem Text.
Hören Sie danach den Text noch einmal, um Ihre Lösungen zu überprüfen.

1. Chancen und Risiken ....
2. das Publikum ....
3. eine direkte Verbindung ....
4. auf dem Bildschirm ....
5. eine Gefahr in sich ....
6. außer Kontrolle ....
7. den Meinungen des Unternehmens ....
8. dem Image der Firma ....
9. Kritik ....
10. an seinem Image ....

c) Erarbeiten Sie in Kleingruppen fünf goldene Regeln zur professionellen Benutzung eines bestimmten sozialen Mediums (Facebook, Twitter ...) durch Unternehmen und stellen Sie diese dann im Plenum vor.
Einigen Sie sich im Kurs auf die fünf wichtigsten Regeln. Welche Empfehlungen würden Sie im Gegenzug den Nutzern der sozialen Medien geben?

Kapitel 4 — Werbung und Konsumverhalten

15 Strukturen: Weitere nützliche Nomen-Verb-Verbindungen

Welche Verben passen zu diesen Nomen? Formulieren Sie jeweils zwei Beispielsätze. Arbeiten Sie zu zweit.

- die Flucht
- einen Beruf
- die Initiative
- (die) Partei
- das Wort

→ **ergreifen**

a) Er ergriff sofort Partei für seine Chefin, die das Projekt leitete.

b) Er hat zuerst einen kaufmännischen Beruf ergriffen.

1
- in Sicherheit
- unter Kontrolle
- in Erfahrung
- zum Ausdruck
- zur Sprache

a) ....
b) ....

2
- Anwendung
- Unterstützung
- Zustimmung
- Beifall
- Berücksichtigung

a) ....
b) ....

3
- eine Auswahl
- mitten ins Herz
- Vorbereitungen
- eine Entscheidung
- Maßnahmen

a) ....
b) ....

4
- sich Mühe
- einen Auftrag
- eine Antwort
- einen Rat
- Unterricht

a) ....
b) ....

5
- Konsequenzen
- in Erwägung
- in Zweifel
- zur Verantwortung
- einen Vorteil

a) ....
b) ....

6
- Bezug
- Einfluss
- Rücksicht
- in Empfang
- Stellung

a) ....
b) ....

→ Hinweise zu Nomen-Verb-Verbindungen siehe Kapitel 1, Seite 13 und Grammatikübersicht im Anhang.

Werbung und Konsumverhalten   Kapitel 4

16 Wie Unternehmen soziale Medien nutzen

Lesen Sie die Informationen zur Nutzung von sozialen Medien und bearbeiten Sie die Aufgaben in Kleingruppen. Vergleichen Sie am Ende Ihre Ergebnisse.

a) Warum Unternehmen soziale Netzwerke nutzen
Formen Sie die Angaben um wie im Beispiel.

	Warum Unternehmen soziale Netzwerke nutzen	Ziele der Netzwerknutzung
80 %	wollen ihre Bekanntheit steigern.	*Steigerung der Bekanntheit*
68 %	wollen die Beziehungen zu ihren Kunden pflegen.	
42 %	wollen ihr Image aufbessern.	
31–32 %	nutzen soziale Medien für die Beziehungspflege zu Multiplikatoren der Unternehmen (etwa Journalisten) und für Marktforschung.	
23 %	wollen über die Social-Web-Kanäle neue Mitarbeiter gewinnen.	
15 %	wollen mit Kunden besser zusammenarbeiten.	

b) Welche Social-Media-Instrumente Unternehmen einsetzen
Ergänzen Sie die Satzanfänge mit den richtigen Informationen.

> Mikroblogging, etwa über Twitter • eine eigene Facebook-Seite • Video-Plattformen wie YouTube (28 Prozent) • in sozialen Netzwerken aktiv • mit Wikis • eigene Online-Communities und Content-Plattformen wie SlideShare • interne und externe Blogs (36 Prozent)

1. 86 Prozent der Unternehmen, die soziale Medien einsetzen, sind ....
2. Mehr als die Hälfte der Unternehmen (53 Prozent) hat ....
3. An zweiter Stelle der beliebtesten Social-Media-Instrumente folgen ....
4. Den dritten Platz belegen ....
5. Jedes vierte Unternehmen praktiziert ....
6. 14 Prozent der Firmen arbeiten ....
7. Jeweils 13 Prozent der im Bereich der sozialen Medien aktiven Unternehmen nutzen ....

c) Warum Unternehmen in den sozialen Medien nicht aktiv sind
Bilden Sie aus den vorgegebenen Wörtern Sätze. Achten Sie auf eventuell fehlende Präpositionen und den richtigen Kasus.

1. 62 Prozent • Befragte • ihr Fernbleiben • begründen • damit, dass • sie • Social-Media-Aktivitäten • ihre Zielgruppe • nicht erreichen

2. die Hälfte • Skeptiker • rechtliche Bedenken • äußern, insbesondere • Datenschutz

3. 25 Prozent • der personelle Aufwand • als zu hoch • empfinden

4. 14 Prozent • finanzielle Gründe • Social-Media-Engagement • abgehalten werden

---

Werbung im Internet

Der Mitgliederschwund
in dem Jägerverband
war wenig erfreulich
und sehr eklatant

Da fiel jüngst dem Vorstand
das Internet ein
und man macht dort jetzt Werbung
für diesen Verein

Da ist nun zu lesen:
Komm'se in's Revier
und nach jeder Pirsch
gibt es Bratwurst und Bier

Es ist unser Wunsch,
unser Motto für heute,
lernen Sie schießen
und treffen Sie Leute!

*Edmund Ruhenstroth (*1936)*

Kapitel 4 — Werbung und Konsumverhalten

17 Schriftlicher Ausdruck: Kommentar

Reagieren Sie auf die folgende Meldung im Internet. Schreiben Sie etwa 150 Wörter.

> Manche Bedenken sind verständlich, aber auch der Verzicht auf den Einsatz sozialer Medien birgt Risiken. Diskussionen über Marken und Produkte von Unternehmen finden im Social Web ohnehin statt. Wer sich den sozialen Medien verschließt, verzichtet bewusst darauf, Einfluss zu nehmen. Denn über einen Arbeitgeber oder ein Produkt tauschen Internetnutzer sich auch dann aus, wenn das Unternehmen keinen eigenen Facebook-Auftritt hat.

18 Mündlicher Ausdruck: Pro-Kontra-Argumentation

Ihre Firma möchte die sozialen Netzwerke bei der Vermarktung ihrer Produkte intensiver einsetzen. Eine Person/Gruppe ist dafür, die andere warnt vor Gefahren und Risiken. Benutzen Sie dafür die Argumente aus Aufgabe 16, Ihre eigenen Argumente und die vorgegebenen Redemittel.

a) Halten Sie zuerst eine einminütige Präsentation.
b) Gehen Sie dann auf die Argumente der anderen Seite ein und stellen Sie Fragen.
c) Finden Sie einen Kompromiss.

Über Vor- und Nachteile sprechen *(Redemittel)*

- Als Vorteil/Nachteil würde ich ansehen/betrachten, dass ...
- Ich sehe/erachte das als eindeutigen Vorteil/Nachteil.
- Das bringt große/zahlreiche Vorteile/Nachteile mit sich, nämlich: ...
- Daraus ergeben sich erhebliche Vorteile/Nachteile.
- Das wirkt sich positiv/negativ auf ... aus.
- Das ist eindeutig vorteilhaft/nachteilig.
- Das ist einer der wichtigsten Vorteile/Nachteile.
- Auf der einen Seite ..., auf der anderen (Seite) ...
- Ein wichtiger Nutzen/Ein großes Risiko besteht darin, dass ...
- Ich befürworte/befürchte, dass ...
- Wir dürfen nicht vergessen, dass ...

19 Strategien

Hier finden Sie Verben, die mit dem Wort *Strategie* verwendet werden können.
Ergänzen Sie die Satzpaare mit dem passenden Verb in der richtigen Form.

~~verfolgen~~ • entwickeln • ändern • entwerfen • erarbeiten • aufgehen

⊙ a) Wir müssen eine Strategie *verfolgen*, mit der wir unsere Online-Käufer überzeugen können.
   b) Nur Firmen, die eine fokussierte Strategie *verfolgen*, können sich auf dem internationalen Markt durchsetzen.

1. a) Eine Vertriebsstrategie .... heißt, die richtigen Fragen zu stellen – und zu beantworten.
   b) Unternehmen, die keine Online-Marketing-Strategie .... haben, fällt es schwer, eine Internet-Präsenz zu erstellen.

2. a) Wenn der erhoffte Erfolg ausbleibt, sollten Sie Ihre Strategie .... und neue Maßnahmen umsetzen.
   b) Unsere Firma muss ihre wenig Erfolg versprechenden Strategien ....

3. a) Unsere Strategie .... und unsere Investitionen tragen Früchte.
   b) Unsere neuen Online-Vermarktungsstrategien sind leider nicht ....

4. a) Erfolgreiche Vermarktungsstrategien müssen wir intern ....
   b) Unsere Fachberater kommen gerne zu Ihnen und besprechen gemeinsam Ihre Wünsche, aus denen wir dann eine Strategie ....

5. a) Unsere Firma hat eine Strategie ...., die den Handlungsrahmen unserer wichtigsten Abteilungen festlegt.
   b) Wir müssen uns am internationalen Markt durchsetzen. Zu diesem Zweck haben wir eine umfassende Strategie ....

Werbung und Konsumverhalten

Kapitel 4

Marken und Konsumverhalten

20 **Interview**

Fragen Sie zwei Kursteilnehmer und fassen Sie im Anschluss die Antworten im Plenum zusammen.

Frage	Gesprächspartner/in 1	Gesprächspartner/in 2
1. Kaufen Sie gern ein? Warum/Warum nicht?		
2. Was kaufen Sie am liebsten?		
3. Wie sollte sich eine Verkäuferin/ein Verkäufer idealerweise verhalten?		
4. Was würden Sie machen, wenn Sie in einem Geschäft herablassend behandelt würden?		
5. Welche Rolle spielt die Marke/der Hersteller beim Einkaufen?		

21 **Studie zum Kaufverhalten**

a) Lesen Sie das ungewöhnliche Ergebnis einer Studie zum Kaufverhalten.

König Kunde?

Für eine Studie der University of British Columbia in Vancouver zum Kaufverhalten legten kanadische Forscher 359 Probanden hypothetische Einkaufsszenarien vor, in denen sie von Verkäufern verschiedener Bekleidungsfirmen wie Louis Vuitton oder H&M entweder neutral oder herablassend behandelt wurden. Anschließend sollten sie die Produkte bewerten und angeben, wie viel Geld sie für die Produkte bezahlen würden. Die Studie hat ergeben: Personen, die in Geschäften der Luxusklasse herablassend behandelt werden, finden deren Produkte anschließend noch begehrenswerter. Sie sind sogar bereit, mehr Geld dafür auszugeben.

Dieser Effekt ist den Studienautoren zufolge bei allen Marken zu beobachten, die ein ideales Selbstkonzept wie Exklusivität, ökologisches Bewusstsein oder Intellektualität verkörpern. Je mehr jemand mit einer Marke und ihrem Image in Verbindung gebracht werden wolle, desto deutlicher sei dieser Zusammenhang. Bei Massenware stelle sich der Effekt dagegen nicht ein, haben die Forscher herausgefunden.

Auch der Verkäufer spiele eine wichtige Rolle: Nur wenn die Kunden den Verkäufer als einen authentischen Vertreter und damit als „Verlängerung der Marke" wahrnehmen würden, ließen sie sich demütigen und zahlten auch noch dafür. Wie kann das sein? Jeder Mensch habe ein Bedürfnis nach Gruppenzugehörigkeit, sagen die Wissenschaftler. Um dieses Bedürfnis zu erfüllen, würden Menschen auch ihren Konsum strategisch ausrichten. Wer „strategisch konsumiert", versuche sich durch die Anschaffung bestimmter Produkte einer Gruppe, zu der er gerne gehören würde, anzugleichen. Deswegen erlebten die Kunden nach Meinung der Wissenschaftler die Zurückweisung durch den Verkäufer als Gefahr für ihre Gruppenzugehörigkeit. Der eventuelle Ausschluss aus der gewünschten Gruppe wirke so bedrohlich auf die Menschen, dass sie bereit seien, ihr gewohntes Verhalten zu verändern.

Ist die alte Maxime vom „König Kunde" also hinfällig? Sollten Verkäufer in teuren Geschäften stattdessen besser arrogant auftreten? Sebastian Deppe von der BEE Handelsberatung in München will davon nichts wissen. Ein gewisses Image von Unnahbarkeit gehöre sicherlich zum Geschäft in der Luxusbranche, das Exklusivität vermitteln will. Deswegen sei es in hochpreisigen Läden nicht erwünscht, dass sich die Verkäufer unterwürfig verhielten. An den Erfolg einer herablassenden Haltung glaubt er allerdings nicht. „Die Kunden wollen auf Augenhöhe angesprochen werden", meint Deppe.

Kapitel 4 — Werbung und Konsumverhalten

b) Beantworten Sie die folgenden Fragen zum Text.

1. Welches Experiment haben die Forscher durchgeführt?
   ....
2. Welches Ergebnis haben sie erzielt?
   ....
3. Welche Rolle wird dem Verkäufer zugemessen?
   ....
4. Welche Begründung wird für das Verhalten der Kunden angeführt?
   ....
5. Welche Meinung äußert der Vertreter der BEE Handelsberatung in München?
   ....

22 Berichten Sie.

1. Wie wirkt arrogantes oder herablassendes Verkäuferverhalten auf Sie?
2. Wie beurteilen Sie das Ergebnis der Studie?

23 Üben Sie den Wortschatz des Textes.

a) Geben Sie die Resultate der Studie und die Meinung der Wissenschaftler bzw. Experten wieder. Benutzen Sie dazu die indirekte Rede *(siehe Kapitel 1, S. 24 und 25)*.

> Die Studie hat ergeben, dass … • Die Wissenschaftler meinen, … • Die Forscher fanden heraus, dass … • Nach Meinung der Wissenschaftler … • Der Studie zufolge …

- Personen, die in Geschäften der Luxusklasse herablassend behandelt werden, • die Produkte • Luxusfirmen • anschließend • noch • begehrenswerter • finden

  Die Studie hat ergeben, dass Personen, die in Geschäften der Luxusklasse herablassend behandelt werden, die Produkte der Luxusfirmen anschließend noch begehrenswerter finden würden.

1. diese Kunden • sogar • mehr Geld • solche Produkte • ausgeben
   ....

2. dieser Effekt • alle Marken, die ein ideales Selbstkonzept wie Exklusivität, ökologisches Bewusstsein oder Intellektualität verkörpern • erzielt werden
   ....
   ....

3. der Effekt • Massenware • nicht • sich einstellen
   ....

4. auch • der Verkäufer • eine wichtige Rolle • innehaben
   ....

5. der Kunde • der Verkäufer • authentischer Vertreter der jeweiligen Luxusmarke • wahrnehmen will
   ....

6. jeder Mensch • ein Bedürfnis • Gruppenzugehörigkeit • haben
   ....

7. viele Kunden • versuchen, Anschaffung • bestimmte Produkte • eine Gruppe • sich angleichen
   ....

8. deswegen • die Kunden • die Zurückweisung • Verkäufer • als Bedrohung ihrer Gruppenzugehörigkeit • erleben
   ....
   ....

Werbung und Konsumverhalten — Kapitel 4

b) Sätze mit ähnlicher Bedeutung
Formen Sie die Sätze um, indem Sie die in Klammern angegebenen Wörter in der richtigen Form einarbeiten.

1. <u>Ist</u> die alte Maxime vom „König Kunde" also <u>hinfällig</u>? *(nicht mehr gelten)*

   ....

2. Sollten Verkäufer in teuren Geschäften <u>stattdessen besser arrogant auftreten</u>? *(man • arrogantes Auftreten • raten)*

   ....

3. Sebastian Deppe von der BEE Handelsberatung in München <u>will davon nichts wissen</u>. *(andere Meinung • sein)*

   ....

4. Ein gewisses Image von Unnahbarkeit <u>gehört</u> zum Geschäft in der Luxusbranche. *(Teil • sein)*

   ....

5. An den Erfolg einer herablassenden Haltung <u>glaubt</u> Sebastian Deppe <u>nicht</u>. *(bezweifeln)*

   ....

6. „Die Kunden wollen <u>auf Augenhöhe angesprochen werden</u>", meint Deppe. *(gleichberechtigt • behandeln)*

   ....

24 Diskutieren Sie zu zweit.

- Achten Sie auf die Angabe: *Made in …?*
- Glauben Sie, dass sich das Herkunftsland eines Produkts oder einer Marke auf den Verkaufserfolg auswirkt? Warum?
- Was fällt Ihnen zuerst ein, wenn Sie *Made in Germany* hören?
- Welche Eigenschaften verbinden Sie mit *Made in Germany*?
- Glauben Sie, dass im Zeitalter der Globalisierung die Herkunftsbezeichnung noch sinnvoll ist? Warum?

Die Herkunftsbezeichnung *Made in Germany* wurde ursprünglich Ende des 19. Jahrhunderts in Großbritannien eingeführt, um die britische Ware vor der billigen Importware aus Deutschland zu schützen.

25 Made in Germany

a) Beschreiben Sie die folgende Grafik. Nennen Sie auch einige Produkte, die unter den Markennamen angeboten werden. Nutzen Sie die Redemittel aus Aufgabe 5b, Seite 78.

Die meistverkauften deutschen Marken
nach rund 4 000 Interviews in Brasilien, Russland, Indien und China (2011)

Platz	Marke	Prozent
Platz 1:	Adidas	60 %
Platz 2:	Nivea	51 %
Platz 3:	Puma	42 %
Platz 4:	Siemens	38 %
Platz 5:	Bosch	33 %
Platz 6:	Bayer	30 %
Platz 7:	Volkswagen	25 %
Platz 8:	Braun	23 %
Platz 9:	Metro Cash & Carry	23 %
Platz 10:	Hugo Boss	22 %
Platz 11:	Dr. Oetker	19 %
Platz 12:	Osram	18 %

Kapitel 4

Werbung und Konsumverhalten

b) Schreiben Sie einen Text und bilden Sie dazu aus den vorgegebenen Wörtern Sätze. Achten Sie auf eventuell fehlende Präpositionen und den richtigen Kasus. Arbeiten Sie zu zweit, teilen Sie die Sätze untereinander auf.

⊙ Wachstumsmarkt China • deutsche Autobauer • regelmäßig • neue Absatzrekorde • melden
Im Wachstumsmarkt China melden deutsche Autobauer regelmäßig neue Absatzrekorde.

1. dort • 2011 • erstmals mehr Neuwagen • deutsche Konzernmarken • als in Deutschland • selbst • zulassen

2. Marktanteil • deutsche Modelle • 20 Prozent • liegen

3. Chefin • renommierte Markenagentur Meta-Design • sagen • „deutsche Marken • sehr hoher Stellenwert • Schwellenländer wie Brasilien oder Indien • haben"

4. Orientierung • sogenannte „deutsche Werte" • prägend für Kaufentscheidungen • sein

5. deutsche Marken • bei Jugendlichen • teuer • gelten • Statussymbol • sich eignen

6. deutsche Marken • Qualitätsbewusstsein • italienische Marken • Modebewusstsein • US-Produkte • Innovationskraft • assoziieren

7. viele Konsumenten • klassische deutsche Produkteigenschaften • hohe Qualität, hohe Zuverlässigkeit, Langlebigkeit • bevorzugen

26 Wie ein Produkt zur Marke wird

a) Lesen Sie den folgenden Text und ordnen Sie die passenden Teilüberschriften zu. Arbeiten Sie zu zweit: Eine/Einer übernimmt Teil A, eine/einer Teil B.

Das Preis-Leistungs-Verhältnis • Die Wahl des Markenbotschafters • Marketing als Balanceakt • Das Image einer Marke • Statussymbole • Verstand aus – Bauch an

■ Nicht nur das Image zählt

„Marken sind heute Akteure in den Arenen der Medienöffentlichkeit. In der Arena geht es nicht ums Überleben, sondern ums Gewinnen." So ist es in einem Marketingglossar nachzulesen. Doch was heißt hier gewinnen? Coca-Cola zum Beispiel ist die weltweit wertvollste Marke. Wird sie deshalb von ihren Kunden auch geliebt? Ja, wird die Marke überhaupt verstanden?

Teil A

1 ....
Schnell wird deutlich, wie komplex Markenkommunikation ist. In Zeiten, in denen sich Produkte immer mehr ähneln, müssen Waren neben Qualität, Funktion und Preis einen Mehrwert liefern – es gilt, die eigene Marke weiter aufzuladen. Apple steckt einen MP3-Spieler in eine atemberaubend schöne Hülle und hat damit im fünften Jahr Erfolg. Audi verkauft mit *Quattro* viel mehr als einen Allradantrieb. Und Manolo-Blahnik-Schuhe sind erst durch die Serie *Sex and the City* zum Erfolg geworden.

2 ....
Ein Konsument geht beim Einkauf nicht nur rational vor. Ganz im Gegenteil: Bei der Wahl des Lieblingsbiers oder der bevorzugten Kaffeemarke spielt der Verstand nur eine untergeordnete Rolle. Beim Kauf werden im menschlichen Gehirn Gefühlsareale entscheidend aktiv. Wir handeln plötzlich ähnlich wenig vernunftbestimmt wie ein Teenager, der sich in einen Hollywoodstar verliebt. Trotzdem wird niemand belächelt, wenn er sich für ein Markenprodukt entscheidet – gerade das Gegenteil ist der Fall. Werbung basiert auf Emotionen und nutzt die Erkenntnis, dass letztlich der Bauch entscheidet. Mit dem Kauf eines Markenprodukts sollen neben Produkt-Features auch ein cooles Design und ein bestimmtes Lebensgefühl erworben werden. Tatsache ist, dass das Gedächtnis beim Kauf nicht mehr eindeutig zwischen Produkt und Emotion trennen kann. Um die passende emotionale Botschaft glaubhaft zu vermitteln, gilt es, die Balance zwischen Inhalt und Verpackung, Leistung und Design zu finden.

Werbung und Konsumverhalten — Kapitel 4

3

....

Ein häufig gewählter Ansatz sind Kooperationen mit Künstlern, Designern, Schauspielern und Musikern. Ihr positives Image und ihre meist klare Positionierung gilt es auf die Unternehmensmarke zu übertragen – die Markenpersönlichkeit entsteht. Doch ist bei der Auswahl viel Fingerspitzengefühl gefragt, und die Liste der Fehlgriffe ist lang. Wer heute ein Megastar ist, kann morgen bereits out sein. Ein Skandal oder einfach eine gefloppte Single und das positive Image ist dahin. Alternativ bietet sich die Kooperation mit einem Newcomer an, der von Anfang an mit der Marke verbunden wird. Hinzu kommt hier noch der Aspekt des Neuen, des Trends, was viele Unternehmen gerne mit ihrer Marke verknüpft wissen wollen.

Teil B

4

....

In Zeiten zunehmender Markenvielfalt müssen erfolgreiche Marken zusätzliche Alleinstellungsmerkmale bieten, um Kunden langfristig zu binden. Ästhetik, technische Raffinessen, ausgefallenes Design, modische Farben, Preis oder zusätzliche Dienstleistungen spielen bei der Emotionalisierung eine entscheidende Rolle. Besitzern von Markenprodukten wird wie selbstverständlich ein besonderer sozialer Status eingeräumt. Und Markenbewusste fahren gut mit ihren Entscheidungen: Dank trendiger Markenartikel sind ihnen Aufmerksamkeit und Anerkennung sicher. Das funktioniert bei Schulkindern, die nur einen bestimmten Rucksack haben wollen, und setzt sich fort bis in Vorstandsetagen, wo Geschäftspartner um ihr leistungsfähiges Handy beneidet werden.

5

....

Überzeugen Marken also, weil sich mit ihnen protzen lässt? Nicht nur. Wer ein perfekt präsentiertes Produkt, ein Markenprodukt verkauft, der verspricht gleichzeitig perfekte Qualität. Ein markenbewusster Käufer zeigt, dass er es schätzt, das Schöne mit dem Nützlichen, das Praktische mit etwas Luxus zu verbinden. Erfüllt die Marke diese Erwartung nicht, wird sie keinen dauerhaften Erfolg haben. Nur Menschen, die ein hochwertiges Produkt gekauft haben, fühlen sich damit so wohl, dass sie sich auch ein weiteres Mal von ihrem Bauchgefühl leiten lassen. Markenbewusste wissen, wann und wo es sich lohnt, Geld zu investieren. Sie wollen nicht unbedingt mit teuren Produkten prahlen. So steht Aldi auf Platz vier der besten Unternehmensmarken. Nicht, weil Geiz geil ist und ganz bestimmt auch nicht, weil Aldi durch besonders brillante Werbekampagnen glänzt, sondern weil Kunden ein gutes Preis-Leistungs-Verhältnis honorieren.

6

....

Die Kunst, all dies integrativ zu verbinden, bezeichnet man neudeutsch als *Brand Management* und das ist die vielleicht bedeutendste Marketingleistung eines Unternehmens. Dahinter verbirgt sich das Austarieren von betriebswirtschaftlichen und psychologischen Werten. Diese *Share of Soul* genannte Markenstärke in den Köpfen der Verbraucher ist neben dem wirtschaftlichen Erfolg das zweite Standbein der Marke.

b) Fassen Sie die wichtigsten Informationen Ihrer Teilabschnitte für Ihre Lesepartnerin/Ihren Lesepartner zusammen.

27 Vertiefen Sie den Wortschatz des Textes.

a) Finden Sie Synonyme zu folgenden Ausdrücken im Text:

1. gleichen – ....
2. schließlich – ....
3. zweifelsfrei – ....
4. verbinden – ....
5. nachhaltig – ....

6. missgönnen – ....
7. angeben – ....
8. herausragend – ....
9. belohnen – ....
10. Eckpfeiler – ....

93

Kapitel 4 — Werbung und Konsumverhalten

b) Bilden Sie so viele Komposita wie möglich. Nennen Sie auch die Artikel.

~~Geschäft~~ • Werbe- • Bauch • Marke • Fingerspitze • Leben • Gefühl • Medien • Unternehmen

Areal • Gefühl • Marke • Persönlichkeit • Öffentlichkeit • Vielfalt • Kampagne • ~~Partner~~ • Produkt • Kommunikation

⊙ der Geschäftspartner, …

28 Partizipien als Adjektive

a) Lesen Sie die folgenden Beispielsätze und markieren Sie die Partizipien als Adjektive. Lesen Sie danach die Hinweise.

1. Um die passende emotionale Botschaft glaubhaft zu vermitteln, gilt es, die Balance zwischen Inhalt und Verpackung, Leistung und Design zu finden.
2. Die Schuhe sind erst durch die Fernsehserie und das damit verbundene Image zum Erfolg geworden.

Hinweise

○ Partizipien als Adjektive werden attributiv verwendet.
○ Partizipien geben eine temporale Beziehung zur Haupthandlung wieder.
- Das **Partizip I** beschreibt Handlungen, Zustände oder Vorgänge, die gleichzeitig zur Haupthandlung laufen.
  Eine passende Botschaft wird glaubhaft vermittelt. (Die Botschaft passt zur Zielgruppe und wird vermittelt.)
- Das **Partizip II** beschreibt in der Regel vergangene, abgeschlossene Handlungen, Zustände oder Vorgänge.
  Die Schuhe sind erst durch die Fernsehserie und das damit verbundene Image zum Erfolg geworden. (Die Schuhe wurden mit dem guten Image der Fernsehserie verbunden. Danach wurden sie zum Erfolg.)
○ Partizipien können mit verschiedenen Angaben **erweitert** werden.
  Das mit der Fernsehserie verbundene Image verhalf den Schuhen zum Erfolg.

Strukturen

➔ *Weitere Hinweise zu Partizipien als Adjektive siehe Grammatikübersicht im Anhang.*

b) Üben Sie die Strukturen.
Partizip I oder II? Ergänzen Sie die Partizipialattribute in der richtigen Form. Achten Sie auf den Kasus und die Adjektivendung.

⊙ Waren müssen neben Qualität, Funktion und Preis *einen weiteren überzeugenden Mehrwert* (ein • weiter • überzeugen • Mehrwert) liefern.

1. Apple steckt seine Geräte in ……………………………… (eine • perfekt designen • Hülle).
2. Bei der Wahl ……………………………… (die • bevorzugen • Kaffeemarke) spielt der Verstand nur ……………………………… (eine • unterordnen • Rolle).
3. Wir handeln plötzlich ähnlich unvernünftig wie ……………………………… (ein • verlieben • Teenager).
4. Trotzdem wird niemand belächelt, weil er sich für ……………………………… (ein • ansagen • Markenprodukt) entscheidet.
5. Um ……………………………… (die • entscheiden • Kaufbotschaft) zu vermitteln, muss ……………………………… (eine • gut durchdenken • Balance) zwischen Inhalt und Verpackung, Leistung und Design gefunden werden.
6. ……………………………… (ein • häufig wählen • Ansatz) sind Kooperationen mit Künstlern, Designern, Schauspielern und Musikern.
7. Durch ……………………………… (das • auf die Ware • übertragen • positiv • Image) des Künstlers entsteht ……………………………… (eine • so nennen • Markenpersönlichkeit).
8. Doch bei ……………………………… (die • zu treffen • Auswahl) muss man sehr vorsichtig sein.
9. Wer heute ……………………………… (ein • fragen • Megastar) ist, kann morgen bereits out sein.

Werbung und Konsumverhalten — Kapitel 4

29 Rätsel

Lösen Sie das Rätsel. Suchen Sie die passenden Nomen.
Das Lösungswort ergibt sich, wenn Sie die markierten Kästchen senkrecht lesen.

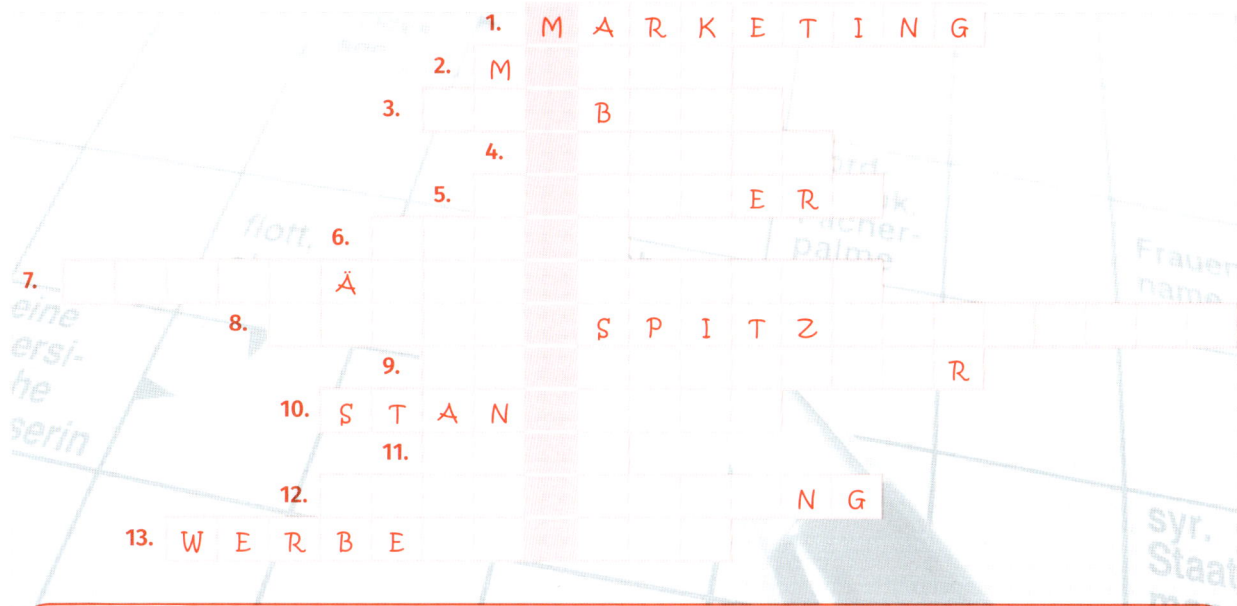

1. Förderung des Absatzes durch Betreuung der Kunden, Werbung, Beobachtung und Lenkung des Marktes usw.
2. Bereich im Warenverkehr, der von Angebot und Nachfrage bestimmt wird
3. Maßnahmen, die z. B. zur Erhöhung des Bekanntheitsgrades eines Produktes oder zur Erweiterung des Absatzmarktes führen
4. Verbrauch
5. eine zusätzliche Eigenschaft, etwas, das über das bereits Bekannte hinausgeht
6. Entwicklung, Mode
7. jemand, der an einem Geschäft beteiligt ist (maskuline Form)
8. besondere Vorsicht/Sorgfalt
9. bekannte Persönlichkeit (maskuline Form): ein ...
10. beruflicher Schwerpunkt, Einnahmequelle
11. Erwerb
12. Aufmerksamkeit und Lob
13. Oberbegriff für Werbeanzeigen, Werbespots o. Ä.

Wichtige Redemittel zu den Themen

Lesen Sie die folgenden Redemittel zu den behandelten Themen und markieren Sie den für Sie besonders relevanten Wortschatz. Wiederholen Sie die aufgeführten Wendungen als Ganzes (Nomen mit Verben und Ergänzungen).

Werbung

- Ideen zur **Absatzförderung** entwickeln und realisieren
- unbewusste **Bedürfnisse** ansprechen
- der (in)direkten **Beeinflussung** dienen
- unter **Dauerbeschuss** stehen
- gewisse **Gefühle/Gedanken** beim Kunden anregen oder erzeugen
- **Geld** für Werbung ausgeben
- **Inhalte** leicht produzieren
- Kunden zum **Kauf** anregen
- in den Kopf des **Konsumenten** kommen
- das **Konsumverhalten** beeinflussen
- den **Kunden** erreichen
- **Marketingziele** realisieren
- auf bunte **Printbeilagen** setzen
- **Produkte** ausprobieren
- auf ein **Produkt** Lust machen
- ein **Produkt** positiv/negativ darstellen
- für ein **Produkt** werben/ein Produkt bewerben
- einen längeren Werbespot als **Unterhaltungssendung** konzipieren
- **Vereine** durch Sponsoring unterstützen
- **Werbeausgaben** kürzen/steigern/erhöhen
- in jedem **Werbeblock** vertreten sein
- etwas nicht offensichtlich als **Werbung** kennzeichnen
- in einer **Zeitung** oder **Zeitschrift** erscheinen
- die **Zielgruppe** einstufen

95

Kapitel 4 — Werbung und Konsumverhalten

Soziale Medien und Vermarktungsstrategien

- den personellen **Aufwand** als zu hoch empfinden
- seine Meinung zum **Ausdruck** bringen
- rechtliche **Bedenken** äußern
- die **Bekanntheit** steigern
- **Berücksichtigung** finden
- **Beifall** finden
- soziale Medien für die **Beziehungspflege** nutzen
- **Beziehungspflege** zu Multiplikatoren/Kunden betreiben
- **Chancen** und **Risiken** bieten
- **Einfluss** auf die Medien nehmen
- eine wichtige **Entscheidung** treffen
- etwas in **Erfahrung** bringen
- die richtigen **Fragen** stellen
- eine **Gefahr** in sich bergen
- ein **Gespräch** mit dem Kunden führen
- sein **Image** aufbessern
- dem **Image** schaden können
- eine **Internet-Präsenz** erstellen
- **Konsequenzen** aus der missglückten **Kommunikation** ziehen
- außer **Kontrolle** geraten
- sich am internationalen **Markt** durchsetzen
- **Mitarbeiter** über die Social-Web-Kanäle gewinnen
- sich **Mühe** bei der Gestaltung geben
- in **sozialen Netzwerken** aktiv sein
- eine umfassende **Online-Marketing-Strategie** entwickeln/entwerfen
- schnell ein breites **Publikum** ansprechen
- **soziale Medien** einsetzen/nutzen
- zur **Unternehmenskultur** passen
- eine direkte **Verbindung** zwischen Unternehmen und Kunden herstellen
- erfolgreiche **Vermarktungsstrategien** erarbeiten
- **Vorbereitungen** treffen
- einen **Vorteil** ziehen
- die **Zielgruppe** (nicht) erreichen

Marken und Konsumverhalten

- **Alleinstellungsmerkmale** bieten
- Markenbewussten sind **Aufmerksamkeit** und **Anerkennung** sicher.
- Kunden auf **Augenhöhe** ansprechen
- die **Balance** zwischen Inhalt und Verpackung finden
- sich von dem eigenen **Bauchgefühl** leiten lassen
- ein **Bedürfnis** nach Gruppenzugehörigkeit haben
- eine **Botschaft** glaubhaft vermitteln
- große **Durchschlagskraft** haben
- auf **Emotionen** basieren
- gut mit den eigenen **Entscheidungen** fahren
- mit etwas **Erfolg** haben
- zum **Erfolg** werden
- **Erwartungen** (nicht) erfüllen
- **Exklusivität** verkörpern
- **Fingerspitzengefühl** ist gefragt.
- eine **Funktion** erfüllen
- in ein Produkt **Geld** investieren
- das positive **Image** auf die Unternehmensmarke übertragen
- prägend für **Kaufentscheidungen** sein
- das **Kaufverhalten** untersuchen
- mit einem Produkt ein bestimmtes **Lebensgefühl** erwerben
- eine **Marke** mit Qualitätsbewusstsein oder Innovationskraft assoziieren
- eine **Marke** entzaubern
- etwas mit einer **Marke** verknüpfen
- ein **markenbewusster** Käufer sein
- Eine **Markenpersönlichkeit** entsteht.
- sich für ein **Markenprodukt** entscheiden
- **Markenprodukten** feindlich gegenüberstehen
- einen **Mehrwert** liefern
- das gute **Preis-Leistungs-Verhältnis** honorieren
- ein hochwertiges **Produkt** kaufen
- Es kommt auf die **Qualität** an.
- hohe **Qualität** bevorzugen
- perfekte **Qualität** versprechen
- von entsprechender **Qualität** sein
- eine entscheidende **Rolle** spielen
- zu **Skandalen** kommen
- als **Statussymbol** gelten
- einen hohen **Stellenwert** haben
- emotionale **Versprechen** (nicht) einlösen
- mit einer **Werbekampagne** glänzen

Einnahmen und Ausgaben

Kapitel 5

Am Ende des Kapitels können Sie:

- Hör- und Lesetexte zu den Themen *Bargeld, Aktien, Börsennachrichten, Steuern* und *Gehalt* verstehen und deren Inhalt in zusammengefasster Form und zu bestimmten Details wiedergeben
- den themenbezogenen Wortschatz adäquat und variabel verwenden
- über Geldanlagen sprechen und Aktienkurse beschreiben
- Grafiken zu den Themen *Bargeld* und *Steuereinnahmen* beschreiben und kommentieren
- eine Diskussion über die Verwendung öffentlicher Gelder führen, Ihre Meinung darlegen, auf Argumente anderer eingehen und Vorschläge unterbreiten
- auf eine Radiosendung zum Thema *Anwerbung von Fachkräften* schriftlich reagieren
- inhaltsrelevante Sätze/Texte aus vorgegebenen Wörtern/Wendungen formulieren bzw. umformen
- grammatische Strukturen der Höflichkeit, der Meinungsäußerung und der Formulierung von Zielen und Erwartungen verwenden.

Geld und Aktien

1 Interview: Zahlungsweise

Sprechen Sie mit einer Gesprächspartnerin/einem Gesprächspartner über die folgenden Fragen, notieren Sie die Antworten und fassen Sie diese im Plenum zusammen.

Frage	Sie	Gesprächspartner/in
1. Wie zahlen Sie normalerweise, wenn Sie einkaufen gehen? (z. B. bar, mit Bankkarte, mit Kreditkarte)		
2. Welche Zahlungsweise ist in Ihrem Heimatland für alltägliche Einkäufe üblich? Was sind die neuesten Trends?		
3. Auf welche Weise begleichen Sie Rechnungen?		
4. Welche Vorteile und welche Nachteile hat der bargeldlose Zahlungsverkehr?		
5. Wie lange wird es wohl noch Bargeld geben?		

Kapitel 5

Einnahmen und Ausgaben

2 **Die Deutschen hängen an ihrem Bargeld**

a) Geben Sie die Informationen aus der Grafik wieder. Vergleichen Sie die Ergebnisse mit Ihrem Heimatland.

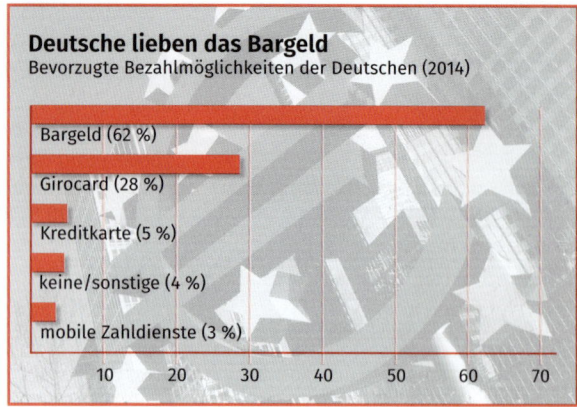

Eine Grafik kommentieren

- Der Umfrage zufolge • Laut der Umfrage …
- Man kann aus/anhand der Grafik deutlich erkennen, dass …
- Aus dem Schaubild geht hervor/wird deutlich, dass …
- Am meisten genutzt wird …
- Der Anteil der/des … beträgt/liegt bei … Prozent.
- … spielt eine weniger wichtige/untergeordnete Rolle.
- Überrascht/Verwundert hat mich, dass …
- Besonders bemerkenswert ist meiner Ansicht nach, dass …
- Im Vergleich zu Deutschland/zu meinem Heimatland …
- Ich vermute/weiß/gehe davon aus, dass in meinem Heimatland …

Redemittel

b) Formulieren Sie aus den vorgegebenen Wörtern Sätze für einen kurzen Text. Achten Sie auf eventuell fehlende Präpositionen, den richtigen Kasus und die in Klammern angegebene Zeitform.

1. Bezahlen ohne Bargeld • Deutschland • weit hinter • Großbritannien, Frankreich oder die skandinavischen Länder • liegen *(Präteritum)*
   Beim Bezahlen ohne Bargeld ....
   ....

2. 75 Prozent der Bargeldzahler • Grund • eine bessere Kontrolle • ihre Finanzen • nennen *(Präteritum)*
   ....

3. Umfrage • dennoch • ein Trend • bargeldloses Bezahlen • geben *(Präsens)*
   ....

4. 27 Prozent der Befragten • Zahlungsverkehr ganz ohne Bargeld • Jahr 2030 • Deutschland • wahrscheinlich halten *(Präsens)*
   ....

5. immerhin • jeder Fünfte • sich vorstellen können, • künftig • nur noch • Smartphone • zu zahlen *(Präsens)*
   ....

3 **Lesen Sie den folgenden Text.**

■ Bargeldlos in Hamburg

Das Brötchen mit Kreditkarte zahlen, den Kaffee per EC und das U-Bahn-Ticket mit dem Handy… bargeldloses Bezahlen wird auch in Deutschland immer beliebter – sowohl bei den Kunden als auch bei den Einzelhändlern. Der Hamburger Otto-Konzern hat sein eigenes Online-Bezahlsystem Yapital auf den Markt gebracht, die Edeka-Gruppe eine eigene Smartphone-App fürs Bezahlen per Handy eingerichtet. Damit geht es dem Portemonnaie gewaltig ans Leder.

Obwohl die meisten Deutschen immer noch Scheine und Münzen nutzen, holen alternative Bezahlmethoden auf. Die Zahl der Bankkarten und EC-Karten hat sich mehr als verdreifacht. Doch was heißt das in der Praxis? Wie weit kommt man mit Plastik, PIN und Unterschrift wirklich? Wie lange schafft man es ohne Scheine und Münzen in Hamburg? Einen Tag? Eine Woche?

Kann man einfach sein Portemonnaie zu Hause lassen und nur mit einer Kreditkarte losziehen? Das Fazit: Es klappt nicht, wenn man mit der Hamburger U-Bahn fährt, mit jedem Verkäufer in kleinen Geschäften Mitleid hat, im Supermarkt einen Einkaufswagen braucht, die Babysitterin bezahlen muss oder die Kinder an jedem Eisstand betteln. Vor einem bargeldlosen Experimentiertag in Hamburg sollte man Bargeldfallen ausloten und diese aus dem Weg räumen: einen Chip für den Einkaufswagen besorgen, Proviant für die Kinder mitnehmen und sich rechtzeitig um eine Fahrkarte für Bus und Bahn kümmern. Denn das mobilTicket gibt es zwar online, aber nicht im Handumdrehen.

Für den elektronischen Vertriebsweg muss man Geduld mitbringen, sich erst mal beim Hamburger Verkehrsverbund HVV registrieren, Name und E-Mail-

Einnahmen und Ausgaben — Kapitel 5

Adresse angeben, ein Kennwort eingeben und auf die Bestätigung per Mail warten. Dann die gewünschte Karte auswählen, den Geltungsbereich anklicken und die Bestellung abschicken. Anschließend muss man die persönlichen Daten eingeben, ein Zahlungsmittel auswählen, die Kontoverbindung eintippen und das Ticket ausdrucken. Nach 23 Minuten und drei Anrufen beim HVV hält man dann endlich den Fahrschein in der Hand, für den man am hiesigen Bargeldticketautomaten wenige Sekunden benötigt hätte. Münzen und Scheine waren beim Online-Ticketkauf zwar nicht nötig, aber dafür eine Internetverbindung, ein Drucker und sehr starke Nerven.

Die nächste Station ist der Bäcker um die Ecke. Will man mit der EC-Karte ein einzelnes Brötchen kaufen, wird man vom Verkäufer fassungslos angestarrt. EC-Kartenzahlung hat sich in den kleinen Geschäften des Backhandwerks in Hamburg bislang nicht durchgesetzt. „Dafür ist der durchschnittliche Kundenbon zu gering", meint Armin Werner, Hauptgeschäftsführer des Zentralverbandes des Deutschen Bäckerhandwerks. Werner räumt jedoch ein, dass das bargeldlose Bezahlen aus unternehmerischer Sicht bestimmt praktischer und sicherer wäre. Einerseits entfällt das zeitaufwendige Sortieren der Münzen und Scheine und anderseits müssten keine Gebühren für die Abgabe der sogenannten Geldbomben gezahlt werden. Außerdem kann bei bargeldlosen Transaktionen kein Geld veruntreut oder gestohlen werden. Diese Argumente leuchten ein, aber die Praxis sieht bislang anders aus. Wer nicht mit Scheinen und Münzen rumrennen will, muss vorerst noch auf ein frisches Hamburger Bäckerbrötchen verzichten.

4 Beantworten Sie die Fragen zum Text.

Arbeiten Sie zu zweit. Vergleichen Sie im Anschluss Ihre Ergebnisse mit anderen Teilnehmern.

1. Interpretieren Sie den Satz „Damit geht es dem Portemonnaie gewaltig ans Leder."
2. Was wird im Text über alternative Bezahlmethoden in Deutschland und die Verwendung von Geldkarten genau gesagt?
3. Welche Bargeldfallen fielen beim bargeldlosen Experiment in Hamburg auf und wie könnte man sie aus dem Weg räumen?
4. Nennen Sie einige wesentliche Tätigkeiten, die beim Online-Kauf des Tickets des Hamburger Verkehrsverbundes verrichtet werden müssen.
5. Welche Schlussfolgerungen werden im Text nach dem Online-Ticketkauf gezogen?
6. Warum kann man bislang bei Hamburger Bäckern einzelne Brötchen nicht mit EC-Karte bezahlen?
7. Warum wäre es nach Meinung des Verbandschefs des Deutschen Bäckereihandwerks wünschenswert, auch in Bäckereien bargeldloses Bezahlen einzuführen?

5 Sätze mit ähnlicher Bedeutung

Formen Sie die Sätze um, indem Sie die in Klammern angegebenen Wörter in der richtigen Form einarbeiten.

1. Bargeldloses Bezahlen <u>wird</u> auch in Deutschland bei den Kunden <u>immer beliebter</u>. *(Beliebtheit • gewinnen)*
   ....

2. Obwohl die meisten Kunden in Deutschland immer noch Bargeld nutzen, <u>holen</u> alternative Bezahlmethoden <u>auf</u>. *(wichtiger werden)*
   ....

3. Die Zahl der Bankkarten und EC-Karten <u>hat sich</u> mehr als <u>verdreifacht</u>. *(das Dreifache • steigen)*
   ....

4. Kann man <u>sein Portemonnaie zu Hause lassen</u> und nur mit einer Kreditkarte losziehen? *(Bargeld • verzichten)*
   ....

5. Vor einem bargeldlosen Experimentiertag in Hamburg <u>sollte man</u> Bargeldfallen <u>ausloten</u> und diese <u>aus dem Weg räumen</u>. *(ratsam sein • sich informieren • zuvorkommen)*
   ....
   ....

Kapitel 5

Einnahmen und Ausgaben

6 Üben Sie den Wortschatz des Textes.

a) Online-Buchung einer Fahrkarte
Ordnen Sie das passende Verb zu und vollenden Sie die Sätze. Achten Sie auf eventuell fehlende Präpositionen und den richtigen Kasus.

> warten • sich registrieren • eintippen • ausdrucken • angeben • eingeben (2 x) • anklicken • auswählen • wählen

Wenn man in Hamburg online eine Fahrkarte buchen möchte, muss man ...

- ⊙ Hamburger Verkehrsverbund — *sich beim Hamburger Verkehrsverbund registrieren.*
- 1. sein Name • E-Mail-Adresse ....
- 2. ein Kennwort ....
- 3. die Bestätigung • Mail ....
- 4. die gewünschte Karte ....
- 5. der Geltungsbereich ....
- 6. die persönlichen Daten ....
- 7. ein Zahlungsmittel ....
- 8. die Kontoverbindung ....
- 9. die Fahrkarte ....

b) Welches Nomen hat einen anderen Artikel?

1. Kreditkarte • Münze • Bezahlmethode • Bargeld ....
2. Online-Bezahlsystem • Transaktion • Portemonnaie • Zahlungsmittel ....
3. Geldschein • Umsatz • Kartenzahlung • Geltungsbereich ....
4. Kontoverbindung • Bankautomat • Bargeldfalle • Banknote ....

7 Bargeldlos in Hamburg (Fortsetzung)

🎧 14 Hören Sie den Text zweimal und schreiben Sie zu den Stichwörtern aus der linken Spalte kurze Erläuterungen.

Begriffe oder Zahlen	Erläuterung
⊙ etwa zehn bis zwanzig Jahre	*hat Deutschland gegenüber anderen Ländern Rückstand in Bezug auf Kartenzahlungen*
1. die USA und die skandinavischen Länder	
2. wichtig für die Deutschen	
3. 0,08 Euro pro Umsatz	
4. über 500 Millionen Euro	
5. nur etwa fünf Prozent	
6. 46 Jahre	
7. Ende der 1970er-Jahre	
8. drei emotionale Aspekte des Bargeldes	

100

Einnahmen und Ausgaben — Kapitel 5

8 Üben Sie den Wortschatz des Hörtextes.

Ergänzen Sie die fehlenden Nomen in der richtigen Form.

> Technik • Betrag • Bremse • ~~Entwicklung~~ • Zahlungsverkehr • Gebühren • Entgelt • Kartengeschäfte • Ursache • Mentalität • Rechnung

Deutschland hinkt bei Kartenzahlungen der internationalen *Entwicklung* zehn bis zwanzig Jahre hinterher. In den USA oder in den skandinavischen Ländern wird kaum noch bar bezahlt. Die ……………… (1) liegt sicherlich in der unterschiedlichen ……………… (2). Während die Schweden der ……………… (3) sehr zugetan sind, lieben die Deutschen ihr Bargeld.
Eine weitere ……………… (4) für die flächendeckende Einführung des bargeldlosen ……………… (5) könnten die hohen ……………… (6) sein. Bei der Zahlung mit EC-Karte und PIN fällt ein ……………… (7) in Höhe von 0,08 Euro pro Umsatz an (bis 25,56 Euro). Ist der ……………… (8) höher, dann werden 0,2 oder 0,3 Prozent des Umsatzes in ……………… (9) gestellt. Der Einzelhandel zahlt jährlich über 500 Millionen Euro an Gebühren für ……………… (10).

9 Geld bewegt die Welt

Ordnen Sie die Verben, die man mit dem Nomen *Geld* verbinden kann, der richtigen Bedeutung zu.

> ~~vorschießen~~ • ausgeben • verschwenden • zustecken • sparen • veruntreuen • aufbewahren • stehlen • spenden • anlegen • einstreichen • scheffeln • verlieren • vermehren • beiseitelegen • verdienen • bezahlen • abheben • unterschlagen • auf ein Konto einzahlen • auszahlen • ~~verjubeln~~ • verprassen • verschleudern • verspielen • fälschen • pumpen • auslegen • verborgen • zusammenhalten • auf die hohe Kante legen • hinterziehen • in die eigene Tasche stecken • sich unter den Nagel reißen • verleihen • aus dem Fenster werfen • zurücklegen

1 (viel) Geld verbrauchen
(meistens für sich selbst)
Geld verjubeln

2 Geld bekommen / arbeiten lassen

3 mit Geld sparsam umgehen / Geld nicht ausgeben

4 Geld zur Verfügung stellen
(oft einer dritten Person)
Geld vorschießen

5 mit Geld nicht rechtmäßig umgehen

Kapitel 5 — Einnahmen und Ausgaben

10 Redewendungen zum Thema *Geld*

a) Ordnen Sie den Redewendungen die passenden Erklärungen zu.

- etwas ist nicht mit Geld zu bezahlen
1. etwas nicht für Geld und gute Worte tun
2. sein Geld nicht auf der Straße finden
3. jemandem etwas mit gleicher Münze zurückzahlen
4. etwas geht ins Geld
5. jemand schmeißt sein Geld zum Fenster hinaus
6. jeden Cent zweimal umdrehen
7. tief in den Geldbeutel greifen
8. etwas für bare Münze nehmen
9. jemand hat Geld wie Heu
10. etwas bedeutet bares Geld
11. jemand sitzt auf seinem Geld
12. etwas auf Heller und Pfennig zurückzahlen
13. mit jedem Cent rechnen müssen
14. sich eine Sache etwas kosten lassen
15. etwas geht auf Kosten von jemand anderem
16. auf seine Kosten kommen

a. jemand verschwendet sein Geld
b. etwas glauben, was nicht wahr ist
c. jemand ist sehr geizig
d. wenig Geld haben
e. viel Geld ausgeben
f. Schulden vollständig zurückzahlen
g. etwas wird sicher jemandem Geld einbringen
h. sein Geld nicht für etwas Sinnloses ausgeben wollen
i. sehr sparen oder geizig sein
j. sich nicht zu etwas überreden lassen
k. für einen besonderen Anlass viel Geld ausgeben
l. jemand ist sehr reich
m. etwas ist sehr teuer
n. etwas ist für jemanden sehr wichtig
o. auf etwas Böses ähnlich böse reagieren
p. das bekommen, was man sich gewünscht hat
q. etwas schadet jemand anderem

b) Wählen Sie drei Redewendungen aus, die Sie mit einem Beispiel genauer erklären.

c) Gibt es in Ihrem Heimatland oft verwendete Redewendungen zum Thema *Geld*? Berichten Sie darüber.

d) Kennen Sie den Ausspruch „Über Geld spricht man nicht, man hat es" von Jean Paul Getty? Wie ist Ihre Meinung dazu? Berichten Sie, mit wem man über Geld sprechen kann/darf und in welchen Situationen man das Thema *Geld* besser vermeiden sollte.

11 Ein Lottogewinn

a) Stellen Sie sich vor, Sie hätten 5 Millionen Euro im Lotto gewonnen. Was würden Sie damit tun? Erarbeiten Sie zu zweit Vorschläge und vergleichen Sie sie mit den Vorschlägen anderer Teilnehmer.

b) Sie haben tatsächlich 5 Millionen Euro im Lotto gewonnen! Herzlichen Glückwunsch!
Spielen Sie einen Dialog. Sie gehen zur Bank Ihres Vertrauens und lassen sich beraten. Der Bankberater erläutert Ihnen verschiedene Geldanlagemöglichkeiten. Sie finden die Entscheidung sehr schwierig und fragen nach Details. Nutzen Sie einige der angegebenen Redemittel.
Präsentieren Sie die von Ihnen gewählten Anlagemöglichkeiten im Plenum.

Redemittel — Geld anlegen

- Geld anlegen/investieren in … • ein Geheimtipp sein
- Immobilien • Aktien • Tagesgeld • Festgeldkonto • Sparbriefe • Bundesschatzbriefe • Gold • Staatsanleihen • Fonds • Währungen • Rohstoffe • Zinserträge
- Dividende • Mieteinnahmen
- ein hohes/geringes Risiko bedeuten

Einnahmen und Ausgaben — Kapitel 5

12 Konjunktiv II

Lesen Sie die folgenden Sätze und markieren Sie die Verben. Welche Unterschiede gibt es zwischen den ersten beiden Sätzen und den Sätzen 3 und 4? Lesen Sie danach die Hinweise.

1. Haben Sie einen Anlagetipp für mich?
2. Wenn Sie ein Mehrfamilienhaus kaufen, haben Sie jeden Monat Mieteinnahmen.
3. Hätten Sie einen Anlagetipp für mich?
4. Wenn Sie ein Mehrfamilienhaus kaufen würden, hätten Sie jeden Monat Mieteinnahmen.

Hinweise

- Die Sätze 1 und 2 stehen im Indikativ, die Sätze 3 und 4 im Konjunktiv II. Durch die Verwendung des Konjunktivs II wirken die Sätze weniger direkt. In Satz 3 bekommt der Satz einen höflicheren, in Satz 4 einen eher hypothetischen Charakter.
- Der Konjunktiv II wird u. a. zum Ausdruck von besonderer Höflichkeit, zur Formulierung von Vorschlägen, zur Meinungsäußerung oder zur Formulierung von hypothetischen Sachverhalten verwendet.

  - höfliche Frage: *Hätten Sie einen Anlagetipp für mich?*
  - höfliche Aufforderung: *Könnten Sie mir eine Aufstellung über die Zinserträge machen?*
  - Vorschlag: *Wir sollten mit der Entscheidung noch warten.*
  - Meinungsäußerung: *Ich (an Ihrer Stelle) würde das Geld in Aktien anlegen.*
  - nachträgliche Kritik: *Sie hätten mich auf die Risiken dieser Fonds hinweisen müssen.*
  - Hypothese: *Wenn ich 5 Millionen Euro im Lotto gewinnen würde, würde ich das ganze Geld spenden.*

➔ Weitere Hinweise zum Konjunktiv II siehe Grammatikübersicht im Anhang.

13 Üben Sie die Strukturen.

a) Höfliche Fragen, Aufforderungen und Bitten
Bilden Sie mit den vorgegebenen Wörtern höfliche Fragen im Konjunktiv II wie im angegebenen Beispiel.

⊙ vorbeikommen • persönlich • Bank • bei uns
Könnten/Würden Sie persönlich bei uns in der Bank vorbeikommen?

1. Zeit haben • Freitagvormittag • vielleicht
   ....
2. online überweisen • angegebener Betrag
   ....
3. Beratungstermin • haben • Montagmorgen • noch
   ....
4. meine Geldkarte • sofort • sperren lassen (Sie wurde gestohlen.)
   ....
5. wer • Auskunft geben • einzelne Investmentfonds
   ....
6. haben • Broschüre oder Online-Informationen • aktuelle Zinssätze
   ....
7. die Angelegenheit • steuerlich regeln • für mich
   ....
8. Jahresübersicht • mir zukommen lassen
   ....
9. noch • weitere Angebote • haben • günstige Geldanlage
   ....
10. zusenden • Unterlagen • möglichst schnell
    ....

Kapitel 5 — Einnahmen und Ausgaben

b) Meinungsäußerung und nachträgliche Kritik
Herr Weber macht in Sachen Finanzen vieles falsch. Sie würden alles anders machen als Herr Weber.
Bilden Sie Sätze a) zur Meinungsäußerung in der Gegenwart und b) zur nachträglichen Kritik in der Vergangenheit.

⊙ Herr Weber vertraut allen Finanzberatern. *(Finanzberater • sorgfältig auswählen)*
   a) Ich würde meinen Finanzberater sorgfältig auswählen.
   b) Ich hätte den Finanzberater sorgfältiger ausgewählt.

1. Er hat wenig finanzielle Rücklagen. *(langfristiger Sparplan • erstellen)*
   a) ....
   b) ....

2. Er lässt sich von Verkäufern, die Finanzprodukte anbieten, schnell überreden. *(vorsichtiger sein • erst im Internet recherchieren)*
   a) ....
   b) ....

3. Er hat einen großen und protzigen Wagen gekauft. *(fahren • kleines, praktisches Auto)*
   a) ....
   b) ....

4. Er steckt sein Geld in einen einzigen Investmentfonds. *(Geld anlegen • verschiedene Fonds)*
   a) ....
   b) ....

5. Er wechselt seine Mietwohnungen wie seine Jacken. *(nicht so oft umziehen, lieber eine kleine Eigentumswohnung kaufen)*
   a) ....
   b) ....

6. Er kauft hoch komplexe und riskante Wertpapiere. *(vor dem Kauf • Wertpapiere • gut informieren)*
   a) ....
   b) ....

7. Er ist großzügig und lädt seine Kollegen nach Feierabend oft zu Essen und Umtrunk ein. *(zurückhaltender sein • Kollegen bitten, die Rechnung selbst zu bezahlen)*
   a) ....
   b) ....

8. Er überzieht regelmäßig sein Konto. *(monatlich • weniger • abheben • Konto)*
   a) ....
   b) ....

9. Er ist ausgesprochen risikofreudig und legt sein Geld nur in Aktien an. *(Fonds oder Festgeldkonto bevorzugen)*
   a) ....
   b) ....

14 Vertrauen Sie Ihrem Bankberater?

a) Berichten Sie.

- ⊙ Welchen Ruf haben Bankberater in Ihrem Heimatland?
- ⊙ Würden Sie sich, wenn Sie Geld anlegen möchten, an einen Bankberater wenden? Warum (nicht)?

Einnahmen und Ausgaben   Kapitel 5

b) Lesen Sie zuerst die Zeitungsmeldung auf der linken Seite.
Ergänzen Sie danach die fehlenden Wörter und Wendungen in dem umgeformten Text rechts.

■ Mehr Vertrauen in die Presse

Nur 27 Prozent der Anleger halten die Vertrauenswürdigkeit ihres Bankberaters für hoch oder sehr hoch – vor fünf Jahren waren es noch 39 Prozent. Das ergab eine Studie der Ruhr-Universität Bochum und des Deutschen Aktieninstituts.
   In der Finanzkrise hatten Kleinanleger viel Geld verloren, weil ihre Bankberater ihnen hochkomplexe und riskante Wertpapiere verkauften. „Die Ängste davor, dass sich insbesondere Banken auf ihre Kosten bereichern, sind bei den Anlegern erheblich gestiegen", sagte einer der Autoren der Studie. Presse und Fernsehen hätten dagegen an Vertrauen gewonnen. Für 76 Prozent der Anleger sind Zeitungen, Zeitschriften, Wirtschaftssendungen im Fernsehen und Internetforen als Informationsquelle von hoher und sehr hoher Bedeutung.

Nur 27 Prozent der Anleger .... (1) noch ihrem Bankberater, das sind 13 Prozent .... (2) als vor fünf Jahren. Das ist .... (3) einer Studie der Ruhr-Universität Bochum und des Deutschen Aktieninstituts.
In der Finanzkrise verzeichneten viele Kleinanleger .... (4).
.... (5) war eine Investition in hochkomplexe und riskante Wertpapiere. Viele Anleger haben Angst davor, dass die Banken sie um .... (6) betrügen. Presse und Fernsehen gingen aus der Studie .... (7) hervor. 76 Prozent der Anleger halten Informationen aus Zeitungen, Zeitschriften sowie Wirtschaftssendungen im Fernsehen .... (8).

c) Schriftlicher Ausdruck: Kommentar
Lesen Sie die folgende Zeitungsmeldung und schreiben Sie dazu einen kurzen Kommentar.

■ Apps ändern das Anlageverhalten der Deutschen

Plattformen, auf denen jeder seine Anlagestrategie veröffentlichen kann, erfreuen sich schon länger immer größerer Beliebtheit. Neu im Netz sind jetzt Unternehmen, die eine Art automatische Beratung anbieten. Dabei kann der Anleger angeben, wie viel Geld er investieren will und wie risikobereit er ist.
   Entsprechende Apps stellen dann die passenden Anlageprodukte zusammen, man wählt aus und kann sein Geld direkt anlegen.

15 Deutsche Banken unter Druck

Lesen Sie zuerst die Aussagen. Hören Sie danach die Börsennachrichten zweimal. Entscheiden Sie, ob die folgenden Aussagen mit dem Inhalt des Hörtextes übereinstimmen oder nicht.

	ja	nein
1. Europäische Banken haben sich von der Finanzkrise noch nicht erholt.	☐	☐
2. Die Prognosen für das nächste Jahr sind aber nicht schlecht.	☐	☐
3. Die Folgen der Finanzkrise haben keinen nennenswerten Einfluss auf die Aktie der Deutschen Bank.	☐	☐
4. Der Anstieg der Commerzbankaktie zu Jahresbeginn war nur von kurzer Dauer.	☐	☐
5. Die zweitgrößte deutsche Bank ist noch nicht wieder im Plus.	☐	☐
6. Probleme mit einer ehemaligen Immobilientochter und einer Schiffsfinanzierung werden auch in Zukunft Verluste verursachen.	☐	☐
7. Trotzdem haben die deutschen Banken den EZB-Stresstest bestanden.	☐	☐
8. Die Bundesbank kritisiert aber das Abschneiden der deutschen Banken.	☐	☐
9. Die deutschen Banken müssen in Zukunft mehr einnehmen und weniger ausgeben.	☐	☐
10. Bei den amerikanischen Banken sah es in diesem Jahr ähnlich aus.	☐	☐
11. Für die Zukunft erwarten Experten in den USA einen Wirtschaftsaufschwung und eine steigende Nachfrage nach Krediten.	☐	☐

Kapitel 5

Einnahmen und Ausgaben

16 Nach der Finanzkrise

Suchen Sie zu den unterstrichenen Verben und Wendungen passende Synonyme und formen Sie die Sätze um, wenn notwendig.

> sich negativ auswirken • gesenkt werden • zu erwarten sein • ~~verzeichnen~~ • beurteilen • sparen • bewältigen müssen • leiden

⊙ Amerikas Banken scheffeln längst wieder Gewinne in Milliardenhöhe.
Amerikas Banken verzeichnen längst wieder Gewinne in Milliardenhöhe.

1. Die Geldhäuser in Europa ächzen noch immer unter den Lasten der Finanzkrise.
   ....
2. Rechtsstreitigkeiten drücken die Bilanzen.
   ....
3. Auch im nächsten Jahr ist nach Meinung vieler Experten keine wirkliche Entspannung in Sicht.
   ....
4. Regelrecht vernichtend fällt das Urteil der Ratingagentur Fitch zur Lage der Deutschen Bank aus.
   ....
5. Das Geldhaus steht vor einer Reihe von Herausforderungen.
   ....
6. Die Banken müssen im neuen Jahr noch mehr auf die Kostenbremse treten.
   ....
7. So soll sich etwa die Zahl der Filialen weiter verringern.
   ....

17 Vertiefen Sie den Wortschatz des Hörtextes.

Was beschreiben diese Aussagen? Eine positive oder eine negative Entwicklung/Situation oder eine Stagnation? Markieren Sie die entsprechenden Wendungen.

	Entwicklung/Situation positiv	Entwicklung/Situation negativ	Stagnation
⊙ Die Bank schreibt schwarze Zahlen.	✗		
1. Die Bank weist eine unterdurchschnittliche Eigenkapitalquote auf.			
2. Die Aktie pendelt zwischen zehn und zwölf Euro.			
3. Der Konzern kann seine Kernkapitalquote wie erwartet auf über zehn Prozent steigern.			
4. Faule, milliardenschwere Kredite lasten auf dem Geldinstitut.			
5. Die Aktien haben kräftig zugelegt.			
6. Die Aktienkurse sehen mau aus.			
7. Die Wirtschaft feuert die Kreditnachfrage an.			
8. Es drohen Rechtsrisiken, die in hohen Strafen oder teuren Vergleichen enden könnten.			
9. Die Bank hat eine strukturell hohe Kostenbasis.			
10. Es werden teilweise hohe Abschreibungskosten entstehen.			
11. Bei der Bank liegt vieles im Argen.			
12. Die Aktie hat eingebüßt.			

Einnahmen und Ausgaben

Kapitel 5

18 Beschreiben und interpretieren Sie die Kursentwicklung von Aktien.

a) Beschreiben, vergleichen und interpretieren Sie die Aktienentwicklung der Deutschen Bank und der Commerzbank. Nennen Sie auch mögliche Gründe.

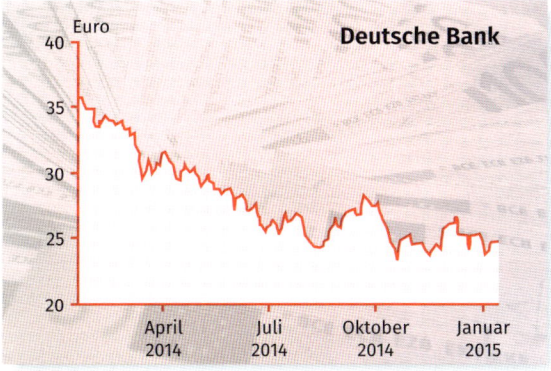

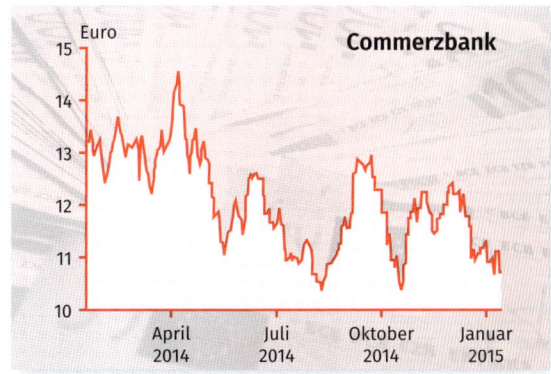

b) Präsentieren und beschreiben Sie die Entwicklung der Aktienkurse von zwei Unternehmen Ihres Heimatlandes. Nennen Sie auch Gründe für die Entwicklung und formulieren Sie eine Prognose.

Aktienkurse beschreiben *(Redemittel)*

- Die Aktie
  - fällt/befindet sich im freien Fall.
  - sinkt (um ... auf ...).
  - verliert an Wert.
  - steigt/steigt an (von ... auf .../um ...).
  - hat zugelegt.
  - klettert auf ...
  - erreicht die ... Marke/ein historisches Tief/einen neuen Höchststand.
- Die Zahlen zeigen Anzeichen einer Stabilisierung.

- Der Grund für diese Entwicklung könnte ... sein.
- Die schwache/starke Konjunktur ließ die Preise für die ... Aktie abstürzen/sinken/steigen.
- Der Reformeifer des Unternehmens zeigt erste Erfolge.
- Das wirtschaftlich angeschlagene Unternehmen konnte die Erwartungen nicht erfüllen.
- Die Experten haben für ... ihre Wachstumsprognose nach oben/unten korrigiert.
- Die Befürchtung ist groß/Es wird gemutmaßt, dass ...

c) Ergänzen Sie in dem folgenden Wirtschaftsbericht die fehlenden Verben in der richtigen Form im Präteritum.

mitteilen • darstellen • bereiten • ~~zulegen~~ • verlieren • auswirken • anziehen • erreichen • wachsen • verzeichnen • beitragen • beflügeln • steigen

Der Konsumgüterkonzern Beiersdorf **legte** im vergangenen Jahr dank vieler neuer Produkte **zu**, was sich nach zunächst sinkendem Kurs positiv auf die Aktie .... (1). Wie der Hersteller von *Nivea* .... (2), ... (3) der Konzernumsatz nach vorläufigen Berechnungen um 2,3 Prozent auf 6,29 Milliarden Euro.
In der ersten Jahreshälfte .... (4) die Euro-Stärke dem Konzern noch Probleme. Danach .... (5) die Gemeinschaftswährung an Wert und der Dollar .... (6). Das .... (7) den Export in Länder außerhalb der Euro-Zone. Ein weiteres Problem .... (8) die schwankenden Wechselkurse in Schwellenländern .... (8). Dennoch .... (9) der Konsumgüterhersteller ein organisches Wachstum (ohne Währungseffekte und Zu- und Verkäufe) in der angepeilten Spanne zwischen vier bis sechs Prozent.
Zum Wachstum .... (10) sowohl die Kosmetiksparte mit Marken wie *Nivea*, *Eucerin* und *La Prairie* mit einer Umsatzerhöhung von 4,8 Prozent als auch Klebstofftochter *Tesa* mit 4,4 Prozent Steigerung .... (10). Das Kosmetikgeschäft .... (11) in allen Regionen. Den stärksten Anstieg .... (12) die Regionen Asien, Afrika und Australien mit einem Plus von 9,6 Prozent.

107

Kapitel 5

Einnahmen und Ausgaben

Steuern

19 Was assoziieren Sie mit *Steuern*?

Erstellen Sie ein Assoziogramm. Arbeiten Sie in Gruppen.

 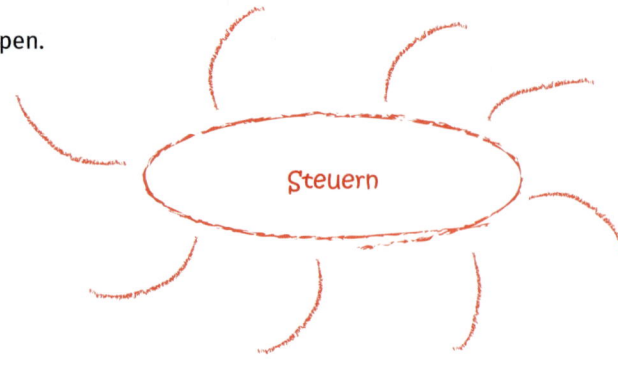

20 Geld für die Gemeinschaft

a) Lesen Sie den folgenden Text.

Steuern

Damit das Gemeinwesen funktioniert, braucht der Staat Geld. Der Straßenbau, öffentliche Gebäude, Bildungseinrichtungen, Polizei und Bundeswehr, Sozialleistungen und vieles mehr müssen finanziert werden.

In Deutschland werden die Kosten auf den Bund, die einzelnen Bundesländer und die Gemeinden verteilt. Das Geld stammt nicht nur aus der Lohn- und Einkommensteuer oder der Umsatzsteuer, die Staatskasse klingelt auch, wenn die Bürger Auto fahren, Tabak konsumieren oder Kaffee trinken. Den Bundesländern und Gemeinden steht das Geld aus der Gewerbe-, Erbschaft-, Vermögen-, Bier- und Hundesteuer zu sowie aus der Grundsteuer, die beim Kauf und der Bebauung von Grundstücken fällig wird.

Unzählige Gesetze mit ebenso vielen Ausnahmeregelungen bestimmen, in welcher Höhe die einzelnen Steuern zu erheben sind. Diese Regelungen stoßen nicht immer und bei allen auf Verständnis. Dabei sorgte die Festlegung der Mehrwertsteuer schon öfter für Irritationen. Die meisten Konsumgüter und einige Lebensmittel werden in Deutschland mit 19 Prozent – andere nur mit 7 Prozent besteuert. Warum beispielsweise auf die Wurst beim Metzger 7 Prozent aufgeschlagen wird, im Restaurant dagegen 19 Prozent, ist vielen Verbrauchern ein Rätsel.

Steuern sind aber keine Erfindung der Neuzeit. Seit es Kaiser, Könige oder was auch immer für Herrscher gibt, müssen die Untergebenen Abgaben leisten. Im Erfinden von Einnahmequellen war die Obrigkeit schon früher kreativ. Beispielsweise kannte man im England des 12. Jahrhunderts die sogenannte Mordsteuer, die vom zuständigen Landvogt an den Lehnsherren zu entrichten war, wenn ein Mörder nicht innerhalb eines halben Jahres gefasst werden konnte. Und in Frankreich wurde bis ins 19. Jahrhundert die Anzahl der Fenster herangezogen, um die Höhe der Fenstersteuer zu berechnen: Je mehr Fenster, desto größer war das Haus und umso wohlhabender sein Besitzer.

Im Unterschied zu früheren Jahrhunderten, in denen Steuern oft willkürlich erlassen wurden, bemüht man sich heute um Steuergerechtigkeit. Der englische Wirtschaftstheoretiker Adam Smith war einer der Ersten, der sich im 18. Jahrhundert über ein gerechtes Steuersystem Gedanken machte. Seine Überlegungen, Menschen nur so viel abzuverlangen, dass ihnen selbst genug zum Leben blieb, führten in England zur Einführung der ersten allgemeinen Einkommensteuer.

b) Geben Sie den Inhalt des Textes mit eigenen Worten wieder.

c) Welche Steuerarten werden im Text genannt? Welche Steuerarten aus der Gegenwart oder der Geschichte kennen Sie außerdem? Erarbeiten Sie zu zweit eine Aufstellung.

Im Text:

....

....

Weitere Steuerarten:

....

....

108

Einnahmen und Ausgaben — Kapitel 5

21 Ergänzen Sie die passenden Präpositionalgruppen.

> zum Funktionieren des Gemeinwesens • um Steuergerechtigkeit • auf Bund, Länder und Gemeinden • zur Einführung der ersten allgemeinen Einkommensteuer • aus den verschiedenen Steuern • für Irritationen • beim Kauf von Grundstücken • auf die Wurst beim Metzger • im Erfinden von Einnahmequellen • auf Unverständnis • über ein gerechtes Steuersystem • mit 19 Prozent

- Der Staat braucht Geld *zum Funktionieren des Gemeinwesens*.
1. Die Kosten werden .... verteilt.
2. Das Geld stammt ....
3. Die Grundsteuer wird .... fällig.
4. Manche steuerliche Regelungen stoßen ....
5. Die Festlegung der Mehrwertsteuer sorgte ....
6. Die meisten Konsumgüter werden .... besteuert.
7. .... werden nur 7 Prozent Steuern aufgeschlagen.
8. Die Obrigkeit war .... schon immer kreativ.
9. Heute bemüht man sich ....
10. Adam Smith machte sich .... Gedanken.
11. Seine Überlegungen führten ....

22 Welche Verben passen nicht?
Markieren Sie die Verben, die in dieser Kombination *nicht* verwendet werden können.

Steuern kann man:

> erlassen • entrichten • bezahlen • beziehen • erheben • beschließen • festlegen • einführen • bekommen • berechnen • betrügen • einziehen • hinterziehen • erhöhen • nachfordern • bestellen • unterschlagen

23 Interview: Steuern
Wählen Sie drei Fragen, die Sie Ihrer Gesprächspartnerin/Ihrem Gesprächspartner stellen möchten. Fassen Sie dann die Antworten Ihrer Gesprächspartnerin/Ihres Gesprächspartners mündlich zusammen.

1. Oft wird in den Medien der Ruf nach größerer Transparenz von Steuerausgaben laut. Möchten Sie auch genauer wissen, wohin Steuergelder fließen? Wie könnte man diese Transparenz realisieren?

2. Kennen Sie Ihre steuerlichen Rechte und Pflichten im Detail? Wer macht Ihre Steuererklärung? Warum?

3. Fänden Sie es richtig, wenn in den Ländern der EU in noch größerem Umfang Ökosteuern eingeführt würden? Warum (nicht)?

4. Sollten Ihrer Meinung nach bestimmte Bevölkerungs- oder Berufsgruppen entweder mehr oder weniger Steuervorteile genießen? Wenn ja, warum?

5. Was halten Sie von dem Beruf Steuerberater? Denken Sie, dass es auch in Zukunft Steuerberater geben wird? Wie könnte das Berufsbild aussehen?

6. Was interessiert Sie an der Steuergesetzgebung in Ihrem Heimatland und/oder in der Europäischen Union besonders?

7. Gibt es in Ihrem Heimatland eine Steuer oder Abgabe, die nur für einen Teil der Bevölkerung gilt? Wenn ja, welche (Kirchensteuer o. Ä.)?

8. Interessieren Sie sich für prominente Fälle der Steuerhinterziehung in Deutschland oder in Ihrem Heimatland? Warum (nicht)?

Kapitel 5 — Einnahmen und Ausgaben

24 Einige Steuerregelungen in der EU

Formen Sie die unterstrichenen Satzteile um, indem Sie die in den Klammern stehenden Wörter einarbeiten. Arbeiten Sie in Gruppen und verteilen Sie die Sätze innerhalb der Gruppe. Vergleichen Sie am Ende die Ergebnisse mit anderen Gruppen oder im Plenum.

⊙ Es fällt in die Zuständigkeit der nationalen Regierungen, Steuersätze und Steuererhöhungen festzulegen. *(zuständig sein • Festlegung)*
Die nationalen Regierungen sind zuständig für die Festlegung der Steuersätze und Steuererhöhungen.

1. Die Regierung des jeweiligen Landes, in dem ein Bürger wohnt, trifft die Entscheidung über die Höhe der zu zahlenden Steuern. *(festlegen)*

2. Die Rolle der EU besteht darin, die nationalen Steuervorschriften und Entscheidungen zur Höhe der Besteuerung, z. B. von Unternehmensgewinnen, Einkünften, Ersparnissen und Kapitalerträgen, zu überwachen. *(Aufsicht • ausüben)*

3. Die Aufsicht soll sicherstellen, dass die Steuererhebungen mit den Zielen der EU im Einklang stehen, Arbeitsplätze zu schaffen, den freien Verkehr von Waren, Dienstleistungen und Kapital in der EU nicht zu behindern sowie Verbraucher, Arbeitnehmer und Unternehmen aus anderen EU-Ländern nicht zu diskriminieren. *(entsprechen)*

4. Auf EU-Ebene können keine Beschlüsse in Steuerfragen gefasst werden, es sei denn im einstimmigen Einvernehmen aller EU-Länder. *(nur; wenn • einverstanden sein)*

5. Bei einigen Steuern, z. B. der Mehrwertsteuer und den Steuern auf Kraftstoff, Tabak und alkoholische Getränke, haben sich die 28 Regierungen der EU-Länder auf die Festlegung von Mindeststeuersätzen geeinigt, um so eine Verzerrung des Wettbewerbs innerhalb der EU zu vermeiden. *(Einigung • erzielen können; nicht verzerren)*

6. Gemeinsame Mineralölsteuerregeln gewährleisten einen fairen Handel und verhindern schädlichen Steuerwettbewerb. *(Garant sein; entgegenwirken)*

7. Die EU hat keinen Einfluss auf die Höhe der Staatsausgaben der EU-Länder – solange deren Haushalte relativ ausgeglichen sind und die Staatsverschuldung sich in einem vernünftigen Rahmen bewegt. *(nicht beeinflussen können; eine bestimmte Grenze • nicht überschreiten)*

8. Vorschriften und Sätze für Personensteuern sind Sache der einzelnen Regierungen, solange es nicht um grenzübergreifende Rechte geht. *(obliegen; sich handeln)*

9. Bei der Bestimmung der Mehrwertsteuer für Kraftstoff, Tabak und Alkohol werden oft wirtschaftliche Unterschiede sichtbar – Länder mit gesunden öffentlichen Finanzen besteuern diese Produkte im Allgemeinen niedriger. *(spielen eine Rolle)*

10. Außerdem kommt der EU bei der Verhinderung der grenzübergreifenden Steuerhinterziehung eine wichtige Rolle zu. Die EU-Länder verlieren einen Teil des rechtmäßigen Steueraufkommens, wenn ihre Staatsbürger ihre Zinserträge auf Ersparnisse im Ausland nicht angeben. *(einbüßen; melden)*

11. Zwar kann ein EU-Bürger seine Ersparnisse dort anlegen, wo die besten Erträge zu erwarten sind, doch darf er die bestehenden Möglichkeiten nicht zur Steuerhinterziehung nutzen. *(möglichst gewinnbringend sein; keine Steuern • hinterziehen)*

12. Deshalb haben die meisten europäischen Länder vereinbart, Informationen zu den Sparguthaben Nichtansässiger auszutauschen. *(Vereinbarungen treffen)*

13. Die jährlichen Einnahmeverluste der EU-Länder durch Steuerbetrug, Steuerhinterziehung und Schattenwirtschaft belaufen sich auf nahezu eine Billion Euro. Das entspricht rund 20 Prozent der Gesamtsteuereinnahmen. *(betragen; einen Wert • ergeben)*

14. Obwohl die Länder selbst für die Bekämpfung des Steuerbetrugs zuständig sind, ist ein koordiniertes Vorgehen aller EU-Länder erforderlich, da der Steuerbetrug oft grenzübergreifend erfolgt und ein Alleingang eines Landes negative Auswirkungen auf Europa insgesamt haben kann. *(bekämpfen; sich auswirken)*

15. Die EU prüft derzeit einen Aktionsplan, mit dem Steuerbetrug und -hinterziehung stärker bekämpft werden sollen. *(Bekämpfung)*

25 Beantworten Sie die folgenden Fragen zu Aufgabe 24.

1. Wer legt Steuersätze oder Steuererhöhungen fest?
2. Welche Rolle spielt die EU in der Steuerpolitik? Was kann die EU entscheiden?
3. Welchen Einfluss hat die EU auf die Höhe der Staatsausgaben?
4. Welche Maßnahmen gibt es gegen Steuerbetrug?
5. Was sind die nächsten Schritte?

Einnahmen und Ausgaben

Kapitel 5

26 **Was passt zusammen?**
Finden Sie das passende Verb.

- Steuersätze — e. festlegen
1. Entscheidungen über Steuererhöhungen
2. Aufsicht über nationale Steuervorschriften
3. mit den Zielen der EU im Einklang
4. sich auf Mindeststeuersätze
5. Beschlüsse auf EU-Ebene
6. Steuerbetrug
7. die Besteuerungsgrundlage anderer Länder
8. keine Einigung über Steuerhöchstsätze
9. Maßnahmen zur Vermeidung von Steuerhinterziehung
10. Auswirkungen auf die ganze EU

a. fassen
b. erzielen
c. treffen
d. stehen
e. festlegen
f. ausüben
g. verhindern
h. ergreifen
i. haben
j. einigen
k. untergraben

27 **Steuereinnahmen in Deutschland**

a) Beschreiben und interpretieren Sie die folgende Grafik. Kennen Sie Gründe für die dargestellte Entwicklung?

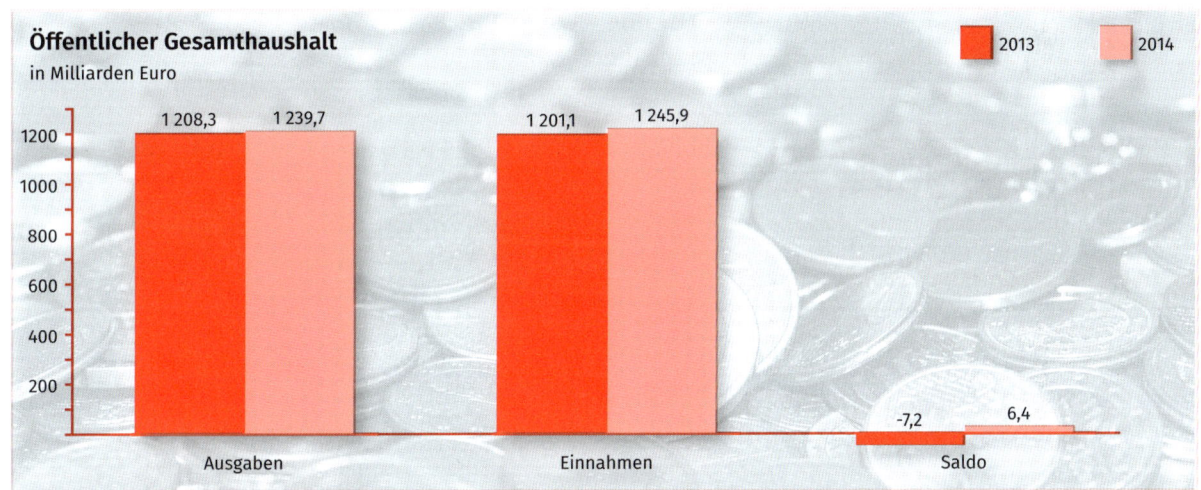

b) Ergänzen Sie die fehlenden Präpositionen und die Endungen der Artikel.

Dank sprudelnder Steuereinnahmen und Sozialversicherungsbeiträge wird das Loch ………… d…… öffentlichen Kassen kleiner. Bund, Länder und Sozialversicherung verbesserten ………… Jahr 2014 ihre finanzielle Lage, nur ………… d…… Gemeinden vergrößerte sich das Defizit.
Insgesamt lagen die Ausgaben 2013 ………… d…… Einnahmen, das entstandene Defizit betrug 7,2 Milliarden Euro. ………… Gegensatz dazu konnten …………

Jahr 2014 die Einnahmen ………… d…… Ausgaben ein Plus ………… 6,4 Milliarden Euro erzielen. Das berichtet das Statistische Bundesamt.
Die Einnahmen des öffentlichen Gesamthaushalts sind ………… Vergleich ………… Vorjahr………… 3,6 Prozent ………… 1 245,9 Milliarden Euro gestiegen, gleichzeitig jedoch sind die Ausgaben nur ………… 2,5 Prozent ………… 1 239,7 Milliarden Euro gewachsen.

c) Suchen Sie im Internet eine Darstellung über die Einnahmen und Ausgaben im öffentlichen Haushalt in Ihrem Heimatland. Präsentieren Sie die Informationen.

Kapitel 5 — Einnahmen und Ausgaben

28 Diskussion: Verteilung der öffentlichen Gelder

Es ist wieder soweit, im Finanzministerium wird über die Verteilung der öffentlichen Mittel beraten. Es stehen im Vergleich zum Vorjahr zwei Milliarden Euro mehr zur Verfügung.
Dieses Mal hat der Minister mehrere Expertengruppen gebeten, Vorschläge zur Finanzplanung zu unterbreiten. Diskutieren Sie in Gruppen und präsentieren Sie am Ende Ihre begründeten Vorschläge.

- Wer soll im Vergleich zum Vorjahr mehr, wer weniger Geld bekommen? (Militär/Verteidigung, Bildungseinrichtungen, Unterstützung für die Landwirte, mehr Geld für Beamte o. Ä.)
- Soll Geld zusätzlich zum Abbau der Staatsverschuldung aufgewendet werden? Warum (nicht)? Wie viel?

29 Sinngerichtete Infinitivkonstruktionen

a) Lesen Sie die folgenden Beispielsätze und markieren Sie die Infinitivkonstruktionen. Lesen Sie danach die Hinweise.

1. Die EU prüft einen Aktionsplan, um Steuerbetrug zu bekämpfen.
2. Ohne entschiedene Maßnahmen zu treffen, wird der Kampf gegen Steuerhinterziehung keine größeren Erfolge bringen.
3. Statt die Festlegung der Steuerhöchstsätze den Ländern zu überlassen, sollte die EU einheitliche Grenzen festlegen.

Hinweise

- Mit sinngerichteten Infinitivkonstruktionen kann man
  - ein Ziel, eine Absicht formulieren:
    ein Aktionsplan, um Steuerbetrug zu bekämpfen
  - eine erwartete, aber fehlende Aktion benennen:
    Ohne entschiedene Maßnahmen zu treffen, wird ...
  - oder eine nicht genutzte Möglichkeit beschreiben:
    Statt/Anstatt die Festlegung der Steuerhöchstsätze den Ländern zu überlassen, sollte ...
- Infinitivkonstruktionen haben kein eigenes Subjekt. Sie beziehen sich auf das Subjekt im Hauptsatz.

→ *Weitere Hinweise zu sinngerichteten Infinitivkonstruktionen siehe Grammatikübersicht im Anhang.*

b) Bilden Sie Sätze wie im Beispiel. Achten Sie auf eventuell fehlende Präpositionen und den richtigen Kasus.

- (anstatt) • vereinfachen • das Steuersystem, Politiker • immer neue Regelungen • erfinden
  Anstatt das Steuersystem zu vereinfachen, erfinden Politiker immer neue Regelungen.

1. der Finanzbeamte • zu Wort • sich melden, *(um ... zu)* aufklären • ein Missverständnis
   ....
2. *(ohne ... zu)* • ein Wort • sagen, der Minister • der Raum • verlassen
   ....
3. wir • ein neu entwickeltes Computerprogramm • verwenden, *(um ... zu)* • Steuersünder • finden
   ....
4. *(anstatt)* • sanieren • die Steuereinnahmen • der Haushalt, der Staat • weitere Schulden • machen
   ....
5. einige Gemeinden • wichtige Entscheidungen • Investitionen • treffen, *(ohne ... zu)* • informieren • die Bürger
   ....
6. er • ein neuer Steuerberater • suchen, *(um ... zu)* • weiter verringern • seine Steuern
   ....
7. der Wirtschaftsprüfer • Probleme • vor sich herschieben, *(ohne ... zu)* • unterbreiten • ein Lösungsvorschlag
   ....

Einnahmen und Ausgaben — Kapitel 5

Geld und Arbeit

30 Was fällt Ihnen zu den Stichworten *Geld* und *Arbeit* ein?
Arbeiten Sie zu zweit.

Sammeln Sie mit Ihrer Gesprächspartnerin/Ihrem Gesprächspartner Wörter und Wendungen zum Thema.

1 Nomen-Verb-Verbindungen	2 Komposita
Geld verdienen	das Monatsgehalt

31 Interviews

Stellen Sie zwei Gesprächspartnern die folgenden Fragen und vergleichen Sie die Antworten.

Frage	Gesprächspartner/in 1	Gesprächspartner/in 2
1. Welche Aspekte sind bei der Wahl einer neuen Arbeitsstelle für Sie ausschlaggebend? Welchen Platz nimmt das Gehalt ein?		
2. A: „Arbeiten um zu leben" oder B: „Leben um zu arbeiten". Denken Sie, dass auf Sie persönlich eher A oder eher B zutrifft? Begründen Sie Ihre Ansicht.		
3. Inwieweit sehen Sie einen Zusammenhang zwischen „besser verdienen" und „Karriere machen"?		

Kapitel 5

Einnahmen und Ausgaben

32 Bessere Arbeit

Lesen Sie den Text und geben Sie den jeweiligen Abschnitten passende Überschriften.

■ Umfrage unter österreichischen Arbeitnehmern

1

....

Der Hauptanreiz für einen Wechsel der Arbeitsstelle ist für österreichische Arbeitnehmer laut einer Umfrage ein höheres Gehalt: 62 Prozent aller Berufstätigen in Österreich würden den Job wechseln, wenn sie anderswo mehr Geld erhielten. Zu diesem Schluss kommt der Randstad Workmonitor bei der Befragung von 800 österreichischen Arbeitnehmern.

2

....

Die Verbesserung der eigenen Karrierechancen (56 %) spielt beim Gedanken an einen Wechsel der Arbeitsstelle ebenso eine Rolle wie das Bestreben, eine Tätigkeit zu finden, die besser zum eigenen Ausbildungsprofil passt (47 %). Allerdings sind 77 Prozent der Befragten der Ansicht, dass Letzteres im derzeitigen Job bereits der Fall ist.

3

....

Österreich liegt mit dem Anteil „materialistisch veranlagter" Arbeitnehmer im internationalen Vergleich noch auf den Schlussrängen und unter dem weltweiten Durchschnitt von 75 Prozent. Spitzenreiter ist Mexiko: 93 Prozent der Befragten würden den Job für eine höhere Bezahlung wechseln. In Indien sind hingegen Karrierechancen (91 %) und passendes Ausbildungsprofil (88 %) wichtiger.

4

....

Für nahezu jeden zweiten österreichischen Arbeitnehmer (47 %) hat der Job lediglich die Funktion, den eigenen Lebensunterhalt zu sichern – ansonsten hat die Arbeit keine weitere Bedeutung. Insbesondere bei den jüngeren Berufstätigen von 18 bis 34 Jahren ist die Zustimmung besonders hoch, wobei Männer (52 %) diese Auffassung deutlich häufiger teilen als Frauen (41 %).

5

....

Trotzdem ist die allgemeine Jobzufriedenheit hoch: 60 Prozent bejahen die Aussage, den „perfekten Job" zu haben. Man sieht ganz klar, dass das traditionelle Paradigma vergangener Generationen *Leben um zu arbeiten* durch die zeitgemäße Auffassung *Arbeiten um zu leben* verdrängt wurde. Insbesondere jüngere Menschen äußern vermehrt ein Bedürfnis nach einer besseren Balance zwischen Arbeit und Freizeit.

6

....

Die Karriereleiter ist immer öfter nicht mehr das Ziel der Selbstverwirklichung. Vielmehr möchten junge Menschen genügend Geld und genügend Zeit haben, um zu leben, so Michael Wottawa von Randstad Austria. 76 Prozent der Befragten sind zuversichtlich, dass es jederzeit möglich sei, die berufliche Laufbahn zu ändern. Damit sind die Österreicher nahezu Spitzenreiter – lediglich in Indien (77 %) ist man noch optimistischer.

33 Formulieren Sie Fragen zu den Prozentzahlen wie im Beispiel.

Geben Sie eine Prognose in Prozent für Ihr eigenes Heimatland.

Frage	Wie viel Prozent der Österreicher beantworten die Frage mit *Ja*?	Wie viel Prozent der Bevölkerung Ihres Heimatlandes würden Ihrer Meinung nach die Frage mit *Ja* beantworten?
⊙ Würden Sie die Arbeitsstelle wechseln, wenn Sie anderswo mehr Geld erhielten?	62 %	
1.	56 %	
2.	47 %	
3.	60 %	
4.	76 %	

Einnahmen und Ausgaben — Kapitel 5

34 Finden Sie Erklärungen für die folgenden Begriffe.

Die Begriffe *Lohn*, *Gehalt* und *Einkommen* werden im heutigen Sprachgebrauch nicht mehr strikt voneinander getrennt. Historisch gesehen besitzen sie aber unterschiedliche Bedeutungen.

1. der Lohn
2. das Gehalt
3. das Einkommen
4. der Lebensunterhalt
5. die Karriere
6. die Selbstverwirklichung

35 Auf der Suche nach Fachkräften

a) Lesen Sie den folgenden Text und ergänzen Sie die fehlenden Nomen. Arbeiten Sie zu zweit.

> Wettrennen • Ideen • Statistik • Geld • Wettbewerbsvorteil • ~~Steigerung~~ • Fachkräftemangel • Rolle • Forderungen • Chancen • Vereinbarkeit • Generation • Beachtung • Unternehmensziel • Wandel • Berufseinsteiger • Ziel

Flexibilität statt Sicherheit

In vielen großen und kleineren Unternehmen steht bis heute die Steigerung der Verkäufe, der Rendite und der Anzahl zufriedener Kunden an erster Stelle. Zu diesen bekannten Größen gesellt sich seit einiger Zeit ein neues .... (1): mehr zufriedene Mitarbeiter. Motivierte und gut ausgebildete Mitarbeiter werden immer wichtiger, denn in einigen Branchen herrscht .... (2). Wenn Angebot und Nachfrage nicht mehr harmonieren, beginnt ein .... (3) um das beste Personal. Dabei entwickeln Firmen interessante .... (4), z. B. die Zahlung von Prämiengeldern nach dem Motto „Mitarbeiter werben Mitarbeiter". Die Prämiengelder variieren je nach Unternehmensgröße. Die Unternehmensführungen haben erkannt, dass gutes Personal einen .... (5) bietet und dass sie dafür etwas tun müssen. In diesem Prozess spielt die Arbeitgeberattraktivität eine immer größere .... (6). Ein großer deutscher Autobauer hat seine Arbeitgeberattraktivität zum zentralen .... (7) erhoben – neben Absatz, Rendite und Qualität. Jedes Jahr ermittelt der Konzern die eigene Attraktivität in einem Stimmungsbarometer.
Die jungen Nachwuchskräfte können in jeder Richtung hohe .... (8) stellen und haben trotzdem gute .... (9) auf einen attraktiven Arbeitsplatz. Der demografische .... (10) hilft ihnen dabei. Früher ging es um Einkommen, Jobsicherheit und Aufstiegschancen. Nun suchen sich junge Leute ihren Arbeitgeber ganz gezielt aus. Es geht außer um großzügige Bezahlung auch um mehr Flexibilität und um Themen wie die .... (11) von Familie und Beruf.
In der Autobranche ist es kein Geheimnis, dass es Autobauer beim Rekrutieren leichter haben als Zulieferer. Viele .... (12) wollen lieber direkt am Endprodukt arbeiten.
Zulieferer mit großem Namen müssen das Personalthema mindestens genauso aktiv angehen wie die Autohersteller selbst. Der Umstand, dass junge akademische Nachwuchskräfte in der Regel nicht nur gut ausgebildet sind, sondern auch einer .... (13) angehören, auf die nicht selten ein dickes Erbe wartet, erschwert die Nachwuchssuche zusätzlich. Die amtliche .... (14) bestätigt, dass das Erbschafts- und Schenkungsvolumen hierzulande seit Jahren steigt. Firmen können also nicht mehr ausschließlich mit .... (15) locken, sondern müssen den individuellen Karrierewünschen und den privaten Zielen wesentlich mehr .... (16) schenken als früher.

b) Ergänzen Sie die passenden Verben aus dem Text.

- ⊙ das Personalthema aktiv angehen
1. einen Wettbewerbsvorteil ....
2. individuellen Karrierewünschen mehr Beachtung ....
3. einer Generation ....
4. lieber am Endprodukt ....
5. gute Chancen auf einen Arbeitsplatz ....
6. hohe Forderungen ....
7. die Arbeitgeberattraktivität zum zentralen Unternehmensziel ....
8. eine immer größere Rolle ....
9. interessante Ideen ....
10. an erster Stelle ....

36 Fassen Sie den Text mit eigenen Worten zusammen.

Kapitel 5 — Einnahmen und Ausgaben

37 **Ordnen Sie die Nomen den sechs Kategorien zu.**
Zu jeder Kategorie gibt es vier synonyme Nomen. Setzen Sie vor das Nomen den Artikel.

~~Hab und Gut~~ • Verdienst • Erbe • Gehalt • Profit • Besitz • Zuwendung • Laufbahn • Prämie • Beförderung • Zins • Vermächtnis • Lohn • Eigentum • Werdegang • Nachlass • Spende • Gewinn • Aufstieg • Guthaben • Einkommen • Rendite • Erbschaft • Geschenk

		Synonyme			
1.	Einkünfte				
2.	Karriere				
3.	Vermögen	das Hab und Gut			
4.	Ertrag				
5.	Hinterlassenschaft				
6.	Schenkung				

38 **Schriftlicher Ausdruck: Reaktion auf eine Radiosendung**

Sie haben im Rundfunk ein Interview zum Thema *Gewinnung akademischer Fachkräfte* aufmerksam verfolgt. Auf der Internetseite des Radiosenders werden die Zuschauer aufgefordert, darauf zu reagieren.
Schreiben Sie eine ausführliche E-Mail (etwa 250 Wörter), in der Sie drei Aussagen einbeziehen, die in der öffentlichen Diskussion eine Rolle spielen.

- Großunternehmen sollte es untersagt werden, akademische Fachkräfte mit Prämiengeldern anzulocken und damit diese Fachkräfte kleineren Unternehmen abzuwerben.
- Wenn deutlich ist, dass es in Zukunft einen Mangel an akademischen Fachkräften, z. B. in der Autoindustrie, geben wird, dann sollte sich die Politik in Bezug auf Bildungsmaßnahmen darauf adäquat einstellen.
- Auch bei jungen akademischen Kräften, die z. B. durch Erbschaft von vornherein finanziell gut gestellt sind, wird das Gehalt ein entscheidender Motor bei der Auswahl der Arbeitsstelle sein.

39 **Strukturen:** *das* **oder** *dass***?**

a) Finden Sie Beispielsätze, in denen Sie die Wörter *das* und *dass* verwenden, und erklären Sie die Funktion der Wörter innerhalb der Beispielsätze. Arbeiten Sie zu zweit. Lesen Sie danach die Hinweise zur Kontrolle.

> **Hinweise**
>
> Die Wörter *das* und *dass* werden häufig verwechselt, da sie gleich klingen. Dabei haben sie ganz unterschiedliche Funktionen:
>
> - Funktionen von *das*:
>   - bestimmter Artikel im Neutrum
>   *Das Gehalt spielt für Arbeitnehmer eine wichtige Rolle.*
>   - Demonstrativpronomen; ersetzbar durch *dieses* oder *jenes*
>   *Das hat uns gerade noch gefehlt!*
>   - Relativpronomen, das einen Relativsatz einleitet; ersetzbar durch *welches*
>   *Das Projekt, das wir letzten Monat abgeschlossen haben, liefert wichtige Erkenntnisse.*
> - Funktion von *dass*:
>   - Satzeinleitung für Nebensätze (Subjunktion)
>   *Wir denken, dass wir ein gerechteres Steuersystem brauchen.*
>   *Sie weiß, dass sie auf die Unterstützung ihrer Kollegen zählen kann.*

Einnahmen und Ausgaben — Kapitel 5

b) Ein Durchschnittsgehalt für alle?
Ergänzen Sie *dass* oder *das*.

Das Durchschnittsgehalt der Deutschen, ... (1) sich kontinuierlich erhöht, lag 2012 bei ungefähr 40 000 Euro. Die Einkommen sind in vielen Branchen stärker gestiegen als die Preisentwicklungen. .... (2) hat das Konsumverhalten positiv beeinflusst, so .... (3) sich weitere Arbeitnehmer über einen stabilen Lohnzuwachs freuen konnten. Man sollte aber auch nicht vergessen, ... (4) es sich bei diesem Wert um ein Rechenmodell handelt, ... (5) von vielen Faktoren beeinflusst wird. In einigen Branchen fiel die Entlohnung nicht gerade zeitgemäß aus. .... (6) heißt, ... (7) viele Beschäftigte in der Pflegebranche 2012 ein Jahresgehalt von 25 000 Euro hatten. Andererseits traten neue Berufe mit einem Jahresgehalt, ... (8) weit mehr als 40 000 Euro versprach, auf den Plan, wie beispielsweise der Beruf des „Social Media Managers". In vielen Artikeln stand, ... (9) der Lohn für die Arbeit zunehmend ungerechter wird und .... (10) die Gehaltsschere immer weiter auseinanderklafft. .... (11) zeigt sich anhand der Tatsache, ... (12) die Spitzenmanager mit höheren Gehältern, Boni und Prämien überhäuft werden und die Arbeiter gerade noch genug zum Leben verdienen. Das satte Plus, über .... (13) sich Vorstandsmitglieder und Geschäftsführer in den oberen Etagen am Jahresende freuen können, bleibt bei den meisten anderen Arbeitnehmern aus. Im direkten Vergleich mit durchschnittlichen Arbeitnehmern zeigt sich, ... (14) sich das Gehalt für die Chefetagen um 19,8 Prozent erhöhte. Interessant ist, ... (15) sich die Summe dabei nicht nur aus festen Gehaltszahlungen zusammensetzt, sondern .... (16) den rasanten Zuwachs vor allem Prämienleistungen bestimmen. Was für die Topverdiener völlig normal ist, ... (17) empfanden die meisten Arbeitnehmer als ungerecht.

40 Geld und Jobsicherheit in der Schweiz

Bilden Sie *dass*-Sätze wie im Beispiel. Achten Sie auf fehlende Präpositionen und den richtigen Kasus.

⊙ *Es ist bekannt* • Unternehmer • ein attraktives Gehaltspaket und die Sicherheit im Job • wichtige Kriterien • Kampf • gute Arbeitskräfte • darstellen
Es ist bekannt, dass für Unternehmer ein attraktives Gehaltspaket und die Sicherheit im Job wichtige Kriterien im Kampf um gute Arbeitskräfte darstellen.

1. *Ein Wirtschaftsexperte meint* • Geld und Jobsicherheit • andere Länder • die unterschiedlichen wirtschaftlichen Situationen • höher gewichtet werden • in der Schweiz
   ....
   ....

2. *Bei einer repräsentativen Umfrage im Jahr 2014 in der Schweiz stellte sich heraus* • die Prioritätenliste der Angestellten • die Jobsicherheit • Platz 3 • und • ein attraktives Gehaltspaket • nur • Platz 6 • rangieren
   ....
   ....

3. *Die Umfrage ergab weiterhin* • eine herausfordernde Arbeit • das Topkriterium • die Schweiz • sein
   ....

4. *Es ist eine glatte Fehleinschätzung der meisten schweizerischen Unternehmen* • neue talentierte Angestellte • hauptsächlich • Geldanreize • zu haben sein
   ....
   ....

5. *Einige Experten glauben* • Talente • langfristig • an ein Unternehmen • gebunden werden, • wenn ein sicherer, gewohnter Job • und • die Karriereentwicklungen • auch • monetär belohnt werden
   ....
   ....

6. *Andere Experten sind der Meinung* • nachhaltiges Engagement der Mitarbeiter • nicht nur • Geld • erreicht werden können
   ....
   ....

7. *Analysen haben ergeben* • insgesamt • lediglich 41 Prozent der Mitarbeiter einer Firma • sehr engagiert sein • und • 17 Prozent der Angestellten • nur • Dienst nach Vorschrift • machen
   ....
   ....

Kapitel 5 — Einnahmen und Ausgaben

Wichtige Redemittel zu den Themen

Lesen Sie die folgenden Redemittel zu den behandelten Themen und markieren Sie den für Sie besonders relevanten Wortschatz. Wiederholen Sie die aufgeführten Wendungen als Ganzes (Nomen mit Verben und Ergänzungen).

Bargeld und Aktien

Bargeld/Konto
- um einen **Bankbeleg** bitten
- die **Bankleitzahl** angeben
- **Bargeld**/Kleingeld/Wechselgeld in die eigene Tasche stecken
- eine **Barzahlung** vornehmen
- **Ersparnisse** haben
- **Geld** anlegen/investieren/veruntreuen/jemandem vorschießen/wechseln/umtauschen/verlieren
- ein **Konto** eröffnen/überziehen/auflösen
- **Kontogebühren** erheben
- die **Kontokarte**/das Konto sperren lassen
- sich die **Kontonummer** merken
- eine **Überweisung** tätigen/veranlassen
- den bargeldlosen **Zahlungsverkehr** einführen
- **Zinsen** bringen

Aktien/Anlagen
- Geld in **Aktien**/Immobilien/Fonds anlegen
- **Aktien(kurse)** steigen/legen zu/sinken/fallen/stürzen ab; sich auf Aktienkurse positiv/negativ auswirken
- **Anlagestrategien** veröffentlichen

- das **Anlageverhalten** (ver)ändern
- Vieles liegt im **Argen**.
- auf die **Bilanzen** drücken; Löcher in Bilanzen reißen
- ein **Branchenprimus** sein
- **Erwartungen** der Anleger erfüllen
- **Gewinne** scheffeln
- vor **Herausforderungen** stehen
- die **Kernkapitalquote**/**Eigenkapitalquote** steigern
- auf die **Kostenbremse** drücken
- Faule **Kredite** lasten auf der Bank.
- die **Kreditnachfrage** anfeuern
- im **Plus**/**Minus** sein
- **Rechtsstreitigkeiten** beenden/beilegen
- ein hohes/geringes **Risiko** bedeuten
- über **Rückstellungen**/**Rücklagen** verfügen
- eine **Schwächephase** haben/überwinden
- sich im **Sparmodus** befinden
- sich als **Strohfeuer** erweisen
- ein vernichtendes **Urteil** fällen
- ein verhaltenes **Wachstum** prognostizieren
- die **Wachstumsprognose** korrigieren
- riskante **Wertpapiere** erwerben

Steuern

- einen **Aktionsplan** prüfen
- die **Besteuerungsgrundlage** in anderen Ländern untergraben
- **Beschlüsse** im Einvernehmen fassen
- mit den Zielen der EU im **Einklang** stehen
- **Einnahmequellen** suchen/erfinden
- **Entscheidungen** über die Höhe der Steuern treffen
- **Informationen** zu/über Sparguthaben austauschen
- für **Irritationen** sorgen
- **Kosten** auf Bund, Länder und Gemeinden verteilen
- die **Mehrwertsteuer** festlegen
- auf **Produkte des täglichen Lebens** 7 % aufschlagen
- **Renten- und Pensionsansprüche** in andere Länder übertragen

- Die **Staatskasse** klingelt.
- **Steuerarten:** Lohn- und Einkommensteuer, Umsatzsteuer, Gewerbesteuer, Grundsteuer, Erbschaftsteuer, Vermögensteuer, Tabaksteuer, Mineralölsteuer, Hundesteuer
- **Steuerbetrug** verhindern
- grenzübergreifende **Steuerhinterziehung** bekämpfen
- **Steuern** erlassen/erheben/entrichten/bezahlen/beschließen/festlegen/einführen/einziehen/hinterziehen/nachfordern
- für **Steuersätze** zuständig sein
- über ein gerechtes **Steuersystem** nachdenken
- nationale **Steuervorschriften** beaufsichtigen
- eine **Wettbewerbsverzerrung** vermeiden

Geld und Arbeit

- die **Arbeitsstelle** wechseln
- eine **Einkommensregelung** treffen
- das **Erbe** ausschlagen
- ein regelmäßiges **Gehalt** beziehen
- die **Gehaltsabrechnung** kontrollieren
- Die **Gehaltsschere** klafft immer weiter auseinander.
- eine **Gehaltszulage** verlangen
- die **Karrierechancen** verbessern
- ein wichtiges **Kriterium** im Kampf um gute Arbeitskräfte sein/darstellen

- nur den eigenen **Lebensunterhalt** sichern
- den **Lohn**/das Gehalt kürzen
- **Lohneinkünfte** kontrollieren
- sich über stabilen **Lohnzuwachs** freuen
- Fachkräfte mit **Prämiengeldern** anwerben
- auf der **Prioritätenliste** ganz oben stehen
- **Talente** langfristig an ein Unternehmen binden
- zu den **Topverdienern** zählen

Personalpolitik und Führungskompetenzen

Kapitel 6

Am Ende des Kapitels können Sie:

- Hör- und Lesetexte zu den Themen *Personalpolitik, Bewerbung, Arbeitsbedingungen, Mitarbeiterzufriedenheit, Berufliche Weiterbildung, Führungsstile* und *Führungskompetenzen* verstehen und deren Inhalt in zusammengefasster Form und zu bestimmten Details wiedergeben
- den themenbezogenen Wortschatz adäquat und variabel verwenden
- über Bewerbungsverfahren, personalpolitische Maßnahmen, Arbeitsbedingungen, Zufriedenheit am Arbeitsplatz, Weiterbildung und Führungskompetenzen berichten und diskutieren
- Bewerbungsgespräche führen
- in einer Besprechung zur Mitarbeitermotivation Argumente vorbringen, Ihre Meinung vertreten und Vorschläge unterbreiten
- Untersuchungsergebnisse über Führungsstile wiedergeben und kommentieren
- zum Thema *Pflicht zur Weiterbildung* schriftlich Stellung nehmen
- E-Mails rund um ein Bewerbungsverfahren und zum Thema *Weiterbildung* verfassen
- inhaltsrelevante Sätze/Texte aus vorgegebenen Wörtern/Wendungen formulieren bzw. umformen
- grammatische Strukturen zur Formulierung von höflichen Forderungen und Zielen und bestimmte Kasusregeln verwenden.

Personalpolitik und Mitarbeitermotivation

1 Personal im Unternehmen

Was sind Ihrer Meinung nach die wichtigsten Ziele und Aufgaben von Personalpolitik? Arbeiten Sie in Kleingruppen und präsentieren Sie im Anschluss Ihre Ergebnisse.

> **Ziele und Aufgaben der Personalpolitik**

- ....
- ....
- ....
- ....
- ....
- ....
- ....

Kapitel 6
Personalpolitik und Führungskompetenzen

2 Personalpolitik bei Greenpeace

a) Lesen Sie den folgenden Text und ergänzen Sie die fehlenden Nomen in der richtigen Form.

> Einzelleistungen • Verwaltung • Respekt • ~~Zeitpunkt~~ • Fähigkeiten und Talente • Grenzen • Leistungskriterien • Verhaltensweisen

Die Personalpolitik bei Greenpeace hat die Aufgabe:

- die richtige Person zum richtigen *Zeitpunkt* für die richtige Stelle zu finden
- die Unterschiedlichkeit, die Vielfalt von Mitarbeiter/innen mit ihren Persönlichkeiten, Visionen, kreativen ……………………… (1) einzusetzen und zu fördern
- die Grundlage dafür zu schaffen, dass Individualist/innen in einem Team mehr bieten als die Summe ihrer ……………………… (2)
- eine Arbeitsatmosphäre zu entwickeln, die von gegenseitigem ……………………… (3) geprägt ist, von kreativer Streitkultur, Verbindlichkeit und Spaß
- sowohl kooperative als auch nonkonformistische ……………………… (4) zu fördern
- Denken und Handeln über ideologische, nationale und kulturelle ……………………… (5) hinaus zu ermöglichen
- die Transparenz der fachlichen Anforderungen und der ……………………… (6) herzustellen und verbindlich zu machen
- eine flexible, unbürokratische und gleichzeitig solide und seriöse ……………………… (7) zu gewährleisten – so wenig wie möglich, soviel wie nötig.

b) Lesen Sie die Textabschnitte und finden Sie passende Überschriften. Arbeiten Sie zu zweit.

■ Konkrete Maßnahmen der Personalentwicklung

1
………………………
Neue Mitarbeiter/innen bringen neue Ideen und veränderte Sichtweisen. Langjährige Mitarbeiter/innen verkörpern die Geschichte und die Erfahrung der Organisation, garantieren Kontinuität. Beides zusammen belebt Greenpeace. Um ein ausgeglichenes Verhältnis von Innovation und Tradition, von Querdenken und Kontinuität zu erreichen, werden freie Positionen in einer Ausgewogenheit zwischen „frischem Wind von außen" und individueller Weiterentwicklung „alter Hasen" besetzt.

2
………………………
Die Eindrücke der ersten Wochen prägen die zukünftige Haltung gegenüber der neuen Arbeitsstelle und gegenüber Greenpeace als Arbeitgeber entscheidend. Da sich das Wissen, das Mitarbeiter/innen in den ersten Monaten erhalten, ganz besonders verinnerlicht, profitiert Greenpeace für die gesamte weitere Mitarbeit davon.
Ein Programm, das auf einzelne Mitarbeiter/innen individuell zugeschnitten wird, legt die Grundlagen dafür, dass die Aufgaben kompetent übernommen oder weitergeführt werden.

3
………………………
Nach sechs Monaten sollen die neuen Mitarbeiter/innen und Greenpeace Klarheit gewonnen haben, ob eine dauerhafte Zusammenarbeit möglich ist. In dieser Zeit werden zwei Personalgespräche geführt, um Feedback zum Stand der Einarbeitung zu geben, auf mögliche Probleme sofort zu reagieren und gegebenenfalls gemeinsam eine Lösung zu suchen.

4
………………………
Frauen und Männer haben bei Greenpeace gleiche Chancen. Aktuell sieht Greenpeace die Notwendigkeit, besonders Frauen für höhere Fach- und Führungspositionen zu gewinnen, und strebt an, hier den Anteil von Frauen deutlich zu erhöhen.

5
………………………
Zur Verbesserung der Führungsarbeit organisiert Greenpeace eine kontinuierliche Führungskräfteentwicklung und stellt Instrumente für die Personalentwicklung zur Verfügung. Wichtige Bausteine sind jährliche Personalgespräche zwischen Mitarbeiter/innen und Vorgesetzten sowie ein etwa alle zwei Jahre durchzuführendes Upward-Feedback in allen Bereichen.

Personalpolitik und Führungskompetenzen Kapitel 6

6

Die Arbeit bei Greenpeace findet in Teams statt. Unterschiedlichkeit und Teamfähigkeit der Mitarbeiter/innen sind eine gute Basis der Zusammenarbeit. Bei Greenpeace hat die Teamentwicklung einen hohen Stellenwert: Bereichsklausuren und Teamrückzugstage werden gefördert und durch verschiedene Personalentwicklungs-Instrumente unterstützt.

7

Mitarbeiter/innen von Greenpeace müssen in ihrem Fachgebiet immer auf dem aktuellen Stand sein, müssen mit unterschiedlichen Fähigkeiten und Kompetenzen in der Lage sein, die Nase im Wind zu behalten und am Puls des Geschehens zu sein. Sie sollten zudem imstande sein, die externe Situation einzuschätzen, darin die Ziele von Greenpeace durchzusetzen und intern gleichzeitig Teamfähigkeit und soziale Kompetenzen vorweisen. Um all diese Professionalität im Arbeitsalltag zu bewahren und zu fördern, finanziert Greenpeace Weiterbildung in einem hohen Maß und trägt damit auch zur Motivation bei.

8

Weil Greenpeace eine internationale Organisation ist und Umweltzerstörung nicht an Ländergrenzen Halt macht, wird die Zusammenarbeit mit Menschen anderer Nationalitäten und Kulturen besonders gefördert. Durch den Austausch von und mit Mitarbeiter/innen der Greenpeace-Büros in anderen Ländern, durch Workshops und Seminare zu interkulturellem Handeln und durch ein breites Angebot an Sprachkursen wird die Internationalität gefördert.

9

Langjährige Mitarbeiter/innen, die anderes Denken erleben möchten, haben die Möglichkeit, ein Sabbatical zu nehmen. Greenpeace sieht dies als Bereicherung nicht nur der Mitarbeiter/innen, sondern auch der Organisation. Das bedeutet aber mit Rücksicht auf Spendengelder nicht, dass die Auszeit durch Greenpeace finanziert wird. Es bedeutet, dass Greenpeace Mitarbeiter/innen unterstützt, eine Auszeit zu wagen: Der Arbeitsplatz steht danach wieder zur Verfügung.

3 Textarbeit

a) Stimmen die folgenden Aussagen mit dem Text überein? Kreuzen Sie an: Ja oder Nein.

	ja	nein
1. Greenpeace achtet auf ein ausgewogenes Verhältnis von jüngeren und älteren Mitarbeitern.	☐	☐
2. Die Einarbeitung erfolgt nach dem Prinzip „Learning by Doing".	☐	☐
3. Die Probezeit dient dem Arbeitgeber zur Beobachtung der neuen Mitarbeiter.	☐	☐
4. Frauen werden im Moment bei Einstellungen bevorzugt.	☐	☐
5. Zu den Personalentwicklungs-Instrumenten gehören unter anderem Jahresgespräche und Beurteilungsgespräche mit Vorgesetzten.	☐	☐
6. Individualität und Teamarbeit haben den gleichen Stellenwert.	☐	☐
7. Fachkompetenz zählt bei der Arbeit für Greenpeace zu den grundlegenden Voraussetzungen.	☐	☐
8. Greenpeace ist eine internationale Organisation und setzt Fremdsprachenkenntnisse voraus.	☐	☐
9. Alle Mitarbeiter dürfen eine einjährige Auszeit nehmen.	☐	☐

b) Sagen Sie es anders. Umschreiben Sie die unterstrichenen Wörter mit synonymen Wörtern und Wendungen.

1. ein alter Hase sein ....
2. frischen Wind in eine Firma bringen ....
3. der Querdenker ....
4. die Nase im Wind behalten ....
5. eine Auszeit wagen ....

121

Kapitel 6 — Personalpolitik und Führungskompetenzen

c) Bilden Sie aus den vorgegebenen Wörtern Sätze im Präsens. Achten Sie auf den Kasus und eventuell fehlende Präpositionen.

⊙ langjährige Mitarbeiter • die Geschichte und die Erfahrung • die Organisation • verkörpern
Langjährige Mitarbeiter verkörpern die Geschichte und die Erfahrung der Organisation.

1. die Eindrücke • die ersten Wochen • die zukünftige Haltung • die neue Arbeitsstelle • prägen
   ....

2. nach, sechs Monate • die neuen Mitarbeiter/innen und Greenpeace • Klarheit • gewinnen sollen, • ob • eine dauerhafte Zusammenarbeit • möglich sein
   ....
   ....

3. Greenpeace • Teamentwicklung • ein hoher Stellenwert • haben
   ....

4. Mitarbeiter/innen • Greenpeace • ihr Fachgebiet • immer • der aktuelle Stand • sein müssen
   ....

5. Förderung • die Professionalität • Arbeitsalltag • Greenpeace • Weiterbildung • ein hohes Maß • finanzieren
   ....

6. Umweltzerstörung • nicht • Ländergrenzen • sich halten
   ....

7. Greenpeace • seine Mitarbeiter • Workshops und Seminare • interkulturelles Handeln • bieten
   ....

8. Greenpeace • eine Auszeit • Bereicherung • die Mitarbeiter und die Organisation • sehen
   ....

4 Verben mit direktem Kasus

Lesen Sie die folgenden Sätze und markieren Sie die Ergänzungen der Verben. Lesen Sie danach die Hinweise.

1. Die Eindrücke der ersten Wochen prägen die zukünftige Haltung.
2. Unüberlegte Aktionen schaden dem Ruf der Organisation.
3. Greenpeace erwartet von seinen Mitarbeitern Teamfähigkeit und soziale Kompetenzen.

Hinweise

○ Das Verb regiert im Satz! Verben brauchen Ergänzungen, damit ein Satz gebildet werden kann. Das Verb bestimmt die Anzahl der Ergänzungen und den jeweiligen Kasus.
Die meisten Verben haben eine Ergänzung im Akkusativ *(Satz 1)*.
Verben mit Ergänzungen im Dativ *(Satz 2)*, Genitiv oder mit zwei Akkusativergänzungen sollte man lernen.

○ Eine Reihe von Verben stehen mit Ergänzungen im Dativ oder Akkusativ und einer präpositionalen Ergänzung *(Satz 3)*.

→ *Weitere Hinweise zur Rektion der Verben siehe Grammatikübersicht im Anhang.*

Strukturen

5 Üben Sie die Strukturen.

a) Was passt zusammen? Ordnen Sie die passende Ergänzung zu.

⊙ Neue Mitarbeiter bringen → b. neue Ideen in die Organisation.
1. Der Vorgesetzte ermittelt
2. Das Weiterbildungsangebot umfasst
3. Diese Maßnahmen unterstützen
4. Einige Aktionen bedürfen
5. Fehler kosten
6. Die erbrachten Leistungen genügen

a. die Personalentwicklung.
b. neue Ideen in die Organisation.
c. das Unternehmen viel Geld.
d. einer Erklärung.
e. den Anforderungen nicht.
f. interkulturelle Seminare und Sprachkurse.
g. den Weiterbildungsbedarf seiner Mitarbeiter.

Personalpolitik und Führungskompetenzen — Kapitel 6

b) Bilden Sie Sätze wie im Beispiel. Achten Sie auf eventuell fehlende Präpositionen, den richtigen Kasus und die in Klammern angegebene Zeitform.

- der Professor • der Student • Bewerbung • abraten *(Perfekt)*
  Der Professor hat dem Studenten von einer Bewerbung abgeraten.

1. seine Noten • die Erwartungen der Bewerbungskommission • entsprechen *(Präsens)*
   ....
2. die Einstellungspolitik der Firma • fachliche Kontinuität und Erneuerung • garantieren *(Präsens)*
   ....
3. die getroffenen Maßnahmen • vor allem • die Mitarbeiter • nützen *(Präsens)*
   ....
4. zwei Mitglieder des Aufsichtsrates • die Wahl des Vorstandsvorsitzenden • die Stimme • sich enthalten *(Perfekt)*
   ....
5. der Vorstand • das Kollegium • Mittwoch • das Wahlergebnis • mitteilen *(Futur I)*
   ....
6. eine Untersuchung • feststellen, • dass • zwei Konkurrenten • unlautere Mittel • sich bedienen *(Präteritum)*
   ....
7. der IT-Spezialist • die Kollegen • das neue Programm • erklären *(Präteritum)*
   ....
8. er • einige Mitarbeiter • das aufmerksame Lesen des Handbuches • empfehlen *(Präteritum)*
   ....

6 Personalpolitik in Ihrem Unternehmen

Berichten Sie über die folgenden Punkte in Ihrer Firma.
Wenn Sie noch nicht arbeiten, beschreiben Sie Ihre Erwartungen zu diesen Punkten.

- Einarbeitung
- Probezeit
- Zusammensetzung der Mitarbeiter (jünger, älter, weiblich, männlich)
- Entwicklungsmöglichkeiten
- Hierarchie (stark ausgeprägt, flach)
- Beurteilungsverfahren

7 Bewerbungsverfahren

Beschreiben Sie das Bewerbungsverfahren in Ihrer Firma oder allgemein in Ihrem Heimatland.
Gehen Sie dabei auf die folgenden Punkte ein:

- Bewerbungsanschreiben: Was muss drin stehen?
- Lebenslauf: Wie lang? Mit Bild?
- Zeugnisse: Welche Rolle spielen Zeugnisse und Referenzen?
- Bewerbungsgespräch: Worauf muss man achten? Was sollte man in jedem Fall vermeiden?
- Assessment-Center: Bei welchen Funktionen wird die Hilfe von Assessment-Centern bzw. von professionellen Personalberatern in Anspruch genommen?

123

Kapitel 6 — Personalpolitik und Führungskompetenzen

8 Bewerben in Deutschland

a) Lesen Sie den folgenden Text.

■ Bewerbung um eine Stelle

In den tausend größten deutschen Unternehmen werden acht von zehn freie Stellen mit Menschen besetzt, die sich auf eine Anzeige in einer Online-Stellenbörse, auf der Unternehmens-Website oder in einer Zeitung beworben haben. Davon arbeiten im Moment 35 Prozent der Unternehmen bei Stellenausschreibungen mit standardisierten Online-Bewerberformularen, Tendenz steigend. Doch man sollte die klassische Bewerbung mit Anschreiben, Lebenslauf und Zeugnissen per E-Mail nicht unterschätzen. Klassische Bewerbungen sind, jedenfalls zurzeit noch, erfolgreicher als ihr Ruf.

Eine **vollständige klassische Bewerbung**, die auf eine konkrete Stellenanzeige hin erfolgt, ist in Deutschland oft umfangreicher als in anderen Ländern. Sie umfasst normalerweise die folgenden Dokumente:
- ein Bewerbungsanschreiben,
- einen Lebenslauf mit Passfoto,
- Zeugniskopien (z. B. von Universitätszeugnissen, möglichst mit deutscher Übersetzung),
- Nachweise von Zusatzausbildungen oder Trainingsmaßnahmen,
- Arbeitsbescheinigungen, Arbeitszeugnisse oder Empfehlungsschreiben.

Sofern man sich nicht für eine Stelle bewirbt, die ausdrücklich keine Deutschkenntnisse erfordert, ist es ratsam, Anschreiben und Lebenslauf auf Deutsch einzureichen.

Das **Bewerbungsanschreiben** sollte kurz und bündig sein, rasch auf den Punkt kommen und eine Seite nicht überschreiten. Für das Unternehmen muss deutlich werden, warum die Bewerberin/der Bewerber für die Position geeignet ist und welche überzeugenden Motivationsgründe sie/ihn zur Bewerbung veranlasst haben. Im Anschreiben geht es nicht darum, alle Erfahrungen, Kenntnisse und Kompetenzen unterzubringen.

Beim **Lebenslauf** ist es in Deutschland üblich, am oberen rechten Rand ein Bewerbungsfoto (Passfoto) einzufügen. Im Sinne des Allgemeinen Gleichbehandlungsgesetzes ist aber in Stellenanzeigen immer häufiger die Bitte zu lesen, das Foto auf dem Lebenslauf wegzulassen.

Der tabellarische Lebenslauf sollte etwa zwei Seiten umfassen und neben dem Foto (falls nicht ausdrücklich ein Verzicht gewünscht ist) und der Überschrift folgende Punkte enthalten:
- *Persönliche Daten:* In diesem Teil stehen: Name, Adresse, Telefonnummer, E-Mail-Adresse sowie Geburtsdatum, Geburtsort und Familienstand.
- *Berufserfahrung:* Aufgeführt werden Zeitraum, Unternehmen, Position, auch Praktika. Hier werden alle Tätigkeiten, Erfahrungen sowie erworbene Fähigkeiten und Kompetenzen kurz beschrieben. Die letzte Station kommt zuerst, da sie für den künftigen Arbeitgeber am relevantesten ist.
- *Ausbildung:* Es wird erwartet, dass neben den Abschlüssen auch die Noten angegeben werden.
- *Sprachkenntnisse:* Bei der Aufzählung der Sprachkenntnisse sollte das jeweilige Niveau des Gemeinsamen Europäischen Referenzrahmens genannt werden. Es ist sinnvoll, der Bewerbung offizielle Sprachzertifikate beizulegen.
- *Sonstiges:* Diese Rubrik umfasst weitere Informationen wie EDV-Kenntnisse, Publikationen oder soziales Engagement.
- *Datum und Unterschrift:* In Deutschland ist es Usus, den Lebenslauf am Ende der letzten Seite mit dem Datum und der Unterschrift zu versehen.

b) Beschreiben Sie Gemeinsamkeiten und Unterschiede im klassischen Bewerbungsverfahren zwischen Deutschland und Ihrem Heimatland. Gehen Sie auf folgende Punkte ein:

1. einzureichende Dokumente

   ....
   ....
   ....

2. Länge und Inhalt des Bewerbungsanschreibens

   ....
   ....
   ....

3. Länge und Inhalt des Lebenslaufs

   ....
   ....
   ....

Personalpolitik und Führungskompetenzen — Kapitel 6

c) Formulieren Sie fünf Bewerbungstipps.
Nutzen Sie unterschiedliche sprachliche Mittel und orientieren Sie sich inhaltlich am Text. Arbeiten Sie zu zweit.

> Sie sollten … • In Deutschland ist es üblich … • Achten Sie darauf, … • Bewerbern ist zu empfehlen, … • Ratsam ist es außerdem, …

1. ....
2. ....
3. ....
4. ....
5. ....

9 Bewerbung um eine Stelle

Die Zeitschrift „MN-Media News" sucht eine Managerin/einen Manager für ihre Marketingabteilung.

a) Lesen Sie die folgende Stellenanzeige.

Wir suchen zum 1. Juni:

Marketing-Manager/in

Das Marketingteam der Zeitschrift „MN-Media News" deckt alle Bereiche ab, die im klassischen Marketing benötigt werden. Durch zielgruppengenaue Aktionen, hochwertige Werbematerialien und groß organisierte Messeauftritte unterstützt unser Marketing-Team die Kollegen aus dem Vertrieb und setzt dabei auf Professionalität und Seriosität, aber auch auf Kreativität und Esprit.

IHRE AUFGABEN
- enger Austausch mit den Vertriebsleitern sowie direkte Interaktion mit unseren Vertriebsteams
- Konzeption, Planung und operative Umsetzung von E-Mail-Kampagnen
- Konzeption von Online-Werbung
- Konzeption und Erstellung anderer Werbeaktionen (Broschüren, Präsentationen)
- Analyse der Daten unseres CRM-Systems zur ständigen Verbesserung der Marketing-Kampagnen

IHR PROFIL
- erfolgreich abgeschlossenes Studium im Bereich BWL, Kommunikation oder Marketing
- einschlägige Berufserfahrung im Marketingbereich
- sehr gute kommunikative Fähigkeiten
- ausgeprägtes organisatorisches Talent und Projektmanagementkenntnisse
- ausgezeichnete analytisch-konzeptionelle Kompetenz und sicherer Umgang mit MS Excel
- stilsicheres Deutsch und Englisch in Wort und Schrift

WIR BIETEN
- eine intensive Einarbeitung
- eine vielseitige, verantwortungsvolle Aufgabe mit viel Gestaltungs- und Handlungsspielraum
- ein motivierendes Arbeitsumfeld und Zusammenarbeit mit einem erfahrenen Team
- flache Hierarchien mit einer direkten Kommunikation
- die Möglichkeit, eigene Ideen einzubringen und Neues zu bewegen

Wir freuen uns auf Ihre Bewerbung unter bewerbung@medianews.de!

MN-Media News GmbH, Postfach 4711,
04277 Leipzig, www.medianews.de

b) Schreiben Sie ein Bewerbungsanschreiben. Sie erfüllen die beruflichen Anforderungen (Studienabschluss).

Kapitel 6 — Personalpolitik und Führungskompetenzen

c) Spielen Sie Bewerbungsgespräche auf die ausgeschriebene Stelle.

- Arbeiten Sie in Gruppen von drei bis fünf Teilnehmern: Eine/Einer ist die Bewerberin/der Bewerber, die anderen bilden die Bewerbungskommission.
- Bereiten Sie sich zuerst auf das Gespräch vor.
- Bewerbungskommission: Überlegen Sie, welche Eigenschaften und Kompetenzen für diese Stelle wichtig sind. Sammeln Sie Fragen, die Sie im Gespräch unbedingt stellen möchten.
- Bewerberin/Bewerber: Überlegen Sie sich Argumente, die dafür sprechen, dass Sie die geeignete Person sind. Welche Fragen möchten Sie Ihrerseits stellen?

10 Beschreibung von Anforderungen und Arbeitsumfeld

Welche Adjektive passen? Ordnen Sie zu. Achten Sie auf die korrekten Endungen.

a) fachlich • sicher • erfolgreich abgeschlossen • gut • kommunikativ • groß • einschlägig • ausgeprägt • überzeugend • stilsicher

b) motivierend • gut • erfahren • intensiv • flach • direkt • vielfältig • verantwortungsvoll

Wir erwarten

- *sicheren* Umgang mit MS Excel
1. ein .... Studium
2. .... Berufserfahrung
3. .... Organisationstalent
4. .... Fähigkeiten
5. .... Engagement
6. .... Kompetenz
7. .... Auftreten
8. .... Deutsch und Englisch in Wort und Schrift

Wir bieten

1. .... Einarbeitung
2. eine .... Tätigkeit
3. ein .... Arbeitsumfeld
4. ein .... Team
5. .... Karriereaussichten
6. .... Hierarchien mit einer .... Kommunikation
7. .... Weiterbildungsmöglichkeiten

11 Arbeitsbedingungen

a) Diskutieren Sie zu zweit und berichten Sie anschließend über die Ergebnisse.

Neben dem Gehalt und den Karrieremöglichkeiten gibt es noch weitere Aspekte, die im Berufsleben eine Rolle spielen. Welche der genannten Punkte sind in Ihrem Heimatland wichtig, welche halten Sie selbst für wichtig? Begründen Sie Ihre Meinung. Ergänzen Sie die Liste, wenn notwendig.

- Sicherheit des Arbeitsplatzes
- Weiterbildungsmöglichkeiten
- Work-Life-Balance
- Arbeitsatmosphäre (Umgang mit Kollegen und Vorgesetzten)
- Sozialleistungen
- Gesundheitsfürsorge
- Arbeitszeiten
- abwechslungsreiche und herausfordernde Arbeitsaufgaben
- Erfolgserlebnisse
- Feedback
- Führungsstil von Vorgesetzten
- Transparenz von Managemententscheidungen

b) Welche Indikatoren (z. B. Krankenstand, Fehlzeiten, Mitarbeiterfluktuation, Arbeitsergebnisse usw.) und Maßnahmen (Mitarbeiterbefragung, Multi-Rater-Feedback: Selbst- und Fremdbewertung) sind Ihrer Meinung nach geeignet, die Arbeitszufriedenheit von Mitarbeitern zu messen?
Diskutieren Sie und berichten Sie über Ihre Erfahrungen zum Thema *Mitarbeiterzufriedenheit*.

Personalpolitik und Führungskompetenzen Kapitel 6

c) Formulieren Sie Erklärungen für die Nomen. Arbeiten Sie zu zweit.

- Arbeitsbedingungen — *vertraglich festgelegte Bedingungen, zu denen jemand eine Arbeitsleistung erbringt*

1. Arbeitsatmosphäre ....
2. Sozialleistungen ....
3. Krankenstand ....
4. Mitarbeiterfluktuation ....

12 Lesen Sie den folgenden Bericht.

■ Jeder Zweite ist unzufrieden mit seinem Job

Jeder zweite Arbeitnehmer in Deutschland ist unzufrieden mit seinem Job. Und nur 30 Prozent würden ihren Freunden empfehlen, beim eigenen Arbeitgeber anzufangen. Das geht aus einer repräsentativen Umfrage des Marktforschungsinstituts YouGov hervor.

Im Vorjahr hatten noch 63 Prozent der befragten Arbeitnehmer gesagt, sie seien „insgesamt zufrieden mit den Arbeitsbedingungen". In der aktuellen Umfrage sagen dies nur noch 52 Prozent. Trotz der wachsenden Unzufriedenheit planen aber nur 43 Prozent der Befragten in diesem Jahr einen Jobwechsel. Die Auftraggeber der Studie sehen dies als Beweis für die wachsende Unsicherheit der Arbeitnehmer: In Zeiten von Entlassungen und Sparprogrammen halte man eher an einem ungeliebten, aber sicheren Job fest.

Die Ursachen für die Unzufriedenheit sind vielfältig. Mit Abstand am häufigsten genannt wurde schlechte Bezahlung: 24 Prozent aller Befragten streben eine Beschäftigung an, bei der sie mehr verdienen. 15 Prozent möchten mehr Anerkennung für ihre Leistung bekommen. Dass ihnen ihre aktuelle Tätigkeit keinen Spaß macht, sagen 11 Prozent. Weitere Gründe für Frust am Arbeitsplatz sind, dass es den Mitarbeitern an Abwechslung mangelt (10 Prozent), dass das Arbeitsklima schlecht ist (ebenfalls 10 Prozent), dass die Befragten lieber in einer anderen Region oder einem anderen Land arbeiten würden (9 Prozent) oder mit ihren Vorgesetzten nicht klarkommen (5 Prozent).

Es gibt aber auch positive Entwicklungen: 41 Prozent der Befragten gaben an, die vereinbarten Arbeitszeiten würden eingehalten. Im vergangenen Jahr hatten nur 35 Prozent der Arbeitnehmer dieser Aussage zugestimmt. Auch regelmäßige Weiterbildungen und Programme zur Gesundheitsförderung werden jetzt offenbar von mehr Arbeitgebern angeboten.

Keine oder kaum Veränderungen gab es bei den Stichworten *Homeoffice*, *Familienfreundlichkeit* und *Sabbatical*: Wie im Vorjahr sagten 17 Prozent der Befragten, sie könnten auch von zu Hause aus arbeiten, und neun Prozent der Arbeitgeber erlauben eine mehrmonatige Auszeit. Der Aussage „Das Unternehmen ist familienfreundlich" stimmten 25 Prozent der Arbeitnehmer zu – und damit 1 Prozent weniger als im Vorjahr.

Befragt wurden 684 Berufstätige ab 18 Jahren, die Ergebnisse wurden gewichtet.

13 Die Ergebnisse

Geben Sie die wichtigsten Umfrageergebnisse mit eigenen Worten mündlich oder schriftlich wieder. Nutzen Sie dabei die angegebenen Redemittel.

Ergebnisse einer Umfrage wiedergeben (Redemittel)

- Laut einer Umfrage/Studie …
- Einer Umfrage/Studie zufolge …
- Aus der Umfrage/Studie geht hervor, dass …
- … Prozent der Befragten gaben an/waren der Meinung, …
- Im Vergleich zum Vorjahr …/Wenn man die Ergebnisse mit dem Vorjahr vergleicht, fällt auf, dass …/kann man feststellen, dass …
- Auffällig/Bemerkenswert/Interessant ist, dass …

Kapitel 6 — Personalpolitik und Führungskompetenzen

14 Bilden Sie Sätze wie im Beispiel.

Achten Sie besonders auf die Personenbezeichnungen, außerdem auf den richtigen Kasus und eventuell fehlende Präpositionen.

- ⊙ das Festhalten am ungeliebten Arbeitsplatz • die Wissenschaftlerin • Beweis • die wachsende Unsicherheit • die Arbeitnehmer • sehen
  Das Festhalten am ungeliebten Arbeitsplatz sieht die Wissenschaftlerin als Beweis für die wachsende Unsicherheit der Arbeitnehmer.

1. die Mitarbeiter • es • Abwechslung • mangeln
   ....
2. viele Beschäftigte • die Arbeit • kein Spaß • machen
   ....
3. 15 Prozent • die Umfrageteilnehmer • die Vorgesetzten *(Pl.)* • mehr Anerkennung • ihre Arbeit • sich wünschen
   ....
4. 30 Prozent • die Arbeitnehmer • ihr Arbeitgeber • Freunde • nicht • empfehlen würden
   ....
5. 10 Prozent • die Berufstätigen • das Arbeitsklima • sich beklagen
   ....
6. 5 Prozent • die Befragten • ihr Chef • nicht • klarkommen
   ....
7. immerhin • 17 Prozent • die Arbeitgeber • Familienfreundlichkeit • sich bemühen
   ....
8. bei 41 Prozent • die Angestellten • die Arbeitszeiten • eingehalten werden
   ....

15 Krisensitzung: Verbesserung der Mitarbeitermotivation

Die Firmenleitung hat eine Sitzung zur Verbesserung der Mitarbeitermotivation einberufen.

Die Sitzung wird von einem Vertreter der Personalabteilung geleitet, die anderen Teilnehmer sind Leiter verschiedener Abteilungen und Projekte, Vertreter des Betriebsrates und des höheren Managements.

a) Bereiten Sie die Sitzung zunächst in Kleingruppen vor. Verteilen Sie die Rollen.
Lesen Sie zuerst einige Dokumente – Tagesordnung und Tipps, die vor Sitzungsbeginn an alle Teilnehmer geschickt wurden. Überlegen Sie sich für die Sitzung einige konkrete Vorschläge.

> **Tagesordnung:**
> 1. Begrüßung der Teilnehmer und Vorstellung der Tagesordnung
> 2. Berichte über die aufgetretenen Probleme
> 3. Diskussion der Lesetextvorlage (Tipps von Experten) und Meinungsäußerung
> 4. Unterbreitung von konkreten Vorschlägen zur Mitarbeitermotivation und Diskussion
> 5. Einigung auf Maßnahmen

Fünf Tipps von Experten zur nachhaltigen Mitarbeitermotivation

1
Zusatzprämien, Gehaltserhöhungen, die Auszeichnung „Mitarbeiter des Monats" oder ähnliche Belohnungssysteme greifen – wenn überhaupt – nur kurzfristig. „Das hat unter anderem damit zu tun, dass unser Lebensstandard so hoch ist und Menschen heute andere Bedürfnisse haben als früher", erklärt Jan Bodo Sperling, Gründer der Unternehmensberatung Coverdale Deutschland.

2
Das Erleben von Autonomie, Anerkennung und Vertrauen sowie häufiges Feedback auf geleistete Arbeit spielen eine große Rolle: So erleben sich Mitarbeiter als kompetent und ernst genommen. „Ein positives Menschenbild, Respekt vor Menschen und Leistung sind Voraussetzung, damit immaterielle Anreize funktionieren", sagt Marco de Micheli, Autor des Buches „Nachhaltige und wirksame Mitarbeitermotivation".

Personalpolitik und Führungskompetenzen — Kapitel 6

3 Ein Mitarbeiter muss Ziele haben, Aufgaben, die ihn herausfordern, aber nicht überfordern. Sie sollten mit dem Vorgesetzten vereinbart und regelmäßig überprüft werden. „Wichtig ist, dass ich den Mitarbeitern zur Erreichung ihrer Ziele schrittweise mehr Verantwortung und Freiraum gebe. Dabei muss ich sie begleiten, sie als Partner verstehen: Präsenz zeigen, Probleme erkennen und darüber sprechen", rät Jan Bodo Sperling.

4 Nur informierte Mitarbeiter sind motiviert. „Wissen und Information müssen innerhalb des Betriebs verteilt und den Mitarbeitern auf eine Weise zugänglich gemacht werden, dass sie organisatorische Prozesse nachvollziehen und sich mit eigenen Anliegen und Vorschlägen einbringen können", erklärt Heinz Mandl, Lehrstuhlinhaber für Empirische Pädagogik und Pädagogische Psychologie an der Uni München.

5 Motivation ist ein aktiver, langfristiger Prozess und sollte eine Daueraufgabe in der Führungs- und Unternehmenskultur sein. „Nur ein Vorgesetzter, der seine Mitarbeiter permanent fördert, an deren Fähigkeiten glaubt und hilft, diese Fähigkeiten aktiv mit Schulungen und herausfordernden Aufgaben weiterzuentwickeln, motiviert nachhaltig", sagt Marco de Micheli.

b) Spielen Sie jetzt die Sitzung. Sie können dazu unter anderem die folgenden Redemittel nutzen.

An einer Sitzung teilnehmen

Eine Sitzung einleiten/leiten
- Ich begrüße Sie herzlich zu unserer Sitzung. Auf der Tagesordnung stehen heute folgende Punkte: Zuerst … • Danach … • Im Anschluss daran … • Zum Schluss …
- Beginnen wir mit …
- Wer schreibt Protokoll?/Wer protokolliert?
- Herr/Frau …, Sie hatten sich zu Wort gemeldet/Sie wollten dazu etwas sagen?
- Gibt es weitere Anmerkungen/Meinungen zu dem Thema/dazu?
- Wir müssen die Diskussion an dieser Stelle leider abbrechen, wir schaffen die anderen Punkte sonst nicht mehr. • Die Zeit läuft uns davon.
- Welche Schlussfolgerungen können wir jetzt ziehen?

Vorschläge unterbreiten
- Ich schlage vor, dass … • Wir sollten … • Es wäre sicher sinnvoll … • Wir haben mit … gute Erfahrungen gemacht. • Als Erfolg versprechend gilt auch … • … könnte sich positiv auf … auswirken.

Die eigene Meinung ausdrücken
- Meiner Meinung nach … • Meines Erachtens … • Ich bin der Auffassung/Meinung/Überzeugung, dass … • Ich bin davon überzeugt/Ich bin mir sicher, dass …

Jemandem zustimmen
- Da gebe ich Ihnen vollkommen recht. • Damit/Mit dieser Aussage bin ich einverstanden.
- Das entspricht auch meiner Erfahrung/Vorstellung. • Dem kann ich nur zustimmen.

Jemandem widersprechen/Zweifel anmelden
- In diesem Punkt habe ich eine ganz andere Meinung. • Ich kann mir nicht vorstellen, dass …
- Ich befürchte/bezweifle, dass … • Man sollte bedenken, dass … • Wäre es nicht besser, wenn …?

Pro- und Kontra-Argumente nennen
- Einerseits …, andererseits … • Auf der einen Seite …, auf der anderen Seite … • … spricht dafür, … spricht dagegen. • Ein klarer Vorteil ist …, es gibt allerdings auch einen Nachteil: …

Redemittel

16 Höfliche Forderungen und Vorschläge

a) Immer höflich. Formulieren Sie Sätze im Konjunktiv II (siehe Kapitel 5) wie im Beispiel in der ersten Person Singular. Achten Sie auf eventuell fehlende Präpositionen.

- Frau Kümmel • sprechen
  Könnte ich bitte (mit) Frau Kümmel sprechen?/Ich würde gern (mit) Frau Kümmel sprechen.

1. Termin • vereinbaren
   ....

2. Montag • vorbeikommen
   ....

Kapitel 6

Personalpolitik und Führungskompetenzen

3. eine Einladung • Vorstellungsgespräch • sich sehr freuen
   ....

4. noch ein paar Fragen • Thema *Urlaubsanspruch* • haben
   ....

5. Präsentation des neuen Produkts • sich gerne ansehen
   ....

6. es • wichtig halten • Thema *Leistungsanreize* • weiterdiskutieren
   ....

7. eine mögliche Zusammenarbeit • sehr interessant finden
   ....

8. sich vorstellen können • , dass • mehr Anerkennung der Leistungen • Mitarbeitermotivation • sich positiv auswirken
   ....

b) Formulieren Sie Vorschläge. Orientieren Sie sich am Beispiel.

⊙ wir • auch die Verkaufsabteilung • informieren
   Wir sollten auch die Verkaufsabteilung informieren.

1. die entsprechenden Abteilungsleiter • sofort nach Auftauchen eines Problems • handeln
   ....

2. der Verantwortliche • für die Fehlentscheidungen • Verantwortung übernehmen
   ....

3. das Management • die bisherigen Belohnungssysteme • überarbeiten
   ....

4. die Personalabteilung • auf Mitarbeiter zugeschnittene Weiterbildungsangebote • entwickeln
   ....

5. wir • im Rahmen eines Audits • die Führungskompetenzen des mittleren Managements • evaluieren
   ....

6. wir • die Mitarbeiter • in bestimmte Entscheidungsprozesse • einbinden
   ....

Lebenslanges Lernen

17 Partnerinterview: Weiterbildung

Fragen Sie Ihre Lernpartnerin/Ihren Lernpartner und antworten Sie. Fassen Sie danach die wichtigsten Ergebnisse Ihres Gesprächs im Plenum zusammen.

1. Auf welchem Gebiet würden Sie sich gerne weiterbilden?
2. Wo sehen Sie den größten Weiterbildungsbedarf für die Mitarbeiter in Ihrer Abteilung/in Ihrer Firma/an Ihrer Institution?
3. Welche Weiterbildungen würden Sie jemandem empfehlen, der in Ihrem Unternehmen Karriere machen möchte?
4. Welche Vorteile hat Ihrer Meinung nach die regelmäßige Teilnahme an Weiterbildungsveranstaltungen für die Firma und für den einzelnen Mitarbeiter?

Berufliche Weiterbildung:

⊙ übergeordneter Begriff für Schulungen nach einer Berufsausbildung

⊙ Berufliche Weiterbildung umfasst alle beruflichen Bildungsvorgänge am Arbeitsplatz, z. B. Zusatzqualifikationen, Umschulungen oder Fortbildung.

Fortbildung:

⊙ besonderer Teil der Weiterbildung

⊙ Die Schulungsmaßnahmen beziehen sich auf das Gebiet des erlernten Berufs, z. B. Auffrischung oder Erweiterung von Fachwissen.

Personalpolitik und Führungskompetenzen — Kapitel 6

18 Weiterbildungsformate

a) Welche Formen der Weiterbildung kennen Sie? Welche Inhalte passen zu den folgenden Weiterbildungsformaten? Welche Vor- und Nachteile sehen Sie?
Arbeiten Sie zu zweit und diskutieren Sie Ihre Ergebnisse mit anderen Kursteilnehmern.

	Mögliche Inhalte	Vorteile	Nachteile
Seminar im Hotel			
Workshop in der Firma/Institution			
Webinar			
Abendkurs (in der Firma oder an einer Institution)			
Individuelles Coaching			
Fernlernprogramm			

b) Schriftlicher Ausdruck: Stellungnahme
In einem Internetforum lesen Sie die folgende Meinung eines Experten:

> Durch die Entwicklung virtueller Klassenzimmer können viele berufliche Fortbildungen online stattfinden. Damit kann die Anzahl der benötigen Stunden innerhalb der Arbeitszeit auf ein Minimum reduziert werden, der Arbeitnehmer kann am Wochenende in Ruhe und in seinem eigenen Lerntempo arbeiten. Das bindet den Teilnehmer aktiv in den Lernprozess ein und garantiert nachhaltigen Erfolg.

Nehmen Sie dazu schriftlich Stellung und begründen Sie Ihre Meinung.
Schreiben Sie etwa 150 Wörter.

19 Gruppendiskussion

Diskutieren Sie in Gruppen die Frage, ob die Teilnahme an Weiterbildungsveranstaltungen freiwillig oder Pflicht sein soll. Was spricht dafür, was spricht dagegen? Nennen Sie auch Beispiele. Präsentieren Sie Ihre Diskussionsergebnisse anschließend im Plenum.

Weiterbildung

Argumente für freiwillige Teilnahme	Argumente für Pflichtteilnahme

Kapitel 6 — Personalpolitik und Führungskompetenzen

20 Weiterbildung: Fluch oder Gebot der Zeit?

a) Hören Sie einen Kommentar zum Thema *Weiterbildung* und ergänzen Sie die fehlenden Informationen.

1. Die Gewerkschaften fordern …	ein Recht auf Weiterbildung.
2. Vom System der Freiwilligkeit profitieren nur …	
3. Benachteiligt sind *(ein Beispiel)* …	
4. Ein gesetzlich verankertes Recht auf Weiterbildung konnte sich in Deutschland und Frankreich …	
5. Ein positives Beispiel für einen branchenspezifischen Ansatz zeigt …	
6. Für den Besuch von Deutschkursen erhalten die Bauarbeiter …	
7. Weiterbildungspflicht besteht heute schon bei …	
8. Entscheidend für lebenslanges Lernen ist …	
9. Berufliche Gründe zum Lernen können sein *(ein Beispiel)* …	
10. Der Trend geht in Richtung …	

b) Welche Adjektive passen zu den Nomen? Ordnen Sie zu, achten Sie auf die richtigen Endungen und ergänzen Sie die Artikel. Orientieren Sie sich inhaltlich am Hörtext.

- beruflich
- jährlich
- älter
- gesetzlich verankert
- ~~obligatorisch~~
- erwerbstätig
- lebenslang
- sozial
- technologisch
- kompliziert
- allgemein anerkannt
- branchenspezifisch
- gegenwärtig

⊙	die obligatorische	Weiterbildung
1.	……………………………	Person
2.	……………………………	Anspruch auf Weiterbildungsurlaub
3.	……………………………	Arbeitnehmer
4.	……………………………	Recht auf Weiterbildung
5.	……………………………	Ansätze
6.	……………………………	Lernen
7.	……………………………	Grundsatz
8.	……………………………	Tendenz
9.	……………………………	Zwang
10.	……………………………	Ziele
11.	……………………………	Wandel
12.	……………………………	Fahrkartenautomaten

132

Personalpolitik und Führungskompetenzen — Kapitel 6

c) Ergänzen Sie die passenden Verben in der richtigen Form.

umfassen • zahlen • ~~fordern~~ • kürzen • erstellen • erhalten • freuen • sorgen • erfolgen • durchsetzen • herumkommen • schaffen • haben • fortsetzen • motivieren

⊙ In den letzten Jahren wurde von verschiedenen Seiten ein Recht auf Weiterbildung *gefordert*.

1. Jede erwerbstätige Person soll jährlich Anspruch auf Weiterbildungsurlaub ....
2. Die obligatorische Weiterbildung soll für Chancengerechtigkeit ....
3. Ein gesetzlich verankertes Recht auf Weiterbildung hat sich in der Praxis noch nicht ....
4. Branchenspezifische Ansätze können aber Anreize und gute Rahmenbedingungen für die Weiterbildung ....
5. Im Pilotprojekt „Deutsch auf der Baustelle" wird für den Besuch von Deutschkursen eine Lohnentschädigung ....
6. Bei Erwerbslosen wird im Falle der Nichterfüllung der Weiterbildungspflicht die finanzielle Unterstützung ....
7. Nach dem derzeitigen Grundsatz der Bildungsarbeit mit Erwachsenen sollte Lernen grundsätzlich freiwillig ....
8. Lebenslanges Lernen kann viele Lernformen ....
9. Im beruflichen Bereich sind es häufig Rollen- und Funktionswechsel, die zum Lernen ....
10. Es ist davon auszugehen, dass sich der Trend in Richtung Weiterbildungspflicht weiter ....
11. Der Fachverband der Schweizer Psychologen FSP hat ein umfangreiches Reglement zur Weiterbildung ....
12. Diese Entwicklung wird für immer größere Bevölkerungsgruppen Folgen ....
13. Nicht alle werden sich darüber ....
14. Tatsache ist, dass wir um die Auseinandersetzung mit der Weiterbildungspflicht nicht ....

21 Schriftlicher Ausdruck: E-Mails schreiben

1 Sie haben seit drei Jahren an keiner Weiterbildungsveranstaltung teilgenommen. Jetzt bietet Ihr Arbeitgeber für ausgewählte Mitarbeiter ein Seminar zu Führungskompetenzen an. Schreiben Sie eine E-Mail an Ihre Vorgesetzte/Ihren Vorgesetzten, dass Sie daran teilnehmen möchten. Begründen Sie Ihren Wunsch.

2 Sie sind Vorgesetzte/Vorgesetzter. In Ihrem Team gibt es einige Mitarbeiter, die sich nicht für Weiterbildung interessieren und sich vor der Teilnahme an Veranstaltungen regelmäßig drücken. Schreiben Sie eine E-Mail an diese (oder alle) Mitarbeiter und stellen Sie zwei geplante Seminare kurz vor. Versuchen Sie, die Kollegen von einer Teilnahme zu überzeugen.

22 Diskussion: Lernen für Ältere

Diskutieren Sie im Plenum die folgenden Fragen.

- ⊙ Bis zu welchem Alter kann man Ihrer Meinung nach lernen?
- ⊙ Lernen jüngere Menschen schneller/anders als ältere? Wenn ja, warum?
- ⊙ Unter welchen Voraussetzungen ist Weiterbildung für ältere Mitarbeiter eine sinnvolle Investition?
- ⊙ Wie gut kann man im Alter von 70 Jahren Ihrer Ansicht nach noch eine Fremdsprache lernen?

Kapitel 6 — Personalpolitik und Führungskompetenzen

23 Lebenslanges Lernen?

a) Lesen Sie Auszüge aus einem Interview mit dem Lernforscher Christian Stamov Roßnagel. Formulieren Sie die passenden Fragen bzw. Kommentare des Interviewers.
Arbeiten Sie zu zweit, eine/einer bearbeitet Teil A, eine/einer Teil B.

■ Hauptsache motiviert!

Teil A

1 *Bis zu welchem Alter kann der Mensch Neues lernen?/Wie lange kann man lernen?*

Bis ins hohe Alter, praktisch sein Leben lang. Dass man im Alter nicht mehr lernen kann, ist ein großer, leider weitverbreiteter Irrtum. Die Lernfähigkeit selbst nimmt nämlich nicht ab, nur die Lerngeschwindigkeit lässt vielleicht etwas nach. Aber noch bei 70-Jährigen sind die Unterschiede im Vergleich zu Jüngeren so gering, dass es wirklich keinen Grund gibt, älteren Beschäftigten andere, eher unbedeutende Aufgaben zuzuweisen.

2 ....

Jüngeren traut man zu, dass sie sich in etwas Neues schneller einarbeiten. Und das ist ein trauriges Missverständnis. Sobald jemandem ab einem gewissen Alter mal ein Fehler unterläuft, wird der oft auf das Alter geschoben. Das ist bei uns gesellschaftlich leider gang und gäbe[1]. Wenn ein Mann um die 70 am Fahrkartenautomaten steht und nicht zurechtkommt, zweifelt man gleich an seinen kognitiven Fähigkeiten: Das ist zu modern für den Alten, der kommt damit nicht zurecht. Wenn aber ein 30-Jähriger dort Probleme hat, denkt jeder: Die Dinger sind einfach nicht benutzerfreundlich. Man macht für vieles automatisch das Alter verantwortlich, so kommt eine sich selbst stabilisierende Wahrnehmung zustande – die natürlich auch bei den Älteren verankert ist.

3 ....

Nach Studienergebnissen ist es eher die Selbsteinschätzung, die ältere Mitarbeiter hemmt. Wir konnten in Untersuchungen mit Arbeitnehmern zwischen 50 und 60 Jahren mithilfe von „Lernexperimenten" zeigen, dass sie genauso gut lernen können wie ihre 30-jährigen Kollegen.

4 ....

Oft übertrumpfen ältere Menschen Jüngere sogar, weil sie neue Informationen leichter in ihr größeres Vorwissen einordnen können. Auch die verbalen Fähigkeiten steigen konstant an und bleiben bis ins hohe Alter stabil: Die Sprachgewandtheit Älterer ist eindeutig höher. Grundsätzlich gilt: Je breiter, umfassender und komplizierter die Herausforderungen sind, desto kleiner sind die Unterschiede zwischen Älteren und Jüngeren.

Teil B

5 ....

Es kommt vor allem darauf an, dass man die neue Sprache nachher gut kann! Beim Lernen einer neuen Fremdsprache dürften Jüngere zwar schneller sein als die Älteren, aber nicht besser. Wenn ein Älterer eine Sprache lernt, kann er am Ende das gleiche Ergebnis erreichen wie ein Jüngerer.

6 ....

Ja, man kann. Die Technik des Lernens ist keine angeborene Fähigkeit, im Gegenteil: Lernkompetenz ist eine Art Handwerkszeug, etwas Erlernbares. Wenn man die Lernkompetenz steigert, dann verändert sich natürlich auch das Lernverhalten: Wer mehr Lernkompetenz hat, der bildet sich auch mehr weiter, und wer sich mehr weiterbildet, der kann damit wiederum seine Lernkompetenz weiter ausbauen.

Personalpolitik und Führungskompetenzen — Kapitel 6

7
Eine entscheidende! Wenn den Leuten die Motivation fehlt, bringt alles nichts.

8
Es geht häufig nicht darum, zu motivieren, sondern nicht zu demotivieren! Es gibt kein „Lernen für Ältere", sondern nur gutes Lernen und weniger gutes Lernen. Gutes Lernen setzt ein stimmiges Umfeld voraus, dazu gehört die betriebliche Unterstützung. Wer für dieses Umfeld sorgt, der vermeidet Demotivation – auch und gerade bei Älteren. Es gibt also kein „altersspezifisches" Rezept, die Älteren zu führen oder zu motivieren. Sie reagieren allenfalls etwas sensibler: Gute Führung motiviert sie stärker und schlechte Führung demotiviert sie stärker.

9
Bei Mitarbeitern, die nicht lernen wollen, sollte man sich drei Dinge ansehen. Einmal den Anreiz: Wenn ich lerne, was habe ich davon? Sind da persönliche Erkenntnisse, eine Beförderung, andere Aufgaben, Ansehen, mehr Geld in Aussicht? Ist das der Fall, fragen wir: Passen Weiterbildung und Lerninhalte zu dem, was ich erreichen will? Und schließlich muss eine dritte Voraussetzung gegeben sein: Glaube ich, dass ich, wenn ich lerne, auch die von mir gesteckten Ziele erreiche? Glaube ich also an meine eigene Lernfähigkeit? An allen diesen Dingen kann das Anfangen scheitern.
Fehlt nur der Glaube, muss man dem Mitarbeiter aufzeigen, dass er es eigentlich kann. Auch im hohen Alter sind die Lernfähigkeiten erstaunlich, wenn die Lernenden nur wissen, warum sie etwas tun. Wenn eine 75-Jährige lernen möchte, wie man Skype benutzt, um den Kontakt zu ihrer Familie im Ausland zu halten, kriegt sie das im Nu hin[2], selbst wenn sie vorher noch nicht einmal eine Maus bedienen konnte.

1 gang und gäbe sein: normal sein
2 etwas im Nu hinkriegen: etwas gleich können, zu etwas sehr schnell in der Lage sein

b) Sprechen Sie mit Ihrer Lesepartnerin/Ihrem Lesepartner über den Inhalt des von Ihnen gewählten Abschnitts. Formulieren Sie im Anschluss zu zweit die wichtigsten Informationen, die Sie aus dem Text entnommen haben. Vergleichen Sie die Ergebnisse mit denen der anderen Kursteilnehmer.

24 Vertiefen Sie den Wortschatz des Textes.

a) Sätze mit ähnlicher Bedeutung. Formen Sie die folgenden Sätze so um, dass Sie die in Klammern angegebenen Wörter in der richtigen Form einarbeiten.

- Die Lernfähigkeit an sich <u>nimmt</u> im Alter nicht <u>ab</u>. *(sinken)*
  Die Lernfähigkeit an sich sinkt im Alter nicht.

1. Selbst bei 70-Jährigen sind die Unterschiede <u>im Vergleich</u> zu Jüngeren oft sehr gering. *(wenn, vergleichen)*
   ....

2. Es besteht kein Grund, ältere Mitarbeiter mit anderen, eher unbedeutenden Aufgaben zu <u>betrauen</u>. *(geben)*
   ....

3. Die Meinung, dass Jüngere sich in etwas Neues schneller einarbeiten, <u>ist</u> ein trauriges Missverständnis. *(basieren)*
   ....

4. Sobald jemandem ab einem gewissen Alter mal ein Fehler unterläuft, wird der auf das Alter <u>geschoben</u>. *(Schuld geben)*
   ....

5. Lernkompetenz ist eine Art Handwerkszeug, <u>etwas Erlernbares</u>. *(man • erlernen können)*
   ....

6. Gute Führung <u>motiviert</u> ältere Mitarbeiter <u>stärker</u>, schlechte Führung <u>demotiviert sie stärker</u>. *(Motivation, Demotivation, beitragen)*
   ....

135

Kapitel 6 — Personalpolitik und Führungskompetenzen

b) Welches Verb passt? Ordnen Sie zu.

- ⊙ lebenslang — c. lernen
1. ein weitverbreiteter Irrtum
2. Ziele
3. mit jemandem Kontakt
4. die Maus
5. an die eigene Lernfähigkeit
6. für ein gutes Umfeld
7. Demotivation
8. die Lernkompetenz weiter
9. an den eigenen Fähigkeiten
10. Fehler aufs Alter

a. sorgen
b. erreichen
c. lernen
d. halten
e. zweifeln
f. sein
g. bedienen
h. schieben
i. glauben
j. vermeiden
k. ausbauen

25 Adjektive mit präpositionalem Kasus

Lesen Sie die folgenden Sätze und markieren Sie die Ergänzung und die Position des Adjektivs.
Lesen Sie danach die Hinweise.

1. Eine positive Einstellung ist für den Erfolg beim Lernen wichtig.
2. Eine positive Einstellung ist wichtig für den Erfolg beim Lernen.

Hinweise

- Wie viele Verben kann man auch Adjektive, die prädikativ gebraucht werden (in Kombination mit dem Verb *sein*), durch weitere Satzglieder ergänzen. Meist sind es Ergänzungen mit Präpositionen. *(Beispielsatz 1)*
- Bei Adjektiven mit präpositionalen Ergänzungen kann die Ergänzung auch außerhalb der Satzklammer stehen. *(Beispielsatz 2)*

➔ *Weitere Hinweise zur Rektion der Adjektive siehe Grammatikübersicht im Anhang.*

26 Üben Sie die Strukturen.

a) Adjektive mit präpositionalem Kasus
Bilden Sie aus den vorgegebenen Wörtern Sätze. Achten Sie auf die zum Adjektiv gehörende Präposition und den richtigen Kasus.

- ⊙ wichtig sein — eine positive Einstellung • der Erfolg • Lernen
  Eine positive Einstellung ist für den Erfolg beim Lernen wichtig.
  Eine positive Einstellung ist wichtig für den Erfolg beim Lernen.

1. begeistert sein — die meisten Teilnehmer • das Seminar
   ....
2. zuständig sein — in, die Organisation • die Personalabteilung • die Fortbildungsveranstaltungen
   ....
3. geeignet sein — Fernlernkurse • nur bedingt • berufliche Fortbildungen
   ....
4. unterteilt sein — manche Kurse • Präsenzstunden und Onlinestunden
   ....
5. beteiligt sein — in, unser Unternehmen • die Mitarbeiter • die Auswahl • geplante Fortbildungen
   ....
6. aufgeschlossen sein — einige Kollegen • neue Lerninhalte • immer, • andere nicht
   ....
7. erfahren sein — Herr Probst • der Bereich der Sicherheitstechnik • sehr
   ....

Personalpolitik und Führungskompetenzen — Kapitel 6

b) Verben mit präpositionalem Kasus
Bilden Sie aus den vorgegebenen Wörtern Sätze. Achten Sie auf die zum Verb gehörende Präposition und den richtigen Kasus.

1. zweifeln — manche Manager • Fähigkeiten • ältere Beschäftigte
   ....
2. schieben — man • Fehler • nicht • das Alter • sollen *(Konjunktiv II)*
   ....
3. zurechtkommen — auch • jüngere Leute • manche neue Programme • nicht
   ....
4. motivieren — gute Vorgesetzte • ihre Mitarbeiter • ständiges Lernen
   ....
5. gehören — berufliches Lernen • auch • betriebliche Unterstützung
   ....
6. sorgen — der Betrieb • ein positives Lernumfeld • müssen
   ....
7. sich auswirken — gut ausgebildete Mitarbeiter • positiv • der Erfolg der Firma
   ....

27 Lerntipps

Wie lernen Sie am besten? Welche Erfahrungen haben Sie gemacht? Erarbeiten Sie zu zweit oder in Kleingruppen Lerntipps und präsentieren Sie diese im Plenum.

Führungskompetenzen

28 Was muss der Chef können?

Sammeln Sie in Gruppen Gedanken und Argumente und präsentieren Sie Ihre Ergebnisse im Plenum.

a) Welche Rolle spielen Vorgesetzte für den Erfolg eines Unternehmens? Was sind ihre Aufgaben?

b) Welche Führungsstile gibt es? Gibt es Ihrer Meinung nach einen guten bzw. erfolgreichen und im Gegensatz dazu einen weniger guten bzw. weniger erfolgreichen Führungsstil?
Was zeichnet Ihrer Meinung nach gute Führung aus?

gute Führung: ....

Kapitel 6 — Personalpolitik und Führungskompetenzen

29 Folgen von Führungsstilen

a) Hören Sie einen Radiobeitrag zum Thema: *Kann der Führungsstil krank machen?* Beantworten Sie die folgenden Fragen zum Beitrag.

1. Was wurde untersucht?
   ....

2. Wie viele Mitarbeiter nahmen an der Studie teil?
   ....

3. Was kennzeichnet den jeweiligen Führungsstil? *(ein Kennzeichen)*
   - transformationale Führung
     ....
   - transaktionale Führung
     ....
   - Laisser-faire-Führung
     ....

4. Welcher Führungsstil schnitt am besten ab?
   ....

5. Was war das Überraschende an der Studie?
   ....

b) Rekonstruieren Sie den Text. Ergänzen Sie die fehlenden Verben in der richtigen Form.

> fördern • auswirken • eingehen • klagen • ~~nachgehen~~ • beschreiben • machen • ansehen • vermeiden • belohnen • treffen • einziehen • pflegen • widerspiegeln • beeinflussen • erzielen • zuordnen • fühlen • wahrnehmen

Ein Team der Technischen Universität Dresden ist der Frage nach dem Zusammenhang von Führungsstil und Gesundheit der Mitarbeiter **nachgegangen**. Probanden aus 16 verschiedenen Ländern mussten den Führungsstil ihres unmittelbaren Vorgesetzten .... (1). Gleichzeitig sollten sie Aussagen zu ihrer Gesundheit .... (2). Das von den Testpersonen beschriebene Führungsverhalten .... (3) die Wissenschaftler jeweils einem von drei Führungstypen .... (3). Bei der transformationalen Führung wird die Führungskraft als Vorbild .... (4). Der Vorgesetzte inspiriert die Mitarbeiter durch Optimismus und Zielorientierung, ... (5) Kreativität und .... (6) auf die Bedürfnisse der Mitarbeiter .... (6). Mittelpunkt der transaktionalen Führung ist eine klare Zielsetzung. Das Erreichen der Ziele wird von der Führungskraft fair .... (7). Die Laisser-faire-Führung kann eigentlich nicht als Führung ....(8) werden. Die Führungskraft .... (9) es, Entscheidungen zu .... (10), macht keine Vorgaben und .... (11) bei Problemen den Kopf .... (11). Mit Abstand am gesündesten .... (12) sich im Schnitt jene Befragten, deren Führungskraft einen durchweg transformationalen Führungsstil .... (13). Transaktional geführte Mitarbeiter waren nicht ganz so topfit, aber immerhin gesundheitlich auf der Höhe. Die Mitarbeiter, die einem Laisser-faire-Führungsstil ausgesetzt waren, ... (14) überdurchschnittlich häufig über Kopfschmerzen, Müdigkeit und generelles körperliches Unwohlsein. Die verschiedenen Führungsstile .... (15) sich sowohl in der gefühlten Gesundheit als auch in den Krankenständen .... (15). Die Ergebnisse sind nicht überraschend, denn es ist seit Langem bekannt, dass sich Faktoren wie Jobidentifikation und Rollenklarheit, die wesentlich durch den Führungsstil .... (16) werden, auf die Gesundheit .... (17). Überraschend war allerdings, dass in verschiedenen Kulturen die gleichen Ergebnisse .... (18) wurden.

Personalpolitik und Führungskompetenzen — Kapitel 6

30 Eigenschaften von Führungskräften

a) Welche Eigenschaften sollte eine Führungspersönlichkeit Ihrer Meinung nach haben, welche nicht? Bilden Sie Nomen und nennen Sie auch die Artikel. Erstellen Sie in Gruppen eine Liste der fünf wichtigsten Eigenschaften bzw. Fähigkeiten, die Führungskräfte haben sollten.

- belastbar sein — die Belastbarkeit
1. sich selbst und andere begeistern
2. über fachliches Wissen verfügen
3. sich durchsetzen können
4. an Macht interessiert sein
5. souverän sein
6. optimistisch sein
7. gut beobachten können — gute
8. gewissenhaft sein
9. sich an Zielen orientieren
10. gerne Entscheidungen treffen
11. kreativ sein
12. eigensinnig sein
13. sich in Mitarbeiter einfühlen können
14. bereit sein, ein Risiko einzugehen
15. leidenschaftlich sein
16. selbstbewusst sein

1. ....
2. ....
3. ....
4. ....
5. ....

b) Haben die genannten Persönlichkeitsmerkmale Ihrer Meinung nach direkten Einfluss auf den Führungserfolg? Begründen Sie Ihre Meinung.

31 Was ist Führungskompetenz?

Lesen Sie den folgenden Text zu zweit, eine/einer liest Teil A, eine/einer Teil B.

■ Theorie und Praxis

Teil A

Unter Führung versteht man die direkte und indirekte Verhaltensbeeinflussung zur Realisierung von Zielen, die sich meistens aus den Zielen der Organisation und den Erwartungen der Stakeholder (wie zum Beispiel Kunden, Mitarbeiter, Fiskus, Kapitalgeber und Öffentlichkeit) ableiten. Die direkte Einflussnahme erfolgt durch die persönliche Beziehung von Führungspersonen und Geführten. Indirekten Einfluss auf das Verhalten üben zum Beispiel Strukturen wie Anreiz-, Planungs- und Kennzahlensysteme aus.

Alle existierenden Modelle und Theorien zum Thema Führung wollen zum einen den Führungserfolg erklären und zum anderen Handlungsempfehlungen zur Verbesserung der Führungspraxis liefern oder Probleme lösen. Mit anderen Worten: Ihre Aufgabe ist es, bei der Auswahl und Qualifizierung von Führungs- und Nachwuchskräften zu helfen.

Historisch gesehen entstand der Wunsch nach solchen Modellen durch das starke Wachstum der Unternehmen insbesondere nach dem Zweiten Weltkrieg und den damit verbundenen Bedarf an Führungskräften, die das Tagesgeschäft der Führung beherrschen. Es erschien immer weniger sinnvoll, auf außergewöhnliche Persönlichkeiten zu hoffen, und die Tatsache, dass häufig ungeeignete, macht- und geldgierige Menschen in hohe Führungsfunktionen kamen und entsprechend großen Schaden im Unternehmen anrichteten, vergrößerte das Problem.

Auch die Praxis, Führungskräfte in erster Linie nach ihrem Fachwissen zu befördern, hat sich nicht bewährt. Diese zum Teil heute noch übliche Vorgehensweise folgt dem Grundsatz, dass man den besten Verkäufer zum Vertriebsleiter oder den besten Ingenieur zum Produktionsleiter ernennt. Dabei wird aber die Fähigkeit, mit Menschen umgehen zu können, vernachlässigt.

Diese Erfahrungen führten zur Notwendigkeit, eine systematische, an den Bedürfnissen des Unternehmens (und nicht am Ego einzelner Personen) ausgerichtete transparente Führungskräfteentwicklung einzurichten. Zu den Pionieren auf diesem Gebiet kann man Microsoft zählen. Hier wurden zwei Karrierewege eingeführt, bei denen hoch qualifizierte Fachleute und Führungskräfte die gleiche Anerkennung und Vergütung erwerben konnten.

Kapitel 6 — Personalpolitik und Führungskompetenzen

Teil B

⁴⁵ Eine der einflussreichsten Theorien, die die Entwicklung von Führungskompetenzen begleitete und förderte, kam bereits in den 1930er-Jahren auf. Es war das Konzept der Führungsstile. Zunächst wurden drei Führungsstile beschrieben: der demokratische, der autokratische und der Laisser-faire-Stil. Darauf folgten zahlreiche Varianten, wie der mitarbeiter- oder aufgabenorientierte Stil, der partizipative oder der bürokratische Stil. Diese Führungsstile kann man mit sogenannten Reifegraden der Mitarbeiter kombinieren. Je nachdem, wie stark sie engagiert, motiviert oder qualifiziert sind, soll die Führungskraft unterschiedliche Techniken anwenden, zum Beispiel „unterweisen", „delegieren", „partizipieren" oder „überzeugen". So entstand die bekannte und bis heute in vielen Führungsseminaren verwendete Theorie der „situativen Führung" (von Hersey und Blanchard). Die Umsetzung und der Erfolg eines Führungsstils sind allerdings an die Individualität der Führungspersönlichkeit gebunden und somit in der Praxis nur begrenzt erlern- und trainierbar.

Auch die Vorstellung, dass bestimmte Persönlichkeitsmerkmale mit Führungserfolg verbunden sind, hat eine Studie der Harvard University widerlegt. Laut dieser Studie haben persönliche Eigenschaften wie „visionär", „energisch", „risikofreudig", „leidenschaftlich", „machtbewusst" oder „bescheiden", „empathisch", „fürsorglich", „selbstbewusst" etc. nahezu keinen Einfluss auf den Führungserfolg.

Wesentlich wichtiger ist das konkrete, beobachtbare Verhalten der Führungskraft, wie es im Modell der transformationalen Führung (von Bass und Avolio) entwickelt wurde. Demnach muss eine erfolgreiche Führungskraft folgende Aufgaben erfüllen:
- Vorbild sein und Vertrauen aufbauen, um Loyalität zu gewinnen,
- durch anspruchsvolle, sinnvolle Ziele motivieren und dadurch die Leistungsbereitschaft steigern,
- zur Selbstständigkeit und Kreativität anregen,
- Mitarbeiter individuell fördern, damit sie ihre persönlichen Fähigkeiten und Stärken weiterentwickeln können.

In der Praxis der Führungskräfteentwicklung versucht man, diese (und andere) Kompetenzen durch möglichst präzise Verhaltensbeschreibungen zu konkretisieren und an die zukünftigen (strategischen) Aufgaben des Unternehmens anzupassen.

32 Fassen Sie den gelesenen Teil zusammen.
Orientieren Sie sich an den folgenden Fragen.

Teil A

1. Was versteht man unter Führung?
   ....
   ....

2. Wie entstand der Wunsch nach Modellen und Theorien zum Thema *Führung*?
   ....
   ....

3. Welche Probleme können entstehen, wenn Führungskräfte nur nach ihrem Fachwissen ausgesucht werden?
   ....
   ....

Teil B

1. Was beinhaltet das Konzept der Führungsstile?
   ....
   ....

2. Welche Probleme sind mit diesem Konzept verbunden?
   ....
   ....

3. Welchen Einfluss haben persönliche Eigenschaften auf den Führungserfolg?
   ....
   ....

4. Was beinhaltet das Modell der transformationalen Führung?
   ....
   ....

Personalpolitik und Führungskompetenzen — Kapitel 6

33 Ergänzen Sie in der folgenden Zusammenfassung die passenden Textstellen.

> eine bestimmte Anzahl unternehmensspezifischer Kompetenzen • Erfahrungen in Theorie und Praxis • Bedeutung • Summe von unternehmensspezifischen Verhaltenserwartungen • ein neuer Trend • möglichst präzise Verhaltensbeschreibungen

Ausgehend von den .... (1) der Führungskräfteentwicklung zeichnet sich in den letzten Jahren .... (2) ab. Zum einen nimmt die .... (3) von Theorien und Modellen deutlich ab, zum anderen versucht man, die Führungsfähigkeit auf .... (4) einzugrenzen, die durch .... (5) konkretisiert werden. Somit kann man heute eine Führungskompetenz zusammenfassend als .... (6) definieren, die von Firma zu Firma und von Hierarchiestufe zu Hierarchiestufe unterschiedlich sein können.

34 Was passt zusammen?

Verbinden Sie die Satzteile miteinander.

- Die direkte Einflussnahme erfolgt
1. Strukturen wie zum Beispiel Anreizsysteme haben einen indirekten Einfluss
2. Historisch gesehen entstand der Wunsch nach Führungsmodellen
3. Es entstand ein großer Bedarf
4. Ungeeignete, macht- und geldgierige Menschen kamen
5. Die Förderung von Führungskräften
6. Diese Erfahrungen führten
7. Die von Wissenschaftlern entwickelte Theorie der Führungsstile ist in hohem Maße
8. Auch für den Einfluss von Persönlichkeitsmerkmalen

a. an geeigneten Führungskräften.
b. nach ihrem Fachwissen hat sich nicht bewährt.
c. durch die persönliche Beziehung von Führungspersonen und Geführten.
d. auf den Führungserfolg gibt es bis heute keinen empirischen Beleg.
e. durch das starke Wachstum der Unternehmen nach dem Zweiten Weltkrieg.
f. auf das Verhalten der Mitarbeiter.
g. an die Individualität der Person gebunden und kaum trainierbar.
h. in hohe Führungsfunktionen und richteten großen Schaden an.
i. zur Notwendigkeit einer neuen Führungskräfteentwicklung.

35 Finalangaben

Lesen Sie die folgenden Beispielsätze und markieren Sie die sprachlichen Mittel zur Angabe eines Ziels/einer Absicht. Lesen Sie danach die Hinweise.

1. Frau Müller bereitet alles vor, damit die Bewerbungsgespräche pünktlich beginnen können.
2. Für jedes Gespräch haben wir einen Vormittag angesetzt, um die Kandidaten genauer kennenzulernen.
3. Zur Gewährleistung eines fairen Auswahlprozesses werden auch Vertreter des Betriebsrates bei den Gesprächen anwesend sein.

Hinweise

- Nebensätze mit *damit* drücken ein Ziel oder eine Absicht aus. *(Beispielsatz 1)*
- Wenn das Subjekt in beiden Sätzen identisch ist, kann man eine Infinitivkonstruktion mit *um ... zu* verwenden. *(Beispielsatz 2)* (siehe Kapitel 5)
- Eher schriftsprachlichen und formellen Charakter hat die Verwendung einer Präpositionalgruppe mit *zu*. *(Beispielsatz 3)*

Strukturen

Kapitel 6 — Personalpolitik und Führungskompetenzen

36 Üben Sie die Strukturen.

a) Formulieren Sie Finalsätze wie im Beispiel.

⊙ Unter Führung versteht man die direkte und indirekte Verhaltensbeeinflussung zur Realisierung von Zielen.
Unter Führung versteht man die direkte und indirekte Verhaltensbeeinflussung, um Ziele zu realisieren.

1. Viele Modelle und Theorien zum Thema *Führung* wurden zur Erklärung von Führungserfolg entwickelt.
   ....
   ....

2. Außerdem bieten sie Handlungsempfehlungen zur Verbesserung der Führungspraxis.
   ....

3. Zur Sicherung gleicher Anerkennung und Vergütung wurden bei Microsoft zwei getrennte Karrierewege für Fachleute und für Führungskräfte eingeführt.
   ....
   ....

4. Zur Gewährleistung einer optimalen Führungskräfteentwicklung versucht man heute, die erforderlichen Kompetenzen durch möglichst präzise Verhaltensbeschreibungen zu konkretisieren.
   ....
   ....

b) Formen Sie die Infinitivsätze in Präpositionalgruppen um.

Wir bieten dieses Fortbildungsseminar an,	Wir bieten dieses Fortbildungsseminar … an.
⊙ um die Kommunikation zwischen Vorgesetzten und Mitarbeitern zu verbessern.	⊙ *Zur Verbesserung der Kommunikation zwischen Vorgesetzten und Mitarbeitern*
1. um Führungskräfte im Bereich der Problemlösung zu schulen.	1. ....
2. um die Motivation der Mitarbeiter zu erhöhen.	2. ....
3. um zukünftige Projekte erfolgreicher durchzuführen.	3. ....

37 Führungsverantwortliche: Nomen est omen

a) Neue Namen für das Management
Englische Positions- und Berufsbezeichnungen haben Einzug ins deutsche Management gehalten. Ordnen Sie der englischen die entsprechende deutsche Bezeichnung zu und erklären Sie kurz das Aufgabenfeld.

- ⊙ CEO (Chief Executive Officer) — e. der/die Vorstandsvorsitzende
- 1. CFO (Chief Financial Officer)
- 2. CHRO (Chief Human Resources Officer)
- 3. COB (Chairman of the Board)
- 4. CIO (Chief Information Officer)
- 5. COO (Chief Operating Officer)
- 6. CKO (Chief Knowledge Officer)
- 7. CBDO (Chief Business Development Officer)

- a. Personalvorstand bzw. Personalchef
- b. Leiter der Informationstechnologie
- c. Leiter für die strategische Entwicklung
- d. Leiter des Bereichs Wissensmanagement/der Forschungsabteilung
- e. der/die Vorstandsvorsitzende
- f. Finanzvorstand bzw. kaufmännischer Geschäftsführer/Leiter
- g. Leiter des operativen Geschäfts
- h. Vorsitzender des Verwaltungsrates

b) Berichten Sie über die Führungsstruktur in Ihrem Unternehmen oder einem Unternehmen Ihrer Wahl. Wer trifft welche Entscheidungen? Beschreiben Sie die Aufgabenfelder der Führungspersonen.

Personalpolitik und Führungskompetenzen — Kapitel 6

38 Rätsel

Lösen Sie das Rätsel. Suchen Sie die passenden Nomen.
Das Lösungswort ergibt sich, wenn Sie die markierten Kästchen senkrecht lesen.

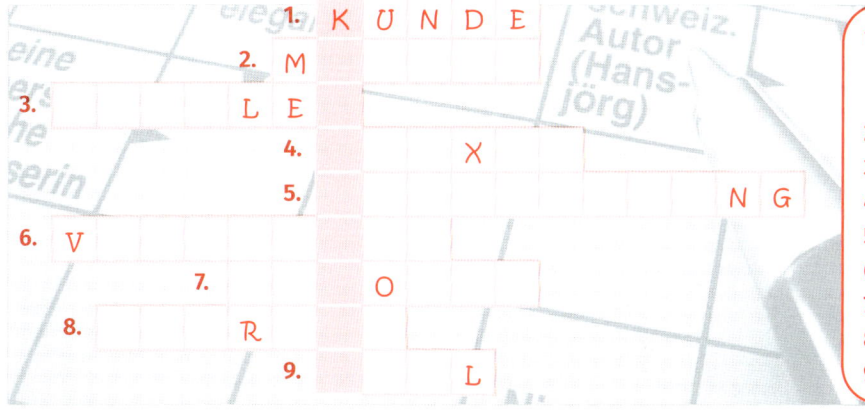

1. jemand, der Ware kauft oder eine Dienstleistung in Anspruch nimmt
2. Muster/Vorlage für etwas
3. schwierige Aufgabe
4. Anwendung/Umsetzung
5. Fortschritt
6. Auftreten/Benehmen
7. Denkansatz/Hypothese
8. Leitung
9. Absicht/Plan

Wichtige Redemittel zu den Themen

Lesen Sie die folgenden Redemittel zu den behandelten Themen und markieren Sie den für Sie besonders relevanten Wortschatz. Wiederholen Sie die aufgeführten Wendungen als Ganzes (Nomen mit Verben und Ergänzungen).

Personalpolitik und Mitarbeiterzufriedenheit

Personalpolitik
- den **Anteil** der Frauen erhöhen
- eine positive **Arbeitsatmosphäre** schaffen
- eine **Auszeit** nehmen/wagen/erlauben
- eine gute **Basis** der/für die Zusammenarbeit bilden
- ein Sabbatical als **Bereicherung** sehen
- Eine gute **Einarbeitung** prägt die Haltung gegenüber der Arbeitsstelle.
- von **Erfahrungen** profitieren
- **Feedback** geben
- die **Führungsarbeit** verbessern
- **Grundlagen** schaffen
- ein **alter Hase** sein
- neue **Ideen** einbringen
- **Internationalität** fördern
- **Klarheit** gewinnen
- soziale **Kompetenzen** erwarten/vorweisen
- **Lösungen** suchen
- **Mitarbeiter** einsetzen/fördern
- die (Geschichte der) **Organisation** verkörpern
- die **Personalentwicklung** unterstützen
- **Personalentwicklungs-Instrumente** zur Verfügung stellen
- **Personalgespräche** führen
- **Professionalität** im Arbeitsalltag bewahren/fördern
- ein **Programm** auf einen Mitarbeiter zuschneiden
- am **Puls des Geschehens** sein
- ein **Querdenker** sein
- dem **Ruf der Organisation** schaden
- auf dem Fachgebiet auf dem aktuellen **Stand** sein
- einen hohen **Stellenwert** besitzen
- ein ausgeglichenes **Verhältnis** von Innovation und Tradition erreichen
- **Wissen** verinnerlichen

Bewerbungen
- neben den **Abschlüssen** auch Noten angeben
- ein **Bewerbungsanschreiben** verfassen
- ein **Bewerbungsfoto** einfügen
- vollständige **Bewerbungsunterlagen** (auf Deutsch) einreichen
- **Erfahrungen, Fähigkeiten und Kompetenzen** beschreiben
- **Nachweise** von/über Zusatzqualifikationen erbringen
- eine bestimmte Anzahl **Seiten** nicht überschreiten
- eine freie **Stelle** besetzen
- sich auf/für eine **Stelle** bewerben

Mitarbeiterzufriedenheit
- Es mangelt an **Abwechslung**.
- mit den **Arbeitsbedingungen** (nicht) zufrieden sein
- vereinbarte **Arbeitszeiten** einhalten
- **Aufgaben** überprüfen
- schlechte **Bezahlung** kritisieren
- positive **Entwicklungen** verzeichnen
- **Frust** am Arbeitsplatz empfinden
- von zu **Hause** aus arbeiten
- an einem sicheren **Job** festhalten
- einen **Jobwechsel** planen
- **Leistungen** anerkennen
- **Probleme** erkennen/bewältigen
- Die **(Un)zufriedenheit** wächst.
- eine **Ursache** für die (Un)zufriedenheit sein
- Mitarbeitern mehr **Verantwortung** geben/übertragen
- mit dem **Vorgesetzten** (nicht) klarkommen
- **Weiterbildungen und Programme zur Gesundheitsförderung** anbieten
- realistische **Ziele** stellen/setzen

Redemittel

Kapitel 6 — Personalpolitik und Führungskompetenzen

Lebenslanges Lernen

- bis ins hohe **Alter** lernen/einen Fehler auf das Alter schieben
- **Anreize** bieten
- **Anspruch auf Weiterbildungsurlaub** haben
- für **Chancengerechtigkeit/Chancengleichheit** sorgen
- an den eigenen **Fähigkeiten** zweifeln/an die eigenen Fähigkeiten glauben
- Ein Thema rückt in den **Fokus**.
- **Funktionswechsel** motivieren zum Lernen.
- **Herausforderungen** meistern
- **Informationen** einordnen
- **Karriere** machen
- Die **Lernfähigkeit** nimmt (nicht) ab.
- Die **Lerngeschwindigkeit** lässt (nicht) nach.
- die **Lernkompetenz** steigern
- Der technologische Wandel erfordert **Lernleistungen.**
- die **Motivation** zum Lernen fördern
- sich in etwas **Neues** einarbeiten
- gute **Rahmenbedingungen** für Weiterbildung schaffen
- ein (gesetzlich verankertes) **Recht auf Weiterbildung** haben/einführen/fordern
- Die **Selbsteinschätzung** hemmt ältere Menschen.
- ein breites **Spektrum an Lernformen** haben/bieten
- den **Weiterbildungsbedarf** ermitteln
- seine **Weiterbildungspflicht** (nicht) erfüllen
- sich mit der **Weiterbildungspflicht** auseinandersetzen
- an **Weiterbildungsveranstaltungen** teilnehmen

Führungskompetenzen

- **Anerkennung** erwerben
- **Anreiz-, Planungs- und Kennzahlensysteme** einführen
- bei der **Auswahl** von Führungsnachwuchskräften helfen
- einen **Bedarf** an Führungskräften haben
- auf die **Bedürfnisse** der Mitarbeiter eingehen
- **Einfluss** auf das Verhalten/den Führungserfolg haben/ausüben
- **Entscheidungen** treffen
- **Ergebnisse** erzielen
- das **Erreichen von Zielen** belohnen
- etwas aus den **Erwartungen** der Organisation ableiten/sich an den Erwartungen orientieren
- einer **Frage** nachgehen
- **Führungskompetenzen** haben
- ein **Führungsmodell** entwickeln
- einen **Führungsstil** haben/pflegen/beschreiben/beurteilen
- sich auf die **Gesundheit** auswirken/die Gesundheit beeinflussen
- **Handlungsempfehlungen** geben
- in hohem Maß an die **Individualität der Führungspersönlichkeit** gebunden sein
- **Kompetenzen** beschreiben und mit möglichst präzisen Verhaltensbeschreibungen konkretisieren
- bei Problemen den **Kopf** einziehen
- die **Kreativität** fördern
- über gesundheitliche **Probleme** klagen
- den besten Ingenieur zum **Projektleiter** ernennen
- **Schaden** in einem Unternehmen anrichten
- zur **Selbstständigkeit** anregen
- **Vertrauen** aufbauen
- die Führungskraft als **Vorbild** wahrnehmen/Vorbild sein
- **Vorgaben** machen
- eine **Vorstellung** widerlegen
- **Ziele** realisieren
- durch anspruchsvolle, sinnvolle **Ziele** motivieren

Internationale Zusammenarbeit und Interkulturelles Kapitel 7

Am Ende des Kapitels können Sie:

- Hör- und Lesetexte zu den Themen *Internationale Kooperation, Teamarbeit, Smalltalk* und *Interkulturelles* verstehen und deren Inhalt in zusammengefasster Form und zu bestimmten Details wiedergeben
- den themenbezogenen Wortschatz adäquat und variabel verwenden
- über Untersuchungsergebnisse und eigene Erfahrungen zu den Themen *Internationale Kooperation, Teamarbeit* und *Interkulturelle Interferenzen* berichten und darüber diskutieren
- Vor- und Nachteile von Teamarbeit beschreiben und Ihre Meinung darlegen und begründen
- sich in einem Smalltalk gut unterhalten
- einen Zeitungsartikel zum Thema *Kooperation unter Konkurrenten* verfassen
- inhaltsrelevante Sätze/Texte aus vorgegebenen Wörtern/Wendungen formulieren bzw. umformen
- grammatische Strukturen der Möglichkeit, Notwendigkeit und Vermutung erkennen und einsetzen sowie Nationalitäten richtig benennen.

Kooperation

1 Internationale Kooperation

a) Tauschen Sie sich in Kleingruppen aus und fassen Sie die wichtigsten Informationen im Plenum zusammen.

- Was verstehen Sie unter *internationaler Kooperation*?
- In welchen Bereichen ist diese wichtig?
- Welche Art der Zusammenarbeit gibt es auf internationaler Ebene in Ihrem Beruf?

b) Wie kann man *Kooperation* anders ausdrücken? Finden Sie Synonyme.

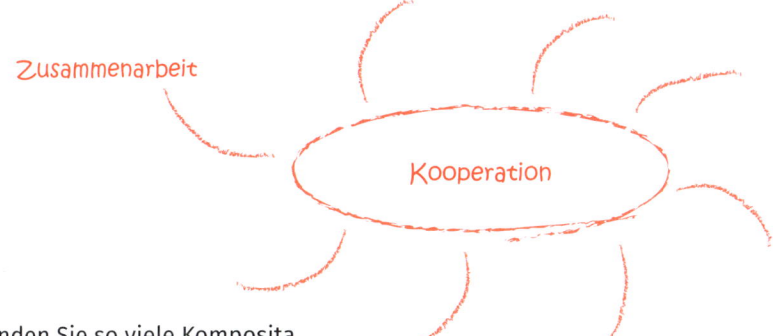

c) Finden Sie so viele Komposita mit *Kooperation* wie möglich.

Kooperationspartner/in, …

145

Kapitel 7 — Internationale Zusammenarbeit und Interkulturelles

2 Die Grenzen eines Konzerns

Lesen Sie den folgenden Text und markieren Sie die Schlüsselwörter.

■ Google verzichtet auf die Alleinherrschaft

Warum hat der Konzern Google ein so gutes Gespür dafür, welche Gadgets in Zukunft gefragt sind? Und wie gelingt es ihm, seine Software zum Herzstück all dieser Geräte zu machen?

Die Antwort mag verwundern – zumindest all jene, die den Mächtigen immer auch den Hang zur Unbelehrbarkeit unterstellen. Google ist mächtig. Aber Google weiß wohl um seine Grenzen. Der Konzern mag zwar die Wendigkeit eines Start-ups verloren haben, aber nicht seine Wachsamkeit. Die Strategen bei Google bilden sich nicht ein, alles allein zu können. Deshalb ermuntern sie Entwickler, die Technologie der Zukunft mit ihnen gemeinsam voranzutreiben. Und wenn die Zeit drängt, dann nimmt der Konzern auch mal ein paar Milliarden Dollar in die Hand – und kauft sich Kompetenzen kurzerhand dazu.

So arrogant Google auch mit Datenschützern umspringt, so demütig tritt das Unternehmen all jenen entgegen, die das vermeintlich nächste große Ding aushecken. Dies erklärt auch den Siegeszug von Android: Google hat den Quellcode frühzeitig offengelegt – und alle aufgerufen, die Technologie weiterzuentwickeln, auf die unterschiedlichsten Geräte zu bringen, die absurdesten Apps dazu zu ersinnen. Google hat auf Partner gesetzt – statt auf die Alleinherrschaft.

Je weniger Zeit einem für die Entwicklung eines neuen Angebots bleibt und je komplexer die dahinterliegenden Prozesse sind, desto wichtiger wird es, sich auf die eigenen Stärken zu konzentrieren. Das kann nur klappen, wenn man seine Schwächen ehrlich einräumt – und sich Partner sucht. Wer sich einbildet, dass er alles alleine kann, der hat schon den ersten Fehler gemacht.

Die deutschen Ingenieure in ihrem Kontrollwahn mag Elon Musk überrascht haben, als er kürzlich ankündigte, die Patente seines Unternehmens Tesla offenzulegen und alle an den Ladestationen von Elektroautos mittüfteln zu lassen. Der Mann kommt eben aus dem Silicon Valley: Er glaubt an Kreativität, die nur im Austausch mit anderen entsteht. Er glaubt an Wachstumsgeschichten, in denen genug für alle abfällt – wenn man's nur richtig anstellt. Die deutschen Vorstandsetagen der hiesigen Auto- und Energiekonzerne, in denen das Misstrauen regiert, sind ihm fremd.

In der Technologiebranche hat sich die Erkenntnis, dass man miteinander weiterkommt als gegeneinander, als Erstes durchgesetzt. Denn hier ist der Takt, in dem neue Ideen entstehen, besonders hoch. Hier gilt es, schnell zu sein. Und hier ist es unmöglich, immer die besten Leute an Bord zu haben, immer rechtzeitig auf die richtigen Trends zu setzen.

Aber je stärker die sich stetig weiterentwickelnden Technologien auch andere Branchen prägen, desto schneller wird auch dort ein Umdenken einsetzen. Auch dort wird man sich von der Idee verabschieden müssen, dass man die gesamte Wertschöpfungskette kontrollieren kann. Und dass man am Ende als Einziger kassiert. Das ist die Lehre aus Googles Erfolg.

3 Fassen Sie den Text anhand der Schlüsselwörter zusammen.

Orientieren Sie sich an folgenden Fragen:

- Was ist Googles Erfolgsgeheimnis?
- Welchen Unterschied gibt es (laut Artikel) zwischen den Ingenieuren im Silicon Valley und dem Führungsstab deutscher Auto- und Energiekonzerne?
- Warum sollten sich moderne Firmen in der heutigen Zeit mit anderen zusammentun?

Internationale Zusammenarbeit und Interkulturelles

Kapitel 7

4 Vertiefen Sie den Wortschatz des Textes.

a) Ordnen Sie den Wörtern Synonyme zu.

⊙ das Gespür	a.	die erbrachte wirtschaftliche Leistung
1. die Unbelehrbarkeit	b.	ergeben, unterwürfig
2. kurzerhand	c.	planen, sich ausdenken, ersinnen
3. demütig	d.	der Perspektivwechsel, die Umstellung
4. vermeintlich	e.	ohne Weiteres, ohne zu zögern
5. tüfteln	f.	der Eigensinn, die Borniertheit
6. aushecken	g.	forschen, basteln
7. hiesig	h.	das Gefühl
8. die Wertschöpfung	i.	die Anpassungsfähigkeit, die Flexibilität
9. das Umdenken	j.	ansässig, (ein)heimisch
10. die Wendigkeit	k.	angeblich, scheinbar

(⊙ das Gespür → h. das Gefühl)

b) Bilden Sie die Vergangenheitsformen der Verben im Präteritum und Perfekt in der 3. Person Singular. Orientieren Sie sich am Beispiel.

⊙ einen Trend spüren → *Sie spürte einen Trend.* → *Sie hat einen Trend gespürt.*
1. viel Geld in die Hand nehmen → .... → ....
2. sich einbilden, alles zu können → .... → ....
3. Technologien vorantreiben → .... → ....
4. arrogant mit Datenschützern umspringen → .... → ....
5. den Quellcode offenlegen → .... → ....
6. ein großes Ding aushecken → .... → ....
7. absurde Apps ersinnen → .... → ....
8. sich auf eigene Stärken konzentrieren → .... → ....
9. Schwächen einräumen → .... → ....
10. die Wertschöpfungskette kontrollieren → .... → ....
11. als Einziger kassieren → .... → ....

➔ *Hinweise zu den Vergangenheitsformen der Verben siehe Grammatikübersicht im Anhang.*

c) Ergänzen Sie die fehlenden Präpositionen.

⊙ Die Firma hat ein gutes Gespür *für* Trends.
1. Diese Produkte sind .... Zukunft gefragt.
2. Der Konzern weiß .... seine Grenzen.
3. Auf der einen Seite springt er arrogant .... Datenschützern um, auf der anderen Seite tritt er vermeintlich großen Erfindern .... demütig auf.
4. Es ist besser, ... Partner zu setzen statt .... die Alleinherrschaft.
5. Man sollte .... die eigene Kreativität glauben.
6. Gute Ideen entstehen .... Austausch .... anderen.
7. Manchmal muss man sich auch .... einer Idee trennen.
8. Man sollte sich .... dem Gedanken verabschieden, dass man die Wertschöpfungskette alleine kontrollieren kann und .... Ende als Einziger kassiert.

147

Kapitel 7 — Internationale Zusammenarbeit und Interkulturelles

5 Welche Verben passen zu diesen Nomen?
Formulieren Sie jeweils zwei Beispielsätze. Arbeiten Sie zu zweit.

- Bescheid
- keine Antwort
- etwas aus Erfahrung
- keinen Rat
- etwas mit Sicherheit

→ wissen

a) Er wusste sich keinen Rat mehr, deshalb sprach er mit seinem Chef.
b) Sie weiß aus Erfahrung, dass die Firma in den Herbstmonaten die meisten Aufträge bekommt.

1
- ein Zeichen
- etwas in Gang
- jemanden unter Druck
- sich in Szene
- etwas in Bewegung

→ ....

a) ....
b) ....

2
- die Flucht
- der Durchbruch
- ein Kunststück
- der Nachweis
- der Coup

→ ....

a) ....
b) ....

3
- an Bedeutung
- die Kontrolle
- den Job
- das Gleichgewicht
- den Verstand

→ ....

a) ....
b) ....

4
- jemanden in den Hintergrund
- jemanden an den Rand
- ein Produkt vom Markt
- auf Zahlung
- die Zeit

→ ....
→ ....

a) ....
b) ....

5
- zum Ergebnis
- zum Vorschein
- jemandem auf die Schliche
- zum Einsatz
- in Schwung

→ ....

a) ....
b) ....

6
- Erfolg
- Bestand
- keine Ahnung
- zur Folge
- Spaß

→ ....

a) ....
b) ....

Internationale Zusammenarbeit und Interkulturelles Kapitel 7

6 Arbeiten im Ausland

Sammeln Sie in Kleingruppen Argumente für grenzüberschreitende Arbeitsmobilität (z. B. in der EU) und nennen Sie mögliche Hindernisse. Stellen Sie anschließend Ihre Ergebnisse im Plenum vor.

Argumente für das Arbeiten im Ausland:
....
....
....
....
....

Mögliche Hindernisse:
....
....
....
....
....

7 Arbeiten ohne Grenzen

a) Hören Sie den Text zweimal und machen Sie sich dabei Notizen zu folgenden Fragen.

1. Was fordern führende Arbeitsökonomen in einer Stellungnahme? Von wem?
....
....
....

2. Welche positiven Folgen hat nach Meinung der Arbeitsökonomen ein funktionierender Binnenmarkt?
....
....
....

3. Welche konkreten Maßnahmen werden gefordert?
....
....
....

b) Geben Sie den Textinhalt anhand der Fragen und mit Ihren Notizen mündlich wieder.

8 Vertiefen Sie den Wortschatz des Hörtextes.

a) Ergänzen Sie die Nomen.

> Dynamik • Grenzen • Wachstumschancen • Wissenschaftler • Euro • Sozialtourismus • Nachfrage • Bündel • Stellungnahme • Debatte • Ungleichgewichte • Pessimismus • Union • Grundvoraussetzung • Auswirkungen

In einer gemeinsamen *Stellungnahme* fordern führende Arbeitsökonomen aus zehn EU-Ländern von der europäischen Politik ein .... (1) von Maßnahmen, um die freie Arbeitsmobilität innerhalb der Europäischen .... (2) zu stärken. Damit wenden sich die .... (3) gegen den wachsenden Europa-........................... (4) und die jüngsten Vorstöße, das Grundrecht auf Freizügigkeit aufgrund der .... (5) um vermeintlichen .... (6) wieder zu beschneiden. Die Ökonomen erklären: „Ein echter europäischer Arbeitsmarkt ohne .... (7) ist nicht zuletzt eine .... (8) für einen funktionierenden Binnenmarkt und einen stabilen .... (9). Er steigert die .... (10) und erleichtert die europaweite Ausbalancierung von Angebot und .... (11). Die ungehinderte Freizügigkeit für Arbeitnehmer sorgt für noch mehr wirtschaftliche .... (12) in der gesamten EU, hilft beim Abbau der gravierenden ökonomischen .... (13) zwischen den Mitgliedsstaaten und mildert die negativen .... (14) der demografischen Entwicklung."

149

Kapitel 7 — Internationale Zusammenarbeit und Interkulturelles

b) Ergänzen Sie die entsprechenden Infinitive der Verben bzw. die Nomen.

1. fordern — die Forderung
2. _____ — die Koordinierung
3. umsetzen — _____
4. aufbauen — _____
5. _____ — der Bezug (von Sozialleistungen)
6. suchen — _____
7. _____ — die Unterstützung
8. fördern — _____
9. anerkennen — _____
10. _____ — die Verbesserung
11. öffnen — _____
12. _____ — die Erklärung

9 Kooperation in der Autoindustrie

a) Lesen Sie den Artikel und wählen Sie jeweils das richtige Wort (a, b oder c).

1. a) schnitzen b) schmieden c) fertigen
2. a) Wahl b) Auswahl c) Vorwahl
3. a) ähnlicher b) ähnlichen c) ähnliche
4. a) Fabrikanten b) Unternehmer c) Geschäftsmann
5. a) Kämpfer b) Pioniere c) Helden
6. a) Vorteil b) Vorsprung c) Vorzug
7. a) neulich b) nachher c) künftig
8. a) profitieren b) bedienen c) gewinnen
9. a) Rede b) Sprache c) Unterhaltung
10. a) Rasen b) Feldern c) Flächen

BMW und Toyota .... (1) deutsch-japanisches Bündnis

Hybridmotoren gegen Leichtbauteile: BMW und Toyota wollen künftig kooperieren. Die Münchner haben gar keine andere .... (2), als sich auf dieses Experiment einzulassen. Doch .... (3) Bündnisse endeten in hässlichen Rosenkriegen.

Der Massenhersteller Toyota, lange der größte Autokonzern der Welt, arbeitet nunmehr zusammen mit BMW, dem größten .... (4) von Oberklasseautos. Die Japaner gelten seit Jahren als .... (5) bei zukunftsweisenden Hybridmotoren – einer Mischung aus klassischem Verbrennungsmotor und Elektromotor. Ein .... (6), den BMW allein kaum aufholen kann. Also will man bei Elektroantrieben und der Entwicklung von Brennstoffzellen .... (7) eng kooperieren. Im Gegenzug wollen die Japaner vom Know-how des Partners bei Leichtbaumaterialien und bei der Entwicklung von Bauteilen für einen umweltfreundlichen Sportwagen .... (8). Hier wiederum sind die Bayern vorne.

Es ist sehr viel von Zukunft die .... (9) – und von Vertrauen. Das wird es brauchen, denn es geht um viel: Toyota und BMW wollen auf jenen .... (10) kooperieren, auf denen sich die Frage nach Erfolg und Misserfolg eines Autoherstellers maßgeblich entscheiden wird. Gelingt es, gemeinsam leichte und umweltfreundliche Autos zu bauen? Koppeln sich die beiden allmählich vom klassischen Benzinmotor ab?

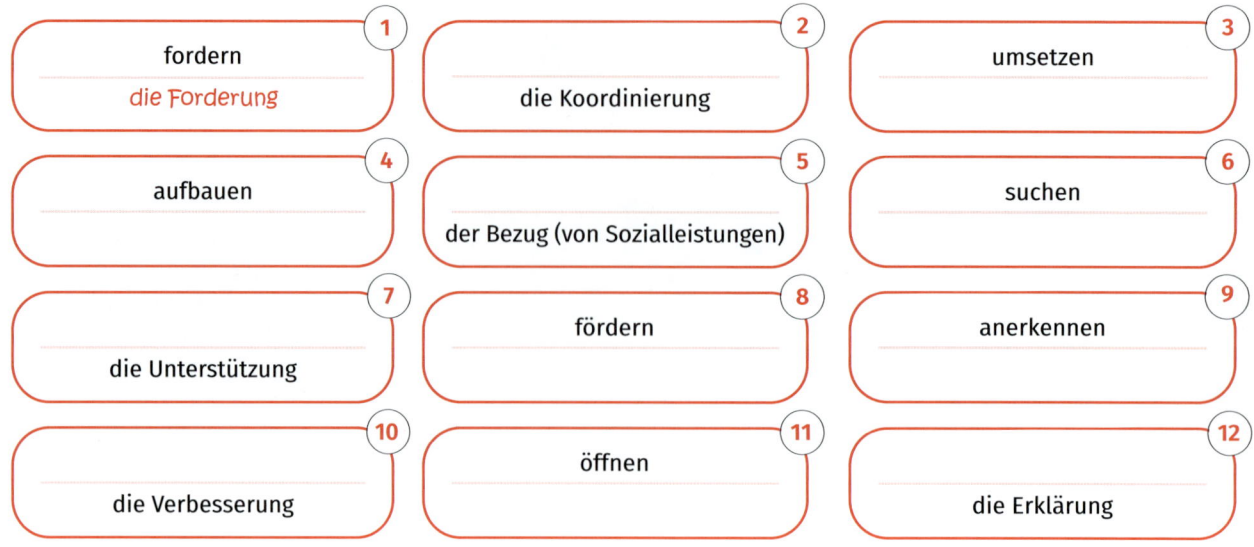

b) Fassen Sie den Inhalt des Textes mündlich kurz zusammen.

Internationale Zusammenarbeit und Interkulturelles — Kapitel 7

10 **Einen Artikel für eine Zeitschrift schreiben**
Schriftlicher Ausdruck:

Das Wirtschaftsmagazin plant eine Reihe mit dem Titel: „Verbündet euch! – Kooperation unter Konkurrenten ist kein Widerspruch, sondern das Gebot der Stunde." Sie wurden beauftragt, einen Artikel für diese Zeitschrift zu schreiben (etwa 300 Wörter). Beachten Sie dabei die folgenden Fragen:

- Wieso könnten sich Firmen entscheiden, mit Konkurrenten zusammenzuarbeiten?
- Was sind die Vor- und Nachteile von Kooperationen von (potenziellen) Konkurrenten?
- Kennen Sie selbst Kooperationen zwischen Konkurrenten? Recherchieren Sie evtl. im Internet.

Argumente zum Thema *Zusammenarbeit* anführen *(Redemittel)*

- ein Arrangement finden • sich austauschen mit/über … • sich einigen auf …
- sich bemühen um … • sich absetzen/unterscheiden von … • Erfolge verzeichnen
- Gewinne erwirtschaften • firmenübergreifend agieren • miteinander konkurrieren
- Kosten senken • misstrauisch/skeptisch sein gegenüber … • Ressourcen gemeinsam nutzen • den Umsatz steigern/Umsätze machen • sich verbünden mit … • sich zusammenschließen mit … • Vertrauen fassen/jemandem Vertrauen entgegenbringen • weiterkommen wollen • sich weiterentwickeln • im Wettbewerb miteinander stehen

Teamarbeit

11 **Partnerinterview**
Sprechen Sie mit einer Lernpartnerin/einem Lernpartner über die folgenden Fragen.
Machen Sie sich Notizen und geben Sie die interessantesten Informationen im Plenum wieder.

1. Was müssen Sie jeden Tag auf Arbeit/im Büro machen? Beschreiben Sie kurz Ihre Tätigkeiten.
2. Was brauchen Sie nicht unbedingt zu tun, machen es aber trotzdem?
3. Können Sie gut im Team arbeiten? Gibt es etwas, was Sie an Teamarbeit nicht mögen? Begründen Sie Ihre Meinung.
4. Welche drei Eigenschaften sollte ein Teamleiter Ihrer Meinung nach unbedingt haben?

12 **Strukturen: Modalverben I**

a) Markieren Sie in den folgenden Sätzen die Modalverben und beschreiben Sie ihre Funktion. Lesen Sie danach die Hinweise.

1. Können Sie gut im Team arbeiten?
2. Was müssen Sie jeden Tag auf Arbeit/im Büro machen?
3. Welche drei Eigenschaften sollte ein Teamleiter Ihrer Meinung nach unbedingt haben?

Hinweise
- In ihrer Grundbedeutung beschreiben Modalverben das **Verhältnis einer Person zur Handlung**. Sie drücken z. B. eine Fähigkeit, eine Notwendigkeit oder eine Empfehlung aus.

b) Lesen Sie nun die Sätze 4 und 5. Beschreiben Sie den Unterschied zu den Sätzen 1 und 2. In welchem Kontext würden Sie die Sätze 1 und 2, in welchem die Sätze 4 und 5 verwenden? Lesen Sie zum Vergleich die Hinweise.

4. Wir sehen uns nicht in der Lage, diese Anforderungen zu bewältigen.
5. Es ist dringend notwendig, die Zusammenarbeit der Abteilungen zu verbessern.

Hinweise
- Wenn man Modalverben **in der Grundbedeutung** durch synonyme Ausdrücke ersetzt, bekommt der Satz einen formellen, offiziellen Stil. *(Sätze 4 und 5)*
Im privaten/informellen Sprachgebrauch bevorzugt man die Verwendung von Modalverben. *(Sätze 1 und 2)*

➡ *Weitere Hinweise zu Modalverben siehe Grammatikübersicht im Anhang.*

Kapitel 7 — Internationale Zusammenarbeit und Interkulturelles

13 Üben Sie die Modalverben in der Grundbedeutung.

a) Aktivieren Sie Ihre Vorkenntnisse. Ergänzen Sie die Tabelle. Manche Modalverben haben mehrere mögliche Bedeutungen bzw. einige Bedeutungen können mehrfach verwendet werden.

> Pflicht • Vorliebe bzw. Abneigung • Auftrag • Wunsch • Absicht/Plan • Möglichkeit • moralisches Gebot bzw. Verbot • Erlaubnis • Fähigkeit • Berechtigung • Notwendigkeit • ~~keine Notwendigkeit~~ • ~~Empfehlung/Rat~~

Infinitiv		Präsens	Präteritum	Konjunktiv II	Bedeutung	Synonyme
können	ich			könnte		
müssen	du			müsstest		
nicht müssen/ brauchen					keine Notwendigkeit	es ist nicht notwendig
dürfen	er					
sollen	es	soll				
					im Konjunktiv II: Empfehlung/Rat	es ist ratsam/sinnvoll, zu empfehlen
wollen	ich		wollte			
mögen	du			würdest mögen		

b) Bilden Sie Haupt- und Nebensätze mit den angegebenen Modalverben. Achten Sie auf die Zeitform, eventuell fehlende Präpositionen und den richtigen Kasus.
Formulieren Sie anhand der Beispielsätze Regeln zur Stellung der Modalverben in Haupt- und Nebensätzen.

- ⊙ müssen: Frau Köhler • Wochenende • arbeiten *(Präsens)*
  Frau Köhler muss am Wochenende arbeiten.
  Wusstest du, dass *Frau Köhler am Wochenende arbeiten muss?*

1. wollen: das Management • Umstrukturierungsmaßnahmen • beraten *(Präsens)*
   ....
   Ich habe gehört, dass ....
   ....

2. können: Klaus • die Resultate • seine Untersuchungen • weitere Tests • bestätigen *(Präteritum)*
   ....
   Es ist toll, dass ....
   ....

3. dürfen: er • seine Studienergebnisse • jetzt • eine Fachzeitschrift • veröffentlichen *(Präsens)*
   ....
   Klaus freut sich darüber, dass ....
   ....

4. sollen: du • der Bericht • heute Abend • abliefern *(Präsens)*
   ....
   Der Chef hat gesagt, dass ....
   ....

5. sollen: alle Mitarbeiter • bessere Abstimmung • ihr Urlaubsantrag • rechtzeitig • einreichen *(Präsens – Konjunktiv II)*
   ....
   Es wurde noch einmal darauf hingewiesen, dass ....
   ....

Internationale Zusammenarbeit und Interkulturelles

Kapitel 7

c) Sagen Sie es formeller. Ersetzen Sie die Modalverben in den folgenden Sätzen durch synonyme Ausdrücke. Nehmen Sie alle notwendigen Umformungen vor.

⊙ Die Jahresbilanz zeigt, dass wir unsere Wettbewerbsfähigkeit verbessern <u>müssen</u>.
Die Jahresbilanz zeigt, *dass es notwendig ist, unsere Wettbewerbsfähigkeit zu verbessern.*

1. Wir <u>wollen</u> keine Mitarbeiter entlassen.
   ....
2. Aus finanziellen Gründen <u>können</u> wir aber bis auf Weiteres kein neues Personal einstellen.
   ....
3. Die Abteilungsleiter <u>sollen</u> mit gezielten Maßnahmen die Motivation und Leistungsbereitschaft jedes Einzelnen fördern.
   ....
4. Einige Strukturen innerhalb des Unternehmens <u>müssen</u> Veränderungen unterzogen werden.
   ....
5. Der Vorstand <u>will</u> die Veränderungen mit dem Betriebsrat diskutieren.
   ....
6. Der Betriebsrat <u>kann</u> bis Mitte Mai auch selbst Vorschläge unterbreiten.
   ....
7. Im Bereich der Forschung <u>sollten</u> wir neue Sponsoren suchen.
   ....

14 Die verschiedenen Rollen in einem Team

Ein Team funktioniert am besten, je mehr verschiedene Rollen von den Projektmitgliedern übernommen werden. So können sich deren Fähigkeiten am besten ergänzen.

a) Schauen Sie sich zu zweit die folgende Übersicht an und beschreiben Sie die Stärken und Schwächen der einzelnen Rollen. Stellen Sie Vermutungen über mögliche Folgen an. Orientieren Sie sich am Beispiel.

Stärken	Teamrollen	Schwächen
⊙ prüft Arbeitsfortschritt	Führer	a. kompliziert und manchmal unflexibel
1. trägt zum Spaß bei der Zusammenarbeit bei	Unterhalter	b. ernsthaftes und hartnäckiges Einfordern von Ergebnissen
2. schnelles Umsetzen von Aktivitäten	Prüfer	c. kümmert sich zu wenig um langfristige Ziele
3. spornt an und gibt Orientierung	Helfer	d. nachlässig und nimmt Dinge nicht ernst genug
4. gute Analyse von Situationen und Geben von Empfehlungen	Organisator	e. teilweise realitätsfern
5. aktive Unterstützung des Teams	Künstler	f. Ungeduld und Sprunghaftigkeit
6. sorgt für Stabilität und Kontinuität	Berater	g. erledigt Sachen lieber selbst, als sie zu erklären
7. innovativ	Macher	h. Reden statt Handeln

⊙ *Der Prüfer prüft den Arbeitsfortschritt. Sein ernsthaftes und hartnäckiges Einfordern von Ergebnissen <u>kann/könnte</u> aber einigen Mitarbeitern den Spaß an der Arbeit <u>verderben</u>.*
Sein ernsthaftes und hartnäckiges Einfordern von Ergebnissen <u>verdirbt</u> möglicherweise/eventuell einigen Mitarbeitern den Spaß an der Arbeit.

b) Berichten Sie von Ihren eigenen Erfahrungen mit Teamarbeit. Welche Rolle(n) übernehmen Sie meistens oder möchten Sie gern übernehmen?

Kapitel 7 — Internationale Zusammenarbeit und Interkulturelles

15 Modalverben II

a) Markieren Sie in den folgenden Sätzen die Modalverben und vergleichen Sie ihre Funktion. Lesen Sie danach die Hinweise.

1. Können Sie gut im Team arbeiten?
2. Das hartnäckige Einfordern von Ergebnissen kann/könnte einigen Mitarbeitern den Spaß an der Arbeit verderben.

Hinweise

- Neben ihrer Grundbedeutung können Modalverben noch weitere Bedeutungen haben.
  Mit den Modalverben (zum Teil im Konjunktiv II): *mögen, können/könnten, dürften* oder *müssten/müssen* kann man z. B. auch eine Vermutung ausdrücken, wobei *mögen* den geringsten und *müssen* den höchsten Sicherheitsgrad bezeichnet. *(Beispielsatz 2)*
- Diese sogenannte subjektive Bedeutung von Modalverben lässt sich im Präsens oft nur aus dem Kontext erkennen.

b) Die Teamarbeit klappt nicht. Woran könnte das liegen? Bilden Sie Vermutungssätze mit den Modalverben *können* oder *dürfen* wie im Beispiel.

- Vielleicht gibt es Probleme mit dem neuen Kollegen?
  Es könnte Probleme mit dem neuen Kollegen geben.

1. Möglicherweise sind die kulturellen Unterschiede zu groß.
   ....
2. Eventuell wirkt sich das neue Bonussystem negativ aus.
   ....
3. Es führt vielleicht zu Neid und Missgunst.
   ....
4. Sicherlich tragen auch die neuen Entscheidungen des Managements zur Unruhe im Team bei.
   ....
5. Die Streichung des Betriebsausflugs war wahrscheinlich ebenfalls nicht förderlich.
   ....

16 Redewendungen: Zusammenarbeit

a) Ordnen Sie den Redewendungen die richtigen Erklärungen zu.

- etwas durch die Blume sagen
1. unter einer Decke stecken
2. den Löwenanteil einheimsen
3. jemanden festnageln
4. sich wie ein Lauffeuer ausbreiten
5. viel Kritik einstecken müssen
6. die Oberhand behalten/gewinnen
7. die rechte Hand sein
8. das Eisen schmieden, solange es heiß ist
9. auf jemanden zählen

a. der/die engste Mitarbeiter/in sein
b. nicht zögern
c. Kritik nur andeuten, etwas beschönigen
d. sich durchsetzen
e. gemeinsame Sache machen
f. den größten Anteil bekommen
g. sich auf jemanden verlassen
h. sich mit hoher Geschwindigkeit verbreiten
i. scharf kritisiert werden
j. eine verbindliche Aussage fordern

b) Finden Sie Beispiele bzw. Situationen aus dem Alltag oder dem Berufsleben, die mit den Redewendungen umschrieben werden können.

Internationale Zusammenarbeit und Interkulturelles — Kapitel 7

17 Mythos Teamarbeit

Lesen Sie den folgenden Text und finden Sie passende Teilüberschriften. Arbeiten Sie zu zweit: Eine/Einer übernimmt Teil A, eine/einer Teil B.

■ Vom Abflauen der Team-Euphorie

Teil A

1 ....

Ganz gleich, welche Position besetzt werden soll, meist lautet eine Anforderung an den neuen Mitarbeiter in Stellenanzeigen, dass er teamfähig sein sollte.
Der Grund des inflationären Gebrauchs des Begriffs *Team* liegt, laut Elisabeth Heinemann, Professorin für Schlüsselqualifikationen an der Fachhochschule Worms, unter anderem an der Änderung von Arbeitsstrukturen und Arbeitsbeziehungen in den Unternehmen. Heutzutage wird viel bereichs- und funktionsübergreifender gearbeitet als noch vor zehn Jahren und das erfordert Mitarbeiter mit anderen Denk- und Verhaltensstrukturen, die begreifen, dass sie einen wichtigen Beitrag innerhalb eines Gesamtprozesses leisten.

2 ....

Seit einigen Jahren kann man jedoch ein Abflauen der Team-Euphorie spüren, teilweise „weil manche Unternehmen mit der Teamarbeit negative Erfahrungen gesammelt haben", betont Professor Dr. Karl Müller-Siebers, Präsident der Fachhochschule für die Wirtschaft, Hannover, „insbesondere solche, die die Teamarbeit relativ unreflektiert aus Modegründen eingeführt haben." Sie stülpten diese Form der Zusammenarbeit ihren Mitarbeitern oft einfach über – „ohne sich zunächst bewusst zu machen, was Teamarbeit bedeutet und wann diese sinnvoll ist".
In einigen Unternehmen war das Ja zur Teamarbeit auch nur ein Lippenbekenntnis, da zwar ein objektiver Zwang zu mehr Gruppen- und Teamarbeit besteht, aber in den meisten Organisationen die Verantwortung noch immer fast ausschließlich einzelnen Mitarbeitern übertragen wird. Und doch verkünden ihre Personalverantwortlichen stolz: Wir praktizieren Teamarbeit. Fragt man dann nach, was Teamarbeit bedeutet, hört man oft nur Worthülsen. Team-, Gruppen- und Projektarbeit lassen sich zudem nur schwer voneinander abgrenzen.

3 ....

Stefan Bald, Geschäftsführer der Unternehmensberatung Dr. Kraus & Partner, Bruchsal, stellt fest: „Ein Team entsteht erst im Verlauf eines längeren Teambildungsprozesses. In einem Team sind Kompetenzgerangel und Positionierungskämpfe bereits abgeschlossen. Deshalb ist ein Team im gruppendynamischen Prozess weiter als eine Gruppe."
Was macht also ein Team zu einem Team? Einig sind sich die Experten: Ein Team braucht ein Ziel. Sonst ist es nicht arbeitsfähig. Für Stefan Bald sind weitere Faktoren wichtig. Unter anderem sollten die Rollen und Aufgaben der einzelnen Teammitglieder genau definiert sein. Außerdem sollte ein Zeitrahmen für das Erfüllen der Aufgabe vorgegeben werden. Zudem braucht ein Team vereinbarte Regeln für die Zusammenarbeit. Und allen Teammitgliedern sollte bewusst sein: Wir tragen gemeinsam die Verantwortung für eine bestimmte Aufgabe.

Teil B

4 ....

Einig sind sich die Befragten auch: Ein Team braucht einen Leader. Er muss die Teamarbeit steuern und koordinieren und die Mitglieder integrieren. Der Teamleiter muss jedoch nicht das „disziplinarisch hierarchiehöchste Teammitglied sein", betont Stefan Bald. Im Idealfall schält er sich vielmehr sogar erst im Laufe des Teamfindungsprozesses in der Gruppe heraus. Er wird also nicht von außen ernannt.
In der Praxis setzen die Unternehmen der Selbstorganisation von Teams oft enge Grenzen. Im Extremfall stellt sich ein Vorgesetzter vor seine Mitarbeiter und verkündet: Ab morgen sind wir oder seid ihr ein Team. Er gibt sich also der irrigen Hoffnung hin, der gewünschte Teamgeist falle sozusagen über Nacht vom Himmel. Ähnlich ist es, wenn Unternehmen Projektteams bilden. In vielen Organisationen wird zunächst der Teamleader ernannt. Für diesen wird dann ein Team zusammengestellt oder der Leiter stellt sich dieses selbst zusammen. Meist erfolgt das Zusammenstellen des Teams nach folgenden Kriterien: Mit wem kommt der Teamleader am besten klar? Und: Wer hat gerade Zeit?
„Die Aufgabe selbst spielt beim Zusammenstellen der Teams oft eine untergeordnete Rolle", kritisiert Jürgen Rohr, Inhaber der Projektmanagementberatung Vedanova, Wiesbaden. „Die Personalverantwortlichen betonen zwar immer wieder, wie wichtig die Auswahl der Teammitglieder für den Erfolg der Teamarbeit ist, im Alltag wird diese Erkenntnis aber oft vernachlässigt."

Kapitel 7 Internationale Zusammenarbeit und Interkulturelles

5

Damit aus Einzelkämpfern Teams werden, ist vor allem Zeit nötig. Denn jedes Team durchläuft bei seiner „Selbstfindung" mehrere Phasen: Orientierungsphase, Konfliktphase, Organisationsphase sowie Integrationsphase (nach Bruce W. Tuckmann).
In den ersten drei Phasen ist das Team noch weitgehend mit sich selbst beschäftigt. Entsprechend schlecht sind meist die Arbeitsergebnisse. „Sie sind in der Regel geringer, als wenn die Mitglieder alleine arbeiten würden", betont Flake. „Erst in der vierten Phase entwickelt das Team die Kreativität und Produktivität, die erfolgreiche Teams auszeichnen – jedoch nur, wenn das Team mit Erfolg die ersten drei Phasen durchlaufen hat."
Damit dies geschieht, ist in vielen Fällen eine Begleitung der neu formierten Teams durch professionelle Coaches oder Teamentwickler nötig. Eine solche Betreuung ist nicht selbstverständlich. Bewährt haben sich auch flankierende Maßnahmen, wie erlebnisorientierte Trainings oder Seminare, um den Teambildungsprozess abzusichern.
Solche Fördermaßnahmen stellen zudem sicher, dass die Teams sich, wenn ihre eigentliche Arbeit beginnt, nicht mehr durch Status-Kämpfe oder unterschwellige Konflikte selbst lahmlegen. Diese Dinge sind dann abgehakt.

6

Generell lässt sich feststellen: Insbesondere bei komplexen Aufgaben und Arbeiten mit ungewissem Ausgang setzen Unternehmen auf Teams. Teams für Routinearbeiten einzusetzen, erscheint den meisten Experten absurd. „Teamarbeit bewährt sich vor allem dann, wenn harte Nüsse zu knacken sind", betont Stefan Bald, also da, wo „das Expertenwissen vieler Spezialisten nötig ist." Genau dies soll bei der Teamarbeit geschehen. Hier soll Wissen gebündelt und vernetzt werden. So können unter anderem Fehler vermieden werden, die entstehen, wenn Aufgaben sozusagen im Umlaufverfahren statt gemeinsam gelöst werden.

18 **Fassen Sie die wichtigsten Informationen des Textes zusammen.**
Arbeiten Sie zu zweit und ergänzen Sie die folgenden Punkte.

- die Begriffe *Team* und *Teamarbeit*

- Gruppen ↔ Teams

- Teambildung und Aufgabenverteilung

- Einsatz von Teamarbeit

Internationale Zusammenarbeit und Interkulturelles   Kapitel 7

19 **Vertiefen Sie den Wortschatz des Textes.**

a) Hier ist einiges durcheinander geraten. Bilden Sie die richtigen Komposita, nennen Sie auch den Artikel. Manchmal gibt es mehrere Möglichkeiten.

- ~~Stellen~~-prozess   die Stellenanzeige
- Schlüssel-hülse   ....
- Gesamt-strukturen   ....
- Förder-phase   ....
- Arbeits-bekenntnis   ....
- Team-~~anzeige~~   ....
- Lippen-gerangel   ....
- Wort-arbeit   ....
- Kompetenz-qualifikation   ....
- Team-maßnahme   ....
- Einzel-mitglied   ....
- Orientierungs-kämpfer   ....

b) Ordnen Sie den Verben Synonyme zu.

- funktionieren — a. benötigen, verlangen
1. besetzen   — b. empfinden, fühlen, wahrnehmen
2. erfordern   — c. außer Acht lassen, nicht berücksichtigen
3. leisten   — d. ausüben, handhaben
4. spüren   — e. anvertrauen, übergeben
5. überstülpen   — f. arbeiten, ordnungsgemäß ablaufen
6. verkünden   — g. passieren, ablaufen
7. übertragen   — h. verlautbaren, mitteilen
8. praktizieren — i. vortäuschen; so tun, als ob
9. vorgeben   — j. sich als geeignet erweisen, bestehen
10. vernachlässigen — k. erreichen, vollbringen, erzielen
11. geschehen   — l. belegen, vergeben
12. sich bewähren — m. aufsetzen, anlegen

c) Welche Verben aus Aufgabe 19b passen zu den folgenden Nomen?

- jemandem Verantwortung **übertragen**
1. eine Botschaft ....
2. jemandes Verärgerung ....
3. einen Beitrag ....
4. Yoga ....
5. einen Posten ....
6. das System ...., ...
7. dringende Geschäfte als Grund ....
8. die eigenen Pflichten ....
9. ein Wunder ....
10. Fingerspitzengefühl ....
11. das Tempo ....

d) Welche Nomen passen zu den Verben? Ordnen Sie zu. Es gibt manchmal mehrere Lösungen.

eine Rolle • Kreativität • Erfahrungen • Aufgaben • einen Zeitrahmen

.... sammeln   .... vorgeben
.... klar definieren .... entwickeln
.... spielen

157

Kapitel 7 — Internationale Zusammenarbeit und Interkulturelles

20 Sätze mit ähnlicher Bedeutung

Formen Sie die Sätze um, indem Sie die in Klammern angegebenen Wörter in der richtigen Form einarbeiten.

⊙ Meist lautet eine Anforderung an den neuen Mitarbeiter in Stellenanzeigen, dass er teamfähig sein sollte. (Teamfähigkeit • fordern)
Meist wird in Stellenanzeigen von neuen Mitarbeitern Teamfähigkeit gefordert.

1. In den meisten Organisationen wird Verantwortung nur einzelnen Mitarbeitern übertragen. (wahrnehmen)
   ....

2. Fragt man aber nach, was Teamarbeit bedeutet, hört man oft nur Worthülsen. (Bedeutung)
   ....

3. Team-, Gruppen- und Projektarbeit lassen sich nur schwer voneinander abgrenzen. (Abgrenzung • nicht immer einfach sein)
   ....

4. Ein Team entsteht erst im Verlauf eines längeren Teambildungsprozesses. (Resultat • sein)
   ....

5. Unter anderem sollten die Rollen und Aufgaben der einzelnen Teammitglieder genau definiert sein. (Definition • geben)
   ....

6. Der Teamleiter muss die Teamarbeit koordinieren und die Mitglieder integrieren. (Koordination • sowie • Integration • verantwortlich sein)
   ....

7. Ähnlich ist es, wenn Unternehmen Projektteams bilden. (das Gleiche • passieren)
   ....

8. Es wird kritisiert, dass die Aufgabe selbst beim Zusammenstellen der Teams oft eine untergeordnete Rolle spielt. (Kritik • üben, nicht wichtig genommen werden)
   ....

9. Man betont zwar immer wieder, wie wichtig die Auswahl der Teammitglieder für den Erfolg der Teamarbeit ist, im Alltag wird diese Erkenntnis aber oft vernachlässigt. (Bedeutung, nicht konsequent umsetzen)
   ....

10. Damit aus Einzelkämpfern Teams werden, ist vor allem Zeit nötig. (um … zu • brauchen)
    ....

11. Teams für Routinearbeiten einzusetzen, erscheint den meisten Experten absurd. (Einsatz • Expertenmeinung • sein)
    ....

12. Hier soll Wissen gebündelt und vernetzt werden. (Bündelung • Vernetzung • kommen)
    ....

21 Fluch der Teamarbeit

a) Hören Sie einen Kommentar des Journalisten Matthias Kaufmann zum Thema *Teamarbeit*. Entscheiden Sie, ob die folgenden Aussagen mit dem Inhalt des Kommentars übereinstimmen oder nicht.

	ja	nein
1. Der Kommentator ist ein überzeugter Verfechter von Teamarbeit.	☐	☐
2. Durchschnittlich verbringen Beschäftigte in den USA die Hälfte ihrer Arbeitszeit in Besprechungen.	☐	☐
3. Herr Kaufmann meint, dass viele Mitarbeiter persönlich Verantwortung für Projekte übernehmen wollen.	☐	☐
4. Das konkrete Formulieren von Zielen ist wichtig für den Erfolg von Teamarbeit.	☐	☐
5. Jedes Teammitglied sollte die Zwischenergebnisse mit Experten diskutieren.	☐	☐
6. Gute Teamarbeit sollte den Ideen der einzelnen Mitglieder Raum geben.	☐	☐

Internationale Zusammenarbeit und Interkulturelles — Kapitel 7

b) Rekonstruieren Sie den folgenden Text, indem Sie die passenden Verben in der richtigen Form einsetzen.

verbringen • hinterfragen • zurückziehen • wiederholen • sein *(Konjunktiv II)* • entfalten • verlaufen • heißen • bedeuten • schreiben • hängen • ~~produzieren~~ • werden • lassen • merken • entwickeln

Teams produzieren oft schlechtere Ergebnisse als brillante Köpfe, die sich mit eigensinnigen, ungewöhnlichen Vorschlägen .... (1) dürfen. Man .... (2) sie nur so selten. Denn der Team-Begriff ist längst zum großen verbindenden Narrativ der Arbeitswelt .... (3). Teamfähigkeit .... (4) Leidensfähigkeit. Von 40 Wochenstunden .... (5) Angestellte US-amerikanischer Konzerne im Schnitt 21 Stunden in Meetings. Dabei .... (6) sie allerdings oft nebenher E-Mails. Es ist einer der schäbigen Nebeneffekte von Teamarbeit: Zumindest Einzelne können sich komplett .... (7), ohne dass es gleich jeder .... (8). Team .... (9) dann einfach: „Toll, ein anderer macht's."
Nicht, dass der Beitrag der übrigen Teammitglieder unbedingt besser .... (10). Die meisten .... (11) sich an die Leitwölfe, statt eigene Ansätze zu .... (12) oder die Thesen der Gruppe zu .... (13). Dann .... (14) das Gespräch nach dem bewährten Motto: Es wurde zwar schon alles gesagt, aber wir hören erst auf, wenn alle es in eigenen Worten .... (15) haben.

22 Mündlicher Ausdruck: Diskussion

Inwiefern hilft Teamarbeit im beruflichen Alltag? Was sind die Vorteile? Welche Herausforderungen bringt diese Arbeitsform mit sich?
Notieren Sie zuerst Stichpunkte und diskutieren Sie dann in der Gruppe. Nutzen Sie die bekannten Redemittel zur Diskussion (siehe Anhang Redemittel).

Smalltalk und Interkulturelles

23 Woran denken Sie beim Thema *Smalltalk*? Sammeln Sie Stichworte.

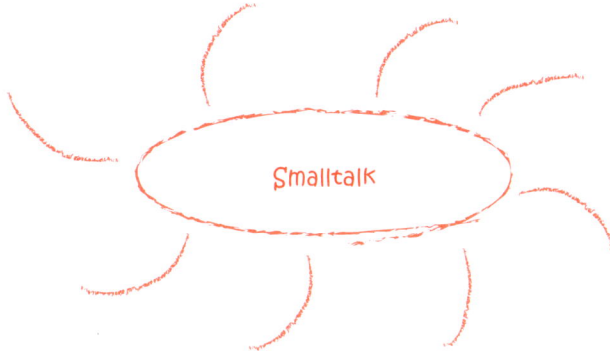

24 Welche der Themen bieten sich Ihrer Meinung nach für Smalltalk an und welche sollte man vermeiden? Begründen Sie.

- Politik
- Krankheit
- Wetter
- Religion
- Kunst und Kultur
- Geschichte
- persönliche Beziehungen
- Haustiere
- Familienstand und Kinder
- Beruf und Tätigkeitsfeld
- Witze
- Sport
- Einkommen
- Urlaub
- Hobbys
- Reisen
- der Ort des Gesprächs
- das Essen

Kapitel 7 — Internationale Zusammenarbeit und Interkulturelles

25 Nur nicht langweilen!

Die goldenen Regeln für guten Smalltalk

Formulieren Sie in Gruppen Regeln für den Smalltalk. Sie können dafür einige der Vorgaben nutzen oder eigene Regeln aufstellen. Präsentieren Sie am Ende Ihre Ergebnisse im Plenum und einigen Sie sich auf die ultimativen fünf goldenen Smalltalk-Regeln.

- Gespräche auf Augenhöhe führen
- bestimmte Themen meiden
- Gemeinsamkeiten finden
- keine langen Pausen entstehen lassen
- keine tiefgründigen Erläuterungen geben
- dem Gesprächspartner zuhören
- Interesse zeigen
- sich während eines Gesprächs nicht nach anderen Gesprächspartnern umsehen
- nicht besserwisserisch auftreten
- …

1. ....
2. ....
3. ....
4. ....
5. ....

26 Sammeln Sie Redemittel für den Smalltalk.

Arbeiten Sie zu zweit. Ordnen Sie die Redemittel den folgenden Kategorien zu.

◉ Ein Gespräch beginnen:
   Entschuldigen Sie: Sind Sie nicht …?

◉ Sich oder jemanden vorstellen:

◉ Ein Thema ansprechen/Das Thema wechseln:

◉ Interesse zeigen:

◉ Ein Gespräch beenden:

27 Sie sind auf einer Konferenz zum Thema *Europäische Kooperation als Antwort auf die Wirtschaftskrise*.

a) Klassenspaziergang:
   In der Konferenzpause versuchen Sie, mit anderen Konferenzteilnehmern in Kontakt zu kommen. Sprechen Sie jeweils über zwei bis drei Themen. Benutzen Sie die zuvor gesammelten Redemittel.

b) Partnerarbeit:
   Berichten Sie Ihrer Lernpartnerin/Ihrem Lernpartner, wen Sie kennengelernt haben.

Internationale Zusammenarbeit und Interkulturelles — Kapitel 7

28 Partnerinterview: Internationale Arbeitsteams

Fragen Sie Ihre Lernpartnerin/Ihren Lernpartner und antworten Sie. Fassen Sie danach die wichtigsten Ergebnisse Ihres Gesprächs im Plenum zusammen.

1
- Haben Sie Erfahrungen mit einem internationalen Arbeitsumfeld? Wenn ja, beschreiben Sie das Umfeld kurz.

2
- Sind internationale Teams Ihrer Meinung nach anfälliger für Konflikte als nationale Arbeitsgruppen? Begründen Sie Ihre Meinung.

3
- Stellen Sie sich vor, Sie arbeiten in einem Team, das nur aus deutschen Mitarbeitern und Ihnen besteht. In welchen Punkten sehen/vermuten Sie interkulturelle Unterschiede?

4
- Wenn Sie Leiter eines internationalen Teams wären, welchen Ratschlag/welche Ratschläge würden Sie einem Mitarbeiter geben, der neu in Ihr Team käme?

29 Lesen Sie den folgenden Text.

■ Tritte ins interkulturelle Fettnäpfchen

In Zeiten fortschreitender Globalisierung haben Konflikte am Arbeitsplatz oft einen sogenannten interkulturellen Hintergrund. Denn im Zuge von Auslandsverlagerungen oder internationalen Joint Ventures treffen immer mehr Menschen aufeinander, die ganz unterschiedlich sozialisiert sind. Das lässt sich auch an Zahlen ablesen: Nach einer Erhebung der Deutschen Bundesbank gibt es im Ausland etwa 20 000 Unternehmen mit unmittelbarer deutscher Kapitalbeteiligung. In eine Vielzahl solcher Unternehmen werden Arbeitskräfte aus Deutschland geschickt, die sich die allergrößte Mühe geben – und sich doch oft verhalten wie ein Elefant im Porzellanladen.

Interkulturelle Missverständnisse bringen Sand ins Getriebe des kollegialen Miteinanders. „Interkulturell bedingt ist ein Konflikt für mich dann, wenn bestimmte Grundannahmen nicht geteilt werden und man sich nicht bewusst ist, dass der Streit auf Grundannahmen beruht", erklärt Anusheh Rafi, Jurist und Mediator für interkulturelle Kompetenz. Ein blinder Fleck sozusagen, den wir alle mehr oder weniger im kulturellen Miteinander haben.

Ein Beispiel: Sowohl im Deutschen als auch im Französischen gibt es das Wort *Konzept*. Was genau darunter zu verstehen ist, darüber gehen die Vorstellungen deutlich auseinander: Für Deutsche ist ein *Konzept* ein klar ausgearbeitetes und durchstrukturiertes Schriftstück, in Frankreich steht *concept* eher für eine Ideenskizze: vier, fünf Überlegungen, lose aneinandergereiht. Arbeiten nun eine Gruppe Franzosen und eine Gruppe Deutsche gemeinsam an einem Projekt und beide Parteien verabreden lapidar, bis zum nächsten Treffen ein Konzept zu erarbeiten, dann ist die Gefahr denkbar groß, dass es bei diesem Treffen ungemütlich wird. Weil die deutschen Teilnehmer von der mangelnden Sorgfalt ihrer gallischen Kollegen enttäuscht sind und die Franzosen sich von der teutonischen Gründlichkeit überrannt fühlen.

Auch bei der Frage, wie Vertragsverhandlungen abzulaufen haben, können sich die Grundannahmen von Land zu Land deutlich unterscheiden. „Ein Rechtsanwaltskollege von mir, der viel in Russland arbeitet, tat sich dort anfangs sehr schwer, überhaupt Verträge abzuschließen", erzählt Rafi. „Er hat sich mit der Vorstellung an den Verhandlungstisch gesetzt, dass nun zwei Stunden ‚Business' gemacht wird und danach die Sache unter Dach und Fach ist. Er musste sich eines Besseren belehren lassen: Seine russischen Vertragspartner wollten nicht nur den Geschäftsmann, sondern auch den Menschen dahinter kennenlernen und ließen erst mal Wodka servieren." Gemeinsames Feiern als vertrauensbildende Maßnahme.

In anderen Fällen kommen Geschäftsabschlüsse nicht zustande, weil man, ohne es zu wissen, ins interkulturelle Fettnäpfchen getreten ist, noch bevor man seinen Verhandlungspartnern überhaupt begegnet ist. „Wenn Sie zum Beispiel Gäste aus Asien erwarten", sagt Cristina Lenz, „dann gehört es nach deren Verständnis dazu, dass Sie sie vor dem Haus begrüßen, auch wenn Sie Ihre Firma im 40. Stock haben". Wenn das nicht geschehe, sei die Sache schon gelaufen, ist die Mediatorin überzeugt. „Dann können Sie eine Woche lang mit ihnen verhandeln, aber es wird nichts dabei herauskommen."

Was also ist zu tun? Die Experten raten, sich zunächst klarzumachen, dass die Menschen immer aus ganz unterschiedlichen Perspektiven auf dieselbe Sache blicken und dass sich die Unterschiedlichkeit in den Sichtweisen noch verstärkt, wenn zwei Menschen aus verschiedenen Ländern und Kulturkreisen kommen. Wem das bewusst ist, der kann seinem Gegenüber offener begegnen und denkt nicht automatisch, der andere sei unhöflich oder gar feindselig gestimmt, nur weil er sich irgendwie seltsam benimmt.

Sich über seine eigenen kulturellen Prägungen klarzuwerden, dem anderen genau zuzuhören, im Zweifelsfall nachzufragen, was denn genau gemeint ist, und sich dann zu verständigen, wie man die Sache angehen möchte – so sieht wirkungsvolle Konfliktvermeidung aus.

Kapitel 7 — Internationale Zusammenarbeit und Interkulturelles

30 **Textarbeit**

a) Beantworten Sie die Fragen zum Text.

1. Was bedeutet „Tritte ins interkulturelle Fettnäpfchen"?
   ....
2. Welche Gründe für Konflikte am Arbeitsplatz werden im Text genannt?
   ....
3. Wann ist ein Konflikt interkulturell bedingt?
   ....
4. Welche Beispiele werden angeführt?
   ....
5. Welches Verhalten wird empfohlen?
   ....

b) Kennen Sie eine Situation, in der jemand (vielleicht Sie selbst) schon einmal in ein interkulturelles Fettnäpfchen getreten ist? Wenn ja, beschreiben Sie sie.

31 **Üben Sie den Wortschatz des Textes.**

a) Welches Verb passt? Ordnen Sie zu.

- ⊙ einen sogenannten interkulturellen Hintergrund — c. haben
1. etwas kann man an Zahlen — a. verhalten
2. sich die allergrößte Mühe — b. auseinandergehen
3. sich wie ein Elefant im Porzellanladen — d. ablesen
4. Sand ins Getriebe des kollegialen Miteinanders — e. zuhören
5. die Vorstellungen über etwas können deutlich — f. klar werden
6. sich eines Besseren — g. streuen
7. aus ganz unterschiedlichen Perspektiven auf dieselbe Sache — h. blicken
8. seinem Gegenüber offen — i. geben
9. sich über seine eigenen kulturellen Prägungen — j. belehren lassen
10. dem anderen genau — k. begegnen

b) Erklären Sie die Wendungen 3, 4 und 6 mit anderen Worten.

c) Bilden Sie aus den vorgegebenen Wörtern Sätze.
   Achten Sie auf fehlende Präpositionen und den richtigen Kasus.

- ⊙ Zeiten fortschreitender Globalisierung • Konflikte • Arbeitsplatz • ein sogenannter interkultureller Hintergrund • sich zurückführen lassen
   In Zeiten fortschreitender Globalisierung lassen sich Konflikte am Arbeitsplatz oft auf einen sogenannten interkulturellen Hintergrund zurückführen.

1. wie • die Deutsche Bundesbank • mitteilen, • ca. 20 000 Unternehmen • Ausland • unmittelbare deutsche Kapitalbeteiligung • es • geben
   ....
   ....

2. wenn • bestimmte Grundannahmen • nicht geteilt werden • und • man • dessen • nicht bewusst sein, • man • interkultureller Konflikt • sprechen
   ....
   ....

Internationale Zusammenarbeit und Interkulturelles   Kapitel 7

3. die Bedeutung des Wortes *Konzept* • das Französische • das Deutsche • die Vorstellungen • auseinandergehen
....
....

4. Frankreich • *concept* • eine Ideenskizze • stehen, • wohingegen • man • Deutschland • klar ausgearbeitetes und durchstrukturiertes Schriftstück • erwarten
....
....

5. nächstes Treffen • unangenehm werden können *(Konjunktiv II)*
....

6. die deutschen Teilnehmer • die mangelnde Sorgfalt ihrer gallischen Kollegen • enttäuscht sein • und • die Franzosen • die teutonische Gründlichkeit • sich überrannt fühlen
....
....

7. die Experten • raten, • unterschiedliche Perspektiven • dieselbe Sache • sich vergegenwärtigen
....

8. Zweifelsfall • man • nachfragen können, • was • der andere • meinen
....

32 Nationalitäten

Lesen Sie die folgenden Beispielsätze und markieren Sie die Nationalitätsbezeichnungen. Lesen Sie danach die Hinweise.

1. Franzosen und Deutsche arbeiten gemeinsam an einem Projekt.
2. Russen möchten ihre Vertragspartner besser kennenlernen.
3. Japaner erwarten, dass sie vor dem Firmengebäude begrüßt werden.

Hinweise

○ Angehörige bestimmter Nationalitäten, deren maskuline Personenbezeichnungen auf *-e* enden, unterliegen der sogenannten *n-Deklination*: *der/ein Franzose* (Nom.), *des Franzosen* (Gen.), *die Franzosen* (Pl.); *der/ein Russe* (Nom.), *des Russen* (Gen.), *die Russen* (Pl.) usw.

○ Es gibt auch Nationalitätsbezeichnungen, deren maskuline Personenbezeichnungen auf *-er* enden und die wie die meisten maskulinen Nomen dekliniert werden: *der/ein Japaner* (Nom.), *des Japaners* (Gen.), *die Japaner* (Pl.)

○ Die Deutschen sind eine Ausnahme, sie werden wie nominalisierte Adjektive dekliniert: *der Deutsche/ein Deutscher* (Nom.), *des Deutschen* (Gen.), *Deutsche/die Deutschen* (Pl.)

Strukturen

33 Üben Sie die Strukturen.

a) Ergänzen Sie die fehlenden Bezeichnungen. Achten Sie darauf, dass Adjektive klein geschrieben werden. Mit welchen Nationalitäten haben Sie in Ihrem Alltag öfter zu tun? Berichten Sie.

○ **Land:** Deutschland
○ **Bewohner:**
Singular (m/f): der Deutsche/die Deutsche
ein Deutscher/eine Deutsche
Plural: die Deutschen
○ **Adjektiv:** deutsch

○ **Land:** Brasilien
○ **Bewohner:**
Singular (m/f): ....
....
Plural: ....
○ **Adjektiv:** ....

○ **Kontinent:** Europa
○ **Bewohner:**
Singular (m/f): ....
....
Plural: ....
○ **Adjektiv:** ....

○ **Land:** ....
○ **Bewohner:**
Singular (m/f): der Italiener/die Italienerin
....
Plural: ....
○ **Adjektiv:** ....

Kapitel 7 — Internationale Zusammenarbeit und Interkulturelles

- **Land:** die Niederlande (Plural)
- **Bewohner:**
  Singular (m/f): ....
  Plural: ....
- **Adjektiv:** ....

- **Land:** ....
- **Bewohner:**
  Singular (m/f): ....
  Plural: ....
- **Adjektiv:** österreichisch

- **Land:** die Türkei
- **Bewohner:**
  Singular (m/f): ....
  Plural: ....
- **Adjektiv:** ....

- **Land:** ....
- **Bewohner:**
  Singular (m/f): der Schweizer/die Schweizerin
  Plural: ....
- **Adjektiv:** ....

- **Land:** die USA (Plural)
- **Bewohner:**
  Singular (m/f): ....
  Plural: die Amerikaner
- **Adjektiv:** ....

- **Land:** ....
- **Bewohner:**
  Singular (m/f): der Franzose/die Französin
  Plural: ....
- **Adjektiv:** ....

b) Ergänzen Sie in den Sätzen die angegebenen Nationalitätsbezeichnungen im richtigen Kasus.

1. Wir haben .... die Papiere zum Unterzeichnen gegeben.
   (*im Plural:* der Spanier • der Franzose • der Deutsche • der Chinese)
2. Die Zusammenarbeit mit .... verlief reibungslos.
   (der Grieche • der Brasilianer • der Amerikaner • der Tscheche)
3. Der Chef hat .... zum Geschäftsessen eingeladen.
   (der Japaner • der Brite • der Chilene • der Niederländer)
4. Die Ehefrau .... war bei der Stadtbesichtigung auch dabei.
   (der Deutsche • der Inder • der Portugiese • der Bulgare)

➔ *Weitere Hinweise zu besonderen Nomen siehe Grammatikübersicht im Anhang.*

34 Typisch Deutsch?

Lesen Sie die folgenden Sprichwörter und Redewendungen und beantworten Sie die Fragen.

- Was bedeuten die Sprichwörter und Redewendungen? Erklären Sie sie.
- Welche der Sprichwörter und Redewendungen beschreiben Ihrer Meinung nach die Deutschen, die Schweizer oder die Österreicher besonders gut?
- Welche der Sprichwörter und Redewendungen treffen auf Ihr Heimatland/Ihre Nationalität zu?

- Gut Ding will Weile haben.
- Kleider machen Leute.
- Ordnung ist das halbe Leben.
- Zeit ist Geld.
- Was du heute kannst besorgen, das verschiebe nicht auf morgen.
- Liebe deinen Nachbarn, aber reiß den Zaun nicht ein.
- Erst die Arbeit, dann das Vergnügen.
- Humor ist, wenn man trotzdem lacht.

Internationale Zusammenarbeit und Interkulturelles Kapitel 7

35 Brasilianer kennen keine Leitfäden

a) Hören Sie den Text und beantworten Sie die Fragen.

1. Weshalb wurde der Leitfaden *Brasilien für Einsteiger* erstellt und wieso wurde er wieder aus dem Netz genommen?
   ....
   ....

2. Welches Beispiel für typisch deutsches Verhalten wird im Text genannt?
   ....
   ....

3. Wie lernt man am besten etwas über die brasilianische Kultur?
   ....
   ....

b) Fassen Sie den gehörten Text, auch anhand Ihrer Antworten, kurz schriftlich zusammen.

c) Hören Sie den Beitrag noch einmal und finden Sie Synonyme für die unterstrichenen Ausdrücke.

- klare Anweisungen → Anleitungen
1. der Wirklichkeit entsprechen → ....
2. einen Leitfaden publizieren → ....
3. nach intensiven Protesten → ....
4. im Zentrum des Interesses stehen → ....
5. eine pauschalisierte Verhaltensliste → ....
6. schließlich zu Fehleinschätzungen führen → ....
7. Wie denken und handeln sie? → ....
8. Das hängt davon ab. → ....
9. an einem Ort niedergelassen sein → ....
10. Strukturen und Know-how einsetzen → ....
11. Leitfäden werden ganz exakt übernommen. → ....
12. als Ausgangspunkt dienen → ....
13. gegensätzliche Lösungen → ....
14. Die Leitfäden werden angeglichen. → ....

36 Ergänzen Sie die Präpositionen.

Ein deutscher Abteilungsleiter einer Bank **in** Brasilia, trägt seiner brasilianischen Mitarbeiterin auf, ein Unternehmen .... (1) seine Kreditwürdigkeit zu prüfen. Als sie ihm das Ergebnis zeigt, fallen ihm einige Fehler auf. Er erläutert seiner Mitarbeiterin, wo etwas falsch ist, etwas fehlt oder was er anders ausdrücken würde.
Seine Mitarbeiterin wird .... (2) des Gesprächs immer stiller. Später erfährt der deutsche Abteilungsleiter, dass seine brasilianische Mitarbeiterin sein Büro völlig aufgelöst verlassen hätte, ... (3) der Überzeugung, sie würde entlassen werden.

Eine .... (4) deutscher Sicht durchaus sachlich gemeinte und damit vertretbare Kritik ist .... (5) Brasilien so nicht denkbar. Kritik wird indirekt und dezent geäußert.
Wie Deutsche ein Gespür **da**.............. (6) bekommen können, wird .... (7) speziellen interkulturellen Trainings vermittelt. Viele Deutsche lernen .... (8) ihren langjährigen beruflichen Einsätzen diesen wertschätzenden und damit weniger verletzenden Umgang lieben und haben .... (9) Hause wiederum Schwierigkeiten .... (10) der Anpassung .... (11) altbekannte Regeln.

37 Welche Regeln und Tipps könnten in einem Leitfaden für Ihre eigene Kultur stehen?
Machen Sie einige Stichpunkte und stellen Sie diese dann als Kurzvortrag in der Gruppe vor.

Kapitel 7 — Internationale Zusammenarbeit und Interkulturelles

Wichtige Redemittel zu den Themen

Lesen Sie die folgenden Redemittel zu den behandelten Themen und markieren Sie den für Sie besonders relevanten Wortschatz. Wiederholen Sie die aufgeführten Wendungen als Ganzes (Nomen mit Verben und Ergänzungen).

Grenzenlose Kooperation

- **Angebot** und **Nachfrage** ausbalancieren
- die **Arbeitsmobilität** stärken
- um **Aufträge** buhlen
- negative **Auswirkungen** mildern
- die richtigen Leute an **Bord** haben
- ein **Bündnis** schmieden
- für mehr wirtschaftliche **Dynamik** sorgen
- **Entwickler** zu etwas ermuntern
- Eine **Erkenntnis** setzt sich durch.
- sich auf ein **Experiment** einlassen
- ein gutes **Gespür** für etwas haben
- **Gewinne** erwirtschaften
- um seine **Grenzen** wissen
- eine **Grundvoraussetzung** sein
- sich von einer **Idee** verabschieden
- an **Kreativität** glauben
- **Kompetenzen** kaufen
- auf **Partner** setzen
- sich **Partner** suchen
- **Patente**/den **Quellcode** offenlegen
- als **Pioniere** gelten
- die eigenen **Schwächen** ehrlich einräumen
- sich auf die eigenen **Stärken** konzentrieren
- die **Technologie** vorantreiben/weiterentwickeln
- auf die richtigen **Trends** setzen
- **Umsätze** machen
- **Vertrauen** fassen/entgegenbringen
- die **Wendigkeit** eines Start-ups
- im **Wettbewerb** miteinander stehen
- in **Zukunft** gefragt sein

Teamarbeit

- **Arbeitsfortschritte** prüfen
- die Änderung von **Arbeitsstrukturen**
- **Aufgaben** gemeinsam lösen
- einen wichtigen **Beitrag** leisten
- etwas durch die **Blume** sagen
- unter einer **Decke** stecken
- **Empfehlungen** geben
- positive/negative **Erfahrungen** sammeln
- **Ergebnisse** produzieren
- **Fehler** vermeiden/begehen
- Ein **Gespräch** verläuft nach dem Motto: …
- enge **Grenzen** setzen
- die rechte **Hand** sein
- **Kreativität** und **Produktivität** entwickeln
- viel **Kritik** einstecken müssen
- den **Löwenanteil** einheimsen
- (die) **Oberhand** behalten/gewinnen
- **Orientierung** geben
- die eigenen **Pflichten** vernachlässigen
- einen **Posten**/eine **Stelle** besetzen
- eine untergeordnete/wichtige **Rolle** spielen
- für **Stabilität** und **Kontinuität** sorgen
- das **Team** aktiv unterstützen
- schnelles **Umsetzen** von Aktivitäten
- gemeinsam die **Verantwortung** tragen für …/**Verantwortung** übertragen an …
- im **Verlauf** eines Prozesses entstehen
- ein **Ziel** brauchen
- sich um langfristige **Ziele** kümmern
- zum Spaß bei der **Zusammenarbeit** beitragen
- das **Zusammenstellen** eines Teams

Smalltalk und Interkulturelles

- eine angenehme **Atmosphäre** fördern/behindern
- auf **Augenhöhe** bleiben
- sich eines **Besseren** belehren lassen
- sich wie ein **Elefant im Porzellanladen** benehmen/verhalten
- **Empfindlichkeiten** berühren
- zu **Fehleinschätzungen** führen
- in ein **Fettnäpfchen** treten
- seinem **Gegenüber** offen begegnen
- **Gemeinsamkeiten** finden
- **Gesprächspausen** vermeiden
- bestimmte **Grundannahmen** teilen
- als **Grundlage** dienen
- **Handlungsanweisungen** übernehmen
- sich **Informationen** besorgen
- sachlich gemeinte **Kritik**
- im **Mittelpunkt** stehen
- sich die allergrößte **Mühe** geben
- aus ganz unterschiedlichen **Perspektiven** auf dieselbe Sache blicken
- sich über seine kulturellen **Prägungen** klar werden
- der **Realität** entsprechen
- **Sand ins Getriebe** streuen
- **Strukturen** implementieren
- bei einem **Thema** bleiben/verharren
- **Themen** gezielt auswählen
- einen harmonischen **Umgang** verlangen
- auf **Unbehagen** treffen/stoßen
- Die **Vorstellungen** über etwas gehen auseinander.

Vertragliches und Juristisches

Kapitel 8

Am Ende des Kapitels können Sie:

- Hör- und Lesetexte zu den Themen *Verträge*, *Allgemeine Geschäftsbedingungen*, *Verbraucherschutz* und *Rechtsprechung* verstehen und deren Inhalt in zusammengefasster Form und zu bestimmten Details wiedergeben
- den themenbezogenen Wortschatz adäquat und variabel verwenden
- über Einzelheiten in Arbeitsverträgen berichten und diskutieren
- über ein Gerichtsurteil zum Thema *Allgemeine Geschäftsbedingungen* sprechen
- allgemeine Geschäftsbedingungen formulieren
- in einer Besprechung zu Mängelproblemen Argumente vorbringen, Ihre Meinung vertreten und Vorschläge unterbreiten
- Protokolle zu Besprechungen verfassen
- eine Statistik zum Thema *Gegenstand von Gerichtsverfahren* beschreiben
- inhaltsrelevante Sätze/ Texte aus vorgegebenen Wörtern/Wendungen formulieren bzw. umformen
- verschiedene grammatische Strukturen zur Angabe von Gründen und Folgen verwenden.

Verträge

1 Vertragliches

Beantworten Sie in Kleingruppen oder zu zweit die folgenden Fragen. Präsentieren Sie die Antworten anschließend im Plenum.

Fragen	Antworten
1. Was für Vertragsarten im beruflichen und/oder privaten Bereich kennen Sie?	
2. Welche Vertragsarten kommen in Ihrem Heimatland am häufigsten vor?	
3. Waren Sie schon einmal mit einem Vertrag/einer Vertragsklausel nicht einverstanden und konnten Sie diesen/diese ändern lassen?	
4. Haben Sie schon einmal einen Vertrag gekündigt? Wenn ja, wie?	
5. Wie notwendig sind Verträge? Welche Vorteile bieten sie?	
6. In welchen Bereichen könnte man Ihrer Meinung nach auf Verträge verzichten?	

167

Kapitel 8

Vertragliches und Juristisches

2 Verträge: Wie notwendig sind sie?

a) Bilden Sie Nomen. Beginnen Sie mit einem Wort immer in Nummer 1. Bei jeder Nummer steht höchstens *ein* Teil des Wortes.

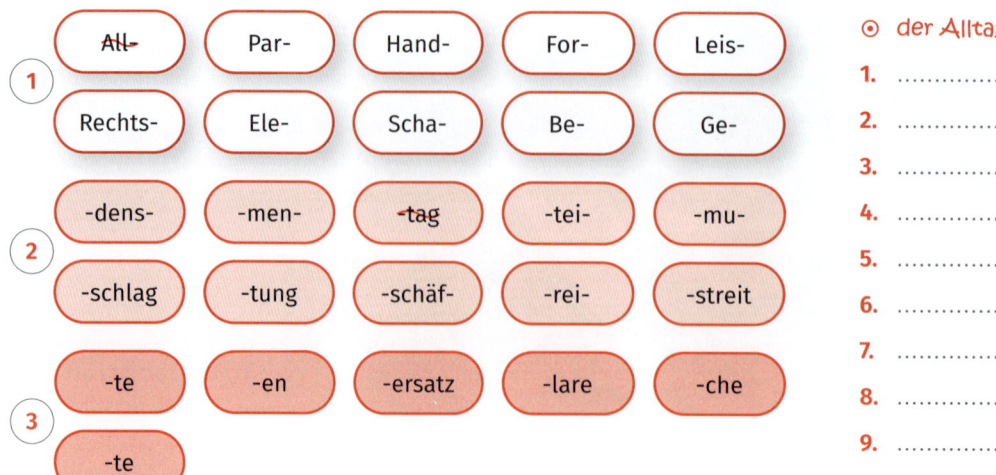

⊙ der Alltag
1. ....
2. ....
3. ....
4. ....
5. ....
6. ....
7. ....
8. ....
9. ....

b) Ergänzen Sie die Nomen aus Aufgabe 2a in der richtigen Form.

Im .... (1) muss man eine Menge (digitale) Verwaltungsangelegenheiten erledigen und manchmal auch – wie man zu sagen pflegt – über sich ergehen lassen. Immer wieder kommen viele .... (2) auf einen zu – ob nun im Internet oder in der Form des guten alten Papiers. Verträge sind wichtige .... (3) der Betriebsabsicherung und die Grundlage einer Zusammenarbeit zweier .... (4). Die .... (5) können zwar auch mündlich besprochen und per .... (6) abgeschlossen werden, doch sollte eine der beiden Parteien die geforderte .... (7) einmal nicht erbringen, kann es schnell zu einem .... (8) kommen. Ohne Vertrag wird es überaus schwierig, die vernachlässigten Verpflichtungen aufzuzeigen, um beispielsweise .... (9) zu bekommen. Es gibt viele Vertragsarten und demzufolge auch Vertragspartner in den unterschiedlichsten .... (10).

3 Vertragsarten und Vertragspartner

Lesen Sie die Kurztexte und ordnen Sie die Beschreibungen den Vertragsarten zu.

1 Pachtvertrag ☐

2 Schenkungsvertrag ☐

3 Kaufvertrag ☐

A Der Nehmer muss Zinsen zahlen (nach Vereinbarung, nach Ablauf eines Jahres oder bei Rückerstattung des Geldes). Die Rückerstattung des zur Verfügung gestellten Geldes erfolgt bei Fälligkeit. Beide Parteien haben drei Monate Kündigungsfrist, wenn nichts anderes vereinbart ist.

B Bei diesem Vertrag überlässt der Vermieter dem Mieter eine Sache auf Zeit zum Gebrauch. Im Gegenzug schuldet der Mieter dem Vermieter ein Entgelt in Form des Mietzinses. Besonders häufig anzutreffende Formen sind die Wohnraummiete und das Leasing.

C Ein Partner verpflichtet sich, bestimmte Tätigkeiten (Dienste jeder Art) auszuführen. Der andere Partner verpflichtet sich, eine vereinbarte Vergütung zu zahlen. Nicht Arbeitserfolg steht im Mittelpunkt, sondern die Tätigkeit (mit Bemühen um sorgfältige Ausführung). Diese Verträge werden oft mit Angehörigen freier Berufe geschlossen (Ärzte, Steuerberater, Rechtsanwälte).

168

Vertragliches und Juristisches — Kapitel 8

4 Vertiefen und erweitern Sie Ihren Wortschatz.

a) Wie lauten die konkreten Bezeichnungen der Vertragspartner?

Verträge	Bezeichnungen der Vertragspartner
1. Mietvertrag	
2. Kaufvertrag	
3. Arbeitsvertrag	
4. Versicherungsvertrag	
5. Sparvertrag	
6. Liefervertrag	
7. allgemeiner Vertrag	der Auftraggeber, der Auftragnehmer
8. Lizenzvertrag	

169

Kapitel 8 — Vertragliches und Juristisches

b) Suchen Sie für die unterstrichenen Wörter Antonyme.

1. ein <u>befristeter</u> Vertrag ....
2. Ein Gesetz <u>tritt in Kraft</u>. ....
3. einen Vertrag <u>lösen</u> ....
4. eine Klausel <u>einhalten</u> ....
5. die Laufzeit <u>verkürzen</u> ....
6. eine <u>kurzfristige</u> Vereinbarung ....
7. der <u>Ankläger</u> ....
8. ein Verfahren <u>einstellen</u> ....
9. eine <u>bindende/verbindliche</u> Zusage ....

c) Welche Verben passen? Ordnen Sie die Verben den verschiedenen Kategorien zu.

- umwandeln
- aufsetzen
- aufheben
- auflösen
- ~~unterschreiben~~
- formulieren
- beenden
- ratifizieren
- kündigen
- anpassen
- konzipieren
- lösen
- befolgen
- entwerfen
- verändern
- unterzeichnen
- erarbeiten
- schreiben
- beendigen
- verfassen
- aufkündigen
- einhalten
- gegenzeichnen
- annullieren
- umgestalten
- paraphieren
- abzeichnen
- erfüllen
- zurückziehen
- umformen
- festlegen
- beibehalten
- umändern
- rückgängig machen

1. Einen Vertrag mit einer Unterschrift versehen:
   einen Vertrag unterschreiben, ...
   ....
2. Einen Vertrag außer Kraft setzen:
   ....
   ....
3. Einen Vertrag in eine angemessene sprachliche Form bringen:
   ....
   ....
4. Sich an einen Vertrag halten:
   ....
   ....
5. Änderungen im Vertrag vornehmen:
   ....

5 Arbeitsvertrag

Lesen Sie zuerst den Arbeitsvertrag auf Seite 171. Entscheiden Sie dann: Welche Aussage zum Vertragstext ist richtig und welche falsch? Kreuzen Sie an.

	richtig	falsch
1. Die ersten sechs Monate der Anstellung sind Probezeit.	☐	☐
2. Bei der Zahlung von Prämien entsteht ein Rechtsanspruch für die Zukunft.	☐	☐
3. Die Pausen sind bei der Angabe der Arbeitszeit nicht inbegriffen.	☐	☐
4. Überstunden darf der Arbeitgeber anordnen, aber die Vergütung erfolgt sofort.	☐	☐
5. Die Arbeitnehmerin darf während ihres Urlaubs keine gewerbliche Nebentätigkeit verrichten.	☐	☐
6. Nach dem ersten Krankheitstag (wenn dies ein Wochentag ist) muss die Arbeitnehmerin ein ärztliches Attest vorlegen.	☐	☐
7. Eine Kündigung nach Ablauf der Probezeit ist mit einer Frist von vier Wochen möglich.	☐	☐
8. Wenn die Arbeitnehmerin eine Nebenbeschäftigung aufnehmen will, dann muss sie den Arbeitgeber darüber informieren.	☐	☐
9. Wird eine Bestimmung im Vertrag aufgrund einer Gesetzesänderung ungültig, muss der Gesamtvertrag neu geschlossen werden.	☐	☐

Arbeitsvertrag

Zwischen der

PRÜF AG
(nachstehend „Arbeitgeber" genannt)

und

Frau Marina Lange
(nachstehend „Arbeitnehmerin" genannt)

wird folgender Arbeitsvertrag vereinbart.

§ 1 Beginn des Anstellungsverhältnisses/der Tätigkeit
Die Arbeitnehmerin wird mit Wirkung vom 1.6.20… als Betriebsjuristin eingestellt. Sie ist verpflichtet, auch andere zumutbare Tätigkeiten zu verrichten. Es wird eine Probezeit von sechs Monaten vereinbart.

§ 2 Vergütung
Die monatliche Bruttovergütung beträgt 4 138 Euro. Die Zahlung von etwaigen Sondervergütungen (Gratifikationen, Urlaubsgeld, Prämien usw.) erfolgt in jedem Einzelfall freiwillig und ohne Begründung eines Rechtsanspruchs für die Zukunft.

§ 3 Arbeitszeit/Überstunden
Die regelmäßige Arbeitszeit beträgt wöchentlich 40 Stunden ohne Berücksichtigung von Pausen. Der Arbeitgeber ist berechtigt, aus dringendem betrieblichem Anlass Überstunden anzuordnen. Die Auszahlung der Überstundenvergütung erfolgt jeweils mit der Vergütung des Folgemonats.

§ 4 Urlaub/Nebentätigkeit
Die Arbeitnehmerin erhält einen Erholungsurlaub von 28 Arbeitstagen im Kalenderjahr.
Die Festlegung des Urlaubs ist mit dem Arbeitgeber abzustimmen. Die Arbeitnehmerin darf während des Urlaubs keiner Erwerbstätigkeit nachgehen.

§ 5 Arbeitsverhinderung
Die Arbeitnehmerin ist verpflichtet, dem Arbeitgeber die Arbeitsverhinderung und deren voraussichtliche Dauer unverzüglich mitzuteilen. Bei Arbeitsunfähigkeit infolge Erkrankung hat die Arbeitnehmerin dem Arbeitgeber spätestens am dritten Krankheitstag – wenn dies kein Arbeitstag ist, spätestens am darauffolgenden Arbeitstag – eine ärztliche Bescheinigung über die Arbeitsunfähigkeit und deren voraussichtliche Dauer vorzulegen.

§ 6 Verschwiegenheitspflicht
Die Arbeitnehmerin verpflichtet sich, über alle betrieblichen Angelegenheiten, die ihr im Rahmen oder aus Anlass ihrer Tätigkeit bei dem Arbeitgeber zur Kenntnis gelangen, auch nach ihrem Ausscheiden Stillschweigen zu bewahren. Bei Beendigung des Arbeitsverhältnisses sind alle betrieblichen Unterlagen sowie etwa angefertigte Abschriften oder Kopien an den Arbeitgeber herauszugeben.

§ 7 Kündigungsfristen
Während der Probezeit können beide Parteien den Arbeitsvertrag mit einer Frist von vier Wochen zum Monatsende kündigen. Nach Ablauf der Probezeit ist eine Kündigung unter Einhaltung einer Frist von drei Monaten zulässig. Jede Kündigung bedarf der Schriftform.

§ 8 Nebenbeschäftigung
Während der Dauer der Beschäftigung ist jede entgeltliche oder unentgeltliche Tätigkeit, die die Arbeitsleistung der Arbeitnehmerin beeinträchtigen könnte, untersagt. Die Arbeitnehmerin verpflichtet sich, vor jeder Aufnahme einer Nebenbeschäftigung den Arbeitgeber zu informieren.

§ 9 Schlussbestimmungen
Nebenabreden und Änderungen des Vertrages bedürfen zu ihrer Rechtswirksamkeit der Schriftform. Sollte infolge Änderung der Gesetzgebung oder durch höchstrichterliche Rechtsprechung eine Bestimmung dieses Vertrages ungültig werden, wird die Gültigkeit der übrigen Bestimmungen hierdurch nicht berührt. Eine etwaige Unwirksamkeit einzelner Vertragsbestimmungen berührt die Wirksamkeit der übrigen Bestimmungen nicht.

Weinheim, 20.5.20…

R. Klarweg
Robert Klarweg
Geschäftsführer, PRÜF AG
(Arbeitgeber)

M. Lange
Marina Lange
(Arbeitnehmerin)

Kapitel 8

Vertragliches und Juristisches

6 Diskussion

Diskutieren Sie in Kleingruppen einige Aspekte zum Thema *Arbeitsvertrag*. Wie sind die folgenden Punkte in Ihrer Firma/Ihrer Branche/Ihrem Heimatland geregelt? Gibt es Unterschiede zu dem Beispielvertrag in Aufgabe 5? Präsentieren Sie die Ergebnisse im Plenum.

- Probezeit
- Zahlung von Sondervergütungen
- Überstundenregelung
- Nebentätigkeiten
- Ausfall durch Krankheit
- Geheimhaltungsklauseln
- Kündigungsfristen

7 Schriftlicher Ausdruck: Bewerbungsverfahren

Sie sind eine Mitarbeiterin/ein Mitarbeiter des Geschäftsführers und verfassen in seinem Auftrag einige Schriftstücke bzw. E-Mails. Bearbeiten Sie zwei der folgenden Aufgaben.

1 Stellenanzeige

Entwerfen Sie eine Stellenanzeige für die Website der Firma. Orientieren Sie sich am Arbeitsvertrag in Aufgabe 5 und nennen Sie weitere Details wie notwendige Abschlüsse, Kompetenzen, Einsendeschluss für die Bewerbungsunterlagen usw.

2 Einladung zu einem Bewerbungsgespräch

Verfassen Sie eine Einladungsmail an Frau Lange. Schreiben Sie etwa 80 bis 100 Wörter und achten Sie darauf, dass alle wichtigen Angaben (Zeitpunkt, Ort usw.) genannt werden.

3 Absage an mehrere Bewerber

Verfassen Sie eine Standardmail für alle Bewerber, die sich auf die Stelle des Betriebsjuristen beworben haben und die nicht zum Gespräch eingeladen wurden. Schreiben Sie etwa 80 bis 100 Wörter.

4 Individuelle Absage

Schreiben Sie eine Mail an Herrn Laurisch. Herr Laurisch wurde zum Gespräch eingeladen und hat das Gespräch auch gut absolviert. Er kam aber nur auf den zweiten Platz, die Kommission hat sich für Frau Lange entschieden.
Die Firma möchte Herrn Laurisch aber mitteilen, dass sie seine Daten für eine eventuell später zu besetzende Stelle speichern möchte.

8 Spielen Sie Dialoge.

Orientieren Sie sich dabei am Arbeitsvertrag in Aufgabe 5.

1 Sie haben in den sozialen Medien die Stellenanzeige der PRÜF AG gelesen. Sie sind gerade mit Ihrem Jurastudium fertig und würden sich gern bewerben. Ihnen ist aber absolut nicht klar, was der Arbeitsinhalt ist und ob Berufsanfängern auch eine Chance gegeben wird.
Rufen Sie in der Personalabteilung der PRÜF AG an und erkundigen Sie sich nach den Einzelheiten des Stellenangebots. Die Mitarbeiterin/Der Mitarbeiter in der Personalabteilung ist sehr zuvorkommend und kann auf all Ihre Fragen zufriedenstellende Antworten und sogar Ratschläge geben, sodass Sie eine Entscheidung treffen können.

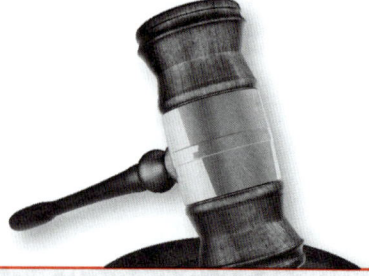

2 Die Bewerbungskommission hat sich für Frau Lange entschieden. Die Personalchefin/Der Personalchef bespricht mit einer Mitarbeiterin/einem Mitarbeiter die Einzelheiten des Arbeitsvertrages.
In zwei Punkten gibt es Meinungsverschiedenheiten. Einigen Sie sich am Ende auf einen Kompromiss.

172

Vertragliches und Juristisches — Kapitel 8

9 Die allgemeinen Geschäftsbedingungen (AGB)

a) Was sind allgemeine Geschäftsbedingungen?
Erarbeiten Sie zu zweit eine kurze Definition und stellen Sie diese im Plenum vor.

b) Lesen Sie den folgenden Auszug aus dem Bürgerlichen Gesetzbuch (BGB).
Geben Sie den Inhalt des Gesetzestextes mündlich wieder.

> **§ 305**
> **Einbeziehung Allgemeiner Geschäftsbedingungen in den Vertrag**
>
> (1) Allgemeine Geschäftsbedingungen sind alle für eine Vielzahl von Verträgen vorformulierten Vertragsbedingungen, die eine Vertragspartei (Verwender) der anderen Vertragspartei bei Abschluss eines Vertrags stellt. Gleichgültig ist, ob die Bestimmungen einen äußerlich gesonderten Bestandteil des Vertrags bilden oder in die Vertragsurkunde selbst aufgenommen werden, welchen Umfang sie haben, in welcher Schriftart sie verfasst sind und welche Form der Vertrag hat. Allgemeine Geschäftsbedingungen liegen nicht vor, soweit die Vertragsbedingungen zwischen den Vertragsparteien im Einzelnen ausgehandelt sind.
>
> (2) …

10 Berichten Sie.

- Wie oft haben Sie schon Verträge mit allgemeinen Geschäftsbedingungen unterschrieben? Was waren das für Verträge?
- Haben Sie die AGB vorher genau durchgelesen?
- Hatten Sie nach Vertragsunterzeichnung schon einmal Probleme mit einzelnen Paragrafen der allgemeinen Geschäftsbedingungen?

11 Das „Kleingedruckte"

a) Hören Sie den Text zweimal und ergänzen Sie die fehlenden Informationen.

Umgangssprachlich werden allgemeine Geschäftsbedingungen häufig als .... (1) eines Vertrages bezeichnet. Grundlage allgemeiner Geschäftsbedingungen ist das .... (2). Es gibt den Vertragspartnern das Recht, den Inhalt des Vertrages weitgehend selbst zu bestimmen. Da Vertragspartner normalerweise nicht .... (3) ihres Vertrages immer wieder neu aushandeln und formulieren wollen, verwenden Sie Formularverträge. AGB werden also häufig aus dem Gedanken der .... (4) geschaffen. Man findet sie in vielen .... (5), wie in Mietverträgen, Kaufverträgen, Bauverträgen, in Verträgen des Bankenrechts und bei Verträgen mit Internetanbietern. Allerdings gibt es einige ....

.... (6), die in den allgemeinen Geschäftsbedingungen berücksichtigt werden müssen. Diese Regelungen dienen hauptsächlich dem .... (7) vor einseitiger Risikoabwälzung und beugen der .... (8) einer Vertragspartei vor. Unwirksam sind zum Beispiel .... (9) in kurzfristigen Verträgen. Eine wichtige Gruppe von Klauseln betrifft die Einschränkung von Sachmängelrechten, insbesondere bei Kaufverträgen. Hier bestimmt das Gesetz, dass die .... (10) oder die Gewährleistung im Rahmen der Lieferung neu hergestellter Sachen nicht grundsätzlich ausgeschlossen werden darf. Wird ein defektes Gerät verkauft, hat der Verkäufer die .... (11), das Gerät zu reparieren oder ein anderes zu liefern.

Kapitel 8

Vertragliches und Juristisches

b) Welches Verb passt? Ordnen Sie zu.

- AGB als das „Kleingedruckte" — d. bezeichnen
1. den Inhalt eines Vertrags weitgehend selbst
2. Einzelheiten des Vertrags
3. gesetzliche Regelungen in den AGB
4. Formularverträge
5. dem Schutz des Verbrauchers
6. einer unangemessenen Benachteiligung
7. eine Mängelhaftung in Kaufverträgen nicht
8. ein Gerät

a. dienen
b. reparieren
c. ausschließen
d. bezeichnen
e. vorbeugen
f. aushandeln
g. berücksichtigen
h. bestimmen
i. verwenden

12 Komposita

a) Suchen Sie zu zweit oder in Kleingruppen sinnvolle Komposita. Im linken Kasten steht der erste Teil des Wortes. Manchmal passen mehrere Nomen aus dem rechten Kasten zu einem Wort.

Geschäft • Vertrag • Gesetz • Zivil- • Miet- • Kauf • Bau • Internet • Tarif • Gesellschaft • Familie • Erb- • Verbraucher • Sach- • Mängel • Fach • Gewähr

Buch • Partner • Bedingungen • Recht • Schutz • Partei • Mängel • Händler • Haftung • Anbieter • Leistung • Vertrag • Erhöhung

- Geschäftspartner, Geschäftsbedingungen, Geschäftsvertrag …

b) Ordnen Sie den Erklärungen passende Komposita aus Aufgabe 12a zu.

1 …................................ ist ein bürgerlich-rechtlicher Vertrag zwischen Parteien mit Tariffähigkeit (Arbeitgeberverbände, einzelne Arbeitgeber, Gewerkschaften) zur Regelung ihrer Rechte und Pflichten und zur Festsetzung von arbeitsrechtlichen Normen.

2 …................................ umfasst die Gesetze, die Handlungen und Beziehungen privater Personen betreffen und die nicht zum Strafrecht gehören.

3 …................................ beinhaltet alle Maßnahmen und Entscheidungen, die darauf abzielen, dem Verbraucherinteresse gegenüber den Anbietern zu einer angemessenen Durchsetzung zu verhelfen.

4 …................................ ist ein Fehler einer Ware o. Ä., der eine erhebliche Minderung ihres Wertes oder der Tauglichkeit für ihren Verwendungszweck bedeutet.

5 …................................ beschreibt die Rechtsfolgen und gesetzlichen Ansprüche, die dem Käufer im Rahmen eines Kaufvertrags zustehen, bei dem der Verkäufer eine mangelhafte Ware oder Sache geliefert hat. Der Verkäufer muss dafür einstehen, dass die verkaufte Sache frei von Sach- und Rechtsmängeln ist.

6 …................................ beinhaltet Rechtsnormen und Regelungen mit Bezug zu Personenvereinigungen des Privatrechts, z. B. zur OHG (Offene Handelsgesellschaft) oder zur GmbH (Gesellschaft mit beschränkter Haftung).

7 …................................ bezeichnet die Rechtsnormen, die den Nachlass einer Person betreffen.

8 …................................ ist die wichtigste Grundlage des bürgerlichen Rechts und enthält allgemeine Vorschriften, die für das gesamte Privatrecht gelten.

Vertragliches und Juristisches — Kapitel 8

13 Formulieren Sie AGB.

Sie haben die Firma „Personal Coaching" gegründet und bieten Fortbildungsveranstaltungen an. Zum Angebot gehören u. a. Seminare zu den Themen *Teambuilding* und *Führungskompetenzen* sowie IT-Schulungen und berufsorientierte Sprachkurse. Die Kurse finden in den eigenen Firmenräumen oder bei den Auftraggebern statt.

Erarbeiten Sie in Kleingruppen allgemeine Geschäftsbedingungen und diskutieren Sie Ihre Vorschläge im Plenum. Formulieren Sie u. a. Regelungen zu folgenden Punkten:

- Zahlungsbedingungen
- Rücktrittsbedingungen, Kurs-/Seminarabsage
- Teilnehmerzahl
- Verschiebung von Kursterminen
- Teilnahmebestätigungen
- Preise
- Haftung in den eigenen Firmenräumen
- Verhaltensregeln für Teilnehmer
- Fälle von höherer Gewalt

Redemittel — AGB verfassen

- Die Gebühr ist … fällig. • Die Zahlung erfolgt …
- „Personal Coaching" behält sich das Recht vor …
- Die Preise gelten … • Bei Umbuchungen ist … zu zahlen. • Rabatte gewähren • … in Rechnung stellen • … schriftlich annullieren • (keine) Gebührenrückerstattung/(keine) Kosten erstatten • Maßgeblich für die Fristenwahrung ist der Eingang …
- Die Kurse haben eine Minimal-/Maximalbelegung von … • Kurse absagen • Kurstermine verschieben
- Terminänderungen durchgeben • Die Teilnehmer sind verpflichtet … • die Hausordnung einhalten • „Personal Coaching" übernimmt (keine) Haftung bei …
- Umstände, die außerhalb der Kontrolle der Vertragspartner stehen (z. B. Naturkatastrophen) …

14 Ein Urteil des Berliner Landgerichts

a) Lesen Sie den Bericht über ein Urteil des Berliner Landgerichts.

▪ Bitte auf Deutsch!

Der Kurzmitteilungsdienst WhatsApp war letztes Jahr die populärste Smartphone-App in Deutschland. Angeblich haben bis zum Sommer 32 Millionen Nutzer den Nachrichtendienst in Anspruch genommen und ließen sich offenbar auch nicht durch krude Geschäftsbedingungen auf Englisch abschrecken. Verbraucherschützer akzeptierten dies nicht. Der Kurzmitteilungsdienst WhatsApp darf nun in Deutschland keine englischsprachigen Geschäftsbedingungen mehr verwenden. Auch beim Impressum musste WhatsApp nachbessern. Das hat das Landgericht Berlin nach Klage des Bundesverbandes der Verbraucherzentralen entschieden. „Der Dienst stelle seine allgemeinen Geschäftsbedingungen nur in englischer Sprache zur Verfügung. Dies sei Verbrauchern in Deutschland nicht zuzumuten, da nicht zu erwarten sei, dass alle die Vertragsbedingungen ohne Weiteres verstehen", urteilten die Richter des Landgerichts.

b) Geben Sie die Nachricht mit eigenen Worten wieder.

c) Diskutieren Sie in Kleingruppen.

- Wie beurteilen Sie die Entscheidung des Berliner Landgerichts?
- Welche Gründe könnte eine Firma haben, die allgemeinen Geschäftsbedingungen nur in einer Sprache (Englisch) zu veröffentlichen?
- Haben Sie schon einmal einen Vertrag in einer Fremdsprache unterschrieben/im Internet bestätigt oder allgemeine Geschäftsbedingungen nur in einer Fremdsprache vorgefunden? Wie haben Sie sich verhalten?
- Nutzen Sie einen Kurzmitteilungsdienst auf einem Smartphone? Wenn ja, was wissen Sie über die allgemeinen Geschäftsbedingungen?

175

Kapitel 8

Vertragliches und Juristisches

Verbraucherschutz

15 **Interview**

Stellen Sie zwei verschiedenen Gesprächspartnern die folgenden Fragen und fassen Sie anschließend die Antworten mündlich oder schriftlich zusammen.

Frage	Gesprächspartner/in 1	Gesprächspartner/in 2
1. Ist es für Sie wichtig, Ihre Rechte als Verbraucher zu kennen und zu nutzen? Warum (nicht)?		
2. Lesen Sie ab und zu Publikationen einer Verbraucherzentrale oder Testberichte in Zeitschriften oder im Internet? Wenn ja, was lesen Sie?		
3. Welche Produkte bestellen Sie oft online? Sind Sie zufrieden mit der Lieferung? Wenn nein, was ging schief?		
4. Haben Sie überhaupt schon einmal eine Lieferung reklamiert (unabhängig davon, ob Sie das Produkt online oder im Geschäft gekauft haben)? Wenn ja, berichten Sie darüber.		
5. Haben Sie beruflich mit Reklamationen und Mängelrügen zu tun? Wenn ja, berichten Sie darüber.		

16 **Lesen Sie den folgenden Text.**

■ Schokolade statt Gold

Der Versandhandel im Internet boomt, die Kunden kaufen immer teurere Waren. Nach Angaben des deutschen Einzelhandelsverbandes wurden im Jahr 2013 Waren im Wert von rund 33 Milliarden Euro über das Internet vertrieben.

„Der Umsatz im E-Commerce verzehnfachte sich in den letzten zehn Jahren in einem ansonsten stagnierenden Markt", sagte der Präsident des Handelsverbands Deutschland (HDE), Josef Sanktjohanser. Zunehmend werden auch Waren versandt, bei denen ein Verlust oder eine Beschädigung einige Tausend Euro oder mehr ausmachen kann.

Als ein 25-jähriger Mann aus Thüringen sein Paket auspackte, traute er seinen Augen nicht. Statt des im Internet bestellten Laptops im Wert von 400 Euro fand er laut Polizeibericht einen Ziegelstein. Noch ärger traf es den Kunden eines Goldversenders. Nach Aussagen des Goldkäufers kamen bei ihm statt der bestellten Goldbarren zehn Tafeln Schokolade an. Nachdem Anzeige erstattet wurde, beschäftigt sich nun die Staatsanwaltschaft Darmstadt mit dem Fall. Ob je zu klären sein wird, wo der Inhalt der Sendung tatsächlich geblieben ist, steht allerdings in den Sternen.

Neben Edelmetallen, Schmuck und Kunstwerken können Kunden auch die persönliche Altersvorsorge oder Neuwagen im Wert eines sechsstelligen Eurobetrags online bestellen, etwa bei BMW. „Eine korrekte Ausführung der Bestellung ist trotzdem noch lange

Vertragliches und Juristisches — Kapitel 8

nicht selbstverständlich", sagt Rolf Becker, ein auf den Internethandel spezialisierter Anwalt aus Köln. Welche Rechte haben nun Verbraucher, wenn das Bestellte nicht ankommt? Zunächst einmal gilt Entwarnung. „Kaum ein Rechtsbereich ist zum Schutz der Verbraucher stärker ausgestaltet als die Bestellung im Fernabsatz", sagt Becker. Wenn die Ware den Kunden nicht erreicht, sei es wegen Schlamperei, Diebstahl oder Beschädigung auf dem Postweg, hat er gute Aussichten auf Erstattung.

Ob sich im Fall der Goldbestellung jemals klären lässt, ob der Shop, der Transporteur, ein Dritter oder der Kunde selbst das Edelmetall gegen die Schokolade getauscht hat, ist ungewiss. Das Beispiel belegt aber: Der Versand per Paketdienst ist trotz modernster Logistik und Überwachungstechnik immer noch ein kleines Abenteuer. „Im Versand arbeiten nach wie vor ‚nur' Menschen und der Diebstahl oder die Beschädigung von Postsendungen ist gar nicht so selten", sagt Anwalt Becker.

Das geltende Gesetz schützt in solchen Fällen vor allem die Kunden. Denn das Versandrisiko – egal ob Neuware oder gebrauchte Ware – liegt beim Unternehmer. Ist die Ware weg, muss der Kunde nicht zahlen und kann erbrachte Zahlungen zurückverlangen. Der Händler muss in diesem Falle nicht erneut liefern. Erst nachdem die Ware beim Verbraucher eingetroffen ist, haftet der Kunde selbst für Beschädigungen. Händler dürfen in ihren allgemeinen Geschäftsbedingungen keine abweichenden Regelungen treffen. Entsprechende Klauseln sind unwirksam.

17 Textverständnis

Beantworten Sie die Fragen zum Text mit eigenen Worten.

1. Was sagt der Präsident des Handelsverbands Deutschland zum Versandhandel im Internet?
   ....
2. Welche Beispiele für Verlust oder Beschädigung von Waren werden im Text genannt?
   ....
3. Welche hochwertigen Waren, die heute auch im Internet angeboten werden, werden angeführt?
   ....
4. Wie skizziert Anwalt Becker die Rechtslage im Internethandel? Wann haftet der Unternehmer und wann der Kunde selbst?
   ....

18 Vertiefen Sie den Wortschatz des Textes.

a) Ergänzen Sie die fehlenden Wörter in der Zusammenfassung und orientieren Sie sich am Text in Aufgabe 16.

Der Verband des deutschen Einzelhandels teilte mit, dass 2013 Waren im Wert von rund 33 Milliarden Euro über das Internet .... (1) wurden. Der Umsatz im E-Commerce .... (2) sich in den vergangenen Jahren um das Zehnfache. Doch beim Versand von Waren kann immer etwas schiefgehen, selbst bei Produkten, die einen .... (3) von einigen Tausend Euro haben. .... (4) Polizeibericht fand ein 25-jähriger Mann aus Thüringen statt des im Internet bestellten Laptops einen Ziegelstein in seinem Paket. Weil der Kunde eines Goldversenders Schokoladentafeln statt Goldbarren in seinem Paket vorfand, erstattete er .... (5). Man wird wahrscheinlich nie .... (6) können, wo der Inhalt der Sendung geblieben ist. Erreicht die Ware den Kunden aus irgendwelchen .... (7) auf dem Postweg nicht, hat der Kunde gute Aussichten auf .... (8) seiner Kosten.

Trotz modernster Logistik und Überwachungstechnik ist .... (9) immer noch ein kleines Abenteuer. Wenn die Ware nach dem Eintreffen beim Kunden beschädigt wird, ... (10) der Kunde selbst. Doch grundsätzlich gilt, dass der Händler die .... (11) übernehmen muss, wenn der Kunde die Ware überhaupt nicht oder .... (12) erhalten hat.

177

Kapitel 8

Vertragliches und Juristisches

b) Welches Verb passt? Ordnen Sie zu.

- Waren über das Internet — c. vertreiben
1. der Umsatz im E-Commerce konnte sich
2. Waren beim Transport
3. seinen Augen nicht
4. Anzeige bei der Polizei
5. in den Sternen
6. sich mit einem Fall
7. gute Aussichten auf Erfolg
8. der Kunde kann erbrachte Zahlungen
9. nach Erhalt der Ware muss der Kunde für Beschädigungen
10. Händler dürfen keine abweichenden Regelungen

a. stehen
b. haften
c. vertreiben
d. treffen
e. verzehnfachen
f. trauen
g. haben
h. zurückverlangen
i. erstatten
j. beschädigen
k. beschäftigen

c) Suchen Sie zu den genannten Begriffen Synonyme im Text.

1. etwas erwerben
2. Das weiß niemand.
3. kostspielig
4. abschicken
5. gewährleisten
6. über etwas sehr staunen
7. die Einbuße
8. etwas in Auftrag geben
9. missglücken
10. der Konsument

19 Schriftlicher Ausdruck: Zusammenfassende Information

Verfassen Sie mithilfe der Angaben aus dem Text eine zusammenfassende sachliche Information über Rechte und Pflichten der Kunden und der Händler in Bezug auf im Internet bestellte Waren.

20 Krisensitzung

Sie stellen Waschmaschinen her, die Ihre Firma sowohl über Einzelhändler als auch übers Internet vertreibt. In letzter Zeit häufen sich die Beschwerden. Jetzt sollen Maßnahmen ergriffen werden.

1. Bei einer bestimmten Reihe von Geräten gibt es massive Klagen über technische Probleme.
2. Beim Internetversand häufen sich die Mängelrügen wegen beschädigter Ware.

Bilden Sie Kleingruppen und spielen Sie eine Krisensitzung. Ihre Aufgabe ist es, die Mängel zu benennen, zu analysieren, Lösungswege zu finden und konkrete Maßnahmen vorzuschlagen.

Einigen Sie sich zunächst auf eine Tagesordnung, beginnen Sie danach mit der Diskussion (Redemittel zur Diskussion siehe Anhang).

Ein Gruppenmitglied schreibt das Protokoll. Am Ende werden die Sitzungsprotokolle der verschiedenen Gruppen miteinander verglichen.

Nutzen Sie zum Verfassen des Protokolls ausgewählte Redemittel aus der folgenden Übersicht.

178

Vertragliches und Juristisches — Kapitel 8

Ein Sitzungsprotokoll schreiben

Tagesordnung
- Die Tagesordnung wird genehmigt/verändert.
- Ein Tagesordnungspunkt wird neu aufgenommen/gestrichen/auf die nächste Sitzung verschoben.

Stand der Dinge/Berichte
- Der Stand der Dinge ist folgender: …
- Herr/Frau Müller berichtet/beschreibt/legt dar/führt aus, dass …

Hinweise auf Dokumente/Vereinbarungen/frühere Sitzungen
- Aus den vorliegenden Dokumenten wird deutlich, …
- Wie schon in einer früheren Sitzung besprochen/vereinbart, …

Diskussion
- Herr/Frau Meier legt … dar • nimmt Stellung zu … • spricht das Thema … an • bringt das Thema … zur Sprache • befürwortet, dass … • bezweifelt, ob … • meint/ist der Meinung/Ansicht, dass … • führt als Beispiel … an • gibt Frau Kümmel (nicht) recht.
- Das Thema wird kurz/intensiv/lebhaft/kontrovers/von allen Seiten diskutiert.
- Übereinstimmung herrscht in der Frage …

Vorschläge/Lösungen
- Herr/Frau Meier schlägt vor • unterbreitet den Vorschlag, … • regt an, … • hält es für besser, wenn … • beschreibt folgende Lösungswege: …
- Die Vorschläge … werden allgemein begrüßt/angenommen/diskutiert.
- Es wird eine Einigung im Bereich/hinsichtlich … erzielt.
- Die Fragen/Punkte … bleiben offen.

Maßnahmen/Aktionsplan
- Es werden folgende Maßnahmen beschlossen/ergriffen: …
- Als Erstes/Danach werden …
- Es wird vereinbart, dass …
- Für die Zukunft ist geplant …
- Die Maßnahmen sollen bis … umgesetzt werden.
- Verantwortlich für die Umsetzung des Aktionsplans ist …
- Eine (erste) Evaluation erfolgt …
- Der Bericht soll bis … vorliegen.

→ *Aussagen und Meinungen von Personen in ausführlichen Protokollen werden mit dem Konjunktiv I wiedergegeben (siehe Kapitel 1).*

21 Kausal- und Konsekutivangaben

Lesen Sie die folgenden Sätze und markieren Sie die sprachlichen Mittel zur Angabe von Gründen und Folgen. Lesen Sie danach die Hinweise.

1. Herr Müller muss die Paketsendung leider beanstanden, weil/da sie falsche Ware beinhaltet.
2. Herr Müller muss die Paketsendung leider beanstanden, denn sie beinhaltet falsche Ware.
3. Die Paketsendung beinhaltet falsche Ware, deshalb/deswegen/darum/demzufolge muss Herr Müller sie beanstanden.
   Die Paketsendung beinhaltet falsche Ware, Herr Müller muss sie deshalb/deswegen/darum/demzufolge beanstanden.
4. Herr Müller musste wegen/aufgrund falscher Ware die Paketsendung beanstanden.

Hinweise

- Nebensätze mit *weil/da* geben einen Grund an. Das finite Verb steht an letzter Stelle. *(Satz 1)*
  Nach der Konjunktion *denn* steht ein Hauptsatz, der einen Grund benennt. Das finite Verb steht an zweiter Stelle nach *denn*. *(Satz 2)*
- Die Konjunktionaladverbien *deshalb, deswegen, darum* verweisen auf den Grund im ersten Hauptsatz, *demzufolge* verweist auf die Folge im zweiten Hauptsatz. Adverbien können vor oder hinter dem finiten Verb stehen. *(Satz 3)*
- Eher schriftsprachlichen und formellen Charakter hat die Verwendung einer Präpositionalgruppe mit *wegen* oder *aufgrund*. *(Satz 4)*
  Weitere Präpositionen zur Angabe von Gründen sind: *mangels, aus* und *vor*, zur Angabe einer Folge: *infolge*.
  <u>Mangels</u> stichhaltiger Beweise wurde das Verfahren eingestellt.
  <u>Aus</u> Kostengründen kann die Firma den Transport nicht übernehmen.
  Er konnte <u>vor</u> Entsetzen gar nichts mehr sagen.
  <u>Infolge</u> eines Streiks konnten die Pakete gestern nicht ausgeliefert werden.

Kapitel 8

Vertragliches und Juristisches

22 **Üben Sie die Strukturen.**

a) Verbinden Sie die Sätze miteinander, indem Sie die angegebene Satzverbindung verwenden.

⊙ Die Stiftung Warentest ist manchen Herstellern ein Dorn im Auge. Die Produkttester fällen mitunter harte Urteile über Produkte. *(deswegen)*
Die Stiftung Warentest fällt mitunter harte Urteile über Produkte, deswegen sind die Produkttester manchen Herstellern ein Dorn im Auge.

1. Immer wieder klagen Firmen gegen die Stiftung Warentest. Sie fühlen sich ungerecht behandelt. *(weil)*
2. Die Stiftung Warentest ist in Deutschland bei Produzenten und Verbrauchern berühmt und berüchtigt. Sie hat seit 1968 in mehr als 5 000 Tests etwa 100 000 Produkte geprüft. *(denn)*
3. 2014 kam die Stiftung erneut in die Kritik. Die Transparenz ihrer Testmethoden wurde angezweifelt. *(deswegen)*
4. Die Stiftung erregte großes Aufsehen. Sie ließ Nussschokoladen der deutschen Marke RITTER SPORT überprüfen. *(als)*
5. Die Tester fanden in der Sorte Voll-Nuss das Aroma Piperonal. Sie behaupteten, die Schokolade enthalte künstliche Zusatzstoffe. *(denn)*
6. Der Schokoladenhersteller zog vor Gericht. Er wirbt vor allem damit, keine künstlichen Stoffe für seine Produkte zu verwenden. *(weil)*
7. Die Stiftung und die Tester erlitten einen großen Imageschaden. Das Gericht untersagte der Stiftung Warentest die Weiterverbreitung der Behauptung, in der quadratischen Tafel seien künstliche Aromastoffe. *(weil)*
8. Verbraucher und Politik sollten auch in Zukunft Transparenz fordern. Offensichtlich legt die Stiftung bei Tests mit Schadstoffen eigene Qualitätskriterien an, die teilweise strenger als die gesetzlichen Grenzwerte sind. *(denn)*
9. Die Gemüter beruhigten sich nur langsam. Die Frage „Wer testet eigentlich die Tester?" bleibt nach wie vor im Raum stehen. *(demzufolge)*

b) Formen Sie die kausalen Nebensätze in Nominalformen um. Nutzen Sie die angegebene Präposition.

Herr Müller reicht eine Beschwerde ein,

• weil der Kundendienst unzuverlässig ist	wegen	• *Wegen des unzuverlässigen Kundendienstes …*
• weil der Lärm im Haus unzumutbar ist	wegen	• ....
• weil die Mietpreise zu schnell steigen	aufgrund	• ....
• weil die Qualität des neuen Geräts mangelhaft ist	wegen	• ....
• weil der Arbeitsvertrag unvollständig ist	aufgrund	• ....
• weil die Auftragsabwicklung zu langsam ist	wegen	• ....
• weil er über den Servicemitarbeiter verärgert ist	aus	• ....
• weil die Sicherheitsvorschriften unzureichend sind	wegen	• ....
• weil er über die Arroganz des Verwaltungsmitarbeiters wütend ist	aus	• ....
• weil er durch die Umbauarbeiten gestresst ist	aus	• ....

reicht Herr Müller eine Beschwerde ein.

Vertragliches und Juristisches — Kapitel 8

c) Formen Sie den unterstrichenen Satz in eine Nominalgruppe um. Nutzen Sie die Präposition in Klammern.

- Der Text eines Arbeitsvertrags ist in Paragrafen eingeteilt, <u>weil dies übersichtlicher ist</u>. *(wegen)*
  Der Text eines Arbeitsvertrags ist wegen der Übersichtlichkeit in Paragrafen eingeteilt.

1. Die Zahlung von Sondervergütungen ist nicht im Arbeitsvertrag verankert, <u>weil darauf kein Rechtsanspruch besteht</u>. *(mangels)*
   ....

2. Frau Lange erhält eine Überstundenvergütung, <u>denn sie hat im letzten Monat zusätzlich gearbeitet</u>. *(aufgrund)*
   ....

3. <u>Da Herrn Petersen noch viele Urlaubstage zustehen</u>, nimmt er die ganze nächste Woche frei. *(wegen)*
   ....

4. Außerdem hat er diese Woche einen Termin mit seinem Chef gemacht, <u>weil er seine Urlaubsplanung für nächstes Jahr mit ihm besprechen will</u>. *(wegen)*
   ....

Rechtsprechung gestern und heute

23 Recht bekommen

a) Interpretieren Sie den folgenden Spruch.

> Recht haben und Recht bekommen sind zwei verschiedene Dinge.

b) Berichten Sie über Ihr Heimatland.

- Wie ist das Vertrauen der Bevölkerung in die Justiz?
- Wie schnell droht man jemandem mit einer Klage?
- In welchen Bereichen wird Ihrer Meinung nach besonders viel geklagt?
- Sind Gerichtsverfahren bzw. Anwälte teuer?

c) Beschreiben Sie die Grafik und vergleichen Sie sie mit Ihrem Heimatland.

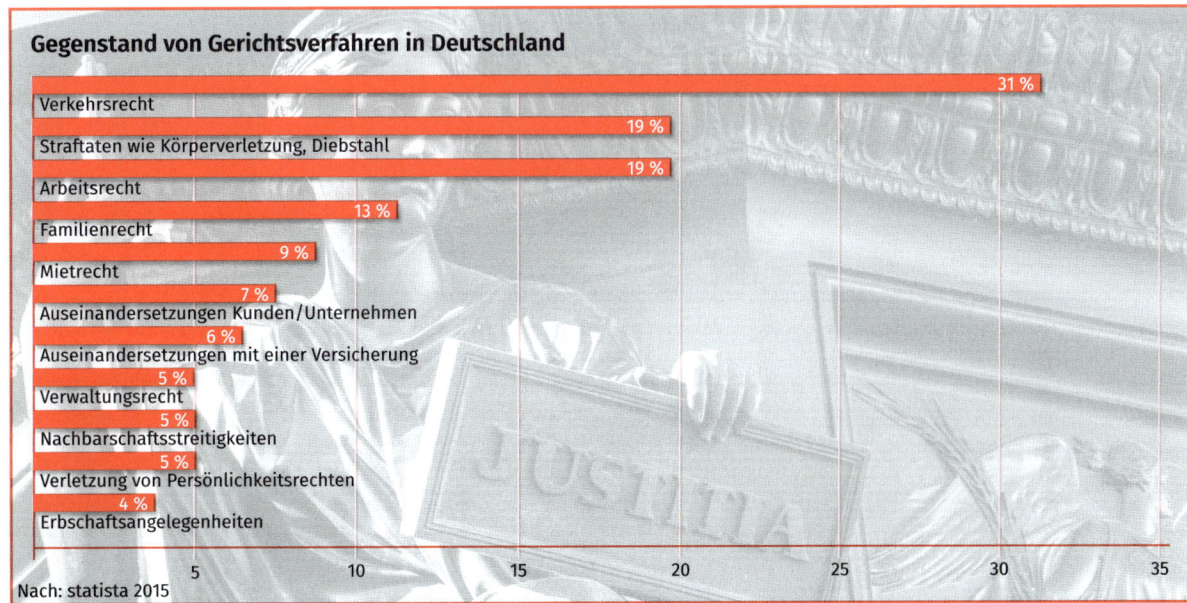

Gegenstand von Gerichtsverfahren in Deutschland
- Verkehrsrecht: 31 %
- Straftaten wie Körperverletzung, Diebstahl: 19 %
- Arbeitsrecht: 19 %
- Familienrecht: 13 %
- Mietrecht: 9 %
- Auseinandersetzungen Kunden/Unternehmen: 7 %
- Auseinandersetzungen mit einer Versicherung: 6 %
- Verwaltungsrecht: 5 %
- Nachbarschaftsstreitigkeiten: 5 %
- Verletzung von Persönlichkeitsrechten: 5 %
- Erbschaftsangelegenheiten: 4 %

Nach: statista 2015

Kapitel 8 — Vertragliches und Juristisches

24 Im Namen des Volkes

Lesen Sie den folgenden Text. Arbeiten Sie zu zweit: Eine/Einer übernimmt Teil A, eine/einer Teil B.

Die Geschichte der Rechtsprechung

Teil A

1 Ergeht heute vor Gericht ein Urteil, dann verkündet es der Richter „Im Namen des Volkes". Doch das ist noch gar nicht allzu lange so. Früher erging es im Namen Gottes, des Kaisers, des Königs, des Rechts. Oft war derjenige, der die Gesetze erließ, auch derselbe, der Urteile fällte und sie vollstrecken ließ. Bis Gesetzgebung und Gerichte in der heutigen Form entstanden, war ein langer Weg zurückzulegen. Keine Gemeinschaft kommt ohne Regeln aus und so bildeten sich schon in frühen Gesellschaften Ordnungen, an die sich meist alle hielten. Verstieß doch einmal einer aus der Sippe dagegen, fanden die Menschen verschiedene Wege zu reagieren. Mal war es der Priester, mal der Stammesälteste, der urteilen und das Recht durchsetzen musste.

2 In Deutschland beginnt die Geschichte des Rechts im 6. Jahrhundert, als sich in der germanischen Zeit die waffenfähigen Männer in „Things" trafen, Versammlungen, in denen wichtige Entscheidungen, aber auch Urteile gemeinsam gefällt wurden. Die Thing-Versammlungen sind die Vorläufer unserer heutigen Gerichte. In der fränkischen Zeit (vom 6. bis 9. Jahrhundert) entstanden Rechtsaufzeichnungen in lateinischer Sprache, in denen das germanische Volksrecht festgehalten wurde. Das bekannteste Werk ist die „Lex Salica", eines der ältesten erhaltenen Gesetzbücher. Außerdem gab es auch das Königsrecht („Capitula" oder deutsch: Kapitularien), geschaffen vom König und den königlichen Beamten. Es galt reichsweit und betraf Straf- und Privatrecht, die Verwaltung, das Finanzwesen sowie die Kirche.

3 Gottesurteile waren im Frühmittelalter sehr verbreitet. Ließ sich die Schuld eines Angeklagten nicht beweisen, vertrauten die Menschen darauf, dass sich die Wahrheit schon alleine durchsetzt. Um sie zu finden, mussten die Beschuldigten glühende Eisenstücke mit bloßer Hand tragen oder sie wurden gefesselt ins Wasser geworfen. Überstanden sie die Tortur ohne Schaden, galten sie als unschuldig. 1215 wurde Geistlichen die Teilnahme an solchen Gottesurteilen untersagt. Sagt heute jemand: „Dafür würde ich meine Hand ins Feuer legen", geht dies übrigens auf die mittelalterliche Praxis der Gottesurteile zurück.
Zwar existierte eine zentrale Staatsgewalt, die auch die Kirche anerkannte, dennoch entwickelten sich ab dem 10. Jahrhundert Rechte für einzelne Gebiete. Jedes Gebiet hatte seine eigene Rechtsetzung und seine eigene Strafgewalt. Das Strafrecht zersplitterte.

4 Am Ende des 12. Jahrhunderts wurden dann verstärkt wieder Rechte aufgezeichnet und es entstanden wichtige Rechtsbücher wie der „Sachsenspiegel" und der „Schwabenspiegel". Die Reichsgesetzgebung selbst betraf vor allem das Verhältnis von Kirche und Staat und die verschiedenen Reichslandfrieden. Das Wiederaufleben des römischen Rechts und das Entstehen der Rechtswissenschaft an den Universitäten Oberitaliens hatte Einfluss auf ganz Europa: Von dort zurückgekehrte Studenten brachten ihr rechtliches Wissen mit und wandten es in der Heimat an. Hatten bisher noch Laien Recht gesprochen, gab es nun an den deutschen Gerichten die ersten ausgebildeten Juristen.

Teil B

5 Ein Meilenstein in den Reformbemühungen war der Reichstag zu Worms im Jahr 1495. Dort wurde der ewige Landfriede beschlossen, sämtliche Fehden* im Reich wurden damit untersagt. Außerdem wurde ein ständiges Reichskammergericht eingerichtet, als höchste Instanz für Zivilsachen. Die Gerichtsordnung sah vor, dass Urteile zur Hälfte von studierten Juristen und zur Hälfte von Adeligen gefällt werden sollten. Das römische Recht weitete sich aus. Es hatte eine stärkere Verwissenschaftlichung und Vereinheitlichung des Rechts in Deutschland zur Folge, aber es wurde auch volksferner – trotz aller Bemühungen, es allgemeinverständlich zu formulieren.

6 Im 19. Jahrhundert bestand Deutschland aus vielen Kleinstaaten. Und jeder hatte seine eigene Rechtsordnung, seine eigene Rechtsprechung. Versuche, besonders das bürgerliche Recht zu vereinheitlichen, lösten eine heftige und lange Diskussion unter den Juristen aus. Die wirtschaftliche Entwicklung sowie die Gründung des Deutschen Reiches im Jahre 1871 bereiteten dem Streit ein Ende und ebneten vor allem dem Bürgerlichen Gesetzbuch (BGB) den Weg. Nach langen Vorarbeiten trat es am 1. Januar 1900 in Kraft. Es gilt in angepasster Form bis heute. Die sozialen Probleme, die mit der Industrialisierung auftraten, waren allerdings nicht berücksichtigt worden. Und so musste es bald um Verbraucherschutz und Arbeitsrecht ergänzt werden.

*Fehde: Privatkrieg zwischen Einzelpersonen oder Familien im Mittelalter

Vertragliches und Juristisches — Kapitel 8

7

Die Nationalsozialisten erhielten den Rechtsstaat zunächst als Fassade aufrecht und umgingen ihn mit Sondergerichten. Als politisches Gericht zur Ausschaltung von Gegnern des Regimes diente der Volksgerichtshof. Er war mit linientreuen Richtern und Laien besetzt, die Rechtsprechung wurde der Politik der Nazis angepasst. Rechtssicherheit oder eine echte Verteidigung für die Angeklagten gab es nicht. Ab 1936 waren staatspolizeiliche Aktionen jeder gerichtlichen Kontrolle entzogen. Es wurden NS-treue Richter eingesetzt, Oberlandesgerichtspräsidenten und Generalstaatsanwälte wurden darauf eingeschworen, Morde an Kranken und Behinderten nicht zu verfolgen. Strafurteile, die nach Hitlers Ansicht zu milde waren, korrigierte der Diktator selbst.

8

Am 1. April 1946 nahmen die deutschen Gerichte ihre Arbeit wieder auf. Am 24. Mai 1949 trat das Grundgesetz in Kraft, das wesentlich die Rechtsentwicklung der Bundesrepublik prägte: Jedes Gesetz muss sich heute an den Maßstäben des Grundgesetzes messen lassen. Auch direkte Eingriffe in die richterliche Arbeit sind nicht möglich: Richter sind unabhängig und nur dem Gesetz unterworfen – so steht es im Grundgesetz.

25 **Arbeiten Sie zu zweit.**

a) Fassen Sie für Ihre Lesepartnerin/Ihren Lesepartner den Inhalt Ihrer Textabschnitte zusammen. Orientieren Sie sich an den folgenden Fragen.

Teil A

1. Welche Urteilsformeln wurden im Laufe der Jahrhunderte benutzt? Nennen Sie Beispiele.

2. Was wird im Text über Thing-Versammlungen gesagt?

3. Auf welche mittelalterliche Praxis der Rechtsprechung geht der Ausdruck „Dafür würde ich meine Hand ins Feuer legen" zurück?

4. Wie entwickelte sich die Rechtsprechung zwischen dem 12. und dem 15. Jahrhundert?

Teil B

5. Weshalb war es in der Mitte des 19. Jahrhunderts im damaligen Deutschland fast unmöglich, eine einheitliche Rechtsordnung und Rechtsprechung zu verabschieden?

6. Worin unterscheidet sich das Bürgerliche Gesetzbuch, das 1900 in Kraft trat, hauptsächlich vom heutigen BGB?

7. Welche Rolle spielte der Volksgerichtshof in der Zeit des Nationalsozialismus?

8. Welche Position haben Richter in Deutschland heute?

Kapitel 8

Vertragliches und Juristisches

b) Ordnen Sie die Aussagen den Abschnitten 1 bis 8 des Textes *Die Geschichte der Rechtsprechung* zu. Zwei Aussagen passen nicht. Setzen Sie dort eine 0 unter den Buchstaben.

A Es entstand ein Reichskammergericht, das zur Hälfte mit Adeligen besetzt war.

B Zur Wahrheitsfindung mussten die Beschuldigten im Frühmittelalter unmenschliche Torturen über sich ergehen lassen.

C In deutsche Gerichte zogen die ersten ausgebildeten Juristen ein.

D Bereits in früheren Gesellschaften gab es Regelordnungen, an die sich die Mitglieder einer Gemeinschaft halten mussten.

E Das Bürgerliche Gesetzbuch (BGB), das in modifizierter Form bis heute gilt, trat in Kraft.

F 1949 trat das Grundgesetz in Kraft.

G Die Formel, mit der der Urteilsspruch eingeleitet wird, spiegelt die Rechts- und Machtverhältnisse der jeweiligen Zeit wider.

H Die Kapitularien, die reichsweit galten, betreffen unter anderem das Straf- und Privatrecht und das Finanzwesen.

I Das Bundesverfassungsgericht sorgte von Anfang an für die Einhaltung und Durchsetzung der Grundrechte.

J Rechtssicherheit oder eine echte Verteidigung für die Angeklagten gab es nicht.

26 Vertiefen Sie den Wortschatz des Textes.

a) Welches Verb passt? Ordnen Sie zu.

- ⊙ ein Urteil im Namen des Volkes → c. verkünden
- 1. ein Gesetz
- 2. gegen die gesellschaftliche Ordnung
- 3. der Stammesälteste musste das Recht
- 4. die Schuld eines Angeklagten ließ sich nicht
- 5. nach überstandenen Torturen als unschuldig
- 6. Geistlichen die Teilnahme an Gottesurteilen
- 7. Einfluss auf ganz Europa
- 8. heftige Diskussionen unter den Juristen
- 9. einem Streit ein Ende
- 10. in Kraft
- 11. die Rechtsentwicklung der Bundesrepublik

a. beweisen
b. treten
c. verkünden
d. durchsetzen
e. auslösen
f. untersagen
g. prägen
h. haben
i. erlassen
j. gelten
k. verstoßen
l. bereiten

b) Bilden Sie aus den vorgegebenen Wörtern Sätze. Achten Sie auf fehlende Präpositionen, den richtigen Kasus und die angegebene Zeitform.

1. Zeit des Nationalsozialismus • die Gerichte • Ausschaltung • Gegner • dienen *(Präteritum)*

   ....

2. die neutrale Rechtsprechung • komplett • Erliegen • kommen *(Präteritum)*

   ....

3. 1. April 1946 • die deutschen Gerichte • ihre Arbeit • wieder • aufnehmen *(Präteritum)*

   ....

Vertragliches und Juristisches

Kapitel 8

4. 24. Mai 1949 • das Grundgesetz • in Kraft treten *(Präteritum)*
   ....

5. das Grundgesetz • wesentlich • die Rechtsentwicklung • die Bundesrepublik • prägen *(Präteritum)*
   ....

6. jedes Gesetz • heute • die Maßstäbe • das Grundgesetz • sich messen lassen müssen *(Präsens)*
   ....

7. direkte Eingriffe • die Arbeit • der Richter • nicht möglich sein *(Präsens)*
   ....

8. Richter • nur • das Gesetz • unterworfen sein *(Präsens)*
   ....

27 Interview

Interviewen Sie Ihre Lernpartnerin/Ihren Lernpartner. Fassen Sie die Antworten mündlich zusammen.

- Glauben Sie, dass Gerichtsurteile unser tägliches Leben beeinflussen?
- Brauchen Sie juristisches Wissen in Ihrer Berufspraxis? Können Sie ein Beispiel nennen?
- Lesen Sie hin und wieder Fachbücher oder Artikel zu juristischen Sachverhalten?
- Können Sie Mündliches oder Schriftliches in der Rechtsprechung auch in einer anderen Sprache verstehen? Wenn ja, in welcher?
- Interessieren Sie sich für Gerichtsverfahren, die in den Medien und in der Öffentlichkeit diskutiert werden? Wenn ja, nennen Sie ein Beispiel.
- Kennen Sie gerichtliche Entscheidungen, die die Politik Ihres Heimatlandes beeinflusst haben? Wenn ja, berichten Sie.

28 Hören Sie ein Interview zum Thema *Die Aufgaben des Bundesverfassungsgerichts (BVerfG)*.

Beantworten Sie die Fragen in Stichpunkten.

1. Worüber sprechen die Gäste der digitalen Bildungsreihe „Alles was Recht ist"?
2. Was ist Frau Stolarova von Beruf?
3. Wer kann eine Klage beim Bundesverfassungsgericht (BVerfG) einreichen?
4. Bei welchen Fragen werden die Richterinnen und Richter des BVerfG tätig?
5. Nennen Sie eine politische Entscheidung, wo das BVerfG hinzugezogen werden kann.
6. Wer hat 1951 das BVerfG berufen?
7. Was soll mithilfe des BVerfG grundsätzlich unterbunden werden?
8. Wie viele Richterinnen und Richter hat das BVerfG?
9. Wie lange dauert die Amtszeit eines Richters/einer Richterin maximal?
10. Nennen Sie ein aufsehenerregendes Urteil des BVerfG und geben Sie den Inhalt kurz wieder.
11. Was beinhaltet das „Awacs-Urteil" aus dem Jahr 2008?
12. Wer hat eine Klage zur Pendlerpauschale eingereicht?
13. Welcher Verfassungsgrundsatz wurde bei der Festlegung der alten Pendlerpauschale verletzt?

Kapitel 8 — Vertragliches und Juristisches

29 Hier ist einiges falsch!

Hören Sie das Interview noch einmal. Unterstreichen und korrigieren Sie die inhaltlichen Fehler in der folgenden Zusammenfassung. Sie enthält sechs Fehler.

Im Hörfunk-ABC International geht es um die Aufgaben des Bundesverfassungsgerichtes. Zwei Gäste geben nähere Auskunft zu diesem Thema. Ein Gast meint, dass es erstaunlich sei, wie viele <u>unwichtige</u> Entscheidungen das Verfassungsgericht treffen muss. Der zweite Gast liefert eine Definition zum BVerfG und bemerkt, dass Richterinnen und Richter des BVerfG für alle strafrechtlichen und politischen Entscheidungen zuständig seien.

Jeder Bürger, der sich in seinen Grundrechten beschnitten fühlt, kann eine Klage beim Bundesverfassungsgericht einreichen. Die Urteile der Verfassungsrichter sind zwar anfechtbar, aber der Kläger darf nur einmal in Berufung gehen. Jeder Bürger hat so über eine Verfassungsbeschwerde Zugang zum obersten deutschen Gericht.

Doch nicht jede Beschwerde hat Erfolg. Neben formalen Kriterien muss eine begründete Grundrechtsverletzung vorliegen. 1951 hat der damalige Bundeskanzler das Bundesverfassungsgericht berufen. Dieser Schritt war eine logische Konsequenz aus den Lehren, die man aus den Gräueln des Nationalsozialismus gezogen hatte. Jeglicher Missbrauch der Verfassung sollte grundsätzlich unterbunden werden. Ein Gericht, das den Bürger vor den Eingriffen des Staates schützte und dazu noch den Status eines Verfassungsorgans bekam, gab es bislang nur einmal in der Geschichte, und das war 1495 das Reichskammergericht.

Das Bundesverfassungsgericht besteht aus zwei Senaten mit jeweils acht Richterinnen und Richtern, die von der Bundesversammlung gewählt werden. Die Urteile fällen die Richter und Richterinnen unabhängig von der Parteienpolitik. Verfassungsklagen werden sowohl von Organisationen als auch von Einzelpersonen eingereicht.

Die Verfassungsrichter kippen nur äußerst selten ein bereits beschlossenes Gesetz wie zum Beispiel die bereits beschlossene Pendlerpauschale. Von dieser Gesetzesänderung haben Millionen Pendler in Deutschland profitiert. Im Jahr 2003 gab es einen Beschluss des BVerfG, der den gesellschaftlichen Gleichheitsgrundsatz zum Ausdruck brachte. Die Verfassungsrichter entschieden, dass die Ungleichbehandlung von gleichgeschlechtlichen Ehepartnern beim Ehegattensplitting verfassungswidrig ist.

30 Rätsel

Die senkrechte farbige Reihe ergibt ein Wort.

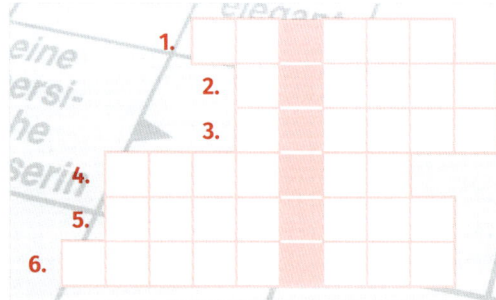

1. rechtliche Norm, die vom Staat zu geltendem Recht gemacht worden ist
2. Auseinandersetzung zwischen zwei oder mehreren Seiten
3. die Entscheidung am Ende des Prozesses
4. Beschuldigung vor Gericht
5. eine Gerichtsentscheidung durch die nächste Instanz prüfen lassen
6. eine weibliche Person, die im Gericht das Urteil fällt

31 Sätze mit ähnlicher Bedeutung

Formen Sie die folgenden Sätze um, indem Sie die in Klammern angegebenen Wörter und Wendungen in der richtigen Form einarbeiten. Achten Sie bei der Umformung auf den Kasus und sich eventuell verändernde Präpositionen.

1. Die meisten Menschen <u>betreten</u> zwar eher selten einen Gerichtssaal, aber mit Gerichten, genauer gesagt deren Urteilen, hat jeder zu tun, denn sie <u>beeinflussen</u> viele Bereiche unseres Alltags. *(gehen; Einfluss • haben)*

   ....

2. <u>Deutsche Gerichte beschäftigen sich</u> mit alltäglichen Fragen wie: Ist der gerade beschlossene Streik wirklich zulässig? <u>Darf</u> die geplante Autobahn wirklich <u>durch</u> das Naturschutzgebiet <u>verlaufen</u>? *(Gegenstand • Gerichtsverhandlung • sein; um • herum • gebaut werden müssen)*

   ....

Vertragliches und Juristisches — Kapitel 8

3. In Deutschland stehen mehr als 1 100 Gerichte zur Verfügung. Jedes Gericht hat seine festgelegten Aufgaben und Zuständigkeiten und gehört zu einem von fünf Gerichtszweigen. *(verfügen; angehören)*
   ....

4. Die Zahl der Amtsgerichte beläuft sich auf 660. Ein Amtsgericht übt die Funktion eines Strafgerichtes und eines Zivilgerichtes aus. *(betragen; fungieren)*
   ....

5. Wer etwas ausgefressen hat, für das nicht mehr als vier Jahre Freiheitsstrafe zu erwarten sind, wird vor das Amtsgericht geladen. *(sich zu Schulden • kommen lassen)*
   ....

6. Auch privatrechtliche Streitigkeiten werden bei Amtsgerichten ausgetragen. Das bedeutet, dass der Staatsanwalt nicht aktiv wird, sondern ein Bürger gegen einen anderen Bürger klagt: Mieter gegen Vermieter, Käufer gegen Verkäufer, Nachbar gegen Nachbar. *(einschalten; verklagen)*
   ....

7. Amtsgerichte befassen sich z. B. mit Unterhalts- und Familienangelegenheiten oder Zwangsversteigerungen. Wer ein Mahnverfahren einleiten will, muss auch zum Amtsgericht. *(zuständig sein; sich wenden)*
   ....

8. Beim Landgericht landen die sogenannten schweren Jungs. Hier werden Verbrechen und Vergehen verhandelt, bei denen eine Strafe von mindestens vier Jahren zu erwarten ist. *(betragen)*
   ....

9. Das Landgericht führt Zivilprozesse zwischen Privatleuten oder Firmen ab einem Streitwert von 5 000 Euro. Es stellt außerdem die Berufungsinstanz für Entscheidungen der Amtsgerichte dar. *(verantwortlich sein; werden)*
   ....

10. Geht es um Streitigkeiten zwischen Arbeitnehmern und Arbeitgebern (Kündigung, Abmahnung, Lohnzahlungen usw.) oder um einen Rechtsstreit zwischen Gewerkschaften und Arbeitgebern, wird dies vor dem Arbeitsgericht verhandelt. *(vorliegen; einschalten)*
    ....

11. Außerdem gibt es in Deutschland noch Finanzgerichte, Sozialgerichte und Verwaltungsgerichte. Finanzgerichte beschäftigen sich in erster Linie mit Steuerfragen. Aufgabenbereiche der Sozialgerichte sind Kranken- und Pflegeversicherung, die Arbeitsförderung, die Grundsicherung für Arbeitssuchende und die Feststellung von Behinderungen. *(spezialisieren; zählen)*
    ....

12. Wer glaubt, von der öffentlichen Verwaltung, also von Behörden, in seinen Rechten verletzt worden zu sein, der kann vor das Verwaltungsgericht gehen. Hier wird z. B. über abgelehnte Baugenehmigungen und Bürgerbegehren, über Versammlungs- und Demonstrationsverbote und Studiengebühren geurteilt. *(beschneiden; Klage • einreichen; Urteile fällen)*
    ....

32 **Schriftlicher Ausdruck: Bericht über ein Gerichtsverfahren**
Wählen Sie ein Thema aus.

1 Suchen Sie (im Internet) ein Gerichtsverfahren/Gerichtsurteil aus Ihrem Heimatland heraus, das die Politik und die Öffentlichkeit sehr bewegt hat. Schreiben Sie einen Bericht mit einem Umfang von etwa 250 Wörtern.

2 Suchen Sie (im Internet) ein Gerichtsverfahren/Gerichtsurteil eines deutschsprachigen Landes heraus, das die Politik und die Öffentlichkeit sehr bewegt hat. Schreiben Sie einen Bericht mit einem Umfang von etwa 250 Wörtern.

Kapitel 8 — Vertragliches und Juristisches

33 Konzessivangaben

Lesen Sie die folgenden Sätze und markieren Sie die sprachlichen Mittel zur Angabe einer Einschränkung. Lesen Sie danach die Hinweise.

1. Obwohl er schon lange als Gerichtsreporter arbeitet, bewegen ihn viele Schicksale immer noch sehr.
2. Er arbeitet zwar schon lange als Gerichtsreporter, aber die Schicksale bewegen ihn immer noch sehr.
3. Er arbeitet schon so lange als Gerichtsreporter, trotzdem/dennoch bewegen ihn viele Schicksale immer noch sehr.

   Er arbeitet schon so lange als Gerichtsreporter, viele Schicksale bewegen ihn trotzdem/dennoch sehr.
4. Trotz seiner langjährigen Arbeit als Gerichtsreporter bewegen ihn die Schicksale immer wieder sehr.

Hinweise

- Nebensätze mit *obwohl* benennen Umstände, die gegen die Handlung des Hauptsatzes sprechen. Das finite Verb steht an letzter Stelle. *(Satz 1)*
- Nach der Konjunktion *aber* (als Konzessivangabe in Verbindung mit *zwar*) steht der Hauptsatz, der die Handlung beschreibt, an 2. Stelle. Der erste Hauptsatz mit *zwar* gibt den Gegengrund an. *(Satz 2)*
- Sätze mit den Konjunktionaladverbien *trotzdem* und *dennoch* beschreiben die nicht erwartete Handlung. Die Adverbien können vor oder hinter dem finiten Verb stehen. Das finite Verb steht immer auf Position 2. *(Beispielsätze unter 3)*
- Eher schriftsprachlichen und formellen Charakter hat die Verwendung einer Präpositionalgruppe mit *trotz* oder *ungeachtet*. *(Satz 4)*

34 Üben Sie die Strukturen.

a) Formen Sie die unterstrichene Nomengruppe in einen Nebensatz um.

- Trotz der vielen Bewerbungsschreiben hat sie bislang noch keine Anstellung als Justizfachangestellte gefunden.
  Sie hat bislang noch keine Anstellung als Justizfachangestellte gefunden, obwohl sie schon viele Bewerbungen geschrieben hat.
  Obwohl sie schon viele Bewerbungen geschrieben hat, hat sie bislang noch keine Anstellung als Justizfachangestellte gefunden.

1. Trotz guter Verbindungen mit öffentlichen Verkehrsmitteln fährt der Angestellte immer mit seinem Wagen zum Landgericht.
   ....

2. Die Verantwortlichen schweigen trotz der vielen Proteste zu diesem Verfahren.
   ....

3. Trotz der guten beruflichen Aussichten nach einem Jurastudium entscheiden sich viele Abiturienten lieber für ein Studium im Kommunikations- und Medienbereich.
   ....

4. Ungeachtet der Einsparungen konnten wir noch einen Mitarbeiter einstellen.
   ....

5. Ungeachtet der immer lauter werdenden Kritik bleibt der Staatsanwalt bei seiner Meinung.
   ....

6. Er lässt den Fall von einer höheren Instanz trotz geringer Aussicht auf Erfolg neu prüfen.
   ....

7. Trotz seiner geringen Kenntnisse zu vielen Verfahren hat er immer eine Meinung und äußert diese auch ständig.
   ....

8. Die Angeklagte beteuert trotz vieler plausibler Zeugenaussagen ihre Unschuld.
   ....

9. Trotz der gut gemeinten Warnungen ihrer Freundinnen arbeitet sie als Sekretärin in der Anwaltskanzlei ihres Mannes.
   ....

10. Sie ist trotz ihrer Erfolge als Strafverteidigerin immer bescheiden geblieben.
    ....

11. Trotz der schweren Anschuldigungen bleibt er ruhig und gelassen.
    ....

Vertragliches und Juristisches — Kapitel 8

b) Vervollständigen Sie die Sätze frei.

1. ...., obwohl er sehr vermögend ist.
2. Sie arbeitet schon 30 Jahre auf demselben Amtsgericht, dennoch ....
3. Obwohl er keine stichhaltigen Beweise hat, ...
4. Die Anwohner wurden zwar über den Vorfall informiert, aber ....
5. ...., geht er zur Arbeit.
6. Sie hat sich sehr gut auf die Verhandlung vorbereitet, trotzdem ....
7. ...., dennoch findet er immer wieder eine Ausrede.
8. ...., obwohl wir gut für die Prüfung gelernt haben.
9. Zwar ist er ein sachkundiger Anwalt, aber ....
10. ...., sollten Sie vor Gericht aussagen.
11. Gegen den Manager wurde wegen des Verdachts auf Steuerhinterziehung Anklage erhoben, obwohl ....
12. Der Staatsanwalt legte zahlreiche Beweise vor, dennoch ....

Wichtige Redemittel zu den Themen

Lesen Sie die folgenden Redemittel zu den behandelten Themen und markieren Sie den für Sie besonders relevanten Wortschatz. Wiederholen Sie die aufgeführten Wendungen als Ganzes (Nomen mit Verben und Ergänzungen).

Verträge

- eine **Abmachung** außer Kraft setzen
- die **allgemeinen Geschäftsbedingungen (AGB)** kennen/lesen/unterzeichnen
- ein **Anstellungsverhältnis/Arbeitsverhältnis** haben/beenden
- im Fall von **Arbeitsunfähigkeit** Geld erhalten
- Die **Bruttovergütung** beträgt ...
- eine **Frist** einhalten
- Die **Gesetzgebung** schreibt etwas vor.
- eine einschränkende/aufhebende **Klausel** beinhalten
- das **Kleingedruckte** lesen/falsch interpretieren
- Ein Vertrag tritt **in Kraft**.
- die **Kündigungsfrist** einhalten
- einer **Nebentätigkeit** nachgehen

- Der **Paragraf** beinhaltet ...
- eine **Prämie** erhalten
- die **Probezeit** erfolgreich absolvieren
- einen **Rechtsanspruch** haben/geltend machen
- **Urlaubsgeld** erhalten
- eine kurzfristige/langfristige **Vereinbarung** treffen
- ein **Verfahren** einstellen
- einen befristeten/unbefristeten **Vertrag** (Arbeitsvertrag, Mietvertrag, Kaufvertrag usw.) abschließen/aushandeln/aufsetzen/erfüllen/unterzeichnen/verlängern/brechen/lösen/kündigen/verletzen
- vom **Vertrag** zurücktreten
- einen **Vertragstext** aufsetzen/formulieren
- eine bindende **Zusage** erhalten

Verbraucherschutz

- einen **Anwalt** einschalten
- eine **Anzeige** erstatten
- gute **Aussichten** auf Erfolg haben
- eine **Beschwerde** formulieren/sich beschweren
- **Haftung** übernehmen
- Eine **Klausel** ist nicht wirksam. • Man kann eine Klausel anfechten.
- **Kunden** schützen
- einen **Lieferanten** mahnen
- eine **Lieferung** beschädigt/verspätet abliefern
- in **Lieferverzug** geraten
- offensichtliche **Mängel** aufweisen

- eine **Mängelrüge** schreiben/verfassen
- einen **Preisnachlass** gewähren
- abweichende **Regelungen** treffen
- **Schadensersatz** leisten
- Die **Staatsanwaltschaft** befasst sich mit dem Fall.
- Der **Umsatz** steigt/stagniert.
- sich bei der **Verbraucherzentrale** erkundigen
- beschädigte/mangelhafte/unbeschädigte/verdorbene **Ware** erhalten/beanstanden/reklamieren
- Berichte der Stiftung **Warentest** lesen
- mit der **Zahlung** im Verzug sein

Kapitel 8 — Vertragliches und Juristisches

Rechtsprechung

- die Schuld eines **Angeklagten** beweisen
- **Anklage** erheben/jemanden anklagen
- **Beklagter/Beschuldigter** sein
- in **Berufung** gehen
- Das **Bundesverfassungsgericht/Bundesverwaltungsgericht** tagt.
- Im **Bürgerlichen Gesetzbuch** steht ...
- gegen ein **Gesetz** verstoßen
- **Gesetze** erlassen/einhalten/brechen/übertreten/respektieren/verabschieden
- Das **Grundgesetz** ist die **Grundlage der Rechtsprechung**.
- **Grundrechte** durchsetzen
- Eine **Grundrechtsverletzung** liegt vor ...
- **Klage** gegen jemanden einreichen/jemanden verklagen
- jemandem etwas zur **Last** legen
- gegen die gesellschaftliche **Ordnung/Rechtsordnung** verstoßen
- einen **Prozess** führen
- **Recht** sprechen
- die **Rechtsentwicklung** prägen
- die **Schuld** eines Angeklagten beweisen
- ein **Urteil** fällen/vollstrecken
- einen **Urteilsspruch** einleiten/formulieren
- die **Verteidigung** eines Angeklagten übernehmen
- sich an die **Vorschriften** halten

Redemittelübersicht — Anhang

Redemittelübersicht
Hier finden Sie eine Übersicht wichtiger Redemittel aus den Kapiteln.

Argumentieren und diskutieren (1)

Die eigene Meinung ausdrücken
- Meiner Meinung nach … • Meines Erachtens …
- Ich bin der Auffassung/Meinung/Überzeugung, dass …
- Ich bin davon überzeugt/Ich bin mir sicher, dass …
- Ich halte es für nützlich/möglich/wichtig, dass …
- Ich weiß aus Erfahrung, dass …

Vorschläge unterbreiten
- Ich schlage vor, dass … • Wir sollten … • Es wäre sicher sinnvoll …
- Wir haben uns bereits über … Gedanken gemacht und einige Vorschläge erarbeitet: …
- Wir haben mit … gute Erfahrungen gemacht.
- Als Erfolg versprechend gilt auch …
- … könnte sich positiv auf … auswirken.
- Wir sollten dafür sorgen, dass …
- Wenn es nicht anders geht, … • Wenn diese Möglichkeit nicht vorhanden ist, … • Im Notfall könnten wir …

Sich auf Argumente anderer beziehen
- Wie Herr/Frau … schon erwähnte, …
- Ich möchte mich darauf beziehen/kurz darauf zurückkommen, was Herr/Frau … gesagt hat.
- Ich möchte noch einmal hervorheben, was wir von Herrn/Frau … gehört haben: …
- Mir hat die Argumentation von Herrn/Frau … besonders gut gefallen.
- In dieser Hinsicht/In diesem Punkt finde ich die Bemerkung von Herrn/Frau … besonders aufschlussreich/interessant/diskussionswürdig.

Jemandem zustimmen
- Da gebe ich Ihnen vollkommen recht.
- Damit/Mit dieser Aussage bin ich einverstanden.
- Das entspricht auch meiner Erfahrung/Vorstellung.
- Dem kann ich nur zustimmen.

Jemandem widersprechen/Zweifel anmelden
- In diesem Punkt habe ich eine ganz/etwas andere Meinung.
- Ich kann mir nicht vorstellen, dass …
- Ich befürchte/bezweifle, dass …
- Man sollte bedenken, dass …
- Wäre es nicht besser, wenn …?
- Ich halte es für unrealistisch, …
- Mir stellt sich dann die Frage, …

Einen neuen Sachverhalt einführen
- Ich möchte noch etwas hinzufügen: …
- An dieser Stelle würde ich gern auf eine wichtige Tatsache hinweisen: …
- Es muss auch berücksichtigt werden, dass …
- Wir dürfen nicht vergessen, dass …

Pro- und Kontra-Argumente nennen
- Einerseits …, andererseits …
- Auf der einen Seite …, auf der anderen Seite …
- … spricht dafür, … spricht dagegen.
- Ein klarer Vorteil ist …, es gibt allerdings auch einen Nachteil: …

191

Anhang — Redemittelübersicht

Argumentieren und diskutieren (2)

Schlussfolgerungen ziehen/Konsequenzen benennen
- Aus dem Gesagten/Aus den dargelegten Argumenten lässt sich entnehmen, dass …/ergibt sich, dass …/folgt, dass …/geht hervor, dass …
- Das hat zur Folge, dass …
- Aus diesem Grund/Daher/Deshalb/Folglich/Somit/Deswegen …
- Es ist klar/deutlich/offensichtlich, dass …
- Aus dem Ergebnis müssten/sollten sofort folgende Konsequenzen gezogen werden: …
- Für die Zukunft könnte … bedeuten/heißen, dass …
- In Zukunft ist unbedingt darauf zu achten, dass …

Beschreiben und präsentieren (1)

Aufgabenbereiche beschreiben
- Die Hauptaufgabe der Geschäftsführung besteht darin, … zu …
- Die Finanzabteilung beschäftigt sich mit …
- Zum Aufgabenbereich/Zu den Aufgaben der Marketingabteilung gehört/gehören …
- Die Abteilung für Controlling stellt sicher, dass …
- Die IT-Abteilung ist zuständig/verantwortlich für …
- Die Abteilung für Technik ist zuständig/verantwortlich dafür, … zu …
- Die Aufgabe der Qualitätskontrolle wird von der Abteilung für Qualitätssicherheit übernommen.
- Die Abteilung für Verkauf und Vertrieb hat den Auftrag, … zu …
- Der Betriebsrat vertritt die Interessen der Arbeitnehmer.
- Das Vorstandssekretariat untersteht direkt dem Vorstand.
- Die Presseberichte fallen in das Ressort der Marketingabteilung.

Aktienkurse beschreiben
- Die Aktie fällt, befindet sich im freien Fall/sinkt (um … auf …)/verliert an Wert.
- Die Aktie steigt/steigt an (von … auf …/um …)/hat zugelegt/klettert auf …
- Die Aktie erreicht die … Marke/ein historisches Tief/einen neuen Höchststand.
- Die Zahlen zeigen Anzeichen einer Stabilisierung.
- Der Grund für diese Entwicklung könnte … sein.
- Die schwache/starke Konjunktur ließ die Preise für die … Aktie abstürzen/sinken/steigen.
- Der Reformeifer des Unternehmens zeigt erste Erfolge.
- Das wirtschaftlich angeschlagene Unternehmen konnte die Erwartungen nicht erfüllen.
- Die Experten haben für … ihre Wachstumsprognose nach oben/unten korrigiert.
- Die Befürchtung ist groß, dass …
- Es wird gemutmaßt, dass …

Eine Grafik beschreiben
- Das Schaubild/Die Grafik zeigt …/stellt … dar.
- Die Daten stammen aus dem Jahr …
- Man kann aus/anhand der Grafik deutlich erkennen, dass …
- Aus dem Schaubild geht hervor/wird deutlich, dass …
- An der Spitze/Auf Platz eins/zwei steht/liegt …
- Dahinter kommt/folgt …
- Am Ende der Skala befindet/befinden sich …
- Der Anteil der/des … beträgt/liegt bei … Prozent.
- … spielt eine weniger wichtige/untergeordnete Rolle.
- Überrascht/Verwundert hat mich, dass …
- Besonders bemerkenswert ist meiner Ansicht nach, dass …
- Im Vergleich zu Deutschland/zu meinem Heimatland …
- Ich vermute/weiß/gehe davon aus, dass in meinem Heimatland …

Studien- bzw. Umfrageergebnisse präsentieren
- Forscher/Wissenschaftler haben untersucht, …
- Das Hauptaugenmerk/Der Schwerpunkt der Untersuchung lag auf …
- Die Ergebnisse der Studie zeigen …
- Der Studie/Umfrage zufolge …
- Laut (der) Studie/Umfrage …
- Man kann aus/anhand der Studie deutlich erkennen, dass …
- Aus der Studie geht hervor/wird deutlich, dass …
- Mit diesen Ergebnissen konnten die Forscher beweisen, …
- Neu ist die Erkenntnis, …
- Überrascht/Verwundert hat mich, dass …
- Besonders bemerkenswert ist meiner Ansicht nach, dass …
- Dieses Ergebnis habe ich erwartet/entspricht meinen Erwartungen/Erfahrungen.

Technische Geräte/Projekte beschreiben
- Unser Team hat … entwickelt. • Unser Team arbeitet zurzeit an …
- Ein bekanntes Problem auf dem Gebiet … ist …
- Wenn man den Stand der Technik beschreibt, …
- Bisher ungelöste Probleme/Schwierigkeiten sind …/treten auf, wenn …
- Im Unterschied zu bisherigen Lösungen wurde … mit … ausgestattet.
- Dies ist besonders dann von Vorteil, wenn …
- Der Vorteil wird darin gesehen, dass …
- Durch die Erfindung/Innovation wird erreicht, dass …/kann man …/eröffnen sich folgende Möglichkeiten: …

Redemittelübersicht

Beschreiben und präsentieren (2)

- Das Gerät ist über ... mit ... verbunden.
- Das Gerät muss noch ... überprüft werden.
- Das Projekt soll die technischen Grundlagen dafür legen, dass ...

Veränderungen beschreiben und Vermutungen formulieren

- ... sind starken Veränderungen unterzogen.
- ... entwickeln sich in eine absehbare/unabsehbare/positive/negative Richtung.
- Auch die ... werden sich verändern, denn ...
- Die größten Veränderungen wird es im Bereich ... geben.
- In ... Jahren wird es ...
- Vielleicht/Vermutlich/Ganz sicher wird/werden ...
- Im Vergleich/Im Gegensatz zu heute ...
- ... gewinnt/verliert immer mehr an Bedeutung.
- ... wird/werden in der Zukunft eine wichtigere/größere Rolle spielen.

Eine Sitzung einleiten/leiten

Eine Sitzung eröffnen

- Ich begrüße Sie herzlich zu unserer Sitzung.
- Auf der Tagesordnung stehen heute folgende Punkte: Zuerst ... • Danach ... • Im Anschluss daran ... • Zum Schluss ...
- Beginnen wir mit ...
- Wer schreibt Protokoll?/Wer protokolliert?

Die Diskussion strukturieren

- Herr/Frau ..., Sie hatten sich zu Wort gemeldet/Sie wollten dazu etwas sagen?
- Gibt es weitere Anmerkungen/Meinungen zu dem Thema/dazu?
- Herr/Frau ..., bitte kommen Sie langsam zum Ende.
- Wir müssen die Diskussion an dieser Stelle leider abbrechen, wir schaffen die anderen Punkte sonst nicht mehr./Die Zeit läuft uns davon.
- Wir sollten die Diskussionsergebnisse kurz zusammenfassen: ...
- Welche Schlussfolgerungen können gezogen werden?
- Welche Maßnahmen müssen ergriffen werden?

Eine Sitzung protokollieren

Tagesordnung

- Die Tagesordnung wird genehmigt/verändert.
- Ein Tagesordnungspunkt (TOP) wird neu aufgenommen/gestrichen/auf die nächste Sitzung verschoben.

Stand der Dinge/Berichte

- Der Stand der Dinge ist folgender: ...
- Herr/Frau Meier/Der Abteilungsleiter/Die Verantwortliche berichtet/beschreibt/legt dar/führt aus, dass ...

Hinweise auf Dokumente/Vereinbarungen/frühere Sitzungen

- In/Aus den vorliegenden Dokumenten wird deutlich, ...
- Wie schon in einer früheren Sitzung besprochen/vereinbart, ...

Diskussion

- Herr/Frau Meier nimmt Stellung zu ... • spricht das Thema ... an • bringt das Thema ... zur Sprache • befürwortet, dass ... • bezweifelt, ob ... • meint/ist der Meinung/Ansicht, dass ... • führt als Beispiel ... an • gibt Frau Kümmel (nicht) recht.
- Das Thema wird kurz/intensiv/lebhaft/kontrovers/von allen Seiten diskutiert.
- Übereinstimmung herrscht in der Frage ...

Vorschläge/Lösungen

- Herr/Frau Meier schlägt vor, ... • unterbreitet den Vorschlag, ... • regt an, ... • hält es für besser, wenn ... • beschreibt folgende Lösungswege: ...
- Die Vorschläge ... werden allgemein begrüßt/angenommen/weiterdiskutiert.
- Es wird eine Einigung im Bereich/hinsichtlich ... erzielt.
- Die Fragen/Punkte ... bleiben offen.

Maßnahmen/Aktionsplan

- Es werden folgende Maßnahmen beschlossen/ergriffen: ...
- Als Erstes/Danach werden ...
- Es wird vereinbart, dass ...
- Für die Zukunft ist geplant ...
- Die Maßnahmen sollen bis ... umgesetzt werden.
- Verantwortlich für die Umsetzung des Aktionsplans ist ...
- Eine (erste) Evaluation erfolgt ...
- Der Bericht soll bis ... vorliegen.

Anhang — Redemittelübersicht

Einen Vortrag halten

Den Vortrag einleiten und strukturieren
- In meinem Vortrag geht es um … / befasse ich mich mit der Frage …
- Beginnen möchte ich mit … • Zuerst werde ich mich mit … auseinandersetzen.
- Danach wende ich mich der Frage zu, … • Dann betrachte/beschreibe/erläutere ich …
- Zum Schluss werde ich noch kurz auf … eingehen.

Die Bedeutung des Themas hervorheben • Den Wissensstand referieren
- Das Thema ist erst seit wenigen Jahren aktuell/wird schon lange diskutiert/ist vor allem für … von großer Bedeutung.
- Es ist allgemein bekannt, dass …
- Nach neuesten Erkenntnissen … • Forschungsergebnissen zufolge …
- Untersuchungen haben gezeigt, dass … • Wissenschaftler haben herausgefunden, dass …

Gedanken verbinden • Beziehungen herstellen
- Ich komme jetzt zu … • Mein nächster Punkt ist … • Nun wende ich mich der Frage zu …
- Außerdem sollte man bedenken …
- Einen Aspekt habe ich vergessen/möchte ich noch nachtragen: …
- Daraus ergibt sich/folgt, dass …

Beispiele anführen
- Hierfür lassen sich einige Beispiele anführen: …
- Ein weiteres Beispiel wäre …
- Das kann man anhand von Beispielen sehr gut belegen/widerlegen: …

Den eigenen Standpunkt deutlich machen
- Meinen Erfahrungen/Meiner Ansicht nach …
- Für mich ist ausschlaggebend, dass …
- Hervorzuheben ist noch ein weiterer Gesichtspunkt: …
- … bin ich mit … nicht/ganz einer Meinung.

Ausblicke geben
- Daraus ergibt sich die Schlussfolgerung, dass …
- Die Konsequenzen daraus sind …
- Für die Zukunft könnte das … bedeuten/heißen, dass …

Grammatikübersichten

Anhang

Grammatikübersichten

I. Verben

1. Zeitformen der Verben 196
2. Modalverben 196
3. Rektion der Verben 198
4. Passiv und Passiv-Ersatzformen 200
5. Konjunktiv II 201
6. Die indirekte Rede: Konjunktiv I 203
7. Nomen-Verb-Verbindungen 204

II. Nomen und Nominalisierung

1. Maskuline, feminine und neutrale Nomen 205
2. Maskuline Nomen der n-Deklination 205
3. Adjektive und Partizipien als Nomen 206
4. Komposita 206
5. Nominalisierung von verbalen Strukturen 207

III. Adjektive

1. Deklination 207
2. Komparation 209
3. Partizipien als Adjektive 209
4. Rektion der Adjektive 210

IV. Präpositionen

1. Präpositionen mit dem Akkusativ 211
2. Präpositionen mit dem Dativ 211
3. Wechselpräpositionen 212
4. Präpositionen mit dem Genitiv 212

V. Sätze

1. Stellung der Satzglieder 213
2. Negation 214
3. Satzverbindungen 214
4. Sinngerichtete Infinitivkonstruktionen 216
5. Verbabhängige Nebensätze und Infinitivkonstruktionen 216
6. Relativsätze 216

195

Anhang — Grammatikübersichten

I. VERBEN

1 Zeitformen der Verben
→ alle Kapitel

a) *Haben, sein* und *werden*

		Präsens	Präteritum	Perfekt	Plusquamperfekt	Futur I
haben	er	hat	hatte	hat gehabt	hatte gehabt	wird haben
sein	er	ist	war	ist gewesen	war gewesen	wird sein
werden	er	wird	wurde	ist geworden	war geworden	wird werden

b) Regelmäßige Verben

		Präsens	Präteritum	Perfekt	Plusquamperfekt	Futur I
lernen	er	lernt	lernte	hat gelernt	hatte gelernt	wird lernen
arbeiten	er	arbeitet	arbeitete	hat gearbeitet	hatte gearbeitet	wird arbeiten
landen	er	landet	landete	ist gelandet	war gelandet	wird landen
bestellen	er	bestellt	bestellte	hat bestellt	hatte bestellt	wird bestellen
einkaufen	er	kauft ein	kaufte ein	hat eingekauft	hatte eingekauft	wird einkaufen
studieren	er	studiert	studierte	hat studiert	hatte studiert	wird studieren

c) Unregelmäßige Verben

		Präsens	Präteritum	Perfekt	Plusquamperfekt	Futur I
lesen	er	liest	las	hat gelesen	hatte gelesen	wird lesen
fahren	er	fährt	fuhr	ist gefahren	war gefahren	wird fahren
denken	er	denkt	dachte	hat gedacht	hatte gedacht	wird denken
beginnen	er	beginnt	begann	hat begonnen	hatte begonnen	wird beginnen
anrufen	er	ruft an	rief an	hat angerufen	hatte angerufen	wird anrufen

Hinweise

- Tempusformen dienen nicht nur der Beschreibung von Vorgängen und Zuständen in der Gegenwart, Vergangenheit und Zukunft oder der Schilderung zeitlicher Abläufe, sondern sie können auch modale oder stilistische Funktionen übernehmen.
- So kann man z. B. mit *Futur I* zukünftiges Geschehen ausdrücken, Visionen beschreiben, eine Absicht benennen oder eine Vermutung für die Gegenwart formulieren.

2 Modalverben
→ Kapitel 7

a) Zeitformen

Zeitformen der Modalverben

		Präsens	Präteritum	Perfekt*	Plusquamperfekt*	Futur I
können	er	kann	konnte	hat gekonnt	hatte gekonnt	wird können
müssen	er	muss	musste	hat gemusst	hatte gemusst	wird müssen
sollen	er	soll	sollte	hat gesollt	hatte gesollt	wird sollen
wollen	er	will	wollte	hat gewollt	hatte gewollt	wird wollen
dürfen	er	darf	durfte	hat gedurft	hatte gedurft	wird dürfen
mögen	er	mag	mochte	hat gemocht	hatte gemocht	wird mögen

*Diese Formen werden nur gebraucht, wenn das Modalverb als Vollverb auftritt.

Grammatikübersichten — Anhang

Zeitformen für Modalverben als Hilfsverben

In der Grundbedeutung

Präsens	Klaus *muss* länger *arbeiten*.
Präteritum	Klaus *musste* länger *arbeiten*.
Perfekt	Klaus *hat* länger *arbeiten müssen*.
Plusquamperfekt	Klaus *hatte* länger *arbeiten müssen*.
Futur I	Klaus *wird* länger *arbeiten müssen*.

In subjektiver Bedeutung

Präsens	Klaus ist nicht da. Er *könnte* noch *arbeiten*. Er *könnte* noch im Büro *sein*.
Vergangenheit	Klaus war nicht da. Er *könnte* noch *gearbeitet haben*. Er *könnte* im Büro *gewesen sein*.

b) Bedeutungen

Modalverben in objektiver Bedeutung

	Beispielsatz	**Bedeutung**	**synonyme Wendungen**
können	Frau Müller *kann* sehr schnell schreiben.	Fähigkeit	Sie ist dazu fähig/imstande/in der Lage.
	Otto *kann* nicht gut zuhören.	Unfähigkeit/Unvermögen	Er ist dazu nicht in der Lage.
	Du *kannst* jetzt zum Chef gehen. (Er hat gerade Zeit.)	Gelegenheit/Möglichkeit	Du hast die Gelegenheit/Möglichkeit/Chance.
	Er *kann* machen, was er will.	Berechtigung/Erlaubnis	Er hat die Erlaubnis.
	Können Sie mich bitte mit Frau Kaiser verbinden?	Frage/Bitte	Ist es möglich, dass …?
müssen	Ich *muss* die E-Mail noch heute beantworten.	Notwendigkeit	Es ist notwendig/erforderlich/unumgänglich.
	Wir alle *müssen* Steuern zahlen.	Pflicht	Es bleibt nichts anderes übrig. Wir haben keine andere Wahl.
nicht brauchen + zu	(Ich verdiene nichts.) Ich *muss keine* Steuern zahlen. Ich *brauche keine* Steuern *zu* zahlen.	Negation von *müssen*: nicht müssen nicht brauchen + zu	Es ist nicht notwendig.
sollen	Ich *soll* heute länger arbeiten. (Mein Chef hat das gesagt.)	Auftrag	Ich habe den Auftrag/die Anweisung./Von mir wird erwartet/verlangt, dass …
	Du *sollst* Frau Kümmel sofort zurückrufen.	Weiterleitung eines Auftrags	(Frau Kümmel) bittet dich, …
	Soll ich dir einen Kaffee mitbringen?	Frage nach dem Wunsch einer anderen Person	Möchtest du, dass ich …?
	Man *soll* sich gegenseitig respektieren.	moralische Forderung	Die Normen erfordern bzw. verbieten, dass …
	Du *solltest* mehr Sport treiben. (Konjunktiv II)	Empfehlung/Rat	Ich empfehle es dir./Es ist empfehlenswert/ratsam.
dürfen	Alle *dürfen* den Ruheraum nutzen.	Erlaubnis/Berechtigung	Es ist erlaubt/gestattet. Man hat das Recht/die Berechtigung.
	In den Büros *darf* man *nicht* rauchen. Darüber *darf* man keine Witze machen.	Verbot negative Anweisung	Es ist nicht erlaubt/korrekt/erwünscht.
	Darf ich hier mal telefonieren?	höfliche Frage	Ist es möglich/erlaubt? Gestatten Sie es mir?

Anhang — Grammatikübersichten

	Beispielsatz	Bedeutung	synonyme Wendungen
mögen	Ich *mag* das neue Produkt (nicht).	Vorliebe/Abneigung	Mir gefällt es (nicht).
wollen	Otto *will* befördert werden.	Absicht/Plan	Es ist sein Wunsch./Er hat die Absicht/den Plan. Er plant es/beabsichtigt es/hat es vor.
möchte(n)	Anna *möchte* sich weiterbilden.	Wunsch (freundliche Form von *wollen*)	Es ist ihr Wunsch./Sie hat die Absicht/den Plan. Sie plant es/beabsichtigt es/hat es vor.
	Du *möchtest* bitte Frau Kümmel zurückrufen.	höfliche Weiterleitung eines Auftrags (freundliche Form von *sollen*)	Es wird erwartet/verlangt, dass …/(Frau Kümmel) bittet dich, …

Modalverben in Vermutungsbedeutung

	Beispielsatz	Bedeutung	synonyme Wendungen
mögen	Das *mag* stimmen. Da *mögen* Sie recht haben.	Vermutung (sehr wenig Sicherheit)	eventuell/möglicherweise
können/könnten	Er *kann/könnte* noch im Büro sein.	Vermutung (wenig Sicherheit)	möglicherweise/vielleicht/vermutlich/Es ist denkbar./Es ist möglich.
dürften	Das Ereignis *dürfte* zehn Jahre zurückliegen.	Vermutung (etwas mehr Sicherheit)	wahrscheinlich/Vieles spricht dafür./sicherlich
müssten	Die Angaben *müssten* stimmen.	Vermutung (viel Sicherheit)	höchstwahrscheinlich/Ich bin mir ziemlich sicher.
müssen nicht können	Er *muss* an der Besprechung teilgenommen haben. Er *kann* das *nicht* gewusst haben.	Schlussfolgerung (sehr viel Sicherheit)	sicher/zweifellos/ganz bestimmt/Für mich steht es fest. sicher nicht/Mir scheint es unmöglich./Es ist unvorstellbar.

Hinweise

- Modalverben beschreiben das Verhältnis einer Person zur Handlung. Sie drücken z. B. eine Fähigkeit oder Notwendigkeit aus. Deshalb stehen Modalverben meistens mit einem anderen Verb.
  Frau Müller kann sehr schnell schreiben. Ich muss die E-Mail beantworten.
- Neben ihrer Grundbedeutung können Modalverben noch weitere Bedeutungen haben, die als subjektive Bedeutungen bezeichnet werden.
  Man kann mithilfe von Modalverben z. B. eine Vermutung formulieren.
  Wo ist Klaus? Er könnte noch im Büro sein.

3 Rektion der Verben

→ *Kapitel 1, 6*

a) Verben mit direktem Kasus

Verben mit dem Nominativ (Frage: Wer? Was?)

Er *wird* bestimmt ein guter Manager.
Nom.   Nom.

: sein • werden • bleiben :

Grammatikübersichten — Anhang

Verben mit dem Akkusativ (Frage: Wen? Was?)

Wir *brauchen* ein neues Konzept.
Nom.   Akk.

> *Die meisten deutschen Verben benötigen eine Ergänzung im Akkusativ:* abholen • absagen • anrufen • bauen • beantworten • beeinflussen • benutzen • besuchen • bezahlen • brauchen • essen • finden • haben • hören • kennen • lesen • loben • mögen • suchen • trinken *u. a.*

Verben mit dem Dativ (Frage: Wem?)

Die Leistungen *genügen* den Anforderungen nicht.
Nom.   Dativ

> antworten • begegnen • beistehen • danken • entsprechen • gefallen • gehören • genügen • glauben • gratulieren • helfen • imponieren • missfallen • misstrauen • nachgeben • nützen • passen • schaden • vertrauen • widersprechen • zuhören • zusehen • zustimmen *u. a.*

Verben mit Dativ und Akkusativ (Frage: Wem? + Was?)

Die Projektmitarbeiter *präsentierten* dem Auftraggeber das Ergebnis.
Nom.   Dativ   Akk.

> *Viele Verben haben neben der Akkusativergänzung noch eine Ergänzung im Dativ, wobei die Ergänzung im Akkusativ meist eine Sache und die Ergänzung im Dativ eine Person ist:* anbieten • bewilligen • bringen • borgen • empfehlen • erklären • erzählen • geben • gewähren • holen • kaufen • schenken • schicken • schreiben • senden • versprechen • wünschen • zeigen *u. a.*

Verben mit zwei Akkusativen (Frage: Wen? + Was?)

Die Softwareumstellung *kostet* die IT-Mitarbeiter viel Zeit.
Nom.   Akk.   Akk.

> kosten • lehren • nennen • schimpfen

Verben mit dem Genitiv (Frage: Wessen?)

Die Maßnahmen *bedürfen* einer Erklärung.
Nom.   Gen.

> sich annehmen • sich bedienen • bedürfen • sich bemächtigen • sich enthalten • sich erfreuen

b) Verben mit präpositionalem Kasus

Ich *nehme* an der Besprechung teil.
Nom.   an + Dativ

Ich *telefoniere* mit dem Chef.
Nom.   mit + Dativ

> Fragen: *Woran* nehmen Sie teil? *(Sache)*
>   *Mit wem* telefonieren Sie? *(Person)*

Präposition und Kasus	Beispielverben	Beispielsätze
Verben mit Präposition + Dativ *aus, bei, mit, nach, unter, von, vor, zu*	abhängen *von*	Alles hängt vom neuen Management ab.
	anfangen *mit*	Wann fangt ihr mit dem Projekt an?
	sich bedanken *bei*	Martin bedankt sich bei seinem Chef.
	bestehen *aus*	Dieses Produkt besteht aus zwei Teilen.
	sich erkundigen *nach*	Erkundigen Sie sich bitte nach günstigen Flugverbindungen.
	sich fürchten *vor*	Ehrgeizige Mitarbeiter fürchten sich vor dem Scheitern.
	gehören *zu*	Kaffee kochen gehört nicht zu meinen Aufgaben.
	leiden *unter*	Viele Mitarbeiter leiden unter den hohen Belastungen.

Anhang — Grammatikübersichten

Präposition und Kasus	Beispielverben	Beispielsätze
Verben mit Präposition + Akkusativ *für, gegen, über, um*	sich ärgern *über* sich bewerben *um* sich interessieren *für* sich wehren *gegen*	Frau Müller ärgert sich über ihren Chef. Robert bewirbt sich um ein Stipendium. Interessierst du dich für eine bestimmte Fortbildung? Die Mitarbeiter wehren sich gegen die neuen Maßnahmen des Managements.
Verben mit Präposition + Dativ oder Akkusativ *an, in, auf*	denken *an + Akk.* teilnehmen *an + Dativ* sich verlieben *in + Akk.* bestehen *in + Dativ* achten *auf + Akk.* basieren *auf + Dativ*	Frau Müller denkt auch nachts an ihre Arbeit. Wer nimmt an der Besprechung teil? Marie hat sich in ihren Kollegen verliebt. Das Problem besteht in der Zusammensetzung der Materialien. Achten Sie besonders auf die Korrektheit der Daten. Die Entscheidungen basieren auf dem Beschluss des Vorstandes.
Verben mit Präposition + Gleichstellungskasus *als*	sehen/ansehen *als + Akk.* bezeichnen *als + Akk.* arbeiten *als + Nom.* gelten *als + Nom.*	Ich sehe ihn nicht als Karrieristen. Die Presse bezeichnete ihn als den Retter des Konzerns. Herr Lampe arbeitet als Lehrer an einem Gymnasium. Professor Müller gilt als Experte auf diesem Gebiet.

Hinweise

- Verben brauchen ein Subjekt und in der Regel weitere Ergänzungen, um einen sinnvollen Satz bilden zu können. Wie viele Ergänzungen obligatorisch sind und in welchem Kasus sie stehen, das hängt vom Verb ab. *Wir brauchen ein neues Konzept. Die Leistungen genügen den Anforderungen nicht.*
- Viele Verben haben eine Ergänzung mit einer Präposition. Die Präposition gehört zum Verb und bestimmt den Kasus: *Ich nehme an der Besprechung teil.*
 Einige Verben haben mehrere präpositionale Ergänzungen: *Der Chef spricht mit seinen Mitarbeitern über die Arbeitsergebnisse.*
- Einige Verben können mit einer Ergänzung im Dativ oder Akkusativ und einer präpositionalen Ergänzung stehen. *Der Chef dankt seinen Mitarbeitern für ihr Engagement.*

4 Passiv und Passiv-Ersatzformen → Kapitel 3

a) Vorgangspassiv: *werden* + Partizip II

Zeitformen

	einfaches Vorgangspassiv	Vorgangspassiv mit Modalverben in der Grundbedeutung
Präsens	Der Vorfall *wird untersucht*.	Der Vorfall *muss untersucht werden*.
Präteritum	Der Vorfall *wurde untersucht*.	Der Vorfall *musste untersucht werden*.
Perfekt	Der Vorfall *ist untersucht worden*.	Der Vorfall *hat untersucht werden müssen*.
Plusquamperfekt	Der Vorfall *war untersucht worden*.	Der Vorfall *hatte untersucht werden müssen*.
Futur I	Der Vorfall *wird untersucht werden*.	Der Vorfall *wird untersucht werden müssen*.

Hinweise

- Bei einem Passivsatz steht die Handlung im Vordergrund, nicht die Person.
- Im Nebensatz steht das Modalverb an letzter Stelle.
 Ich weiß nicht, ob der Vorfall untersucht werden muss/musste.
- Man kann das Subjekt des Aktivsatzes in den Passivsatz übernehmen, wenn man es besonders betonen möchte. Dabei stehen Personen, Institutionen und Gegenstände in der Regel mit *von* + Dativ.
 Der Eingang der Unterlagen wurde vom Finanzamt bestätigt.
 Durch + Akkusativ verwenden wir bei Vorgängen, Instrumenten, Überträgern und Überbringern. Ebenso bei Nomen, die Bereiche voneinander trennen.
 Die Unterlagen wurden durch einen Boten überbracht. (Überbringer)

Grammatikübersichten — Anhang

b) Zustandspassiv: *sein* + Partizip II

Zeitformen	
Präsens	Der Entwicklungsprozess *ist abgeschlossen*.
Vergangenheit (Präteritum)	Der Entwicklungsprozess *war abgeschlossen*.
Futur	Der Entwicklungsprozess *wird abgeschlossen sein*.

Hinweise

○ Das Zustandspassiv beschreibt das Ergebnis einer vorausgegangenen abgeschlossenen Handlung.
Vorgang: *Der Entwicklungsprozess ist abgeschlossen worden.*
Zustand: *Der Entwicklungsprozess ist abgeschlossen.*

○ Das Zustandspassiv kann nur von Verben gebildet werden, die ein Vorgangspassiv bilden können und einen Vorgang beschreiben, aus dem überhaupt ein Zustand entstehen kann, z. B. *öffnen, eröffnen, schließen, abschließen*.

c) Passiv-Ersatzformen

Passiv	Passiv-Ersatzformen
Die Tür kann abgeschlossen werden.	Die Tür *ist abzuschließen*.
	Die Tür *lässt sich abschließen*.
	Die Tür *ist abschließbar*.

Formen	Beispielsätze	Modalfunktion
sein + zu **Infinitiv**	Die Daten *sind* einfach *zu manipulieren*.	Möglichkeit
	Das Produkt *ist nicht zu verkaufen*.	Nicht-Möglichkeit
	Die Maßnahmen *sind* sofort *umzusetzen*.	Notwendigkeit
sich lassen + **Infinitiv**	Die Tür *lässt sich abschließen*.	Möglichkeit
	Der Fehler *lässt sich nicht erklären*.	Nicht-Möglichkeit
Verbstamm + *-lich*	Die Entscheidung *ist* durchaus *begreiflich*.	Möglichkeit
Verbstamm + *-bar*	Der Bürostuhl *ist nicht verstellbar*.	Nicht-Möglichkeit

Hinweise

○ Passiv-Ersatzformen umschreiben Passivkonstruktionen. Sie stehen im Aktiv und werden vor allem in der mündlichen Kommunikation häufiger verwendet als das Passiv.

○ Passiv-Ersatzformen haben oft eine modale Funktion. Sie drücken z. B. eine Möglichkeit, eine Notwendigkeit oder eine Nicht-Möglichkeit aus.

5 Konjunktiv II → Kapitel 5, 6

a) Formen

	„klassische" Konjunktivform				Umschreibung mit *würde*	
	haben und **sein**		**Modalverben**		unregelmä-ßige Verben	regelmäßige Verben	unregelmäßige Verben
ich	hätte	wäre	könnte	sollte	ginge	würde öffnen	würde fliegen
du	hättest	wär(e)st	könntest	solltest	gingest	würdest öffnen	würdest fliegen
er/sie/es	hätte	wäre	könnte	sollte	ginge	würde öffnen	würde fliegen
wir	hätten	wären	könnten	sollten	gingen	würden öffnen	würden fliegen
ihr	hättet	wär(e)t	könntet	solltet	finget	würdet öffnen	würdet fliegen
sie/Sie	hätten	wären	könnten	sollten	gingen	würden öffnen	würden fliegen

Anhang — Grammatikübersichten

b) Zeitformen

Aktiv

Konjunktiv II – Gegenwart	Konjunktiv II – Vergangenheit
Hilfsverben: Ich *hätte* gern Geld. Ich *wäre* gern gesund. → (er) *hätte/wäre*	Ich *hätte* gern Geld *gehabt*. Ich *wäre* gern gesund *gewesen*. → Konjunktiv II von *haben* oder *sein* + Partizip II
Die meisten anderen Verben: Ich *würde* gern in den Urlaub *fahren*. Ich *würde* gern weniger *arbeiten*. Ich *würde* mir gern ein Cabrio *kaufen*. → (er) *würde* + Infinitiv	Ich *wäre* gern in den Urlaub *gefahren*. Ich *hätte* gern weniger *gearbeitet*. Ich *hätte* mir gern ein Cabrio *gekauft*. → Konjunktiv II von *haben* und *sein* + Partizip II
Modalverben: *Könnte* ich doch schneller *schreiben*! *Müsste* ich doch nicht jeden Tag so weit *fahren*! → (er) *könnte/müsste/dürfte/sollte/wollte* + Infinitiv des Verbs	*Hätte* ich doch schneller *schreiben können*! *Hätte* ich doch nicht jeden Tag so weit *fahren müssen*! → Konjunktiv II von *haben* + Infinitiv des Verbs + Infinitiv des Modalverbs

Passiv

Konjunktiv II – Gegenwart	Konjunktiv II – Vergangenheit
Das Haus *würde gebaut*. → (er) *würde* + Partizip II	Das Haus *wäre gebaut worden*. → Konjunktiv II von *sein* + Partizip II + *worden*

Beispiele zum Gebrauch

1. Vorschläge, Meinungsäußerung und Kritik	
Vorschläge	Wir *sollten* mit der Entscheidung noch *warten*.
Meinungsäußerung	Ich *würde* mir das (an deiner Stelle) noch einmal *überlegen*.
nachträgliche Kritik	Es *wäre* besser *gewesen*, wenn du vorher *gefragt hättest*. Du *hättest* vorher *fragen sollen/müssen*. Das *hätte* nicht *passieren dürfen*.

2. Höfliche Fragen und Aufforderungen	
höfliche Frage	*Könnte* ich bitte Herrn Müller *sprechen*?
höfliche Aufforderung	*Würdest* du bitte das Fenster *öffnen*?

3. Irreale Sachverhalte	
Wünsche (irreal)	*Müsste* ich doch nicht immer neue Wörter *lernen*!
Bedingung (irreal)	Wenn ich Zeit *hätte*, *würde* ich sofort zu ihm *fahren*.
verpasste Gelegenheiten	Fast/Beinahe *hätte* ich fünf Millionen Euro *gewonnen*.
Vergleich (irreal)	Er tut so, als ob er mich nicht *verstehen würde*.

Grammatikübersichten

6 Die indirekte Rede: Konjunktiv I
→ Kapitel 1, 4

a) Formen

	viele unregelmäßige und alle regelmäßigen Verben		Modalverben		haben		sein
	Konj. I	Ersatzformen im Konj. II	Konj. I	Ersatzformen im Konj. II	Konj. I	Ersatzformen im Konj. II	Konj. I
ich	plane	würde planen	müsse	müsste	habe	hätte	sei
du	planest	würdest planen	müssest	müsstest	habest	hättest	sei(e)st
er/sie/es	plane	würde planen	müsse	müsste	habe	hätte	sei
wir	planen	würden planen	müssen	müssten	haben	hätten	seien
ihr	planet	würdet planen	müsset	müsstet	habet	hättet	sei(e)t
sie/Sie	planen	würden planen	müssen	müssten	haben	hätten	seien

Hinweis: Die in der Tabelle rot gedruckten Formen werden in der gesprochenen Sprache bevorzugt.

b) Zeitformen

Aktiv

Konjunktiv I – Gegenwart	Konjunktiv I – Vergangenheit
Der Politiker sagte,	Der Politiker sagte,
… er *habe* kein Verständnis dafür.	… er *habe* kein Verständnis dafür *gehabt*.
… er *sei* zufrieden mit dem Wahlergebnis.	… er *sei* zufrieden mit dem Wahlergebnis *gewesen*.
… er *verstehe* die Reaktion des Kollegen nicht.	… er *habe* die Reaktion des Kollegen nicht *verstanden*.
	→ Konjunktiv I von *haben* und *sein* + Partizip II
… das *dürfe* nicht noch einmal *passieren*.	… das *habe* nicht noch einmal *passieren dürfen*.
	→ Konjunktiv I von *haben* und *sein* + Infinitiv des Verbs + Infinitiv des Modalverbs

Passiv

Konjunktiv I – Gegenwart	Konjunktiv I – Vergangenheit
Der Politiker sagte,	Der Politiker sagte,
… er *werde* nicht rechtzeitig *informiert*.	… er *sei* nicht rechtzeitig *informiert worden*.
… viele neue Straßen *würden gebaut*.	… viele neue Straßen *seien gebaut worden*.
→ Konjunktiv I von *werden* + Partizip II	→ Konjunktiv I von *sein* + Partizip II + *worden*

Hinweise

- Der Konjunktiv I wird hauptsächlich in der indirekten Rede verwendet. Dabei werden Aussagen von anderen Personen oder allgemeine Aussagen in wissenschaftlichen Untersuchungen im offiziellen Sprachgebrauch, z. B. in den Nachrichten oder in anderen offiziellen Berichten, im Konjunktiv I wiedergegeben: *Der Minister sagte, er sei erschüttert.*
- Die Wiedergabe von Meinungen und Äußerungen wird in der Regel ergänzt von
  Verben wie: Herr/Frau X *meinte/sagte/antwortete/fragte/erwiderte/betonte/teilte mit …*
  Wendungen wie: Herr/Frau X *war der Meinung/Ansicht/Auffassung, dass …*
  Wissenschaftlichen Untersuchungen zufolge, …
  Nach neuesten Erkenntnissen …

Anhang — Grammatikübersichten

7 Nomen-Verb-Verbindungen: Ausgewählte Formen aus den Kapiteln

 Kapitel 1, 4, 7

Verbindungen in aktivischer Bedeutung

- etwas zum Abschluss bringen (*etwas abschließen*)
- an jemanden/etwas Anforderungen stellen (*etwas fordern/erwarten*)
- Anpassungen vornehmen (*etwas anpassen*)
- auf etwas Anspruch haben (*etwas beanspruchen*)
- einen Anstieg/Wachstum verzeichnen (*ansteigen, wachsen*)
- einen Antrag stellen (*etwas beantragen*)
- etwas zum Ausdruck bringen (*etwas ausdrücken*)
- Auswirkungen haben auf (*sich auf etwas auswirken*)
- an Bedeutung gewinnen (*wichtiger werden*)
- auf jemanden/etwas Bezug nehmen (*sich auf jemanden/etwas beziehen*)
- auf jemanden/etwas Einfluss ausüben (*jemanden/etwas beeinflussen*)
- eine Einigung erzielen (*sich einigen*)
- eine Entscheidung treffen (*etwas entscheiden*)
- etwas in Erwägung ziehen (*über etwas [positiv] nachdenken*)
- eine Frage stellen (*fragen*)
- Grenzen ziehen (*etwas begrenzen*)
- eine Initiative starten (*etwas initiieren*)
- Klage einreichen (*jemanden verklagen*)
- an jemandem/etwas Kritik üben (*jemanden/etwas kritisieren*)
- Maßnahmen ergreifen/treffen (*etwas tun*)
- einen Nachweis erbringen (*etwas nachweisen*)
- für jemanden Partei ergreifen (*jemanden unterstützen*)
- aus etwas Profit ziehen (*profitieren*)
- einen Rat geben/erteilen (*jemandem etwas raten/empfehlen*)
- auf jemanden/etwas Rücksicht nehmen (*vorsichtig sein/etwas berücksichtigen*)
- etwas zur Sprache bringen (*etwas ansprechen/besprechen*)
- Vereinbarungen treffen (*etwas vereinbaren*)
- etwas zur Verfügung stellen (*etwas bereitstellen/anbieten*)
- Vorbereitungen treffen (*vorbereiten*)
- einen Vorschlag unterbreiten (*etwas vorschlagen*)
- sich im Wandel befinden (*sich wandeln/verändern*)
- das Wort ergreifen (*sprechen*)
- seine Zustimmung geben/erteilen (*jemandem/etwas zustimmen*)
- etwas in Zweifel ziehen (*etwas bezweifeln*)

Verbindungen in passivischer Bedeutung

- Anerkennung bekommen/erhalten/erwarten (*anerkannt werden*)
- Anwendung finden (*angewandt werden*)
- in Bedrängnis geraten (*bedrängt werden*)
- zum Einsatz kommen (*eingesetzt werden*)
- auf Kritik stoßen (*kritisiert werden*)
- zur Sprache kommen (*besprochen werden*)
- zur Verfügung stehen (*gebraucht werden können*)
- Zustimmung finden (*Einer Sache/Entscheidung wird zugestimmt.*)

Hinweise

Im offiziellen, formelleren Sprachgebrauch, z. B. in der Sprache der Wissenschaft, der Ämter oder der Politik, werden gerne Kombinationen aus einem Nomen und einem Verb verwendet:
Das Thema Qualitätsmanagement kam auch zur Sprache.
Die Vorschläge zur Neuregelung der Arbeitszeiten stießen auf Kritik.
Diese Verbindungen geben der Sprache einen offizielleren Charakter.

Grammatikübersichten — Anhang

> **Hinweise**
> - Bei Nomen-Verb-Verbindungen beschreibt das Nomen die Handlung, das Verb verliert seine eigentliche Bedeutung. Oft lassen sich Nomen-Verb-Verbindungen durch einfache Verben ersetzen:
>   *eine Frage stellen – fragen • Kritik üben – kritisieren*
>   Einige Verben stehen mit einem präpositionalen Objekt: *etwas zum Ausdruck bringen – ausdrücken.*
> - Nomen-Verb-Verbindungen können aktivische oder passivische Bedeutung haben:
>   *ein Thema zur Sprache bringen – ein Thema ansprechen/besprechen*
>   *Ein Thema kommt zur Sprache. – Ein Thema wird angesprochen/besprochen.*

II. NOMEN UND NOMINALISIERUNG

1 Formen: Maskuline, feminine und neutrale Nomen

→ alle Kapitel

Kasus	maskulin	feminin	neutral	Plural
Nominativ	der Plan mein Plan	die Entscheidung meine Entscheidung	das Projekt mein Projekt	die Dokumente meine Dokumente
Akkusativ	den Plan meinen Plan	die Entscheidung meine Entscheidung	das Projekt mein Projekt	die Dokumente meine Dokumente
Dativ	dem Plan meinem Plan	der Entscheidung meiner Entscheidung	dem Projekt meinem Projekt	den Dokumenten meinen Dokumenten
Genitiv	des Plan(e)s meines Plan(e)s	der Entscheidung meiner Entscheidung	des Projekt(e)s meines Projekt(e)s	der Dokumente meiner Dokumente

> **Hinweise**
> - Den Kasus erkennt man hauptsächlich an der Endung des Artikels (Kasussignal).
> - Nur im Genitiv Singular bei maskulinen und neutralen Nomen und im Dativ Plural gibt es ein Kasussignal am Nomen selbst: *des Plan(e)s, des Projekt(e)s, den Dokumenten.*

2 Besondere Formen: Maskuline Nomen der *n*-Deklination

→ Kapitel 1, 3, 7

Kasus	maskulin	Plural
Nominativ	der Kollege	die Kollegen
Akkusativ	den Kollegen	die Kollegen
Dativ	dem Kollegen	den Kollegen
Genitiv	des Kollegen	der Kollegen

> **Hinweise**
> Einige maskuline Nomen haben besondere Endungen: Sie enden außer im Nominativ Singular immer auf *-n* (*n*-Deklination). Dazu gehören:
> - alle maskulinen Nomen auf *-e*, z. B.: *der Kollege, der Kunde, der Experte* usw.
> - Angehörige bestimmter Nationalitäten (auf *-e*): *der Brite, der Bulgare, der Chinese* usw.
> - alle maskulinen Nomen auf *-and*, *-ant*, *-ent*, *-ist*: *der Doktorand, der Diamant, der Patient, der Journalist* usw. (Endung in Singular und Plural: *-en*)
> - maskuline Nomen aus dem Griechischen, oft Berufsbezeichnungen: *der Biologe, der Demokrat, der Satellit, der Fotograf, der Architekt, der Philosoph*
> - Nomen wie: *der Nachbar, der Mensch* (Endung in Singular und Plural: *-en*), *der Herr* (Endung im Plural: *-en*)
> - Ausnahmen: Einige maskuline Nomen bilden den Genitiv zusätzlich mit *-s*: *der Buchstabe* (des Buchstabens), *der Funke* (des Funkens), *der Gedanke* (des Gedankens), *der Name* (des Namens), *der Wille* (des Willens).

205

Anhang　　　　　　　　　　　　　　　　　　　　Grammatikübersichten

3　Adjektive und Partizipien als Nomen　　→ Kapitel 1, 6

a) Deklinationen

Kasus	maskulin	feminin	Plural
Nominativ	de**r** Angestell**te** ein Angestell**ter**	di**e** Angestell**te** ein**e** Angestell**te**	di**e** Angestell**ten** Angestell**te**
Akkusativ	de**n** Angestell**ten** ein**en** Angestell**ten**	di**e** Angestell**te** ein**e** Angestell**te**	di**e** Angestell**ten** Angestell**te**
Dativ	de**m** Angestell**ten** ein**em** Angestell**ten**	de**r** Angestell**ten** ein**er** Angestell**ten**	de**n** Angestell**ten** Angestell**ten**
Genitiv	de**s** Angestell**ten** ein**es** Angestell**ten**	de**r** Angestell**ten** ein**er** Angestell**ten**	de**r** Angestell**ten** Angestell**ter**

b) Personen

Adjektiv/Partizip	mit bestimmtem Artikel	mit unbestimmtem, negativem oder possessivem Artikel
angestellt	der Angestell**te**/die Angestell**te**	ein Angestell**ter**/eine Angestell**te**
deutsch	der Deutsch**e**/die Deutsch**e**	ein Deutsch**er**/eine Deutsch**e**
arbeitslos	der Arbeitslos**e**/die Arbeitslos**e**	ein Arbeitslos**er**/eine Arbeitslos**e**
beamtet	der Beamt**e**/die Beamt**in** [!]	ein Beamt**er**/eine Beamt**in** [!]

c) Abstrakta

Adjektiv/Partizip	mit bestimmtem Artikel	ohne Artikel
neu	das Neu**e**	nichts Neu**es**
positiv	das Positiv**e**	etwas Positiv**es**

d) Sprachbezeichnungen

Adjektiv/Partizip	mit bestimmtem Artikel	ohne Artikel/mit unbestimmtem, negativem oder possessivem Artikel
spanisch	das Spanisch**e** (*ohne Attribut*) das gesprochene Spanisch (*mit Attribut*)	Spanisch/gesprochenes Spanisch/mein Spanisch/ kein Spanisch

Hinweise

- Die meisten Adjektive und Partizipien können auch als Nomen im Satz auftreten. Nominalisierte Adjektive werden dekliniert wie attributiv verwendete Adjektive.
- Achtung: Nominalisierte Adjektive und Partizipien, die auf *-e* enden, wie: *der Angestellte, der Beamte* usw., kann man leicht mit den Nomen der n-Deklination wie *der Kunde* oder *der Experte* verwechseln. Man erkennt den Unterschied an der Endung nach dem unbestimmten Artikel:
  - Nomen der *n*-Deklination: *ein Kunde, ein Experte*
  - Adjektive und Partizipien als Nomen: *ein Angestellter, ein Beamter*

4　Komposita　　→ Kapitel 1, 4, 7

Komposita (zusammengesetzte Nomen)	
Nomen + Nomen	die Maßnahme + der Plan → *der Maßnahmeplan*
Verb + Nomen	wasch(en) + die Maschine → *die Waschmaschine*
Adjektiv + Nomen	kühl + der Schrank → *der Kühlschrank*
Präposition + Nomen	neben + der Eingang → *der Nebeneingang*

Grammatikübersichten — Anhang

> **Hinweise**
> - Bei zusammengesetzten Nomen richtet sich das Genus nach dem letzten Nomen.
> - Bei manchen Komposita steht zwischen den beiden Nomen ein *-s-*, z. B. bei:
>   - femininen Nomen auf *-tät, -heit, -keit, -schaft, -ung, -ion*: *Realitätsverlust, Bereitschaftserklärung, Erfahrungsaustausch, Innovationskultur*
>   - Nomen auf *-ling* und *-tum*: *Lieblingsthema, Wachstumsbrache*
>   - Nomen vom Infinitiv des Verbs: *Verhaltensregeln*
>   - maskulinen Nomen wie *Verkehr, Beruf, Unterricht, Urlaub*: *das Verkehrsmittel, der Berufswunsch, das Unterrichtsfach, die Urlaubszeit*
>   - femininen Nomen wie *Arbeit*: *die Arbeitszeit, der Arbeitsplatz* (aber: *Arbeitgeber, Arbeitnehmer*)
>   - neutralen Nomen wie *Geschäft*: *die Geschäftswelt, das Geschäftsessen*

5 Nominalisierung von verbalen Strukturen → Kapitel 1

	Verbalstil	Nominalstil	
Verben	Der Direktor redet. Der Direktor wird begrüßt.	die Rede des Direktors die Begrüßung des Direktors	Nominalisierung + Genitiv
Adjektive mit *sein*	Das Management ist begeistert.	die Begeisterung des Managements	
Verben + Akkusativergänzung **Passiv mit Agensangabe**	Der Direktor begrüßt den Minister. Der Minister wird von dem Direktor begrüßt.	die Begrüßung des Ministers durch den Direktor	Nominalisierung + *durch* + Nomen (Agens)
Verben + Nomen ohne Artikel	Es werden Fragen gestellt.	das Stellen von Fragen	Nominalisierung + *von* + Nomen
Verben mit Adverbien	Die Gesprächspartner respektieren sich gegenseitig.	der gegenseitige Respekt der Gesprächspartner	Adjektiv + Nominalisierung + Genitiv
Verben mit Präpositionen	Fachleute diskutieren über die Sparpläne.	die Diskussion der Fachleute über die Sparpläne	Nominalisierung + Genitiv + präpositionale Ergänzung

> **Hinweise**
> Wenn ein Text viele nominale Strukturen enthält, sprechen wir vom Nominalstil. Der Nominalstil wird vor allem in wissenschaftlichen, fachsprachlichen oder amtssprachlichen Texten verwendet, um eine größere inhaltliche Komplexität zu erzielen.

III. ADJEKTIVE

1 Deklination → Kapitel 3

a) Adjektivdeklination nach bestimmtem Artikel oder nach *alle, beide, diese, jene, jede, manche, sämtliche, solche, welche*

Kasus	maskulin	feminin	neutral	Plural
Nominativ	der neue Chef	die gute Idee	das große Büro	die alten Bücher
Akkusativ	den neuen Chef	die gute Idee	das große Büro	die alten Bücher
Dativ	dem neuen Chef	der guten Idee	dem großen Büro	den alten Büchern
Genitiv	des neuen Chefs	der guten Idee	des großen Büros	der alten Bücher

Anhang — Grammatikübersichten

Kurzübersicht Adjektivendungen:

Kasus	maskulin	feminin	neutral	Plural
Nominativ	-e	-e	-e	-en
Akkusativ	-en	-e	-e	-en
Dativ	-en	-en	-en	-en
Genitiv	-en	-en	-en	-en

b) Adjektivdeklination nach unbestimmtem Artikel oder nach *kein, mein, dein, sein, ihr, unser, euer*

Kasus	maskulin	feminin	neutral	Plural
Nominativ	ein neu**er** Chef	ein**e** gut**e** Idee	ein groß**es** Büro	kein**e** alt**en** Bücher
Akkusativ	ein**en** neu**en** Chef	ein**e** gut**e** Idee	ein groß**es** Büro	kein**e** alt**en** Bücher
Dativ	ein**em** neu**en** Chef	ein**er** gut**en** Idee	ein**em** groß**en** Büro	kein**en** alt**en** Bücher**n**
Genitiv	ein**es** neu**en** Chef**s**	ein**er** gut**en** Idee	ein**es** groß**en** Büro**s**	kein**er** alt**en** Bücher

Kurzübersicht Adjektivendungen:

Kasus	maskulin	feminin	neutral	Plural
Nominativ	-er	-e	-es	-en
Akkusativ	-en	-e	-es	-en
Dativ	-en	-en	-en	-en
Genitiv	-en	-en	-en	-en

c) Adjektivdeklination ohne Artikel oder nach *andere, einige, etliche, folgende, mehrere, verschiedene, viele, wenige, zahlreiche*

Kasus	maskulin	feminin	neutral	Plural
Nominativ	gut**er** Wein	frisch**e** Milch	kühl**es** Bier	süß**e** Äpfel
Akkusativ	gut**en** Wein	frisch**e** Milch	kühl**es** Bier	süß**e** Äpfel
Dativ	gut**em** Wein	frisch**er** Milch	kühl**em** Bier	süß**en** Äpfel**n**
Genitiv	gut**en** Wein**es**	frisch**er** Milch	kühl**en** Bier(e)**s**	süß**er** Äpfel

Kurzübersicht Adjektivendungen:

Kasus	maskulin	feminin	neutral	Plural
Nominativ	-er	-e	-es	-e
Akkusativ	-en	-e	-es	-e
Dativ	-em	-er	-em	-en
Genitiv	-en	-er	-en	-er

Hinweise

- Einige wenige Adjektive werden nicht dekliniert:
  - umgangssprachliche Ausdrücke wie *das super Konzept, die prima Idee*
  - Ableitungen von Städtenamen und einigen Regionen auf *-er*: *der Hamburger Hafen, Nürnberger Würste, Schweizer Käse, Thüringer Bratwurst*
- Wenn mehrere Adjektive ein Nomen beschreiben, haben alle Adjektive die gleiche Endung: *Das ist ein wunderbarer, aber nicht finanzierbarer Vorschlag.*
- Adjektive ohne Artikel übernehmen die Endungen der Artikel als Kasus-Signal.
  Ausnahme: Adjektive im Genitiv Singular vor maskulinen und neutralen Nomen enden auf *-en*. Das Kasus-Signal steht am Nomen: *ein Glas guten Weines*.

Grammatikübersichten — Anhang

2 Komparation → Kapitel 4

		Positiv	Komparativ	Superlativ
1.	Normalform	billig	billiger	am billigsten/der billigste
2.	a → ä warm, lang, kalt, hart, alt	warm	wärmer	am wärmsten/der wärmste
		kalt	kälter	am kältesten/der kälteste
	o → ö groß	groß	größer	am größten/der größte
	u → ü kurz, jung	jung	jünger	am jüngsten/der jüngste
3.	Adjektive auf: -er	teuer	teurer	am teuersten/der teuerste
	-el	dunkel	dunkler	am dunkelsten/der dunkelste
4.	Adjektive auf: -sch/-s/-ß/-z	frisch	frischer	am frischesten/der frischeste
	-d/-t	intelligent	intelligenter	am intelligentesten/der intelligenteste
5.	Sonderformen	gut	besser	am besten/der beste
		viel	mehr	am meisten/der meiste
		gern	lieber	am liebsten/der liebste
		hoch	höher	am höchsten/der höchste
		nah	näher	am nächsten/der nächste

Hinweise

- Der Superlativ kann auch relativiert werden: *Er ist einer der besten Manager des Konzerns.* → *Er ist einer von mehreren sehr guten Managern.* Nomen und Adjektive stehen im Genitiv Plural.
- Vergleiche werden mit *als* oder *wie* gebildet. Steht das Adjektiv im Komparativ, verwendet man *als*, steht das Adjektiv im Positiv, gebraucht man *wie*. Angaben mit *als* und *wie* können nach der Satzklammer stehen. *Die Verkaufszahlen sind besser als im letzten Jahr. Die Verkaufszahlen sind genauso gut wie im letzten Jahr.*
- In Sätzen, die eine Proportionalität ausdrücken, steht in der Regel erst der mit *je* eingeleitete Nebensatz, danach folgt der Hauptsatz mit *desto/umso*.
  Je schneller wir die Maßnahmen umsetzen, desto/umso besser werden sie greifen.

3 Partizipien als Adjektive → Kapitel 4

Partizip I und II als Adjektiv

Partizip I + Adjektivendung	die steigende Produktivität	*Aktiv:* Die Produktivität steigt.	bei transitiven oder intransitiven Verben	Die Handlung läuft parallel zur Haupthandlung.
	die sich erfüllende Prophezeiung	*Aktiv:* Die Prophezeiung erfüllt sich.	bei reflexiven Verben	
Partizip II + Adjektivendung	die gestohlenen Daten	*Passiv:* Die Daten wurden gestohlen.	bei transitiven Verben	Die Handlung ist abgeschlossen. Sie geschieht vor der Haupthandlung.
	die gestiegene Produktivität	*Aktiv:* Die Produktivität ist gestiegen.	bei intransitiven Verben mit *sein* im Perfekt	
	der auf Steuerrecht spezialisierte Anwalt	*Aktiv:* Der Anwalt hat sich auf Steuerrecht spezialisiert.	bei reflexiven Verben, die ein Zustandsreflexiv bilden können	Bei reflexiven Verben kann die Handlung vorzeitig oder gleichzeitig sein.
	der sehr an Kunst interessierte Politiker	Der Politiker ist an Kunst interessiert/interessiert sich für Kunst.	Das Reflexivpronomen entfällt.	

Anhang

Grammatikübersichten

Gerundiv

zu + Partizip I + Adjektivendung	die noch zu bewältigenden Aufgaben	*Passiv:* Die Aufgaben müssen noch bewältigt werden.	zum Ausdruck von Möglichkeit oder Notwendigkeit

Hinweise

- Partizipien geben eine temporale Beziehung zur Haupthandlung wieder.
  Das **Partizip I** beschreibt Handlungen, Zustände oder Vorgänge, die gleichzeitig zur Haupthandlung laufen.
  Die steigende Produktivität führt zu besseren Ergebnissen. (Die Produktivität steigt und die Ergebnisse werden besser.)
  Das **Partizip II** beschreibt in der Regel vergangene, abgeschlossene Handlungen, Zustände oder Vorgänge.
  Die gestiegene Produktivität erfordert eine Umstellung des Arbeitsprozesses. (Die Produktivität ist gestiegen, jetzt muss der Arbeitsprozess umgestellt werden.)
- Partizipien können mit verschiedenen Angaben *erweitert* werden.
  Die in den letzten Jahren gestiegene Produktivität erfordert eine Umstellung des Arbeitsprozesses.
  Erweiterte Partizipien findet man vor allem in der Schriftsprache, z. B. in beschreibenden Texten oder wissenschaftlichen Publikationen.
- Das **Partizip I** in Verbindung mit *zu* bildet das sogenannte Gerundiv. Dieses Attribut ist eine Passivsatzform und kennzeichnet Notwendigkeit oder Möglichkeit.
  Die noch zu bewältigenden Aufgaben sind überschaubar. (Die Aufgaben, die noch bewältigt werden müssen, sind überschaubar.)

4 Rektion der Adjektive

→ Kapitel 6

Adjektive mit präpositionalem Kasus

Der Direktor *ist an* dem Projekt *interessiert*.	→	interessiert sein + an + Dativ
Die Beförderung *ist für* mich sehr *wichtig*.	→	wichtig sein + für + Akkusativ
Wir *sind mit* dem Ergebnis *zufrieden*.	→	zufrieden sein + mit + Dativ

Aussagen:	Der Direktor ist mit dem Praktikanten nicht zufrieden. Wir sind mit dem Ergebnis zufrieden.	Fragen:	*Mit wem* ist der Direktor nicht zufrieden? *(Person)* *Womit* seid ihr zufrieden? *(Sache)*

Präposition und Kasus	Beispiele	Beispielsätze
Adjektive mit Präposition + Dativ *bei, gegenüber, mit, nach, von, vor, zu*	beliebt sein *bei* aufgeschlossen *gegenüber* zufrieden sein *mit* verrückt sein *nach* begeistert sein *von* blass sein *vor* nett sein *zu*	Die Direktorin ist bei ihren Mitarbeitern sehr beliebt. Der Kollege ist auch Kritik gegenüber aufgeschlossen. Wir sind mit dem Ergebnis zufrieden. Sie ist verrückt nach Schokolade. Die Chefin war von unseren Vorschlägen begeistert. Sie war ganz blass vor Aufregung. Du solltest zu dem Praktikanten etwas netter sein.
Adjektive mit Präposition + Akkusativ *auf, für, gegen, über, um*	gespannt sein *auf* wichtig sein *für* immun sein *gegen* erfreut sein *über* besorgt sein *um*	Wir sind auf die Verkaufszahlen gespannt. Das Diplom ist für meine Bewerbung sehr wichtig. Er hatte die Krankheit schon. Jetzt ist er dagegen immun. Wir sind über das Ergebnis erfreut. Der Chef ist um die Zukunft seiner Abteilung besorgt.
Adjektive mit Präposition + Dativ oder Akkusativ *an, in*	interessiert sein *an* + Dativ gewöhnt sein *an* + Akk. gut sein *in* + Dativ verliebt sein *in* + Akk.	Wir sind an dem Projekt sehr interessiert. Ich bin an dieses Arbeitstempo nicht gewöhnt. In diesem Fach war Friedrich noch nie gut. Ist Frau Müller in ihren Kollegen verliebt?
Adjektive mit Präposition + Gleichsetzungskasus *als*	anerkannt sein *als* + Nom. bekannt sein *als* + Nom.	Er war als Experte nie richtig anerkannt. Der Autor ist als Verfechter der sozialen Marktwirtschaft bekannt.

Grammatikübersichten — Anhang

> Man kann viele Adjektive, wenn sie prädikativ verwendet werden, durch weitere Satzglieder ergänzen. Meistens handelt es sich um Kombinationen von Adjektiven mit dem Verb *sein*. Die Ergänzung ist oft eine Präpositionalgruppe: *Wir sind mit dem Ergebnis zufrieden.*

IV. PRÄPOSITIONEN

1 Präpositionen mit dem Akkusativ

→ Kapitel 5, 7

Präposition	Beispielsätze
bis (ohne Artikel)	Der Zug fährt *bis* München. *(lokal)* Ich bleibe *bis* Donnerstag. *(temporal)*
durch	Wir fahren *durch* die Türkei. *(lokal)* Ich habe es *durch* Zufall erfahren. *(kausal)*
entlang (nachgestellt)	Wir fahren die Küste *entlang*. *(lokal)*
für	Wir brauchen das Geld *für* neue Investitionen. *(final)* Der Chef kommt nur *für* eine Stunde. *(temporal)* Der Prospekt ist *für* neue Kunden. *(final)*
gegen	Die Tabletten helfen *gegen* Kopfschmerzen. *(kausal)* Das Auto fuhr *gegen* einen Baum. *(lokal)* Die Besprechung endet *gegen* 11.00 Uhr. *(temporal, ungenaue Zeitangabe)*
ohne	*Ohne* besondere Anstrengung erreichen wir das Ziel nicht. *(modal)*
um	Die Sitzung beginnt *um* 9.00 Uhr. *(temporal)* Wie sind *um* die Kirche (herum) gegangen. *(lokal)*
wider	Wir konnten die Gesprächspartner *wider* Erwarten überzeugen. (*gegen*, in festen Wendungen)

2 Präpositionen mit dem Dativ

→ Kapitel 5, 7

Präposition	Beispielsätze
ab	Das Flugzeug fliegt *ab* Frankfurt. *(lokal)* *Ab* nächster Woche habe ich Urlaub. *(temporal)*
aus	Ich komme *aus* der Türkei. *(lokal)* Die Tür ist *aus* Holz. *(modal)* Er heiratete sie *aus* Liebe. *(kausal)*
außer	*Außer* dem Chef wusste niemand von seinen Plänen. *(konzessiv)* Die Umsetzung der Maßnahmen steht *außer* Frage. *(feste Wendung)*
bei	Klaus ist noch *beim* Friseur. *(lokal)* Der Manager pflegt seine Geschäftskontakte *beim* Golfspielen. *(temporal)* *Bei* diesem Regen werden die Außenarbeiten schwierig. *(konditional)*
entgegen	*Entgegen* den Erwartungen sank die Aktie in den Keller. *(adversativ)*
entsprechend	*Entsprechend* der Vorhersage stieg der Dollarkurs an. *(modal)*
gegenüber (vor- oder nachgestellt)	Der Kopierer befindet sich *gegenüber* der Materialecke. *(lokal)* Das Zimmer des Hausmeisters befindet sich dem Eingang *gegenüber*. *(lokal)* Fremden *gegenüber* werden keine Angaben über Verkaufszahlen gemacht. *(personenbezogen immer nachgestellt)*
gemäß	Das Verfahren muss den Vorschriften *gemäß* ablaufen. *(modal voran- oder nachgestellt)*

Anhang — Grammatikübersichten

Präposition	Beispielsätze
mit	Peter fährt *mit* dem Firmenwagen. *(modal)* *Mit* Konzentration und Ausdauer kann man das bewältigen. *(modal)*
nach	Meiner Meinung *nach* steigen die Benzinpreise noch. *(modal)* Ich fahre *nach* Hause. *(lokal)* *Nach* dem Vortrag fand eine ausführliche Diskussion statt. *(temporal)*
seit	*Seit* Einführung des Qualitätsmanagements gibt es deutliche Verbesserungen. *(temporal)*
von	Paul kommt gerade *vom* Direktor. *(lokal)* Das ist der Schreibtisch *vom* Chef. *(Genitiversatz)*
zu	Ich gehe *zu* Fuß. *(modal)* *Zum* Glück schneit es nicht. *(modal)* Ich gehe *zum* Bahnhof. *(lokal)*

3 Wechselpräpositionen → Kapitel 2

Präposition	Kasus		Beispielsätze
an	Wo? Wohin? Wann?	Dativ Akkusativ Dativ	Das Motto des Seminars steht *an* der Tafel. *(lokal)* Ich schreibe das Motto des Seminars *an* die Tafel. *(lokal)* Ich komme *am* Montag. *(temporal)*
auf	Wo? Wohin? Wie?	Dativ Akkusativ Akkusativ	Die neue Rechnung liegt *auf* dem Aktenstapel. *(lokal)* Ich lege die Rechnung *auf* den Aktenstapel. *(modal)* Er macht es *auf* seine Art. *(modal)*
hinter	Wo? Wohin?	Dativ Akkusativ	Das Dokument liegt *hinter* dem Schreibtisch. *(lokal)* Das Dokument ist *hinter* den Schreibtisch gefallen. *(lokal)*
in	Wo? Wohin? Wann? Wie?	Dativ Akkusativ Dativ Dativ	Ich war *in* der Schweiz. *(lokal)* Ich fahre *in* die Schweiz. *(lokal)* Wir haben *im* August Ferien. *(temporal)* *In* diesem Zustand kannst du nicht Auto fahren. *(kausal/modal)*
neben	Wo? Wohin?	Dativ Akkusativ	Der Kopierer steht *neben* der Fahrstuhltür. *(lokal)* Frau Müller lässt den Kopierer *neben* die Fahrstuhltür schieben. *(lokal)*
über	Wo? Wohin?	Dativ Akkusativ	Das Firmenlogo hängt *über* der Eingangstür. *(lokal)* Der Hausmeister hängt das Firmenlogo *über* die Eingangstür. *(lokal)*
unter	Wo? Wohin? Wie?	Dativ Akkusativ Dativ	Die Aktentasche steht *unter* dem Tisch. *(lokal)* Otto stellt die Aktentasche *unter* den Tisch. *(lokal)* Wir arbeiten *unter* schlechten Bedingungen. *(modal)*
vor	Wo? Wohin? Wann?	Dativ Akkusativ Dativ	Die Taxis stehen *vor* dem Bahnhof. *(lokal)* Die Taxis fahren direkt *vor* die Tür. *(lokal)* Treffen wir uns *vor* dem Mittagessen? *(temporal)*
zwischen	Wo? Wohin? Wann?	Dativ Akkusativ Dativ	Vielleicht liegt der Bericht *zwischen* den Akten? *(lokal)* Hast du den Bericht *zwischen* die Akten gesteckt? *(lokal)* *Zwischen* dem 1. und dem 5. Mai ist die Kantine geschlossen. *(temporal)*

4 Präpositionen mit dem Genitiv → Kapitel 5, 7, 8

Präposition	Beispielsätze
abseits/diesseits/jenseits	Ruhe findet man nur *abseits* der großen Städte. *(lokal)* *Diesseits/Jenseits* der Berge wachsen die Weinstöcke besonders gut. *(lokal)*
angesichts	*Angesichts* steigenden Leistungsdrucks wird die Mitarbeitermotivation immer schwieriger. *(kausal)*
anhand	*Anhand* dieses Beispiels lässt sich der Prozess gut verdeutlichen. *(instrumental)*

Grammatikübersichten

Präposition	Beispielsätze
anlässlich	*Anlässlich* des 100. Firmenjubiläums findet nächste Woche eine Festveranstaltung statt. *(temporal)*
anstelle	*Anstelle* des Direktors nimmt Frau Kugel an der Verhandlung teil. *(alternativ)*
außerhalb	*Außerhalb* der Geschäftszeiten ist niemand im Büro. *(temporal)* Sie müssen *außerhalb* des Firmengeländes parken. *(lokal)*
bezüglich	Die Vorschriften *bezüglich* der Qualitätskontrolle müssen strikt eingehalten werden. *(kausal)*
infolge	*Infolge* fallender Aktienkurse gerät der Konzern langsam in Bedrängnis. *(konsekutiv)*
innerhalb	Bitte bezahlen Sie die Rechnung *innerhalb* einer Woche. *(temporal)* *Innerhalb* der Laborräume gelten strenge Sicherheitsregeln. *(lokal)*
laut	*Laut* einer Studie ist Onlinewerbung bei den meisten Menschen unbeliebt. *(modal)*
mangels	*Mangels* ausreichender finanzieller Mittel wird die erfolgreiche Umsetzung der Idee schwierig. *(modal-instrumental)*
mittels	Die Tür kann man *mittels* eines Drahtes leicht öffnen. *(modal-instrumental)*
mithilfe	*Mithilfe* eines neuen Programms wird diese Arbeit erheblich erleichtert. *(modal-instrumental)*
statt/anstatt	*Statt* eines Dankeschöns erhielt Frau Müller nur einen weiteren Arbeitsauftrag vom Chef. *(alternativ)*
seitens *(von Seiten)*	*Seitens* der Mitarbeiter gab es keine Beschwerden über das Kantinenessen. *(lokal, übertragene Bedeutung)*
trotz/ungeachtet	*Trotz* seiner schlechten Leistung darf er im Team bleiben. *(konzessiv)*
während	*Während* seines Praktikums lernte er eine Menge. *(temporal)*
wegen/aufgrund	*Wegen* dir habe ich drei Kilo zugenommen. *(kausal, bei Personalpronomen mit Dativ)* *Wegen/Aufgrund* der wachsenden Anfragen müssen wir unser Kollegium erweitern. *(kausal)*
zwecks	*Zwecks* einfacherer Kommunikation wurden in der Firma Kurzwahlnummern eingeführt. *(final)*

V. SÄTZE

1 Stellung der Satzglieder im Mittelfeld

→ Kapitel 2

a) Kasusergänzungen

Position 1	Position 2	Mittelfeld	Satzende
Frau Müller	hat	dem Kunden die Dokumente per Post	zugeschickt.
Herr Klein	hat	sie ihm auch	gemailt.
Frau Krause	erinnert	den Chef an den Termin.	

Hinweise

- Normalerweise ist die Reihenfolge der Satzglieder im Mittelfeld: Dativ vor Akkusativ.
- Gibt es zwei Pronomen, steht der Akkusativ vor dem Dativ.
- Dativ- oder Akkusativergänzungen stehen vor präpositionalen Ergänzungen.

Anhang — Grammatikübersichten

b) Angaben

Position 1	Position 2	Mittelfeld	Satzende
Der Kollege	hat	ihn gestern im Büro	besucht.
Der Kollege	hat	ihn gestern mit seiner Frau im Büro	besucht.
Der Direktor	fährt	morgen aus Sicherheitsgründen mit dem Zug nach München.	
Der Chef	möchte	seiner Sekretärin im Dezember einen zusätzlichen Urlaubstag	gewähren.
Frau Krause	hat	den Chef vorhin in der Kantine an den Termin	erinnert.

Hinweise
- Die Reihenfolge der Angaben im Mittelfeld ist meistens: te**m**poral *(wann?)* – **ka**usal *(warum?)* – **mo**dal und instrumental *(wie? mit wem? womit?)* – **lo**kal *(wo? wohin?)*.
  Kleine Eselsbrücke: *te – ka – mo – lo*
- Die Angaben stehen oft zwischen zwei Ergänzungen.

2 Negation → Kapitel 2

Formen	Beispielsatz
Satznegation	Ich beantworte diese Mail nicht. Sie leitete das Dokument nicht weiter.
– bei Akkusativergänzungen, die eng zum Verb gehören	Otto kann nicht Schach spielen.
– bei präpositionalen Ergänzungen *(oft)*	Marie interessiert sich nicht für Klatsch und Tratsch.
– bei bestimmten Adverbien	Der Chef hat nicht sofort reagiert.
– bei lokalen Angaben	Ich gehe heute nicht ins Büro.
Teilnegation	Der Chef hat nicht Paul befördert, sondern Ferdinand.
Artikel *(ein, eine)* Indefinitpronomen *(etwas, alles, jemand, alle)*	Ich habe kein eigenes Büro. Martina hat nichts gehört oder gesehen. Niemand konnte den Mann beschreiben.

Hinweise
Bei der Negation unterscheiden wir zwischen der Negation eines Satzes, der Negation eines Satzteils oder der Negation eines einzelnen Wortes.
In der Satznegation steht *nicht* möglichst weit am Ende des Satzes.
In der Teilnegation steht *nicht* vor dem Satzteil, der negiert wird.

3 Satzverbindungen → Kapitel 6, 8

a) Konjunktionen: **Hauptsatz – Hauptsatz**

Angabe	Konjunktionen	Beispielsatz
Kausalangabe	denn	Wir müssen den Termin leider verschieben, *denn* es sind noch nicht alle Unterlagen eingegangen.
Adversativangabe	aber, sondern, zwar – aber	Die Besprechung ist nicht im Raum 213, *sondern* sie findet im Konferenzraum statt. Die Regeln sind *zwar* allen bekannt, *aber* viele Kollegen halten sich nicht daran.

214

Grammatikübersichten — Anhang

Angabe	Konjunktionen	Beispielsatz
Alternativangabe	oder, entweder – oder	Wir versenden die Unterlagen per Mail *oder* wir faxen sie. *Entweder* akzeptierst du die neuen Bedingungen *oder* du kündigst.
Addition	und, nicht nur – sondern auch	Paul nimmt im Sommer an einer Fortbildung teil *und* er macht einen Spanischkurs. Unser Produkt bietet *nicht nur* gute Qualität, *sondern* wir haben *auch* günstige Preise.

> **Hinw.** Konjunktionen verbinden zwei Hauptsätze miteinander. Im zweiten Hauptsatz steht das konjugierte Verb an zweiter Stelle nach der Konjunktion.

b) Konjunktionaladverbien: **Hauptsatz – Hauptsatz**

Angabe	Konjunktionaladverbien	Beispielsatz
Kausalangabe	deshalb, deswegen, darum, daher	Es sind noch nicht alle Unterlagen eingegangen, *deshalb* müssen wir den Termin verschieben.
Konsekutivangabe	infolgedessen, demzufolge, sonst, andernfalls	Es sind noch nicht alle Unterlagen eingegangen, *demzufolge* müssen wir den Termin verschieben. Hoffentlich gehen die Unterlagen rechtzeitig ein, *sonst* müssen wir den Termin verschieben.
Konzessivangabe	trotzdem, dennoch, jedoch, allerdings, nichtsdestotrotz, zwar – trotzdem	Frau Müller wollte eigentlich ins Konzert gehen, *trotzdem* blieb sie bis 21.00 Uhr im Büro. Paul hatte *zwar* nur einen mäßigen Studienabschluss, *trotzdem* machte er in der Firma schnell Karriere.
Temporalangabe	anschließend, danach, davor, währenddessen	Der Chef hat im Moment eine Besprechung, *danach* geht er mit den Gästen ins Restaurant. Du bereitest den Besprechungsraum vor, *währenddessen* hole ich die belegten Brötchen aus der Kantine.
Finalangabe	dafür	Sie will die Prüfung dieses Mal bestehen, *dafür* lernt sie jeden Abend.
Alternativangabe	dagegen, demgegenüber, einerseits – andererseits/zum einen – zum andern	Die erste Versuchsgruppe erhielt das Präparat mit dem Wirkstoff, die zweite Gruppe *dagegen* bekam nur ein Scheinmedikament. *Einerseits* wollen viele etwas für die Umwelt tun, *andererseits* fahren sie Autos mit einem hohen Benzinverbrauch.
Addition	weder – noch	Der neue Mitarbeiter verfügt *weder* über soziale Kompetenzen *noch* kann er Fachwissen vorweisen.

> **Hinweise** Auch Konjunktionaladverbien verbinden zwei Hauptsätze miteinander. Adverbien sind eigenständige Satzglieder und können an verschiedenen Stellen des Satzes stehen. Meistens stehen sie vor oder nach dem konjugierten Verb.

c) Subjunktionen: **Hauptsatz – Nebensatz**

Angabe	Subjunktionen	Beispielsatz
Kausalangabe	weil, da	Wir müssen den Termin verschieben, *weil* noch nicht alle Unterlagen eingegangen sind.
Konsekutivangabe	sodass	Es sind noch nicht alle Unterlagen eingegangen, *sodass* wir den Termin verschieben müssen.
Konzessivangabe	obwohl, auch wenn	Wir verschieben den Termin nicht, *auch wenn* noch nicht alle Unterlagen eingegangen sind.

215

Anhang — Grammatikübersichten

Angabe	Subjunktionen	Beispielsatz
Konditionalangabe	wenn	Ich kann den Bericht nur schreiben, *wenn* ich Zeit dafür habe.
Temporalangabe	wenn, als, nachdem, bevor, ehe, während, solange, bis, seit	Ich kann dich erst besuchen, *wenn* ich meine Arbeit beendet habe. Ihr wurde das Problem erst bewusst, *nachdem* sie die Aufgabe übernommen hatte. Er verbesserte sein Deutsch enorm, *während* er in München studierte.
Finalangabe	damit	Ich lerne Deutsch, *damit* ich bessere Berufschancen habe.
Modalangabe	indem, dadurch – dass	Die Qualität lässt sich *dadurch* verbessern, *dass* man ein geeignetes Kontrollverfahren einführt.
Adversativangabe	während, wohingegen	Die erste Versuchsgruppe erhielt das Präparat mit dem Wirkstoff, *während* die zweite Gruppe nur ein Scheinmedikament bekam.

Hinw. Subjunktionen leiten Nebensätze ein. Im Nebensatz steht das konjugierte Verb an letzter Stelle.

4 Sinngerichtete Infinitivkonstruktionen → Kapitel 5

Angabe	Satzverbindung	Beispielsatz mit Infinitiv mit *zu*
Finalangabe	um … zu	Man muss den Knopf drücken, *um* den Kopierer an*zu*schalten.
Modalangabe	ohne … zu	Man kann sich keine Meinung bilden, *ohne* den Kontext *zu* kennen.
Adversativangabe	anstatt … zu, statt … zu	*Statt* E-Mails *zu* schreiben, greifen manche Leute lieber zum Telefon.

Hinw. Infinitivkonstruktionen haben kein eigenes Subjekt. Sie beziehen sich auf das Subjekt des Hauptsatzes.

5 Verbabhängige Nebensätze und Infinitivkonstruktionen → Kapitel 5

dass-Satz	Ich weiß, *dass* der Chef heute den Bericht braucht.
Infinitiv mit *zu*	Ich habe aber keine Zeit, heute den Bericht *zu schreiben*.

Hinweise
- *Dass*-Sätze und Infinitivkonstruktionen mit *zu* sind Verbergänzungen.
- *Dass*-Sätze können vor oder nach dem Hauptsatz stehen. Das Subjekt von Haupt- und Nebensatz ist oft nicht identisch. Infinitivkonstruktionen haben kein eigenes Subjekt. Sie stehen immer nach dem Hauptsatz.

6 Relativsätze → Kapitel 4

a) Relativsätze mit *der, die, das*

Relativpronomen	Beispielsätze
der, die, das	Die Grundprinzipien, *die* formuliert wurden, sind verbindlich. Die Grundprinzipien, auf *denen* die Zusammenarbeit beruht, sind verbindlich. Die Grundprinzipien, *deren* Formulierung viel Zeit gekostet hat, sind verbindlich.

Grammatikübersichten

Anhang

Relativpronomen

Kasus	maskulin	feminin	neutral	Plural
Nominativ	der	die	das	die
Akkusativ	den	die	das	die
Dativ	dem	der	dem	denen
Genitiv	dessen	deren	dessen	deren

> **Hinweise**
> - Das Relativpronomen richtet sich in Genus und Numerus nach dem Bezugswort im Hauptsatz, im Kasus nach der Stellung im Relativsatz.
> - Bei Relativsätzen mit präpositionalen Ausdrücken steht die Präposition vor dem Relativpronomen. Der Kasus richtet sich nach der Präposition.

b) Relativsätze mit *wo(-), wer, was*

Relativpronomen	Beispiele	Erklärungen
wo, wohin, woher *(bei Lokalangaben)*	Das Gebäude, *in dem* ich arbeite, wird renoviert. Das Gebäude, *wo* ich arbeite, wird renoviert. Ich mag die Stadt, *in die* ich umgezogen bin. Ich mag die Stadt, *wohin* ich umgezogen bin. Leipzig, *wohin* ich umgezogen bin, gefällt mir gut.	Beide Relativpronomen sind möglich. Nach Städte- und Ländernamen steht nur *wo* oder *wohin/woher*.
wogegen, wofür ...	Das Management hat den Abbau von Arbeitsplätzen beschlossen, *wogegen* der Betriebsrat protestiert hat. Es gab in letzter Zeit vieles, *worüber* sich die Mitarbeiter beschwert haben.	Der Relativsatz besteht aus einem Verb mit Präposition und bezieht sich auf die gesamte Aussage des Satzes.
was	Nichts, *was* der Direktor versprochen hat, hat er gehalten. Das ist das Schönste, *was* es gibt.	nach den Indefinitpronomen *nichts, alles, etwas, einiges* nach substantiviertem Superlativ

Lösungen — Kapitel 1

Kapitel 1: Arbeit und Beschäftigung

1 (mögliche Fragen) **2.** Was sind Sie von Beruf? Wo bzw. als was arbeiten Sie? Was machen Sie beruflich? Können Sie Ihre Tätigkeiten etwas genauer beschreiben? **3.** Was machen Sie im beruflichen Alltag gerne, was nicht so gerne? Was mögen Sie an Ihrer Arbeit, was nicht? **4.** Was sind Ihrer Meinung nach/für Sie die drei wichtigsten Aspekte im Berufsleben? **5.** Auf welchem Gebiet möchten/wollen/müssen Sie sich noch weiterbilden? Was möchten/wollen/müssen Sie noch lernen? **6.** Welche Hobbys haben Sie? Was sind Ihre Hobbys? Was machen Sie in Ihrer Freizeit?

3 Teil A: **1.** Die Mobilität **2.** Das Wissen **3.** Die Dienstleister **4.** Neue Arbeitsverhältnisse Teil B: **5.** Die Selbstvermarkter **6.** Die Demografie **7.** Der Fachkräftemangel **8.** Die Bildung

4 (Beispielsätze) **Arbeitsplatz und Arbeitszeit:** Durch die gesellschaftlichen und digitalen Veränderungen werden Arbeitsort und Arbeitszeit immer flexibler. Die Menschen werden die Grenzen zwischen Arbeitszeit und Freizeit selbst bestimmen. Es wird mehr befristete Arbeitsverträge und Leiharbeit geben, die Arbeitsverhältnisse werden lockerer.
Arbeitsformen und Hierarchien: Die Hierarchien werden flacher, die Arbeitsformen flexibler. Wissen, Kooperation und Vernetzung werden eine größere Rolle spielen.
Wirtschaftsbereiche: Es wird mehr Arbeit in wissensbasierten und sozialen Bereichen geben, auch im Dienstleistungssektor werden viele Menschen arbeiten. Die Beschäftigung in Land- und Forstwirtschaft und Fischerei wird weiter zurückgehen.
Karrieremöglichkeiten: Wer Karriere machen möchte, muss sich gut in Szene setzen können und neue digitale Plattformen nutzen.
Lebensarbeitszeit: Aufgrund der demografischen Entwicklung wird sich die Lebensarbeitszeit verlängern. Die Arbeitsplätze müssen den Bedürfnissen der älteren Arbeitgeber angepasst werden.
Fachkräfte und Ausbildung: Fachkräfte werden für das Wachsen von Firmen ein entscheidender Faktor sein. Die Politik sollte mehr in Bildung investieren und für die grenzüberschreitende Anerkennung von Abschlüssen sorgen.

5 **1.** *Der* feste Arbeitsplatz wird bald verschwinden. **2.** Durch die steigende Mobilität sind die Mitarbeiter für die Unternehmen ständig und überall verfügbar. **3.** Der Erfolg von Firmen wird immer mehr von der Zusammenarbeit und der Kreativität der Wissensarbeiter abhängen. **4.** Die Bedeutung der Wirtschaftsbereiche ist Veränderungen unterworfen. **5.** Wissensbasierte und soziale Dienste wie Familiendienste jeglicher Art gewinnen an Bedeutung. **6.** Der Weg in die Wissensgesellschaft und Kreativarbeit ist an Projektarbeit, Honorar- und Zeitverträge gekoppelt. **7.** Der Staat muss diese Entwicklung durch die Anpassung der Gesetze unterstützen. **8.** In der Arbeitswelt von morgen haben es Extrovertierte, Exoten und Selbstdarsteller leichter. **9.** Von/Bei der Verkürzung und Lockerung der Arbeitsverhältnisse profitieren vor allem jene, die auf den schnellen ersten Blick gut aussehen. **10.** Immer weniger Arbeitnehmer zahlen in die Rentenkasse ein. **11.** Es ist notwendig, dass Arbeitsplätze an die Bedürfnisse Älterer angepasst werden, ebenso die Arbeitszeiten./Es ist notwendig, Arbeitsplätze an die Bedürfnisse Älterer und die Arbeitszeiten anzupassen. **12.** An starren Rentenaltersgrenzen festzuhalten, ist nicht mehr zeitgemäß./Es ist nicht mehr zeitgemäß, an starren Rentenaltersgrenzen festzuhalten. **13.** Kluge Köpfe werden für das zukünftige Wachstum von Firmen Verantwortung tragen. **14.** Bei den Bildungsausgaben belegt Deutschland im OECD-Vergleich nur Rang 23. **15.** Viele Betriebe klagen über einen Mangel an Disziplin, Leistungsbereitschaft und Belastbarkeit von Jugendlichen. **16.** Auch der drohende Fachkräftemangel muss von der Bildungspolitik berücksichtigt werden. **17.** Die Politik muss für die Anerkennung der Abschlüsse über die Grenzen Europas hinweg sorgen.

7 a) **1.** i **2.** f **3.** a **4.** b **5.** h **6.** g **7.** d **8.** k **9.** c **10.** j
b) **1.** treffen/fällen **2.** unterbreiten/machen **3.** ergreifen/treffen **4.** machen **5.** übernehmen **6.** fassen **7.** vornehmen **8.** stellen

10 a) **1.** b **2.** c **3.** b **4.** a
b) **1.** Umsetzung **2.** die Bedürfnisse **3.** berufliche Übergänge **4.** die Vereinbarkeit **5.** ihre Qualifikationen zu erweitern **6.** die Arbeitslosenquote und die Armut **7.** Arbeitsverträge **8.** lebenslanges Lernen **9.** arbeitsmarktpolitische Maßnahmen **10.** der sozialen Sicherheit

Transkription Hörtext (Teil A): Anforderungen an die Politik: Auszüge aus Strategien der Europäischen Kommission
Europa steht vor sozioökonomischen Veränderungen, die die Struktur des Arbeitsmarktes beeinflussen.
Im Rahmen der erneuerten Lissabon-Strategie für Wachstum und Beschäftigung schlägt die Kommission in Abstimmung mit den Anforderungen der europäischen Arbeitgeber eine Initiative zur Verbesserung der Qualifikation von Arbeitnehmern vor. Sie stützt sich dabei auf eine vorausschauende Analyse der Arbeitsmarktentwicklung für die nächsten zehn Jahre.
In Europa gibt es mittel- und langfristig gesehen ein großes Potenzial für die Schaffung von Arbeitsplätzen, insbesondere von Ersatzarbeitsplätzen aufgrund der Bevölkerungsalterung. Zudem werden auf dem Markt für ökologische Dienstleistungen und Produkte voraussichtlich neue Berufszweige entstehen.
Die Anforderungen an Kompetenzen und Qualifikationen werden in allen Berufszweigen und auf allen Ebenen der Tätigkeiten steigen. Die Arbeitgeber fordern insbesondere bereichsübergreifende Qualifikationen, wie Kommunikationsfähigkeit oder analytische Fertigkeiten und die Fähigkeit, Probleme zu lösen.
Das Qualifikationsniveau der Erwerbstätigen in Europa muss den neuen Arbeitsmarkterfordernissen entsprechen. Dieses Ziel kann durch die Entwicklung einer aktiven Beschäftigungspolitik und durch effizientere Systeme der allgemeinen und beruflichen Bildung erreicht werden.
Die Kommission ermuntert die Mitgliedstaaten, die Entwicklungen des Arbeitsmarktes und der Qualifikationserfordernisse besser einzuschätzen und zu antizipieren. Sie schlägt vier Aktionsbereiche vor:
- die Informationsverbreitung über Entwicklungen und neue Möglichkeiten des Arbeitsmarktes, insbesondere durch die Einrichtung eines europäischen Arbeitsmarkt-Monitors, aber ebenso durch die Kommissionsdienststellen für Beschäftigung, berufliche Bildung und Mobilität
- die Entwicklung von Vorhersageinstrumenten, um regelmäßig genaue Daten pro Wirtschaftssektor zu gewinnen. Im Rahmen des Programms PROGRESS und des Programms für lebenslanges Lernen sollen neue gemeinsame Möglichkeiten entwickelt werden.
Die Arbeitgeber werden in die Antizipation der Erfordernisse und in die Entwicklung von Partnerschaften zur Erfüllung dieser Erfordernisse einbezogen.
- die Intensivierung der internationalen Zusammenarbeit zur Fortsetzung des politischen Dialogs und Erfahrungsaustauschs
- die Mobilisierung der politischen und finanziellen Gemeinschaftsinstrumente.

Transkription Hörtext (Teil B): Anforderungen an die Politik: Auszüge aus Strategien der Europäischen Kommission
Die Modernisierung der Arbeitsmärkte erfordert ebenso die Umsetzung integrierter Flexicurity-Maßnahmen. Damit Strategien zur Modernisierung des Arbeitsmarktes wirksam sind, müssen die Bedürfnisse von Arbeitnehmern und Arbeitgebern berücksichtigt werden. Daher handelt es sich beim Konzept der Flexicurity um einen globalen Ansatz, der Folgendes fördert:
- die Flexibilität der Arbeitnehmer, die über die Fähigkeit verfügen müssen, sich an die Arbeitsmarktentwicklungen anzupassen und berufliche Übergänge zu bewältigen. Darüber hinaus soll die Flexibilität der Unternehmen und der Arbeitsorganisation gefördert werden, um den Bedürfnissen der Arbeitgeber zu entsprechen und die Vereinbarkeit von Beruf und Familie zu verbessern.
- die Sicherheit für die Arbeitnehmer, die die Möglichkeit erhalten sollen, beruflich voranzukommen, ihre Qualifikationen zu erweitern und in Zeiten der Erwerbslosigkeit von den Systemen der sozialen Sicherheit unterstützt zu werden.

Die Flexicurity-Strategien sollen die Arbeitslosenquote und die Armut in der Europäischen Union (EU) verringern. Sie tragen insbesondere zur Integration der am meisten benachteiligten Gruppen auf dem Arbeitsmarkt bei (wie junge Menschen, Frauen, ältere Arbeitnehmer und Langzeitarbeitslose).
Die nationalen Flexicurity-Strategien müssen auf vier Grundsätzen aufbauen, die sich gegenseitig verstärken:
- flexible und zuverlässige Arbeitsverträge, die die arbeitsrechtlichen Vorschriften, die Tarifverträge und die modernen Grundsätze der Arbeitsorganisation erfüllen

Kapitel 1 — Lösungen

- Einrichtung von Strategien für lebenslanges Lernen, die die beständige Anpassungsfähigkeit der Arbeitnehmer, insbesondere derjenigen, die auf dem Arbeitsmarkt am meisten benachteiligt sind, fördern
- wirksame aktive arbeitsmarktpolitische Maßnahmen, um die Arbeitnehmer nach einer Zeit der Erwerbslosigkeit bei der Arbeitssuche zu unterstützen
- Modernisierung der Systeme der sozialen Sicherheit, damit finanzielle Hilfe zur Förderung der Beschäftigung und zur Verbesserung der Mobilität auf dem Arbeitsmarkt gewährt wird.

Die Sozialpartner sollen sich aktiv an der Einführung der Flexicurity-Strategien beteiligen, um eine wirksame Anwendung dieser Grundsätze zu gewährleisten.

11 **a/b)** 1. Die Kommission startet eine Initiative (a) zur Verbesserung der Qualifikation von Arbeitnehmern. 2. Sie stützt sich dabei (f) auf eine vorausschauende Analyse der Arbeitsmarktentwicklung. 3. In Europa gibt es ein großes Potenzial (h) für die Schaffung von Arbeitsplätzen. 4. Auf dem Markt für ökologische Dienstleistungen und Produkte entstehen (b) neue Berufszweige. 5. In allen Berufszweigen steigen die Anforderungen (i) an Kompetenzen und Qualifikationen der Arbeitnehmer. 6. Die Arbeitgeber fordern (d) bereichsübergreifende Qualifikationen. 7. Das jetzige Qualifikationsniveau der Erwerbstätigen in Europa entspricht nicht immer (k) den neuen Arbeitsmarkterfordernissen. 8. Eine Anhebung des Qualifikationsniveaus erreichen die Länder (g) durch effizientere Systeme der allgemeinen und beruflichen Bildung. 9. Die Kommission plant die Informationsverbreitung (l) über Entwicklungen und neue Möglichkeiten des Arbeitsmarktes. 10. Sie fordert Vorhersageinstrumente (e) zur Gewinnung genauer Daten pro Wirtschaftssektor. 11. Die Mitgliedstaaten intensivieren ihre Zusammenarbeit (j) zur Fortsetzung des politischen Dialogs und Erfahrungsaustauschs.

12 **a)** der Erfahrungsaustausch, das Qualifikationsniveau, die Mitgliedstaaten (Pl.), die Arbeitsmarkterfordernisse (Pl.), der Berufszweig, die Informationsverbreitung, die Dienstleistung, die Kommunikationsfähigkeit, der Wirtschaftssektor, das Vorhersageinstrument, die Arbeitslosenquote, der Tarifvertrag, die Beschäftigungspolitik, die Bevölkerungsalterung
b) 2. soziale Sicherheit 3. lebenslanges Lernen 4. arbeitsrechtliche Vorschriften 5. benachteiligte Gruppen 6. bereichsübergreifende Qualifikation 7. vorausschauende Analyse 8. finanzielle Unterstützung

13 **a)** 1. der Arbeitgeber, ein Arbeitgeber, die Arbeitgeberin, die Arbeitgeber 2. der Erwerbslose, ein Erwerbsloser, die Erwerbslose, die Erwerbslosen 3. der Angestellte, ein Angestellter, die Angestellte, die Angestellten 4. der Berufstätige, ein Berufstätiger, die Berufstätige, die Berufstätigen 5. der Arbeiter, ein Arbeiter, die Arbeiterin, die Arbeiter 6. der Unternehmer, ein Unternehmer, die Unternehmerin, die Unternehmer 7. der Verantwortliche, ein Verantwortlicher, die Verantwortliche, die Verantwortlichen 8. der Erwerbstätige, ein Erwerbstätiger, die Erwerbstätige, die Erwerbstätigen 9. der Umfrageteilnehmer, ein Umfrageteilnehmer, die Umfrageteilnehmerin, die Umfrageteilnehmer 10. der Befragte, ein Befragter, die Befragte, die Befragten
- *Bestimmte Personenbezeichnungen, die aus Adjektiven oder Partizipien gebildet werden, werden wie Adjektive dekliniert, das heißt, ihre Endung richtet sich nach dem Artikelwort, mit dem sie verwendet werden: der Erwerbslose, ein Erwerbsloser (siehe Deklination der Adjektive in der Grammatikübersicht im Anhang).*

b) der/die Erwerbslose, der/die Angestellte, der/die Berufstätige, der/die Verantwortliche, der/die Erwerbstätige, der/die Befragte
andere Beispiele: der/die Abgeordnete, der/die Angeklagte, der/die Bekannte, der/die Lehrende, der/die Fremde, der/die Verwandte, der/die Vorsitzende

15 Die Kommission plant 1. eine/die Verringerung der Arbeitslosenquote. 2. eine/die Modernisierung der Arbeitsmärkte. 3. eine/die Anhebung des Qualifikationsniveaus der Erwerbstätigen. 4. eine/die Verbesserung der Chancen für Geringqualifizierte. 5. eine/die Flexibilisierung der Arbeitsverträge. 6. eine/die Gewährleistung der Sicherheit der Arbeitnehmer. 7. eine/die Einhaltung der arbeitsrechtlichen Vorschriften. 8. die Entwicklung eines Programms für lebenslanges Lernen. 9. eine/die Intensivierung der internationalen Zusammenarbeit. 10. eine/die Fortsetzung des politischen Dialogs und Erfahrungsaustauschs.

20 1. Die meisten Unternehmen nutzen heute standardisierte Projektleitfäden. 2. Trotzdem sind viele Projekte zum Scheitern verurteilt. 3. Entgegen den Erwartungen ist der Hauptgrund für den Misserfolg nicht das Geld. 4. Einer neuen Studie zufolge/Nach einer neuen Studie liegen die Ursachen vor allem in unklaren Zieldefinitionen und mangelnden Projektmanagementerfahrungen auf der Leitungsebene. 5. Die Studie zeigt außerdem, dass sogenannte „weiche" Faktoren für den Projekterfolg eine große Rolle spielen. 6. Die meisten Unternehmen vernachlässigen diese „weichen" Faktoren während der gesamten Projektlaufzeit. 7. „Harte" Faktoren, wie zu hohe technische Anforderungen, werden von den Befragten nur selten als Ursache für Probleme genannt.

21 1. D 2. A 3. C 4. B

22 **a)** 1. die Bewältigung der Herausforderungen 2. Stellenanzeigen für Führungspositionen 3. die Ergebnisse der Untersuchung 4. Erfahrungen im Projektmanagement 5. die Befugnisse der Projektleitung 6. die Stellung des Projektleiters in/innerhalb der Unternehmenshierarchie 7. das Gerangel um Macht 8. der Vorgesetzte der Abteilung
b) (Beispiele) 1. h 2. i 3. b 4. l 5. a 6. g 7. f 8. k 9. d 10. e 11. m 12. j

23 **b)** 1. durchführbaren Investitionsvorschlag 2. der gesamten Laufzeit 3. die anfallenden Arbeiten 4. die Rollen und Verantwortlichkeiten 5. Qualitätskriterien 6. diese Anforderungen 7. die anzuwendenden Techniken 8. den verschiedenen Hierarchiestufen 9. normalen betrieblichen Abläufen 10. den Unsicherheiten 11. Auswirkungen 12. die fortlaufende Kontrolle 13. der tatsächlich erzielten Ergebnisse

Transkription Hörtext: PRINCE2
Business Case: Am Anfang des Projekts steht eine Idee, von der man sich einen bestimmten Nutzen für die betreffende Organisation erhofft. Das Thema *Business Case* zeigt, wie sich die Idee zu einem lohnenden und durchführbaren Investitionsvorschlag für die Organisation entwickelt und wie sichergestellt werden kann, dass das Projekt während der gesamten Laufzeit auf die Ziele der Organisation ausgerichtet bleibt.
Organisation: Die Organisation, die das Projekt in Auftrag gibt, muss die anfallenden Arbeiten an Personen delegieren, die für die Durchführung und den Abschluss dieser Arbeiten verantwortlich sind. Projekte sind in der Regel bereichsübergreifend angelegt, weshalb die Strukturen einer Linienorganisation für Projekte ungeeignet sind. Das Thema *Organisation* beschreibt die Rollen und Verantwortlichkeiten im PRINCE2-Managementteam, das befristet für das effektive Management des Projekts eingerichtet wird.
Qualität: Die ersten Vorstellungen vom Projekt sind meist noch nicht klar umrissen. Das Thema *Qualität* erläutert, wie die ersten Ideen immer weiter ausgearbeitet werden, bis allen Teilnehmern klar ist, welche Qualitätskriterien die zu liefernden Produkte erfüllen müssen – und wie das Projektmanagement sicherstellen wird, dass diese Anforderungen auch erfüllt werden.
Pläne: PRINCE2-Projekte laufen auf der Basis genehmigter Pläne ab. Das Thema *Pläne* beschreibt als Ergänzung zum Thema *Qualität* die einzelnen Schritte zur Entwicklung der Pläne und die anzuwendenden Techniken. In PRINCE2 werden Pläne an die Informationsbedürfnisse der Mitarbeiter auf den verschiedenen Hierarchiestufen der Organisation angepasst. Während der gesamten Projektlaufzeit sind sie die Richtschnur für die Kommunikation und Steuerung.
Risiken: Mit Projekten sind üblicherweise mehr Risiken verbunden als mit normalen betrieblichen Abläufen. Das Thema *Risiken* beschäftigt sich damit, wie das Projektmanagement mit den Unsicherheiten in Plänen und der sonstigen Projektumgebung umgeht.
Änderungen: Dieses Thema beschreibt, wie das Projektmanagement offene Punkte bewertet und behandelt, die potenziell Auswirkungen auf das Projekt haben können (insbesondere auf dessen Pläne und fertiggestellte Produkte). Offene Punkte können unerwartete allgemeine Probleme, Änderungsanträge und Qualitätsfehler sein.
Fortschritt: Gegenstand dieses Themas ist die fortlaufende Kontrolle der Durchführbarkeit der Pläne. Es beschreibt den Entscheidungsprozess für die Freigabe von Plänen, die Beobachtung der tatsächlich erzielten Ergebnisse und den Eskalationsprozess für den Fall, dass Ereignisse nicht nach Plan laufen. Im Endeffekt wird im Thema *Fortschritt* festgestellt, ob und wie das Projekt fortgeführt werden soll.

Lösungen — Kapitel 2

25 **1.** Die Idee entwickelt sich zu einem lohnenden Investitionsvorschlag für die Organisation. **2.** Die Organisation delegiert die anfallenden Arbeiten an für das Projekt verantwortliche Personen. **3.** Strukturen einer Linienorganisation eignen sich nicht für Projekte. **4.** Qualitätskriterien beschreiben, was von den Teilnehmern gefordert wird. **5.** Die Pläne werden an die Informationsbedürfnisse der Mitarbeiter angepasst. **6.** Das Thema *Risiken* beschäftigt sich mit dem Umgang mit Unsicherheiten. **7.** Ungeklärte Punkte wirken sich auf das Projekt negativ aus.

29 **a) 1.** Das Ende des Postfachs ist noch lange nicht abzusehen. **2.** Tausende Stunden werden jährlich mit überflüssigen E-Mails und Konferenzen vergeudet. **3.** Acht Arbeitsstunden pro Woche kostet das Schreiben und Beantworten von E-Mails. **4.** Werden vorbereitende Besprechungen und Folgemeetings addiert, kommen insgesamt 300 000 Stunden zusammen. **5.** E-Mails sind in Meetings untersagt. **6.** Beim Autobauer Daimler können alle 10 000 Mitarbeiter E-Mails, die während ihres Urlaubs eingehen, automatisch entfernen lassen. **7.** An dieses Prinzip glaubt die Telekom.
b) 1. c **2.** i **3.** g **4.** a **5.** f **6.** e **7.** b **8.** h

31 **1. a)** dass der Büroalltag von Besprechungen und Konferenzen bestimmt wird. **b)** dass der Büroalltag von Besprechungen und Konferenzen bestimmt werde. **2. a)** dass die Mitarbeiter von 40 Wochenstunden durchschnittlich 21 Stunden in Besprechungen und Konferenzen verbringen. **b)** dass die Mitarbeiter von 40 Wochenstunden im Schnitt 21 Stunden in Besprechungen und Konferenzen verbringen würden. **3. a)** dass viele Meetings nur aus reiner Gewohnheit stattfinden. **b)** dass viele Meetings nur aus reiner Gewohnheit stattfinden würden/stattfänden. **4. a)** dass man diese Meetings problemlos streichen kann. **b)** dass man diese Meetings problemlos streichen könne. **5. a)** dass das Schreiben und Beantworten von E-Mails ungefähr acht Stunden pro Woche kostet. **b)** dass das Schreiben und Beantworten von E-Mails ungefähr acht Stunden pro Woche koste. **6. a)** dass Führungskräfte ca. 30 000 E-Mails pro Jahr erhalten. **b)** dass Führungskräfte ca. 30 000 E-Mails pro Jahr erhalten würden/erhielten. **7. a)** dass Tausende Stunden jährlich mit überflüssigen E-Mails und Konferenzen vertrödelt werden. **b)** dass Tausende Stunden jährlich mit überflüssigen E-Mails und Konferenzen vertrödelt würden. **8. a)** dass zur besseren Kontrolle für jedes Projekt ein genaues Zeitbudget festgelegt werden muss. **b)** dass zur besseren Kontrolle für jedes Projekt ein genaues Zeitbudget festgelegt werden müsse. **9. a)** dass Konferenzen nur noch von bestimmten Personen einberufen werden dürfen. **b)** dass Konferenzen nur noch von bestimmten Personen einberufen werden dürften. **10. a)** dass das Lesen und Schreiben von E-Mails während eines Meetings tabu ist. **b)** dass das Lesen und Schreiben von E-Mails während eines Meetings tabu sei.

35 **1.** Anrede: Sehr geehrte Damen und Herren, Schlussformel: Mit freundlichen Grüßen **2.** Anrede: Sehr geehrte Frau Müller, Sehr geehrter Herr Müller, Schlussformel: Mit freundlichen Grüßen **3.** Anrede: Liebe Frau Müller/Lieber Herr Müller, Hallo Frau Müller/Hallo Herr Müller, Schlussformel: Beste Grüße, Schöne Grüße, Viele Grüße, **4.** Anrede: Liebe Eva/Lieber Klaus, Hallo Eva/Klaus, Schlussformel: Schöne Grüße, Viele Grüße, Herzliche Grüße, Liebe Grüße – *Die Verwendung hängt vom Verhältnis der Schreiber zueinander ab.* **5.** Anrede: Liebe …, Hallo …, *Gar keine Anrede ist bei Reaktionsmails innerhalb kurzer Zeit möglich.* Schlussformel: Schöne Grüße, Viele Grüße, Herzliche Grüße, Liebe Grüße – *Die Verwendung hängt vom Verhältnis der Schreiber zueinander ab, keine Schlussformel ist bei Reaktionsmails innerhalb kurzer Zeit möglich.* **6.** Anrede: Liebe Kolleginnen, liebe Kollegen, Liebe alle*, Liebe Leute, Schlussformel: Schöne Grüße, Viele Grüße, Herzliche Grüße, **7.** Anrede: Liebe Kolleginnen, liebe Kollegen, Schlussformel: Schöne Grüße, Viele Grüße, Herzliche Grüße, Ich grüße Sie (alle) herzlich **8.** Anrede: Liebe alle, Liebe Leute, Liebe Freunde, Schlussformel: Viele Grüße, Herzliche Grüße
- *Die Anrede „Sehr geehrte Kolleginnen und Kollegen" wird nicht so oft verwendet, sie kennzeichnet einen großen Abstand. Die Schlussformel „Hochachtungsvoll" gilt als veraltet.*
*„Liebe alle" ist wohl die direkte Übersetzung von „Dear all". Es klingt im Deutschen sehr ungewöhnlich, wird aber zunehmend häufiger verwendet.

36 **1.** nein **2.** ja **3.** ja **4.** nein **5.** nein **6.** nein

Kapitel 2: Arbeitsumfeld und Informationstechnologie

3 **a) (Beispiele) 1.** Er soll die Wirbelsäule stützen und wechselnde Körperhaltungen (etwas Bewegung) ermöglichen. Ein fester Kontakt zur (beweglichen) Rückenlehne ist wichtig. **2.** Die Höhe des Tisches sollte sich auf die Größe des Nutzers einstellen lassen. Optimal sind Tische, die zwischen Sitz- und Stehhöhe verstellt werden können. **3.** Der Abstand zwischen Auge und Bildschirm sollte bei einem 21-Zoll-Monitor mindestens 60 bis 70 Zentimeter betragen. **4.** Der Arbeitsplatz muss ausreichend beleuchtet sein. Deckenleuchten mit individuell regulierbaren Arbeitsplatzleuchten sind ideal. Eine Tischlampe zur besseren Beleuchtung der Arbeitsfläche ist auch zu empfehlen. **5.** Die Luftfeuchtigkeit sollte etwa 40 bis 60 Prozent betragen. Das ist mit Pflanzen mit großen Blättern, Luftbefeuchtern oder Wasserbehältern zu erreichen. **6.** Das Unternehmen sollte die Arbeitsräume mit speziellen Decken, Böden, Wänden und Stellwänden ausstatten. Schränke oder andere Möbelstücke können auch zur Schallabsorption verwendet werden.

Transkription Hörtext: Ergonomie am Arbeitsplatz
Ich begrüße Sie herzlich zu meiner Präsentation über das Thema *Ergonomie am Arbeitsplatz*. Wie Sie wissen, ist Ergonomie heutzutage ein hochaktuelles Thema: Viele Unternehmen streben nach einer angenehmeren Gestaltung ihrer Arbeitsräume, weil sie verstanden haben, welche Vorteile es mit sich bringt, wenn sich ihre Mitarbeiter im Büro wohlfühlen.
Nehmen wir zuerst den Bürostuhl. Wenn Sie täglich mehrere Stunden sitzen, sollten Sie dafür sorgen, dass Ihr Bürostuhl ergonomisch geformt ist. Zum einen soll er die Wirbelsäule stützen, zum anderen wechselnde Körperhaltungen, also etwas Bewegung ermöglichen. Die Sitztiefe ist optimal, wenn ein fester Kontakt zur beweglichen Rückenlehne besteht und eine Handbreit Platz von der Sitzvorderkante zur Kniekehle bleibt. Die Arbeitshöhe sollte sich in Ellenbogenhöhe oder etwas darunter befinden.
60 Prozent dynamisch Sitzen, 30 Prozent Stehen und 10 Prozent gezieltes Umhergehen – 60, 30, 10 – diese Faustregel ist für gesundes Arbeiten im Büro sehr sinnvoll.
Tische, deren Höhe sich auf die Größe des Nutzers einstellen lässt, eignen sich für die Büroarbeit am besten. Optimal sind Tische, die sowohl auf die individuelle Arbeitshöhe im Sitzen als auch zwischen Sitz- und Stehhöhe verstellt werden können. So können Sie mal sitzend, mal stehend arbeiten. Allerdings ist häufiges Aufstehen von kurzer Dauer günstiger als lange Stehpausen: Die einzelnen Stehpausen sollten nicht länger als 20 Minuten sein.
Und nun zum Bildschirm: Wichtig für gutes Sehen ist ein ausreichender Abstand zwischen Auge und Bildschirm. Dieser sollte bei einem 21-Zoll-Monitor mindestens 60 bis 70 Zentimeter betragen.
Unter Ergonomie wird nicht nur die Position von Büromöbeln verstanden, sondern auch die gesamte Atmosphäre am Arbeitsplatz. Die richtige Beleuchtung, das Raumklima und die Akustik spielen ebenso eine entscheidende Rolle. Den folgenden zweiten Teil meines Kurzvortrags werde ich diesen Aspekten widmen.
Zur Beleuchtung: Sorgen Sie dafür, dass Ihr Arbeitsplatz ausreichend beleuchtet ist. Fallstudien zeigen, dass Beleuchtungskonzepte, die Deckenleuchten mit individuell regulierbaren Arbeitsplatzleuchten kombinieren, zu mehr Wohlbefinden und geringerer Ermüdung der Nutzer beitragen. Wenn solch ein System nicht vorhanden ist, nutzen Sie einfach die gute alte Tischlampe zur besseren Beleuchtung Ihrer Arbeitsfläche.
Es ist ebenfalls bekannt, dass sich das Raumklima auf unser Wohlbefinden auswirkt. Die Luftfeuchtigkeit sollte etwa 40 bis 60 Prozent betragen. Sie können diesen Wert erreichen, indem Sie Pflanzen mit großen Blättern, Luftbefeuchter oder Wasserbehälter in Ihr Büro stellen.
Zum Schluss noch ein paar Gedanken zu den akustischen Störungen: Lärm und Geräusche gelten als die größte Beeinträchtigung der Konzentration sowie als starke physische und psychische Belastung. Unternehmen, die Ergonomie ernst nehmen, statten die Arbeitsräume mit speziellen Decken, Böden, Wänden und Stellwänden aus. Andernfalls kann man auch Schränke oder andere geeignete Möbelstücke zur Schallabsorption aufstellen.
So, das war mein Vortrag. Ich hoffe, Sie haben einige nützliche Tipps bekommen, die Ihnen helfen werden, Ihren Arbeitsplatz ergonomischer zu gestalten.
Ich danke Ihnen für Ihre Aufmerksamkeit.

Kapitel 2 — Lösungen

4 1. Die Höhe der Arbeitsfläche sollte auf die Größe des Nutzers eingestellt werden können. 2. Bei einem 21-Zoll-Monitor ist ein Abstand von 60 bis 70 Zentimetern zwischen Auge und Bildschirm ideal. 3. Ergonomie bedeutet nicht nur die richtige Position von Büromöbeln, sondern auch die Arbeitsumgebung im Allgemeinen. 4. Das Raumklima hat positive oder negative Auswirkungen auf unser Wohlbefinden. 5. Lärm und Geräusche beeinträchtigen die Konzentration am stärksten und belasten die Mitarbeiter/den Menschen physisch und psychisch. 6. Unternehmen, für die Ergonomie wichtig ist, statten die Arbeitsräume mit speziellen Decken, Böden, Wänden und Stellwänden aus.

5 1. <u>Zum einen</u> soll er die Wirbelsäule stützen, <u>zum anderen</u> wechselnde Körperhaltungen ermöglichen. 2. <u>So</u> können Sie mal sitzend, mal stehend arbeiten. <u>Allerdings</u> ist häufiges Aufstehen von kurzer Dauer günstiger als lange Stehpausen: Die einzelnen Stehpausen sollen nicht länger <u>als</u> 20 Minuten sein. 3. Optimal sind Tische, die <u>sowohl</u> auf die individuelle Arbeitshöhe im Sitzen <u>als auch</u> zwischen Sitz- und Stehhöhe verstellt werden können. 4. Unter Ergonomie wird <u>nicht nur</u> die richtige Position von Büromöbeln verstanden, <u>sondern auch</u> die gesamte Atmosphäre am Arbeitsplatz. 5. Sorgen Sie auch dafür, <u>dass</u> Ihr Arbeitsplatz ausreichend beleuchtet ist. Lärm und Geräusche gelten als die größte Beeinträchtigung der Konzentration <u>sowie</u> als starke physische und psychische Belastung. 6. <u>Andernfalls</u> kann man auch Schränke oder andere geeignete Möbelstücke zur Schallabsorption aufstellen.

9 a) 1. nein 2. nein 3. ja 4. ja 5. ja 6. ja 7. nein 8. nein
b) 1. … es <u>kommt auf die Arbeitssituation an</u>. 2. <u>Vorteilhaft</u> kann das Großraumbüro dann sein, wenn die Mitarbeiter am gleichen Projekt arbeiten oder <u>einen ähnlichen Aufgabenbereich</u> haben. 3. Großraumbüros werden von Unternehmen <u>aus Kostengründen bevorzugt</u>. 4. Aus der <u>Perspektive</u> der Mitarbeiter <u>jedoch überwiegen</u> im Großraumbüro <u>ganz klar</u> die Nachteile. 5. Durch den relativ hohen <u>Geräuschpegel</u> und die vielen Ablenkungen <u>fällt</u> konzentriertes Arbeiten <u>schwer</u>. 6. 60 Prozent der Befragten sagen, ständig <u>unterbrochen</u> zu <u>werden</u> sei das größte Problem. 7. Die Mitarbeiter können sich <u>temporär</u> aus dem Großraumbüro zurückziehen, um <u>bei Bedarf</u> konzentriert und <u>ohne Ablenkung</u> arbeiten zu können. 8. Durch ein Hinweisschild ist für die <u>Kollegen ersichtlich</u>, wann jemand nicht gestört werden will. 9. Auch Ohrenstöpsel können nützlich sein. So kann man für eine Aufgabe, die eine hohe Konzentration <u>erfordert</u>, sein Telefon umleiten und Ohrenstöpsel <u>verwenden</u>.

Transkription Hörtext: Der Trend zum Großraumbüro
Moderator: Herr Heidenberger, laut einer Umfrage sind es die klassischen Probleme von Großraumbüros, die Arbeitnehmer in ihrer Produktivität hemmen, z. B. Telefonate, Kollegen oder ein zu hoher Lärmpegel. Ist das Modell Großraumbüro in Wahrheit leistungsfeindlich?
Heidenberger: So pauschal lässt sich das nicht sagen, es kommt auf die Arbeitssituation an. Vorteilhaft kann das Großraumbüro dann sein, wenn die Mitarbeiter beispielsweise am gleichen Projekt arbeiten oder einen ähnlichen Aufgabenbereich haben und dadurch ein intensiver Austausch untereinander erforderlich ist. In diesen Fällen bietet das Großraumbüro den Vorteil der kürzeren Kommunikationswege und erleichtert die projektspezifische Kooperation und Kommunikation untereinander.
Moderator: Großraumbüros werden von Unternehmen auch aus Kostengründen bevorzugt – im Vergleich zu anderen Büroarten (Einzelbüros, Kleinbüros usw.) sind sie in der Errichtung günstiger. Durch den Verzicht auf Raumteiler werden Kosten gespart.
Heidenberger: Das ist wahr. Aus der Perspektive der Mitarbeiter jedoch überwiegen im Großraumbüro ganz klar die Nachteile. Denn durch den relativ hohen Geräuschpegel und die vielen Ablenkungen fällt konzentriertes Arbeiten schwer. Die daraus resultierende Reizüberflutung führt zu einer erhöhten Fehlerquote und zu Stress, der auf die Dauer negative Auswirkungen auf die Gesundheit, Psyche und Motivation der Mitarbeiter haben kann.
Moderator: 60 Prozent der Befragten sagen, ständig unterbrochen zu werden sei das größte Problem. Gibt es überhaupt eine Möglichkeit, sich vor der Störquelle „Ablenkung" zu schützen?
Heidenberger: Durchaus, sowohl der Arbeitgeber als auch die Mitarbeiter selbst können entsprechende Maßnahmen treffen. Der Arbeitgeber sollte, wenn möglich, Ausweichräume schaffen. Dort können sich Mitarbeiter temporär aus dem Großraumbüro zurückziehen, um bei Bedarf konzentriert und ohne Ablenkung arbeiten zu können.
Hier kann ein auf dem Schreibtisch platziertes Hinweisschild „Bitte nicht stören!" gute Dienste leisten. Damit ist für die Kollegen ersichtlich, wenn jemand nicht gestört werden will. Auch Ohrenstöpsel können nützlich sein. So kann man für eine Aufgabe, die eine hohe Konzentration erfordert, sein Telefon umleiten und Ohrenstöpsel verwenden, um sich wenigstens für einen bestimmten Zeitraum abzuschotten und die wahrnehmbare Geräuschkulisse zu reduzieren. Diese Möglichkeit sollte natürlich im Team intern vereinbart und mit der Führungskraft abgesprochen werden.
Moderator: Herr Heidenberger, ich danke Ihnen für das Gespräch.

10 a) 1. h 2. f 3. c 4. a 5. g 6. d 7. e
b) 1. Mitarbeiter, Projekt 2. Kommunikationswege, Kooperation 3. Ablenkungen 4. Reizüberflutung 5. Mitarbeiter 6. Dienste 7. Ohrenstöpsel
c) **Vorteile:** (etwas) aus Kostengründen <u>bevorzugen</u>; <u>vorteilhaft kann</u> das Großraumbüro dann <u>sein</u>, wenn …; das Großraumbüro <u>bietet den Vorteil</u> der kürzeren Kommunikationswege; Das kann <u>einem gute Dienste</u> erweisen. Auch Ohrenstöpsel <u>können nützlich sein</u>. **Nachteile:** <u>Die Nachteile überwiegen</u> ganz klar. Der Stress kann <u>negative Auswirkungen auf</u> die Gesundheit <u>haben</u>.

13

Eingangsbereich	Raum für Ingenieure	Raum für Ingenieure	Raum für Ingenieure
Marketingabteilung	Mitarbeiter für Buchhaltung, Rechnungswesen und Finanzen	Verhandlungsraum	Büro der Geschäftsführung

15 a) 1. Auf 2. Im, auf 3. an der 4. Im 5. In der 6. An der 7. am 8. im, am 9. in dieser, in den
b) 1. Edwin und Martina gehen in die Kantine/zur Kantine. 2. Sie finden den Kaffeeautomaten neben dem Fahrstuhl. 3. Könnten Sie die Prospekte aus dem Materialraum holen und zum Chef bringen? 4. Herr Sander fährt zu einer Konferenz nach Berlin. 5. In der roten Zone muss Schutzkleidung getragen werden. 6. Das Büro unseres Juristen liegt neben/gegenüber dem Besprechungsraum.

16 1. gebracht 2. sind 3. erfüllt 4. besteht 5. aufkommen 6. wird 7. verstärkt 8. durchgeführt 9. gestrichen 10. übersteigen 11. abgerissen

19 b) Als „Grüne Gebäude" werden Gebäude bezeichnet, die unter dem Leitgedanken <u>der</u> Nachhaltigkeit entwickelt wurden. <u>Die</u> Gebäude zeichnen sich unter anderem durch eine hohe Ressourceneffizienz in <u>den</u> Bereichen Energie, Wasser und Material aus, während gleichzeitig schädliche Auswirkungen auf <u>die</u> Gesundheit und <u>die</u> Umwelt reduziert werden. <u>Der</u> Leitgedanke wird dabei idealerweise über alle Phasen <u>des</u> Gebäude-Lebenszyklus von <u>der</u> Projektentwicklung, <u>der</u> Planung und <u>der</u> Konstruktion über <u>den</u> Betrieb, <u>die</u> Wartung und <u>die</u> Demontage verfolgt.

20 **Das kann man verbrauchen:** Energie, Strom, Benzin, Gas
Das kann man erzeugen: Wärme, Energie, Strom, Spannung
Das kann man erfüllen: Anforderungen, eine Aufgabe, ein Kriterium, Erwartungen, eine Funktion, Wünsche, Bedingungen
Das kann man verbessern: ein Ergebnis, die Stimmung, die Ertragslage, eine Situation

22 a) Fehler: **Zeile 4:** Landwirtschaft (richtig: Industrie), **Zeile 6/7:** Energieproduktion (richtig: Energieverbrauch), **Zeile 10:** der Bau (richtig: die Sanierung), **Zeile 11:** 2025 (richtig: 2020), **Zeile 16:** verdoppelt (richtig: verdreifacht)
b) 1. Europa legt großen Wert darauf, seinen Energieverbrauch zu senken. 2. Die Gebäudesanierung steht an erster Stelle. 3. Bereits in den kommenden Jahren müssen unzählige Häuser saniert werden. 4. Wenn strengere EU-Richtlinien in Kraft treten, wird die Zahl der Neubauten und Gebäuderenovierungen in die Millionen gehen. 5. Von 2020 an müssen alle Neubauten ihren CO_2-Ausstoß auf Null reduzieren. 6. Die Patentanmeldungen, die grüne Bautechnologien zum Gegenstand haben, haben sich innerhalb von zehn Jahren verdreifacht.

Transkription Hörtext: Bauen für die Zukunft
In Europa entfallen auf Privathaushalte, Unternehmen und öffentliche Gebäude etwa 40 Prozent des gesamten Energieverbrauchs und damit mehr als auf die Bereiche Industrie (32 Prozent) und Transport (28 Prozent).
Da Europa stark daran gelegen ist, seinen Energieverbrauch zu senken und seine CO_2-Bilanz zu verbessern, wurde der Gebäudesanierung oberste Priorität eingeräumt. Bereits in den kommenden Jahren steht die Sanierung unzähliger Häuser an, und nach dem

Lösungen   Kapitel 3

Inkrafttreten strengerer EU-Richtlinien 2020 wird die Zahl der Neubauten und Gebäuderenovierungen in die Millionen gehen.
Die Patentanmeldungen, die auf grüne Bautechnologien gerichtet sind, haben sich innerhalb von gut zehn Jahren verdreifacht.

24 1. machen, senken 2. ist 3. gesorgt 4. kommen 5. entfallen 6. verläuft 7. benötigen

28 1. stellen 2. besteht 3. stellt 4. erfüllt 5. einrichten 6. einhergeht 7. darstellen 8. stehen gegenüber 9. fürchten 10. bringt

32 1. Solche Assoziationen weckt ein Praktikum schon lange nicht mehr. 2. Im Gegenteil: Die Generation Y erwartet von einem Praktikumsplatz anspruchsvolle Aufgaben, selbstständiges Arbeiten sowie erste Verantwortung. 3. Flache Hierarchien, kurze Entscheidungswege und ein lockerer Austausch sind den Einsteigern wichtig. 4. Sie brauchen einen Betreuer, den sie bei Problemen immer ansprechen können. 5. Das geht aus einer Umfrage unter 1 283 Studenten zum Thema *Das coolste IT-Praktikum* hervor. 6. Die Arbeitgeber haben sich auf die neuen Bedürfnisse der Generation Y eingerichtet. 7. Sie lassen ihre Praktikanten selbstständig arbeiten und entlohnen sie mit 200 bis 500 Euro im Monat. 8. Zwei Drittel der befragten Unternehmen beschäftigen ehemalige Praktikanten als Werkstudenten oder Mitarbeiter weiter. 9. Leider gelingt es Praktikanten zu selten, die Studieninhalte mit den Praktikumsinhalten zu verknüpfen.

34 a) 2. Sitzungsmanagement 3. Terminplaner 4. Auftragsbearbeitung 5. Finanzbuchhaltung 6. Überwachung der Computeraktivitäten
c) 1. einfügen 2. alles markieren 3. drucken 4. ausschneiden 5. rückgängig machen 6. wiederherstellen 7. Fenster schließen 8. Taskmanager aufrufen 9. fett 10. unterstreichen 11. kursiv

35 **Beispiel Zusage:** Liebe Frau Polger, herzlichen Dank für Ihre E-Mail. Sehr gerne nehme ich an der Veranstaltung *Die Umsetzbarkeit des Modells: Bring Your Own Device – Arbeite mit deinem eigenen Gerät* teil. Ich freue mich schon darauf. Mit freundlichen Grüßen
Beispiel Absage: Liebe Frau Polger, vielen Dank für Ihre E-Mail. Leider kann ich an der Veranstaltung *Die Umsetzbarkeit des Modells: Bring Your Own Device – Arbeite mit deinem eigenen Gerät* nicht teilnehmen, da ich zu diesem Zeitpunkt auf Geschäftsreise bin. Mit freundlichen Grüßen

36 **Transkription Hörtext:** Kurzvortrag
Meine Damen und Herren,
die moderne Technologie beeinflusst immer mehr die Art und Weise, wie wir arbeiten. Diese Entwicklung spiegelt sich im verstärkten Einsatz mobiler Endgeräte wider, insbesondere von privaten Smartphones und Notebook-Rechnern, Stichwort *Bring Your Own Device*, kurz BYOD. So nutzen mittlerweile rund 70 Prozent der Arbeitnehmer in Deutschland private Smartphones für dienstliche Zwecke, gleich, ob das von der IT-Abteilung abgesegnet wurde oder nicht. Wird der Arbeitsplatz der Zukunft somit dadurch geprägt sein, dass jeder Mitarbeiter nach Belieben eigene IT-Systeme, Apps und Cloud-Speicherdienste nutzen darf – mit dem Argument, er sei dadurch produktiver und zufriedener?
Gerade mittelständische und größere Unternehmen setzen unternehmenskritische Informationen Risiken aus, weil sie keine Richtlinien für BYOD ausgegeben haben.
44 Prozent der deutschen Unternehmen machen beispielsweise keine Vorgaben für die Benutzung privater Mobilgeräte. Nur jede dritte Firma verlangt von ihren Mitarbeitern, dass sie einfache Sicherheitsmaßnahmen ergreifen und eine Zugangssperre mittels Passwort oder PIN einrichten. Allein mit technischen Hilfsmitteln wie einem Mobile-Device-Management ist solchen Nachlässigkeiten nicht beizukommen. Die Mitarbeiter müssen sich bewusst sein, dass ihr Smartphone oder Tablet ein Risiko darstellt, etwa wenn es Geschäftsdaten enthält und Unbefugten in die Hände fällt.

37 1. eingesetzt 2. genutzt 3. abgesegnet 4. geschützt 5. gefährdet 6. verlangt 7. ergreifen 8. stellen dar 9. einrichten 10. fallen 11. sein

40 1. Ich bin nicht sicher, dass (ob) sich das Raumklima auf unser Wohlbefinden auswirkt. 2. Im Hinblick auf das Wohlbefinden der Mitarbeiter spielt der Lärmpegel keine entscheidende Rolle. 3. Mein Arbeitstisch ist nicht ausreichend beleuchtet. 4. Wir sollten unseren Mitarbeitern die Nutzung eigener mobiler Geräte nicht erlauben. 5. In einem Großraumbüro kann man nicht effizient arbeiten. 6. Unser Unternehmen hat keine speziellen schallabsorbierenden Stellwände angeschafft.

41 a) 4 – 3 – 1 – 2 – 7 – 5 – 6
b) 1. c 2. b 3. f 4. a 5. d 6. e

42 (Beispiele) a) 1. f 2. i 3. b 4. a 5. e 6. d 7. c 8. g
b) 1. Routinetätigkeiten 2. Erwerbsmöglichkeit 3. Elternhaus 4. Sehnenscheidenentzündung 5. Arbeitsdruck 6. Durchgangsstadium

Kapitel 3: Produktinnovation und Patentschutz

2 b) 1. Ergebnis der Suche 2. die erste gewerbliche Nutzung 3. in jeder Hinsicht 4. in Markt- und Betriebsneuheiten 5. hinsichtlich einer Nutzenkomponente 6. um eine echte Basisinnovation 7. im Angebotsprogramm 8. vor Nachahmung 9. der internationalen Markenpiraterie

3 (Beispiele) das Produktionsmuster, die Produktionsstrategie; das Warenzeichen; die Zielgruppe; das Gebrauchsmuster; der Rechtsschutz; das Wachstumsprogramm, das Wachstumszeichen; die Basiskomponente, das Basisprogramm; die Produktinnovation; die Produktidee; der Markenschutz, die Markenpiraterie, das Markenzeichen o. Ä.

4 d) Für das Ranking der 50 innovativsten Unternehmen der Welt werden jährlich 1 500 Führungskräfte befragt. Mehr als drei Viertel der Befragten bewerten die Innovationsfähigkeit ihrer Unternehmen als höchste oder mindestens als eine von drei Top-Prioritäten. Zwei Drittel der Befragten nannten strategische und finanzielle Kriterien als besonders wichtig für die Entscheidung, ob ein neues Produkt entwickelt werden soll oder nicht. 83 Prozent der innovationsstarken Unternehmen sahen die Geschäftsführer oft oder sehr oft als treibende Kraft für Erneuerungsprozesse. In/Unter den Top 20 sind neun Autohersteller vertreten. BMW liegt auf Platz 9. 73 Prozent der Befragten sagten, dass die Wünsche der Kunden eine Rolle in der Produktentwicklung spielen. Nur 55 Prozent der schwächeren Innovatoren sahen die Geschäftsführer oft oder sehr oft als treibende Kraft für Erneuerungsprozesse.

5 1. Auch Unternehmen jenseits der Technologiebranche finden Innovationen immer wichtiger. 2. Zu diesem Ergebnis kam eine Studie der Boston Consulting Group. 3. Für das Ranking der 50 innovativsten Unternehmen findet jährlich eine Befragung von 1 500 Führungskräften statt. 4. Etwa drei Viertel der Befragten bewerteten die Innovationsfähigkeit ihrer Unternehmen als Top-Priorität. 5. Der Trend der vergangenen Jahre hält somit an. 6. Nicht nur Technologieunternehmen ziehen aus Neu- und Weiterentwicklungen Nutzen/ziehen einen Nutzen aus Neu- und Weiterentwicklungen. 7. In/Unter den Top 20 sind neun Autohersteller zu finden. 8. Über die Umsetzung der neuen Ideen entscheidet in den meisten Unternehmen die Konzernleitung. 9. Zwei Drittel der Befragten nannten strategische und finanzielle Kriterien als Grundlage für die Entscheidung. 10. Die Ansichten der Kunden spielen für 73 Prozent der Befragten eine wichtige Rolle. 11. Die größte Bedeutung messen die Topmanager innovativer Unternehmen sich selbst bei.

8 1. umgesetzt 2. verfügen 3. bietet 4. hoffen 5. weiterverfolgt 6. wachsen 7. pflegen, schöpfen 8. eingeladen

13 a) 1. richtig 2. falsch 3. richtig 4. richtig 5. richtig
b) 1. Er hilft den Unternehmen, einen passenden Namen für ein Produkt zu finden. 2. Sie wissen, dass ein gelungener Name einen großen Unterschied machen kann. 3. Der Name muss das Produkt klar von ähnlichen Produkten der Konkurrenz unterscheiden. (Es muss auffallen, damit die Kunden es bemerken und kaufen.) 4. Ein guter Name sollte nicht gleich alles verraten. (Er muss überraschen, nur so bleibt er im Gedächtnis.) 5. Ein altbekanntes Wort weckt selten Interesse an einem brandneuen Produkt. Der Überraschungseffekt bleibt aus. (Name und Produkt werden schnell vergessen.) 6. Wegen der Globalisierung: Sie glauben, damit können sie sich auf dem internationalen Markt durchsetzen. 7. Sie können von den Kunden missverstanden werden.
c) 1. einen passenden Namen zu finden 2. Geld auszugeben 3. einen großen Unterschied machen 4. Strategien verfolgen 5. Als Faustregel gilt 6. alles verraten 7. bleibt … im Gedächtnis 8. mit Bedeutungen aufgeladen
d) 1. a 2. g 3. d 4. f 5. b 6. c

Transkription Hörtext: Der Namenserfinder
Moderator: Jürgen Zahn ist Namenserfinder von Beruf. Herr Zahn, woraus besteht eigentlich Ihre Arbeit?

Zahn: Also, wenn Unternehmen auf der Suche nach Namen für ihre Neuschöpfungen sind, beauftragen sie oft spezialisierte Namenserfinder wie mich. Dann laden sie mich zu einem Gespräch ein, beschreiben ihr Produkt und ich versuche, einen passenden Namen zu finden. Viele Unternehmen sind bereit, dafür Geld auszugeben, denn sie wissen, dass ein gelungener Name einen großen Unterschied machen kann.
Moderator: Was macht einen Namen erfolgreich?
Zahn: Die wichtigste Funktion eines Namens ist, das Produkt klar von ähnlichen Produkten der Konkurrenz zu unterscheiden. Es muss auffallen, damit die Kunden es bemerken und kaufen.
Moderator: Und das kann der Name bewirken?
Zahn: Klar. Bei der Namenwahl kann man verschiedene Strategien verfolgen, als Faustregel gilt jedoch Folgendes: Ein guter Name sollte nicht gleich alles verraten. Er muss überraschen, nur so bleibt er im Gedächtnis. Namen, die keine oder wenig Bedeutung haben, können dann erst mit Bedeutungen aufgeladen werden. Niemand fragt: Warum heißt Audi eigentlich Audi? Sondern jeder weiß: Das ist ein Auto.
Moderator: Ohne Hä-Effekt kann man also nicht auf Erfolg hoffen?
Zahn: Ja, genau. Der Überraschungseffekt macht das Produkt erst recht spannend.
Moderator: Gibt es Bereiche, in denen es besonders schwierig ist, einen solchen Effekt zu erzielen?
Zahn: Ja. Im Lebensmittelbereich zum Beispiel. Da scheitern sehr viele Produkte an einer misslungenen Namenwahl.
Moderator: Was genau verstehen Sie unter einem misslungenen Namen?
Zahn: Namen, unter denen sofort jeder etwas versteht, benutzen sehr viele. Das ist aber meines Erachtens ein großer Fehler. Ein altbekanntes Wort weckt nämlich selten Interesse an einem brandneuen Produkt. Der Überraschungseffekt bleibt aus, der Kunde hat den Eindruck, dass er das zigste Waschmittel oder den zigsten Joghurt in den Regalen sieht. Der Name überzeugt nicht, wird schnell vergessen und das Produkt kann sich nicht auf dem Markt durchsetzen.
Moderator: Man sieht in Deutschland immer mehr englische Werbesprüche. Was halten Sie von dieser Entwicklung?
Zahn: Viele Unternehmen wollen mit ihren Produkten auf den internationalen Markt. Dafür brauchen sie Namen, die jeder aussprechen und verstehen kann. Diese Tendenz hängt mit der Globalisierung zusammen und das finde ich ganz in Ordnung.
Englische Werbesprüche oder Markennamen können aber von den Kunden missverstanden werden. Und das passiert ja öfter als man denkt. Damit will ich nicht sagen, dass Englisch pauschal schlechter ist als Deutsch. Die englische Sprache, die für Weltoffenheit und Fortschritt steht, kann moderner und dynamischer wirken, aber eben auch verwirrend, albern oder unnötig kompliziert.
Moderator: Herr Zahn, ich danke Ihnen für das Gespräch.

15 1. eines Namens 2. einen Namen 3. einem misslungenen Namen 4. einen passenden Namen 5. Der Gedanke, seinem Namen 6. dem Gedanken

16 2. Tchibo 3. Vileda 4. Nivea 5. Milka 6. Lego 7. IKEA

19 1. Gestaltungen/etwas gestalten, gestaltete, hat gestaltet 2. Verpackungen/etwas verpacken, verpackte, hat verpackt 3. Farbzusammenstellungen/etwas zusammenstellen, stellte zusammen, hat zusammengestellt 4. Unternehmen/etwas unternehmen, unternahm, hat unternommen 5. der Schutz/*kein Plural*/etwas schützen, schützte, hat geschützt 6. der Unterschied/Unterschiede/etwas unterscheiden, unterschied, hat unterschieden 7. die Eignung/Eignungen/sich eignen, eignete sich, hat sich geeignet

20 c) 1. Dritte dürfen auf Bekleidungsstücken Symbole ehemaliger Ostblockstaaten anbringen. 2. DDR: Markeninhaber der u. a. für Bekleidungsstücke eingetragenen Wortmarke „DDR". Er war außerdem Inhaber einer für Textilien eingetragenen Bildmarke, die das Staatswappen der DDR abbildete. CCCP: Die Klägerin ist Lizenznehmerin der Wortmarke „CCCP". 3. Der Beklagte im Fall „DDR" vertreibt sogenannte Ostdevotionalien. Hierzu vertreibt er auch T-Shirts mit der Bezeichnung „DDR" und ihrem Staatswappen. Die Beklagte im Fall „CCCP" vertreibt über das Internet bedruckte Bekleidungsstücke, auf denen auch ein Hammer-und-Sichel-Symbol mit der Buchstabenfolge „CCCP" zu sehen ist. 4. Der Bundesgerichtshof hat die klageabweisenden Entscheidungen im Hamburger Verfahren bestätigt. Im Münchner Verfahren I ZR 92/08 hat er das von der Vorinstanz ausgesprochene Verbot aufgehoben und die Klage abgewiesen. Er geht davon aus, dass die Verbraucher die auf der Vorderseite von T-Shirts angebrachten Symbole ehemaliger Ostblockstaaten ausschließlich als dekoratives Element auffassen und in ihnen kein Produktkennzeichen sehen.

21 a) 1. der Kläger 2. der Bundesgerichtshof 3. der Verbraucher 4. der Lizenznehmer/die Lizenznehmerin
b) 1. Symbole ehemaliger Ostblockstaaten anbringen 2. eingetragenen Wortmarke „DDR" 3. mit der Bezeichnung „DDR" und ihrem Staatswappen 4. Unterlassungsklage eingereicht 5. um den Bestand der Marken 6. abgewiesen 7. ausschließlich als dekoratives Element auffassen 8. in den Symbolen kein Produktkennzeichen
c) 1. Entscheidungen 2. Klage 3. Beklagten 4. Verbot 5. Produkt 6. Markenrechte 7. Element

25 a) 1. Ein-- Patent ist ein-- Dokument, mit dem Ihre Erfindung davor geschützt werden kann, dass andere ohne Ihre Beteiligung davon profitieren. Dieses Patent wird bei dem Deutschen Patent- und Markenamt beantragt, geprüft und erteilt. Sie können sich auch an das Europäische Patentamt wenden, um Ihr-- Patent weiträumiger schützen zu lassen. Viele Länder haben sich zu einer Schutzgemeinschaft zusammengeschlossen (Patent Community Treaty), die praktisch wie ein-- weltweites Patentamt handelt. 2. Sobald Sie das Patent erteilt bekommen haben, können Sie von anderen Lizenzgebühren verlangen, wenn Sie Ihre Erfindung oder Idee wirtschaftlich verwerten wollen. Sie können Ihr-- Patent dann auch verkaufen. Ihr-- Patent wird vom amtlichen Patentprüfer veröffentlicht, sodass Interessenten es in der amtlichen Datenbank finden. Der Schutz beginnt schon ab dem Tag der Anmeldung. 3. Für den Antrag müssen Sie Ihre Erfindung beschreiben und Ihre Ansprüche formulieren. Das betrifft die wesentlichen Merkmale und die Aufgabe, die mit Ihrer Erfindung gelöst wird. Außerdem bezahlen Sie eine Gebühr. Sie können sich für Ihre Anmeldung auch an einen Patentanwalt wenden, der ebenfalls eine Gebühr verlangt. 4. Sie müssen sich davon überzeugen, dass es Ihre Erfindung noch nicht gibt. Dazu können Sie oder Ihr-- Anwalt sich in der amtlichen Datenbank umsehen. Im Internet steht Ihnen eine amtliche Suchmaschine zur Verfügung. Dort finden Sie auch viele Formulare für Ihre Patentanmeldung.
b) 1. bekommen 2. wenden 3. verlangen 4. zusammenschließen 5. beantragen 6. schützen 7. lösen 8. bezahlen 9. handeln

27 1. Die Beantragung, Prüfung und Erteilung des Patents erfolgt beim deutschen Patent- und Markenamt. 2. Sie können sich auch an das Europäische Patentamt wenden, um weiträumigeren Schutz für Ihr Patent zu beantragen. 3. Sie sind verpflichtet, bei der Anmeldung eine Gebühr zu entrichten. 4. Für den Patentantrag muss Ihre Erfindung deutlich beschrieben und müssen Ihre Ansprüche formuliert werden. 5. Es besteht die Möglichkeit, sich in der amtlichen Datenbank über bereits existierende Patente zu informieren.

28 1. entwickeln sich 2. haben 3. weiterverfolgt, ausgeführt 4. umsetzen 5. stammen 6. kommen

29 a) 1. ja 2. ja 3. nein 4. ja 5. ja 6. nein 7. ja 8. ja
b) 1. geistigen Eigentums 2. zeitliche Befristung 3. deutschen Einzelstaaten 4. territorialer Wirkung 5. gewerbliche Verfahren 6. anderen Verletzer 7. Europäischen Patentorganisation 8. europäischer Patente

Transkription Hörtext: Seit wann gibt es Patente?
Moderatorin: Liebe Hörerinnen und Hörer. Unsere heutige Sendung widmen wir der Geschichte der Patente. Dazu haben wir einen besonderen Gast ins Studio eingeladen. Dr. Robert Veigel ist Jurist und Autor des Buches „Patente früher und heute". Herr Veigel, ich grüße Sie.
Herr Veigel: Guten Tag.
Moderatorin: Heutzutage gehören Patente zum Alltag eines Unternehmens. Aber seit wann gibt es eigentlich Patente?
Herr Veigel: Das erste Patentgesetz im heutigen Sinne wurde in Venedig im Jahr 1474 erlassen. Dieses Patentrecht enthielt im Kern bereits alle wesentlichen Kriterien, die unser heutiges Patentgesetz ausmachen, und zwar den Schutz des persönlichen geistigen Eigentums an einer Erfindung, das Recht, andere davon auszuschließen, und die zeitliche Befristung. Diesem Gesetz folgte das *Statute of Monopolies* in England am 25. Mai 1624, das weltweit als Vorbild für die Patentgesetze gilt.
Moderatorin: Und wie war die Situation in Deutschland? Gab es auch bei uns Patentgesetze?
Herr Veigel: Patentrechtliche Regelungen gab es in den deutschen Einzelstaaten erst zu Beginn des 19. Jahrhunderts, insgesamt 29 Patentgesetze mit jeweils territorialer Wirkung. Alle diese deutschen Gesetze schützten die Erfindung dadurch, dass die erteilten Pa-

Lösungen — Kapitel 4

tente bis zu ihrem Erlöschen geheim gehalten wurden. Patentiert wurden sowohl neue Erfindungen als auch erprobte gewerbliche Verfahren, die aus dem Ausland eingeführt wurden.
Moderatorin: Gab es auch schon damals Patentverletzungen?
Herr Veigel: Selbstverständlich. Der erste Patentverletzungsprozess in Deutschland wurde 1593 wegen eines „newerfunden Mühlwerckh" zum Schleifen von Halbedelsteinen in Nürnberg geführt. Derselbe Schutzrechtsinhaber erwirkte 1601 gegen einen anderen Verletzer einen Unterlassungsanspruch und eine Strafe von zehn Gulden. Ein anderer Patentverletzer wurde in Nürnberg in Eisen gelegt und erlangte erst nach Abschwörung und Zahlung der Haftkosten die Freiheit. Eine Trennung zwischen Zivil- und Strafprozess war damals nicht gegeben. Der Patentinhaber erhielt einen Teil der Geldstrafe als Entschädigung.
Moderatorin: Und wie sieht das europäische Patentwesen heute aus?
Herr Veigel: Seit 1973 besteht mit der Europäischen Patentorganisation (EPO) eine übergeordnete Einrichtung und seit 1977 mit dem Europäischen Patentamt ein weiteres Patentamt. Das Europäische Patentamt (EPA), dessen Aufgabe die Prüfung und Erteilung europäischer Patente ist, hat am 1. Juni 1978 die erste Patentanmeldung registriert. Es erteilt auch in Deutschland wirksame Patente und hat seinen Sitz in München und Dienststellen in Rijswijk (bei Den Haag), Berlin, Wien und ein Verbindungsbüro in Brüssel.
Moderatorin: Herr Veigel, ich danke Ihnen für das aufschlussreiche Gespräch.

30 (Beispiele) 1. j 2. c 3. a 4. b 5. g 6. f 7. e 8. d 9. i

32 1. Der Erfinder bekommt so einen Anreiz, seine Idee nicht geheim zu halten. 2. Die Erfindung wird in Form eines Patents offengelegt und somit der Gesellschaft insgesamt zur Verfügung gestellt. 3. Von den Nutzern kann er dann dafür Lizenzgebühren einfordern. 4. Von besonderer Bedeutung ist das für die Hochtechnologie, vor allem in der Chemie und in der Pharmakologie. 5. Teure Ideen setzen oftmals eine ungeheuer teure Grundlagenforschung voraus. 6. Ohne Erträge aus gesicherten Rechten ließe sich diese in vielen Fällen kaum finanzieren. 7. Das Patentsystem weist jedoch einige Nachteile auf. 8. So tun sich beispielsweise Universitäten und andere Forschungseinrichtungen mit der Vermarktung ihrer Ideen oftmals schwer. 9. Kleinen Unternehmen fehlt gelegentlich das notwendige Kapital. 10. Ein anderer Grund ist allerdings schlicht strategisches Verhalten. 11. Manche Patente werden nur mit dem Ziel angemeldet, der Konkurrenz zuvorzukommen und dieser bestimmte Entwicklungspfade abzuschneiden.

33 b) 1. Patente sollen der strategischen Blockade der Konkurrenz dienen. 2. Patente sollen zur Wissensbildung im Unternehmen beitragen. 3. Patente sollen ein Signal an Geldgeber, Kunden und Konkurrenz senden. 4. Patente sollen dem Unternehmen Einnahmen aus Lizenzvergabe sichern. 5. Patente sollen den Wert des Unternehmens steigern. 6. Patente sollen technologische Neuentwicklungen vor nachahmenden Wettbewerbern schützen.

36 a) 1. Die Verbindung zwischen Brille und Steuerungssoftware wird via Bluetooth-Schnittstelle hergestellt. 2. Die Software lässt sich für verschiedene Geräte einsetzen. 3. Die digitale Arbeitsschutzbrille prüft ständig, ob die Brille richtig aufgesetzt ist/wurde. 4. Liefern die Sensoren in den Brillenbügeln und Nasenplättchen die richtigen Daten, gibt die Brille an die Steuerungssoftware grünes Licht, sodass/damit das Gerät in Betrieb genommen werden kann. 5. Wurde die Brille hingegen nicht aufgesetzt, gibt die Brille die Arbeitsmaschine nicht frei. 6. Es gibt zweifelsohne großes Interesse an verbesserten Arbeitsschutzgeräten. 7. Allein 2 000 Arbeitsunfälle, bei denen die Augen der Unfallopfer geschädigt werden, werden jeden Tag in Deutschland registriert.

37 1. ein Kilogramm 2. Hochschulen 3. Doktoranden 4. helfen 5. Weltraum 6. kreisen 7. nicht 8. interessant 9. konzentriert 10. Bestätigung
b) 1. d 2. a 3. b 4. c 5. h 6. j 7. i 8. f 9. g

39 1. Anfang des Jahres 2013 konnten in einem Experiment mit DNA-Speicher ein JPEG-Bild, einige Sonette von Shakespeare und eine Audiodatei der Rede *I have a dream* von Martin Luther King Jr. auf einem DNA-Speicher gespeichert werden. 2. Es wird vorausgesagt, dass DNA-Computer vor allem dort neue Lösungen liefern können, wo sie sich von „traditionellen Computern" unterscheiden: in der Speicherkapazität und in der Parallelisierung. 3. In künstlich hergestellter DNA könnte demnach das digitalisierte Wissen der Welt gelagert werden. Datenbanken auf DNA-Basis könnten in nahezu unendlicher Geschwindigkeit gigantische Datenbestände durchsuchen. 4. DNA ist dauerhaft beständig. Das gesamte Wissen der Menschheit könnte in einem Kilogramm DNA für Zehntausende Jahre konserviert werden. 5. Sobald eine Speicherung von Daten in Form von DNA kommerziell nutzbar ist, könnten gigantische Potenziale erschlossen werden. 6. Zur Realisierung des DNA-Computers müssen vor allem technische Probleme beseitigt werden. 7. Außerdem müssen die hohen Herstellungskosten gesenkt werden. 8. Es wird davon ausgegangen, dass dies frühestens in 25 Jahren der Fall ist.

41 1. c 2. e 3. b 4. a 5. d

Kapitel 4: Werbung und Konsumverhalten

3 a) 1. a 2. c 3. c 4. a 5. b 6. c 7. c 8. b 9. a 10. c
b) 1. ja 2. a 3. nein 4. ja 5. nein 6. ja
c) Werbeplanung, Werbekampagne, Werbeobjekt, Werbeadressaten, Werbebotschaft, Werbespot, Werbemittel, Werbeträger
(weitere Beispiele) erwerben, abwerben, anwerben, umwerben, bewerben; Werbeabteilung, Werbefachmann/-frau, Werbefachschule, Werbefeldzug, Werbefernsehen, Werbefilm, Werbefläche, Werbekurzfilm, Werbeleiter, Werbeplakat, Werbeschrift, Werbeslogan, Werbespot, Werbespruch, Werbetext, die Werbetrommel rühren, werbewirksam

4 b) 1. ergeben 2. befragt 3. interviewt 4. finden 5. eingestuft 6. sind 7. anfangen 8. machen 9. gaben ... an 10. sammeln 11. zugeschnitten 12. liegt 13. gezeigt 14. fühlen 15. wirkt

5 c) **Platz 1: b)** Zu den 40 in Deutschland erhältlichen Marken gehören unter anderem Ariel, Pampers und Gillette. **Platz 2: a)** Der Süßwarenriese Ferrero bewirbt seine zuckerhaltigen Produkte sehr intensiv. **b)** Im vergangenen Jahr stiegen die Werbeausgaben um 1,5 Prozent. **Platz 3: a)** Beim Elektronikhändler Media-Saturn schrumpften letztes Jahr/im letzten Jahr die Umsätze und der Werbeetat. **b)** Die Firma investierte 14,4 Prozent weniger in Werbung. **Platz 4: a)** Das französische Kosmetikimperium L'Oréal wirbt kräftig für Lippenstifte, Shampoos und Hautcremes. **b)** Das Geschäft mit der Schönheit wird mit einem riesigen Werbeetat unterstützt. **Platz 5:** Zum 60. Geburtstag der größten deutschen Boulevard-Zeitung „Bild" verschenkte der Axel-Springer-Verlag 41 Millionen Gratisexemplare. **Platz 6: a)** Etwa 400 Marken zählt das Riesenreich des niederländischen Konsumgüterkonzerns Unilever: Deos, Eis und Knorr-Suppe sind in fast jedem Werbeblock vertreten. **b)** Doch im Vergleich zum Vorjahr wurden die Werbeausgaben um 6,1 Prozent gekürzt. **Platz 7: a)** Volkswagen nimmt bei den Werbeausgaben einen Spitzenplatz unter den Autoherstellern ein. **b)** Zum Beispiel unterstützt Volkswagen 12 Klubs in der Bundesliga mit einem Sponsoring. **Platz 8: a)** Im Gegensatz zu Konkurrent Aldi startete der Discounter Lidl eine Werbeoffensive im Fernsehen. **b)** Zusätzlich setzt Lidl auf bunte Printbeilagen. **Platz 9:** Die US-Fastfood-Kette McDonald's warb vergangenes Jahr/im vergangenen Jahr mit einem Spitzenkoch zur Image-Verbesserung. **Platz 10: a)** Die Telekom wirbt nicht nur auf dem Trikot des FC Bayern München. **b)** Auch in der TV-Werbung ist der Telekommunikationskonzern präsenter als alle Konkurrenten.

7 a) 1. die zartere/zarteste Versuchung 2. der höhere/höchste Genuss 3. der kürzere/kürzeste Weg 4. das schärfere/schärfste Messer 5. die bessere/beste Idee 6. die lautere/lauteste Musik 7. die kostbarere/kostbarste Zeit 8. die massivere/massivste Reduktion 9. die nachhaltigere/nachhaltigste Produktion 10. die stärkere/stärkste Frau

8 a) 1. c 2. b 3. c
b) (mögliche Antworten) 1. Solange jedem Beteiligten klar ist, dass es sich um Werbung handelt, sind Übertreibungen und Mittel zur Verführung erlaubt. Nicht akzeptabel ist es, wenn Werbung oder Werber nicht mehr erkennbar sind, sich verstecken, z. B. in sogenannten Empfehlungen. 2. Berufe in der Werbebranche haben kein gutes Image. Werber werden für oberflächlich gehalten. 3. Früher ist in der Werbebranche viel Geld geflossen, Draufgänger wurden gefeiert. Heute verdienen Werber weniger Geld und müssen härter

Kapitel 4 — Lösungen

dafür arbeiten. **4.** Sie probiert z. B. Produkte aus, geht in Filialen, spricht mit Leuten, um ein realistisches Bild zu gewinnen. **5.** Sie beobachtet Veränderungen in verschiedenen Bereichen, sie schätzt den Kontakt zu vielen unterschiedlichen Menschen, sie lernt von anderen.

Transkription Hörtext: Offene Verführung
Teil A
Gabriele Fischer: Frau Heumann, was mögen Sie an Werbung?
Karen Heumann: Ich mag schon das Wort – werben. Für eine Sache werben, für jemanden werben, um etwas werben. Das Schöne in einer Sache zu finden und darüber zu reden: Das ist doch eigentlich ein sehr schöner Beruf.
Fischer: Wie erklären Sie sich dann, dass Werbung immer öfter nervt, dass sich Menschen verfolgt und bedrängt und keinesfalls sanft umworben fühlen?
Heumann: Ein Grund ist, dass wir heute viel mehr Kanäle haben, um den Kunden zu erreichen. Das hat den Vorteil, dass ich als Werber nicht mehr alles auf einen Schlag vermitteln muss, sondern an der einen Stelle Lust machen und an einer anderen mit Information vertiefen kann – das hat den Nachteil, dass sich ein Kunde gejagt fühlen kann.
Fischer: Gejagt fühlen? Er wird gejagt! Targeting heißt schließlich anvisieren, aufs Korn nehmen.
Heumann: Nehmen wir an, ich hätte Informationen, die für Sie interessant sind: Dann wäre es doch nicht schlecht, wenn ich Sie erreiche. Genervt fühlt man sich doch vor allem, wenn einen nicht interessiert, was man geboten bekommt.
Fischer: Ich stehe unter Dauerbeschuss: Vor allem im Internet habe ich nicht das Gefühl, als Kunde umworben zu sein – ich werde bombardiert.
Heumann: Stimmt, Werbung im Netz wird oft als störend empfunden. Deshalb geht der Trend zum sogenannten *Native Advertising*, also zum Inhalt, der sich als scheinbar natürliches Element in die jeweilige Online-Umgebung einfügt. Dazu gehören auch Unternehmensinformationen, die aussehen wie Journalismus. Da frage ich mich dann allerdings schon, als Leser und als Werber, ob das eine Entwicklung ist, die uns guttut, wenn immer mehr Werbung verkleidet daherkommt. Dies ist auch deshalb ein großes Thema, weil Inhalte immer leichter zu produzieren sind. Sie entstehen schon, wenn man seine Fans oder Kunden auffordert, irgendetwas zu tun, und darüber berichtet. Der Markenhersteller wird grundsätzlich immer mehr zum Veranstalter, zum Dialogpartner, schafft selbst Inhalte, die er über eigene Kanäle, wie einen Facebook-Auftritt, in die Welt bringt. So weit, so gut – schwierig wird es dann, wenn es um Informationen zu einem Produkt oder seiner Wirkung geht, denn die sind natürlich tendenziell eher gefärbt.
Fischer: So ist Reklame halt.
Heumann: Eben nicht! Bei der richtigen Werbung weiß ich, dass es eine ist. Früher wurde behauptet, wir versuchten durch unterschwellige Spots, die man nicht bewusst mitbekommt, aber unbewusst verarbeitet, in die Köpfe der Konsumenten zu kommen. Diese Spots gab es nie, aber es gab sicher eine Zeit, in der die Leute zu ernst nahmen, was in der Werbung gesagt wurde. In dieser Hinsicht sind wir mittlerweile alphabetisiert. Wir wissen, was Werbung will. Und dann kann ich sie doof finden, gut oder – das ist das Schlimmste – langweilig.

Teil B
Fischer: Wie ehrlich sollte Werbung sein?
Heumann: Reden wir besser über Wahrheit, Wahrhaftigkeit. Es ist in Ordnung, wenn klar ist, dass ich dich verführen will – du musst dich ja nicht verführen lassen. Und es ist auch kein Problem, wenn ich beim Verführen übertreibe, nicht immer die Wahrheit sage – solange klar ist: Es geht um Werbung. Schwierig wird es, wenn ich mich als Verführer verstecke: Bei Mundpropaganda oder Empfehlungen weiß ich zum Beispiel oft gar nicht, wer was geschrieben oder geprüft hat. Vielleicht ist reine Werbung irgendwann sogar glaubwürdiger als ein Journalismus, bei dem man nicht weiß, was von wem bezahlt wird. Das macht übrigens den Job so spannend, der Kampf um den richtigen, den wahren Kern, den richtigen, den eigenen Weg – das macht den guten Werber aus.
Fischer: Sein Image tendiert eher in Richtung Oberflächlichkeit.
Heumann: Deshalb will sich kaum noch einer Werber nennen. Ich wünschte mir auch manchmal, ich könnte sagen: Ich bin Herzchirurg.
Fischer: Wie konnte der Job so in Misskredit geraten?
Heumann: Daran hat die Branche durchaus ihren Anteil, sie hat die Draufgänger gefeiert, die Supertypen, die mal eben einen Rockstar zum Abendessen mit Freunden haben einfliegen lassen. Tatsächlich wurde früher viel Geld verdient, als Agenturen noch 15 Prozent vom Mediavolumen bekommen haben, egal, wie groß der Aufwand war – das ist definitiv vorbei. Das Stereotyp aber hält sich, auch dank diverser Fernsehserien.
Fischer: Wie ist es wirklich? Viel Arbeit und wenig Geld?
Heumann: In jedem Fall deutlich weniger Geld – gleichzeitig müssen die Leute viel mehr können als vor 20 Jahren. Man braucht also immer bessere Leute, bekommt aber immer weniger Geld für seine Arbeit – und dann kommt dabei oft genug etwas heraus, das nervt, auch mich, den Werber. Werbung nervt immer, wenn sie langweilig ist – sie sollte interessant, spannend, überraschend sein. Und wenn sie auf Leute trifft, für die sie gar nicht gedacht ist, interessiert sie grundsätzlich weniger – Targeting, wenn es dereinst wirklich funktioniert, wird uns auch viel ersparen. Schon heute wird ja auch eine Menge für uns Irrelevantes gar nicht mehr an uns geschickt.
Fischer: Nervt Werbung nicht auch, weil sie zu laut, zu grell, zu penetrant ist? Und weil Werber oft nur Aufmerksamkeit wollen, um jeden Preis?
Heumann: Für mich ist das kein Weg. Eine Marke sollte sympathisch bleiben, allerdings auch ihre Ecken und Kanten haben. Das ist wie bei Menschen: Ein fröhlicher, sympathischer, stets aufgeräumter Typ ist okay – aber ist er eine Marke? Aufgabe des Marketings ist es, diese Ecken zu kennen und immer mal wieder damit zu spielen, ohne die Grenze zu überschreiten. … Mir ist es auch wirklich wichtig, dass ich keinen Mist erzähle. Um das zu verhindern, bin ich nahezu investigativ tätig, probiere Produkte aus, trage sie, melde mich an, gehe in Filialen, rede mit Leuten. „Wahrheit gut erzählt" – so soll Werbung sein, sagt die Agentur McCann. Man kann nichts schönreden.
Fischer: Nach gut 20 Jahren im Geschäft: Was reizt Sie noch daran?
Heumann: Es kommt so viel zusammen, das Wissen um Menschen, die Veränderung in der Gesellschaft, Trends, Technik, aber auch das, was nie weggeht, die Emotionen. Dann hat man es mit vielen unterschiedlichen Menschen zu tun: Die einen, die organisieren können, andere, die nichts als ihre Ideen im Kopf haben, wieder andere, die verkaufen können. Viele sind jung, da lernt man viel, das ist erfrischend. Obwohl es ein Dienstleistungsjob ist, zu dem manchmal viel Demut gehört – allein schon, weil einen jeder ein bisschen komisch ansieht, wenn man sagt, dass man in der Werbung ist.

9 a) **1.** störend **2.** scheinbar **3.** verkleidet **4.** tendenziell **5.** mittlerweile **6.** durchaus **7.** definitiv **8.** deutlich **9.** allerdings **10.** tätig **11.** komisch
b) der Markenhersteller, der Dialogpartner, der Facebook-Auftritt, die Mundpropaganda, der Dienstleistungsjob, die Online-Umgebung, die Werbefachfrau (auch möglich: der Werbepartner, der Online-Auftritt)
c) **1.** sogenannten, natürliches, jeweilige, großes, eigene **2.** richtigen, unterschwellige **3.** reine, spannend, richtigen, wahren, richtigen, eigenen, guten

11 a) **1.** e **2.** a **3.** g **4.** j **5.** b **6.** i **7.** c **8.** f **9.** h
b) **1. b)** deren Ziel es ist, nur vom Unterbewusstsein wahrgenommen zu werden. **2. a)** mit der/durch die die Kunden zum Kauf angeregt werden sollen. **2. b)** bei der alles stimmen muss. **3. a)** das Ideen zur Absatzförderung entwickelt und realisiert. **3. b)** in dem verschiedene Kreative, z. B. Texter, Grafiker und Mediaplaner, arbeiten. **4. a)** von der sie Richtung und Ziele übernimmt. **4. b)** mit der Marketingziele realisiert werden sollen. **5. a)** die mit der Werbung angesprochen werden soll. **5. b)** für die die Werbung speziell konzipiert wird/wurde.
c) Energiedrink: der, den, dessen, auf den, vor dessen
Modell R10: mit dem, das, das, das, von dem
d) (Beispielsätze) **1.** Das Beste, was mir im letzten Jahr passiert ist, war eine neue Stelle zu finden. **2.** Die Kunden brauchen etwas, womit sie sich identifizieren können. **3.** Das Originellste, was ich seit Langem gehört habe, war die Projektidee von Elisa. **4.** Es gibt vieles, woran ich interessiert bin. **5.** Beim Projekt gab es einiges, was man hätte verbessern können. **6.** Das, was am meisten an meinem Beruf fasziniert, ist die Vielfalt der Aufträge und das kreative Arbeiten.

14 b) **1.** bieten **2.** ansprechen **3.** herstellen **4.** erscheinen **5.** bergen **6.** geraten **7.** entsprechen **8.** schaden **9.** aufgreifen **10.** arbeiten

Transkription Hörtext: Social-Media-Marketing
Social-Media-Marketing bietet der Vermarktung von Unternehmen und Prominenten gleichermaßen Chancen und Risiken:
Vorteile für die Werber: Einerseits kann auf diese Weise ein breites Publikum schnell und kostengünstig angesprochen und eine direkte Verbindung zwischen Unternehmen und Kunden hergestellt werden. Nach einem niedrigschwelligen Bekenntnis des Kunden

per Mausklick – etwa einem Facebook-„Like" – erscheinen dann die Botschaften des Unternehmens regelmäßig auf dem Bildschirm der Zielgruppe.
Mögliche Nachteile für die Unternehmen: Andererseits birgt dieser Kanal aber auch die Gefahr, dass die Kommunikation der Werbebotschaften und die Darstellung in der Öffentlichkeit außer Kontrolle geraten, da die Meinungen im Internet nicht notwendigerweise denen des Unternehmens entsprechen müssen. Leicht können auch negative Meinungen im Internet entstehen und dem Image einer Marke, einer Firma oder einer Person schaden. Umgekehrt kann darin für Unternehmen aber auch eine Chance liegen, indem sie eine solche Kritik aufgreifen und an ihrem Image arbeiten.
Die Nutzer sozialer Netzwerke müssen sich darauf einstellen, dass sie auf diesen Plattformen regelmäßig mit Marketing-Aktivitäten zu tun haben.

15 1. bringen 2. finden 3. treffen 4. geben 5. ziehen 6. nehmen
Beispielsätze: 1. Die Feuerwehr brachte zuerst die Kinder in Sicherheit. **2.** Sein Vorschlag fand allgemeine Zustimmung. **3.** Sie musste schnell eine Entscheidung treffen: bleiben oder gehen. **4.** Otto hat sich bei/mit seiner Präsentation viel Mühe gegeben. **5.** Wir zogen seinen Vorschlag in Erwägung. **6.** Er nahm zu den Vorwürfen Stellung.

16 a) 68 %: Beziehungspflege zu Kunden, 42 %: Aufbesserung des Images, 31–32 %: Beziehungspflege zu Multiplikatoren, 23 % Gewinnung von neuen Mitarbeitern, 15 %: Zusammenarbeit mit Kunden
b) 1. 86 Prozent der Unternehmen, die soziale Medien einsetzen, sind in sozialen Netzwerken aktiv. 2. Mehr als die Hälfte der Unternehmen (53 Prozent) hat eine eigene Facebook-Seite. 3. An zweiter Stelle der beliebtesten Social-Media-Instrumente folgen interne und externe Blogs (36 Prozent). 4. Den dritten Platz belegen Video-Plattformen wie YouTube (28 Prozent). 5. Jedes vierte Unternehmen praktiziert Mikroblogging, etwa über Twitter. 6. 14 Prozent der Firmen arbeiten mit Wikis. 7. Jeweils 13 Prozent der im Bereich der sozialen Medien aktiven Unternehmen nutzen eigene Online-Communities und Content-Plattformen wie SlideShare.
c) 1. 62 Prozent der Befragten begründen ihr Fernbleiben damit, dass sie mit Social-Media-Aktivitäten ihre Zielgruppe nicht erreichen. 2. Die Hälfte der Skeptiker äußert rechtliche Bedenken, insbesondere beim Datenschutz. 3. 25 Prozent empfinden den personellen Aufwand als zu hoch. 4. 14 Prozent halten finanzielle Gründe vom Social-Media-Engagement ab.

19 1. a) entwickeln/entwerfen/erarbeiten b) entwickelt/entworfen/erarbeitet 2. a) ändern b) ändern 3. a) geht auf b) aufgegangen 4. a)/b) entwickeln/erarbeiten/entwerfen 5. a/b) entwickelt/entworfen/erarbeitet

21 (Beispielsätze) b) 1. Die Forscher haben Studien zum Kaufverhalten durchgeführt, bei denen die Kunden beim Kauf von Kleidung neutral oder herablassend behandelt wurden. 2. Die herablassende Behandlung hat in Geschäften der Luxusklasse dazu geführt, dass die Kunden die Artikel noch begehrenswerter fanden. Sie würden sogar noch mehr bezahlen. Dieses Resultat konnte nur bei Geschäften erzielt werden, die für die Verbraucher Exklusivität, Intellektualität oder Ökologie verkörpern, nicht bei Massenware. 3. Der Verkäufer gilt dabei als authentischer Vertreter der Marke. 4. Als Begründung wird das Bedürfnis nach Gruppenzugehörigkeit angegeben. Mit der Anschaffung bestimmter Marken wolle der Kunde eine bestimmte Zugehörigkeit unterstreichen und sei bereit, sogar sein Verhalten (z. B. das Ertragen einer Demütigung) anzupassen. 5. Er glaubt nicht an den Erfolg einer herablassenden Behandlung. Seiner Meinung nach möchten Kunden auf Augenhöhe angesprochen werden.

23 (Beispielsätze) a) 1. Die Wissenschaftler meinen, diese Kunden würden sogar mehr Geld für solche Produkte ausgeben. 2. Der Studie zufolge werde dieser Effekt bei allen Marken, die ein ideales Selbstkonzept wie Exklusivität, ökologisches Bewusstsein oder Intellektualität verkörpern, erzielt. 3. Die Studie hat ergeben, dass sich der Effekt bei Massenware nicht einstelle. 4. Nach Meinung der Wissenschaftler habe auch der Verkäufer eine wichtige Rolle inne. 5. Die Wissenschaftler meinen, der Kunde wolle den Verkäufer als authentischen Vertreter der jeweiligen Luxusmarke wahrnehmen. 6. Die Wissenschaftler meinen, dass jeder Mensch ein Bedürfnis nach Gruppenzugehörigkeit habe. 7. Nach Meinung der Wissenschaftler würden viele Kunden versuchen, sich mit der Anschaffung bestimmter Produkte einer Gruppe anzugleichen. 8. Die Wissenschaftler meinen, die Kunden würden deswegen die Zurückweisung der Verkäufer als Bedrohung ihrer Gruppenzugehörigkeit erleben.
b) 1. Gilt die alte Maxime vom „König Kunde" also nicht mehr? 2. Sollte man Verkäufern in teuren Geschäften zu arrogantem Auftreten raten? 3. Sebastian Deppe von der BEE Handelsberatung in München ist anderer Meinung. 4. Ein gewisses Image von Unnahbarkeit ist Teil des Geschäfts in der Luxusbranche. 5. Den Erfolg einer herablassenden Haltung bezweifelt Sebastian Deppe. 6. „Die Kunden wollen gleichberechtigt behandelt werden", meint Deppe.

25 b) 1. Dort wurden 2011 erstmals mehr Neuwagen deutscher Konzernmarken zugelassen als in Deutschland selbst. 2. Der Marktanteil deutscher Modelle liegt bei 20 Prozent. 3. „Deutsche Marken haben in Schwellenländern wie Brasilien, Russland und Indien einen sehr hohen Stellenwert", sagt die Chefin der renommierten Markenagentur Meta-Design. 4. Die Orientierung an sogenannten „deutschen Werten" ist prägend für die Kaufentscheidungen. 5. Deutsche Marken gelten als teuer und eignen sich als Statussymbol. 6. Mit deutschen Marken wird Qualitätsbewusstsein assoziiert, Modebewusstsein mit italienischen Marken und Innovationskraft mit US-Produkten. 7. Viele Konsumenten bevorzugen wieder klassische deutsche Produkteigenschaften wie hohe Qualität, hohe Zuverlässigkeit und Langlebigkeit.

26 a) Teil A: 1. Das Image einer Marke 2. Verstand aus – Bauch an 3. Die Wahl des Markenbotschafters Teil B: 4. Statussymbole 5. Das Preis-Leistungs-Verhältnis 6. Marketing als Balanceakt

27 a) 1. gleichen – ähneln 2. schließlich – letztlich 3. zweifelsfrei – eindeutig 4. verbinden – verknüpfen 5. nachhaltig – langfristig 6. missgönnen – beneiden 7. angeben – protzen/prahlen 8. herausragend – hochwertig 9. belohnen – honorieren 10. Eckpfeiler – Standbein
b) die Werbepersönlichkeit, die Werbekampagne, das Bauchgefühl, das Markenprodukt, die Markenvielfalt, die Markenpersönlichkeit, die Markenkommunikation, das Fingerspitzengefühl, das Lebensgefühl, das Gefühlsareal, die Medienöffentlichkeit, die Medienkommunikation, die Unternehmensmarke

28 b) 1. eine perfekt designte Hülle 2. der bevorzugten Kaffeemarke, eine untergeordnete Rolle 3. ein verliebter Teenager 4. ein angesagtes Markenprodukt 5. die entscheidende Kaufbotschaft, eine gut durchdachte Balance 6. Ein häufig gewählter Ansatz 7. das auf die Ware übertragene positive Image, eine sogenannte Markenpersönlichkeit 8. der zu treffenden Auswahl 9. ein gefragter Megastar

29 2. Markt 3. Werbung 4. Konsum 5. Mehrwert 6. Trend 7. Geschäftspartner 8. Fingerspitzengefühl 9. Prominenter 10. Standbein 11. Kauf 12. Anerkennung 13. Werbemittel – **Lösungswort:** Markenprodukt

Kapitel 5: Einnahmen und Ausgaben

2 b) 1. Beim Bezahlen ohne Bargeld lag Deutschland weit hinter Großbritannien, Frankreich oder den skandinavischen Ländern. 2. 75 Prozent der Bargeldzahler nannten als Grund eine bessere Kontrolle über ihre Finanzen. 3. Dennoch gibt es laut Umfragen einen Trend zum bargeldlosen Bezahlen. 4. 27 Prozent der Befragten halten einen Zahlungsverkehr ganz ohne Bargeld im Jahr 2030 in Deutschland für wahrscheinlich. 5. Immerhin kann sich jeder Fünfte vorstellen, künftig nur noch über das/per Smartphone zu zahlen.

4 1. Die Redewendung „jemandem ans Leder gehen" bedeutet, dass man jemanden schädigen/angreifen will. Im Kontext des Textes heißt das, dass das Portemonnaie, also das Bargeld, irgendwann der Verlierer sein wird. 2. Obwohl die meisten Kunden in Deutschland immer noch Scheine und Münzen nutzen, holen alternative Bezahlmethoden auf. Die Zahl der Bankkarten und EC-Karten hat sich mehr als verdreifacht. 3. Bargeldfallen sind die Hamburger U-Bahn, kleine Geschäfte, die Nutzung eines Einkaufswagens im Supermarkt, die Zahlung der Babysitterin, Kinder, die an jedem

Kapitel 5 — Lösungen

Eisstand um ein Eis betteln. Art und Weise, um die Bargeldfallen aus dem Weg zu räumen: Einen Chip für den Einkaufswagen besorgen, Proviant für die Kinder mitnehmen und sich rechtzeitig um eine Fahrkarte für Bus und Bahn kümmern. **4.** Erst mal muss man sich beim Hamburger Verkehrsverbund HVV registrieren, dann Name und E-Mail-Adresse angeben, ein Kennwort eingeben, auf die Bestätigung per Mail warten, die gewünschte Karte auswählen, den Geltungsbereich anklicken, die Bestellung abschicken, die persönlichen Daten eingeben, ein Zahlungsmittel auswählen, die Kontoverbindung eintippen und das Ticket ausdrucken. **5.** Nach 23 Minuten und drei Anrufen beim HVV hält man dann endlich den Fahrschein in der Hand, für den man am hiesigen Bargeldticketautomaten wenige Sekunden benötigt hätte. Münzen und Scheine waren beim Online-Ticketkauf zwar nicht nötig, aber dafür eine Internetverbindung, ein Drucker und sehr starke Nerven. **6.** EC-Kartenzahlung hat sich in den kleinen Geschäften des Backhandwerks in Hamburg bislang nicht durchgesetzt. Dafür ist der durchschnittliche Rechnungsbetrag/Kundenbon zu gering. **7.** Das bargeldlose Bezahlen wäre aus unternehmerischer Sicht bestimmt praktischer und sicherer. Einerseits entfällt das zeitaufwendige Sortieren der Münzen und Scheine und anderseits müssten keine Gebühren für die Abgabe der sogenannten Geldbomben gezahlt werden. Außerdem kann bei bargeldlosen Transaktionen kein Geld veruntreut oder gestohlen werden.

5 **1.** Bargeldloses Zahlen gewinnt auch bei den Kunden in Deutschland an Beliebtheit. **2.** Obwohl die meisten Kunden in Deutschland immer noch Bargeld nutzen, werden alternative Bezahlmethoden wichtiger. **3.** Die Zahl der Bankkarten und EC-Karten ist um mehr als das Dreifache gestiegen. **4.** Kann man auf Bargeld verzichten und nur mit Kreditkarte losziehen? **5.** Vor einem bargeldlosen Experimentiertag in Hamburg ist es ratsam, sich über Bargeldfallen zu informieren und diesen zuvorzukommen.

6 **a) 1.** seinen Namen und seine E-Mail-Adresse angeben **2.** ein Kennwort eingeben **3.** auf die Bestätigung per Mail warten **4.** die gewünschte Karte wählen **5.** den Geltungsbereich anklicken **6.** die persönlichen Daten eingeben **7.** ein Zahlungsmittel auswählen **8.** die Kontoverbindung eintippen **9.** die Fahrkarte ausdrucken
b) 1. das Bargeld **2.** die Transaktion **3.** die Kartenzahlung **4.** der Bankautomat

7 **1.** Hier finden kaum noch Barzahlungen statt. **2.** Die Kontrolle, die sie beim Barzahlen über ihre Finanzen haben, ist wichtig. **3.** das fällige Entgelt bei Zahlung mit EC-Karte und PIN **4.** Gebühren, die der Einzelhandel jährlich für Kartengeschäfte zahlt **5.** des gesamten Umsatzes des Einzelhandels wird über Kreditkarten abgewickelt **6.** Solange gibt es die Kreditkarte schon. **7.** Ab da konnte man mit der Geldkarte am Automaten Geld abheben und bald danach auch im Handel damit bezahlen. **8.** das Klimpern der Münzen, das Knistern der Scheine; das Gefühl, in einer Hosentasche unverhofft einen Zehneuroschein zu finden oder auf dem Gehweg einen Cent zu entdecken; das Gefühl, einmal richtig viel Geld in den Händen zu halten und mit den Scheinen in der Luft zu wedeln

Transkription Hörtext: Bargeldlos in Hamburg (Fortsetzung)
„Deutschland hinkt bei Kartenzahlungen der internationalen Entwicklung zehn bis zwanzig Jahre hinterher. In den USA oder in den skandinavischen Ländern wird kaum noch bar bezahlt", sagt Wolfgang Kugel, Geschäftsführer des Einzelhandelsverbandes Hamburg. „Ausschlaggebend ist sicher die unterschiedliche Mentalität. Während die Schweden der Technik sehr zugetan sind, lieben die Deutschen ihr Bargeld und die Kontrolle, die sie beim Barzahlen über ihre Finanzen haben", sagt der Sprecher der Deutschen Kreditwirtschaft (DK) Steffen Stein. Der Geschäftsführer des Handelsverbandes Deutschland (HDE), Heiner Falk, sieht in den hohen Gebühren eine Bremse für die flächendeckende Einführung des bargeldlosen Zahlungsverkehrs. Für das elektronische Lastschriftverfahren gibt es keine Systemkosten. Bei der Zahlung mit EC-Karte und PIN fällt ein Entgelt in Höhe von 0,08 Euro pro Umsatz an (bis 25,56 Euro). Ist der Betrag höher, dann werden 0,2 oder 0,3 Prozent des Umsatzes in Rechnung gestellt. Der Einzelhandel zahlt jährlich über 500 Millionen Euro an Gebühren für Kartengeschäfte. Über 80 Prozent davon entfallen auf die Internetbankenentgelte. Die Höhe der Gebühren war bislang nicht verhandelbar. Bis zum Jahr 2014 wurden nur etwa fünf Prozent des Umsatzes im Einzelhandel über Kreditkarten abgewickelt – eine Ursache dafür sind laut Kai Falk die hohen Kosten des Systems. Gebühren von über drei Prozent des Umsatzes seien keine Seltenheit und müssten vom Handel an alle Kunden weitergegeben werden.

Das Portemonnaie ist an unserem bargeldlosen Hamburger Testtag herrlich leicht und leer, der Magen allerdings leider auch. Denn auch im Kaffeehaus am Valentinskamp gibt es zwar eine riesige Auswahl Kaffee und Kuchen, aber bezahlt werden kann nur bar. „Für Kartenzahlungen ist die Nachfrage einfach zu gering", sagt Inhaberin Antonella Villani. Außer einer Handvoll Touristen will niemand mit Karte zahlen. Zehn Minuten, gefühlte zwei Kilometer und ein Paar durchgelaufene Schuhe später dann die Kaffee-Oase für Bargeld-Boykottierer: Starbucks. Hier kann in jeder Filiale mit EC- und Kreditkarte bezahlt werden.
Kaum zu glauben, dass es die EC-Karte schon seit 46 Jahren gibt. Früher diente sie ausschließlich als Garantiekarte für die Einlösung eines Eurocheques, Ende der 1970er-Jahre konnte man damit am Geldautomaten Bargeld ziehen und schließlich auch im Handel bezahlen.
Der Kartenkreuzzug läuft nach einigen Anlaufschwierigkeiten besser als erwartet. Für beinahe alles gibt es eine akzeptable Alternative, da könnte man ja fast zum Bargeldabstinenzler werden und in Schein- und Münzen-Enthaltsamkeit leben. Achtung: Aber böse Falle. Im Alstertal-Einkaufszentrum kann man zwar fast alles mit Kredit- oder EC-Karte bezahlen – nur die Parkgebühren nicht. Für den dortigen Automaten ist nur Bares Wahres.
Was bleibt? Ein Haufen EC- sowie Kreditkartenbelege und die Erkenntnis, dass der Bargeld-Boykott hierzulande nicht dauerhaft funktioniert. Der Einsatz von Plastikgeld ist zwar bei großen Beträgen praktisch, bei kleinen Summen wird der Bezahlvorgang aber eher verkompliziert. Noch eine Erkenntnis nehmen wir mit in die Zukunft: Bargeld ist für die Hamburger mehr als ein Zahlungsmittel. Es ist etwas Emotionales: das Klimpern der Münzen, das Knistern der Scheine, das Gefühl, in einer Hosentasche unverhofft einen Zehneuroschein zu finden oder auf dem Gehweg einen Cent zu entdecken. Es ist das Gefühl, einmal richtig viel Geld in den Händen zu halten und mit den Scheinen in der Luft zu wedeln. Es ist das Gefühl, eine Münze ins Sparschwein zu stecken oder den Kindern einen Euro in die Hand zu drücken, damit sie sich etwas kaufen können. Ein Gefühl, das kein Plastik der Welt erzeugen kann. Ein Gefühl, das unbezahlbar ist.

8 **1.** Ursache **2.** Mentalität **3.** Technik **4.** Bremse **5.** Zahlungsverkehrs **6.** Gebühren **7.** Entgelt **8.** Betrag **9.** Rechnung **10.** Kartengeschäfte

9 **1.** Geld ausgeben, verschwenden, verlieren, abheben, bezahlen, verprassen, verschleudern, verspielen, aus dem Fenster werfen **2.** Geld einstreichen, scheffeln, vermehren, anlegen, verdienen **3.** Geld sparen, zurücklegen, aufbewahren, beiseitelegen, auf ein Konto einzahlen, zusammenhalten, auf die hohe Kante legen **4.** Geld spenden, auszahlen, pumpen, auslegen, zustecken, verborgen, verleihen **5.** Geld fälschen, unterschlagen, veruntreuen, hinterziehen, stehlen, in die eigene Tasche stecken, sich unter den Nagel reißen

10 **a) 1.** j **2.** h **3.** o **4.** m **5.** a **6.** i **7.** e **8.** b **9.** l **10.** g **11.** c **12.** f **13.** d **14.** k **15.** q **16.** p

13 **a) 1.** Hätten Sie vielleicht Freitagvormittag Zeit? **2.** Könnten/Würden Sie den angegebenen Betrag online überweisen? **3.** Hätten Sie am Montagmorgen noch einen Beratungstermin? **4.** Könnten/Würden Sie meine Geldkarte sofort sperren lassen? **5.** Wer könnte/würde mir zu den einzelnen Investmentfonds Auskunft geben? **6.** Hätten Sie eine Broschüre oder Online-Informationen zu den aktuellen Zinssätzen? **7.** Würden/Könnten Sie die Angelegenheit für mich steuerlich regeln? **8.** Würden/Könnten Sie mir eine Jahresübersicht zukommen lassen? **9.** Hätten Sie noch weitere Angebote für eine günstige Geldanlage? **10.** Würden/Könnten Sie mir die Unterlagen möglichst schnell zusenden?
b) 1. a) Ich würde einen langfristigen Sparplan erstellen. **b)** Ich hätte einen langfristigen Sparplan erstellt. **2. a)** Ich wäre vorsichtiger und würde erst im Internet recherchieren. **b)** Ich wäre vorsichtiger gewesen und hätte erst im Internet recherchiert. **3. a)** Ich würde ein kleines, praktisches Auto fahren. **b)** Ich wäre/hätte ein kleines praktisches Auto gefahren. **4. a)** Ich würde mein Geld in verschiedenen Fonds anlegen. **b)** Ich hätte mein Geld in verschiedenen Fonds angelegt. **5. a)** Ich würde nicht so oft umziehen, sondern lieber eine kleine Eigentumswohnung kaufen. **b)** Ich wäre nicht so oft umgezogen, sondern hätte lieber eine kleine Eigentumswohnung gekauft. **6. a)** Ich würde mich vor dem Kauf von Wertpapieren gut informieren. **b)** Ich hätte mich vor dem Kauf von Wertpapieren gut

informiert. **7. a)** Ich wäre zurückhaltender und würde die Kollegen bitten, ihre Rechnung selbst zu bezahlen. **b)** Ich wäre zurückhaltender gewesen und hätte die Kollegen gebeten, ihre Rechnung selbst zu bezahlen. **8. a)** Ich würde monatlich weniger vom Konto abheben. **b)** Ich hätte monatlich weniger vom Konto abgehoben. **9. a)** Ich würde einen Fonds oder ein Festgeldkonto bevorzugen. **b)** Ich hätte einen Fonds oder ein Festgeldkonto bevorzugt.

14 b) 1. vertrauen 2. weniger 3. das Ergebnis 4. hohe Verluste 5. Der Grund/Die Ursache (dafür) 6. ihr Geld 7. als Gewinner/als vertrauenswürdiger 8. für bedeutend/wichtig

15 1. ja 2. nein 3. nein 4. ja 5. nein 6. ja 7. ja 8. ja 9. ja 10. nein 11. ja

Transkription Hörtext: Deutsche Banken unter Druck (Börsenbericht vom 3.12.2014)
Während Amerikas Banken längst wieder Gewinne in Milliardenhöhe scheffeln, ächzen die Geldhäuser in Europa noch immer unter den Lasten der Finanzkrise, drücken Rechtsstreitigkeiten die Bilanzen. Entsprechend mau sehen die Aktienkurse aus. Auch im nächsten Jahr ist nach Meinung vieler Experten keine wirkliche Entspannung in Sicht.
Regelrecht vernichtend fällt das Urteil der Ratingagentur Fitch zur Lage der Deutschen Bank aus: Das Geldhaus stehe vor einer Reihe von Herausforderungen. Dazu gehörten eine strukturell hohe Kostenbasis, steigende Kapitalanforderungen in verschiedenen Ländern und andauernde Rechtsrisiken, die in hohen Strafen oder teuren Vergleichen enden könnten. Hinzu kämen ein verhaltenes Wachstum im Investmentbanking sowie Belastungen durch die sich abschwächende Konjunktur in Deutschland und der Eurozone.
Keine guten Aussichten also für Deutschlands Branchenprimus, der damit rechnen muss, im ersten Halbjahr des nächsten Jahres weiter herabgestuft zu werden, von A+ auf A. Dass bei der Deutschen Bank vieles im Argen liegt und die Folgen der Finanzkrise noch immer Löcher in die Bilanz reißen, haben in diesem Jahr auch die Anleger zu spüren bekommen: Die Aktie hat 2014 24 Prozent eingebüßt und ist damit nach Adidas der zweitschlechteste Wert im Dax.
Kaum besser sieht es bei der Commerzbank aus. Der fulminante Anstieg der Aktie zu Jahresbeginn auf bis zu 14,50 Euro hat sich rasch als Strohfeuer erwiesen. Seitdem ist der Weg nach oben unterbrochen, die Aktie pendelt zwischen 10 und 12 Euro.
Zwar schreibt die zweitgrößte deutsche Bank inzwischen wieder schwarze Zahlen, auch sind die Rückstellungen für Kreditausfälle gesunken, doch noch immer weist die Commerzbank eine unterdurchschnittliche Eigenkapitalquote auf. Deshalb lässt sich nicht gänzlich ausschließen, dass sich der Konzern im kommenden Jahr erneut frisches Kapital besorgen muss, um seine Kernkapitalquote wie erwartet auf über zehn Prozent zu steigern. Schwer lasten auch die faulen, milliardenschweren Kredite der einstigen Immobilientochter Eurohypo sowie die Probleme in der Schiffsfinanzierung. Die Portfolios in diesen Bereichen sollen zwar bis 2016 auf zusammen rund 20 Milliarden Euro gesenkt werden, doch dabei entstehen teilweise hohe Abschreibungskosten.
Dass die deutschen Banken trotz des soeben mühelos bestandenen Stresstests der EZB ihren Konkurrenten im Ausland, allen voran in den USA, immer noch hinterherhecheln, moniert sogar die Bundesbank. Im weltweiten, aber auch im europäischen Vergleich lägen die deutschen Banken (gemessen an der Rendite) unter dem Durchschnitt, weil sie zu stark vom Zinsergebnis abhängig seien, meint die Bundesbank. Auch die große Zahl der Banken belaste die Ertragslage. Die Institute müssten mehr Geld verdienen und gleichzeitig ihre Kosten senken.
Das heißt, die Banken müssen im neuen Jahr noch mehr auf die Kostenbremse treten. So soll sich etwa die Zahl der Filialen weiter verringern. Die Mitarbeiter vieler Geldhäuser müssen sich also auf einen Dauer-Sparmodus einstellen. Bis Ende nächsten Jahres sollen allein bei der Deutschen Bank 4,5 Milliarden Euro eingespart werden. Doch damit nicht genug. Bis 2018 will die Bank die Ausgaben zusätzlich um bis zu zweieinhalb Milliarden Euro kürzen, um die Kostenquote auf 65 Prozent zu senken.
Deutlich besser sieht es bei den amerikanischen Banken aus. Nach einer Schwächephase im Frühjahr haben die Aktien der großen Wall-Street-Häuser kräftig zugelegt, um bis zu 30 Prozent. Und glaubt man den Experten, dürfte das kommende Jahr ein noch besseres Jahr werden. Sie begründen ihre Erwartungen mit der starken amerikanischen Wirtschaft, die die Kreditnachfrage anfeuern sollte. Zudem dürfte sich der ab Mitte nächsten Jahres erwartete Wiederanstieg des US-Leitzinses positiv auf die Margen der Geschäftsbanken auswirken.

16 1. Die Geldhäuser in Europa leiden noch immer unter den Lasten der Finanzkrise. 2. Rechtsstreitigkeiten wirken sich negativ auf die Bilanzen aus. 3. Auch im nächsten Jahr ist nach Meinung vieler Experten keine wirkliche Entspannung zu erwarten. 4. Regelrecht vernichtend beurteilt die Ratingagentur Fitch die Lage der Deutschen Bank. 5. Das Geldhaus muss eine Reihe von Herausforderungen bewältigen. 6. Die Banken müssen im neuen Jahr noch mehr sparen. 7. So soll etwa die Zahl der Filialen weiter gesenkt werden.

17 1. negativ 2. Stagnation 3. positiv 4. negativ 5. positiv 6. negativ/Stagnation 7. positiv 8. negativ 9. negativ/Stagnation 10. negativ 11. negativ 12. negativ

18 c) 1. auswirkte 2. mitteilte 3. stieg 4. bereitete 5. verlor 6. zog an 7. beflügelte 8. stellten ... dar 9. erreichte 10. trug ... bei 11. wuchs 12. verzeichneten

20 c) Text: Lohn- und Einkommensteuer, Umsatzsteuer, Gewerbesteuer, Vermögensteuer, Erbschaftsteuer, Biersteuer, Hundesteuer, Grundsteuer, Mehrwertsteuer, Mordsteuer, Fenstersteuer
Weitere Steuerarten: Kfz-Steuer, Kirchensteuer, Mineralölsteuer, Immobiliensteuer, Kaffeesteuer, Getränkesteuer, Gemeindesteuer, Ökosteuer, Körperschaftssteuer, Vergnügungsteuer, Wertpapiersteuer

21 1. auf Bund, Länder und Gemeinden 2. aus den verschiedenen Steuern 3. beim Kauf von Grundstücken 4. auf Unverständnis 5. für Irritationen 6. mit 19 Prozent 7. Auf die Wurst beim Metzger 8. im Erfinden von Einnahmequellen 9. um Steuergerechtigkeit 10. über ein gerechtes Steuersystem 11. zur Einführung der ersten allgemeinen Einkommensteuer

22 beziehen, betrügen, bestellen

24 1. Die Regierung des jeweiligen Landes, in dem ein Bürger wohnt, legt die Höhe der zu zahlenden Steuern fest. 2. Die Rolle der EU besteht darin, Aufsicht über die nationalen Steuervorschriften und Entscheidungen zur Höhe der Besteuerung, z. B. von Unternehmensgewinnen, Einkünften, Ersparnissen und Kapitalerträgen auszuüben. 3. Die Aufsicht soll sicherstellen, dass die Steuererhebungen den Zielen der EU entsprechen, Arbeitsplätze zu schaffen, den freien Verkehr von Waren, Dienstleistungen und Kapital in der EU nicht zu behindern sowie Verbraucher, Arbeitnehmer und Unternehmen aus anderen EU-Ländern nicht zu diskriminieren. 4. Auf EU-Ebene können nur Beschlüsse in Steuerfragen gefasst werden, wenn alle EU-Länder damit einverstanden sind. 5. Bei einigen Steuern, z. B. der Mehrwertsteuer und den Steuern auf Kraftstoff, Tabak und alkoholische Getränke, haben die 28 Regierungen der EU-Länder eine Einigung auf Mindeststeuersätze erzielen können, um so den Wettbewerb innerhalb der EU nicht zu verzerren. 6. Gemeinsame Mineralölsteuerregeln sind (der) Garant für fairen Handel und wirken dem schädlichen Steuerwettbewerb entgegen. 7. Die EU kann die Höhe der Staatsausgaben der EU-Länder nicht beeinflussen – solange deren Haushalte relativ ausgeglichen sind und die Staatsverschuldung eine bestimmte Grenze nicht überschreitet. 8. Vorschriften und Sätze für Personensteuern obliegen den einzelnen Regierungen, solange es sich nicht um grenzübergreifende Rechte handelt. 9. Bei der Bestimmung der Mehrwertsteuer für Kraftstoff, Tabak und Alkohol spielen oft wirtschaftliche Unterschiede eine Rolle – Länder mit gesunden öffentlichen Finanzen besteuern diese Produkte im Allgemeinen niedriger. 10. Außerdem kommt der EU bei der Verhinderung der grenzübergreifenden Steuerhinterziehung eine wichtige Rolle zu. Die EU-Länder büßen einen Teil des rechtmäßigen Steueraufkommens ein, wenn ihre Staatsbürger ihre Zinserträge auf Ersparnisse im Ausland nicht melden. 11. Zwar kann ein EU-Bürger seine Ersparnisse dort anlegen, wo sie möglichst gewinnbringend sind, doch darf er mit den bestehenden Möglichkeiten keine Steuern hinterziehen. 12. Deshalb haben die meisten europäischen Länder Vereinbarungen getroffen, Informationen zu den Spareguthaben Nichtansässiger auszutauschen. 13. Die jährlichen Einnahmeverluste der EU-Länder durch Steuerbetrug, Steuerhinterziehung und Schattenwirtschaft betragen nahezu eine Billion Euro. Das ergibt einen Wert von rund 20 Prozent der Gesamtsteuereinnahmen. 14. Obwohl die Länder den Steuerbetrug selbst bekämpfen müssen, ist ein koordiniertes Vorgehen aller EU-Länder erforderlich, da der Steuerbetrug oft grenzübergreifend erfolgt und sich ein Alleingang

Kapitel 6 — Lösungen

eines Landes negativ auf Europa insgesamt auswirkt. **15.** Die EU prüft derzeit einen Aktionsplan zur Bekämpfung von Steuerbetrug und -hinterziehung.

25 **1.** Die Regierung des jeweiligen Landes legt die Höhe der Steuern fest. **2.** Die EU beaufsichtigt die Steuerpolitik der nationalen Regierungen. Es wird kontrolliert, ob die steuerpolitischen Maßnahmen mit bestimmten Zielen der EU (freier Warenverkehr, Schaffung von Arbeitsplätzen usw.) im Einklang stehen. Bei einigen Steuern haben sich alle 28 EU-Länder auf einen Steuersatz geeinigt. **3.** Die EU hat keinen Einfluss auf die Höhe der Staatsausgaben, solange sich die Staatsverschuldung in einem festgesetzten Rahmen bewegt. **4.** Es werden innerhalb der EU Informationen über Sparguthaben ausgetauscht. **5.** Im Bereich von Steuerbetrug ist ein koordiniertes Vorgehen erforderlich. Die EU arbeitet im Moment an einem Aktionsplan.

26 **1.** c **2.** f **3.** d **4.** j **5.** a **6.** g **7.** k **8.** b **9.** h **10.** i

27 **b)** Dank sprudelnder Steuereinnahmen und Sozialversicherungsbeiträge wird das Loch in den öffentlichen Kassen kleiner. Bund, Länder und Sozialversicherung verbesserten im Jahr 2014 ihre finanzielle Lage, nur in den Gemeinden vergrößerte sich das Defizit. Insgesamt lagen die Ausgaben 2013 über den Einnahmen, das entstandene Defizit betrug 7,2 Milliarden Euro. Im Gegensatz dazu konnten im Jahr 2014 die Einnahmen gegenüber den Ausgaben ein Plus von 6,4 Milliarden Euro erzielen. Das berichtet das Statistische Bundesamt.
Die Einnahmen des öffentlichen Gesamthaushalts sind im Vergleich zum Vorjahr um 3,6 Prozent auf 1 245,9 Milliarden Euro gestiegen, gleichzeitig sind die Ausgaben nur um 2,5 Prozent auf 1 239,7 Milliarden Euro gewachsen.

29 **b)** **1.** Der Finanzbeamte meldet sich zu Wort, um ein Missverständnis aufzuklären. **2.** Ohne ein Wort zu sagen, verlässt der Minister den Raum. **3.** Wir verwenden ein neu entwickeltes Computerprogramm, um Steuersünder zu finden. **4.** Anstatt mit Steuereinnahmen den Haushalt zu sanieren, macht der Staat weitere Schulden. **5.** Einige Gemeinden treffen wichtige Entscheidungen über Investitionen, ohne die Bürger darüber zu informieren. **6.** Er sucht einen neuen Steuerberater, um seine Steuer weiter zu verringern. **7.** Der Wirtschaftsprüfer schiebt die Probleme vor sich her, ohne einen Lösungsvorschlag zu unterbreiten.

30 **einige Beispiele für Nomen-Verb-Verbindungen:** Geld ausgeben, Geld zurücklegen; das Gehalt/den Lohn bekommen/beziehen, den Lohn/das Gehalt erhöhen/kürzen; Geld sparen, Geld einzahlen
einige Beispiele für Komposita: der Kostenvoranschlag, die Gehaltserhöhung; die Einkommensregelung, die Gehaltszulage, die Gehaltsabrechnung, das Anfangsgehalt, die Lohnfortzahlung, die Lohnforderung, der Bruttolohn, der Nettolohn, der Tariflohn

32 **(Beispiele)** **1.** Mehr Geld lockt in einen neuen Job **2.** Zufrieden im jetzigen Job **3.** In anderen Ländern ist eine höhere Bezahlung noch wichtiger **4.** Reine Absicherung des Lebensunterhalts **5.** Veränderte Wünsche und Paradigmen **6.** Geld ist genauso wichtig wie Freizeit

33 **1.** Würden Sie die Arbeitsstelle wechseln, wenn Sie anderswo bessere Karrierechancen hätten? **2.** Würden Sie eine neue Stelle annehmen, wenn diese besser in Ihr eigenes Ausbildungsprofil passen würde? **3.** Haben Sie den perfekten Job? **4.** Denken Sie, dass es möglich ist, jederzeit eine andere berufliche Laufbahn einzuschlagen?

34 **1.** der Lohn: ursprünglich eine Geldzahlung für Arbeiter und Handwerker nach Stunden und erbrachter Leistung **2.** das Gehalt: ursprünglich feste monatliche Geldzahlung, die nur für Angestellte galt. Seit der Einführung von Tarifverträgen und Tariflöhnen erhalten auch Arbeiter und Handwerker ein festes Monatsgehalt. **3.** das Einkommen: die monatlichen Gesamteinnahmen eines Arbeitnehmers, also das Gehalt plus Sonderzahlungen plus eventuelle Unterhaltszahlungen, staatliche Unterstützungen **4.** der Lebensunterhalt: das Geld, das man braucht, um Nahrung, Kleidung und Wohnung zu bezahlen **5.** die Karriere: der Weg, der im Beruf zu Erfolg und zu einer guten Position führt **6.** die Selbstverwirklichung: die Entwicklung der eigenen Persönlichkeit, indem man Möglichkeiten und Fähigkeiten, die man hat, nutzt

35 **a)** **1.** Ziel **2.** Fachkräftemangel **3.** Wettrennen **4.** Ideen **5.** Wettbewerbsvorteil **6.** Rolle **7.** Unternehmensziel **8.** Forderungen **9.** Chancen **10.** Wandel **11.** Vereinbarkeit **12.** Berufseinsteiger **13.** Generation **14.** Statistik **15.** Geld **16.** Beachtung
b) **1.** bieten **2.** schenken **3.** angehören **4.** arbeiten **5.** haben **6.** stellen **7.** erheben **8.** spielen **9.** entwickeln **10.** stehen

37 **1.** Einkünfte: der Verdienst, das Einkommen, das Gehalt, der Lohn **2.** Karriere: der Aufstieg, die Beförderung, der Werdegang, die Laufbahn **3.** Vermögen: das Guthaben, der Besitz, das Eigentum **4.** Ertrag: die Rendite, der Zins, der Gewinn, der Profit **5.** Hinterlassenschaft: das Erbe, der Nachlass, das Vermächtnis, die Erbschaft **6.** Schenkung: das Geschenk, die Zuwendung, die Spende, die Prämie

39 **b)** **1.** das **2.** Das **3.** dass **4.** dass **5.** das **6.** Das **7.** dass **8.** das **9.** dass **10.** dass **11.** Das **12.** dass **13.** das **14.** dass **15.** dass **16.** dass **17.** das

40 **1.** Ein Wirtschaftsexperte meint, dass Geld und Jobsicherheit in anderen Ländern durch die unterschiedlichen wirtschaftlichen Situationen höher gewichtet werden als in der Schweiz. **2.** Bei einer repräsentativen Umfrage im Jahr 2014 in der Schweiz stellte sich heraus, dass auf der Prioritätenliste der Angestellten die Jobsicherheit auf Platz 3 und ein attraktives Gehaltspaket nur auf Platz 6 rangieren. **3.** Die Umfrage ergab weiterhin, dass eine herausfordernde Arbeit das Topkriterium in der Schweiz ist. **4.** Es ist eine glatte Fehleinschätzung der meisten schweizerischen Unternehmen, dass neue talentierte Angestellte hauptsächlich durch Geldanreize zu haben sind. **5.** Einige Experten glauben, dass Talente langfristig an ein Unternehmen gebunden werden, wenn ein sicherer, gewohnter Job und die Karriereentwicklungen auch monetär belohnt werden. **6.** Andere Experten sind der Meinung, dass nachhaltiges Engagement der Mitarbeiter nicht mit Geld erreicht werden kann. **7.** Analysen haben ergeben, dass insgesamt lediglich 41 Prozent der Mitarbeiter einer Firma sehr engagiert sind und dass 17 Prozent der Angestellten nur Dienst nach Vorschrift machen.

Kapitel 6: Personalpolitik und Führungskompetenzen

2 **a)** **1.** Fähigkeiten und Talenten **2.** Einzelleistungen **3.** Respekt **4.** Verhaltensweisen **5.** Grenzen **6.** Leistungskriterien **7.** Verwaltung
b) (Beispielüberschriften) **1.** Bewerbungs- und Einstellungsverfahren **2.** Einarbeitung **3.** Probezeit/Probezeitregelungen **4.** Gender/Gleichbehandlung/Chancengleichheit **5.** Führungskräfte, Mitarbeitergespräche und Feedback **6.** Teamentwicklung/Teamarbeit **7.** Weiterbildung/Fortbildung/Mitarbeiterförderung **8.** Internationalität/Förderung von Internationalität **9.** Auszeiten/Sabbaticals

3 **a)** **1.** ja **2.** nein **3.** nein **4.** nein **5.** ja **6.** nein **7.** a **8.** nein **9.** nein
b) (Beispiele) **1.** viel Erfahrung haben, schon viele Jahre in einem Beruf arbeiten **2.** neue Ideen in eine Firma einbringen **3.** jemand, der eigenständig denkt/aus eingefahrenen Denkstrukturen ausbricht **4.** neue Entwicklungen und Tendenzen kennen/aufspüren **5.** sich trauen/das Risiko nicht scheuen, eine Auszeit zu nehmen
c) **1.** Die Eindrücke der ersten Wochen/in den ersten Wochen prägen die zukünftige Haltung gegenüber der neuen Arbeitsstelle. **2.** Nach sechs Monaten sollen die neuen Mitarbeiter/innen und Greenpeace Klarheit (darüber) gewonnen haben, ob eine dauerhafte Zusammenarbeit möglich ist. **3.** Bei Greenpeace hat Teamentwicklung einen hohen Stellenwert. **4.** (Die) Mitarbeiter/innen von Greenpeace müssen in ihrem Fachgebiet immer auf dem aktuellen Stand sein. **5.** Zur Förderung der Professionalität im Arbeitsalltag finanziert Greenpeace Weiterbildung in einem hohen Maß. **6.** Umweltzerstörung hält sich nicht an Ländergrenzen. **7.** Greenpeace bietet seinen Mitarbeitern Workshops und Seminare zu interkulturellem Handeln. **8.** Greenpeace sieht eine Auszeit als Bereicherung für die Mitarbeiter und die Organisation.

5 **a)** **1.** g **2.** f **3.** a **4.** d **5.** c **6.** e
b) **1.** Seine Noten entsprechen den Erwartungen der Bewerbungskommission. **2.** Die Einstellungspolitik der Firma garantiert fachliche Kontinuität und Erneuerung. **3.** Die getroffenen Maßnahmen nützen vor allem den Mitarbeitern. **4.** Zwei Mitglieder des Aufsichtsrates haben sich bei der Wahl des Vorstandsvorsitzenden der Stimme enthalten. **5.** Der Vorstand wird dem Kollegium am Mittwoch das Wahlergebnis mitteilen. **6.** Eine Untersuchung stellte fest, dass sich zwei Konkurrenten unlauterer Mittel bedienten. **7.** Der IT-Spezialist erklärte den Kollegen das neue Programm. **8.** Er empfahl einigen Mitarbeitern das aufmerksame Lesen des Handbuches.

Lösungen
Kapitel 6

10 a) 1. ein erfolgreich abgeschlossenes Studium 2. einschlägige Berufserfahrung 3. ausgeprägtes Organisationstalent 4. gute kommunikative Fähigkeiten 5. großes Engagement 6. fachliche Kompetenz 7. überzeugendes Auftreten 8. stilsicheres Deutsch und Englisch in Wort und Schrift
b) 1. intensive Einarbeitung 2. eine verantwortungsvolle Tätigkeit 3. ein motivierendes Arbeitsumfeld 4. ein erfahrenes Team 5. gute Karriereaussichten 6. flache Hierarchien mit einer direkten Kommunikation 7. vielfältige Weiterbildungsmöglichkeiten

11 c) 1. Arbeitsatmosphäre: am Arbeitsplatz herrschende Stimmung 2. Sozialleistungen: gesetzlich festgelegte finanzielle Leistungen der Arbeitgeber (z. B. für Kranken-, Renten-, Arbeitslosenversicherung) sowie freiwillige finanzielle und nicht finanzielle Angebote im sozialen Bereich 3. Krankenstand: Kennzahl für Erkrankungszeiten bei Berufstätigen 4. Mitarbeiterfluktuation: Weggang/Verlust von Mitarbeitern durch Verrentung, Kündigung oder Abwerbung

14 1. Den Mitarbeitern mangelt es an Abwechslung. 2. Vielen Beschäftigten macht die Arbeit keinen Spaß. 3. 15 Prozent der Umfrageteilnehmer wünschen sich von den Vorgesetzten mehr Anerkennung ihrer Arbeit/für ihre Arbeit. 4. 30 Prozent der Arbeitnehmer würden ihren Arbeitgeber Freunden nicht empfehlen. 5. 10 Prozent der Berufstätigen beklagen sich über das Arbeitsklima. 6. 5 Prozent der Befragten kommen mit ihrem Chef nicht klar. 7. Immerhin 17 Prozent der Arbeitgeber bemühen sich um Familienfreundlichkeit. 8. Bei 41 Prozent der Angestellten werden die Arbeitszeiten eingehalten.

16 a) 1. Ich würde gern einen Termin vereinbaren. 2. Ich könnte/würde am Montag vorbeikommen. 3. Ich würde mich über eine Einladung zum Vorstellungsgespräch sehr freuen. 4. Ich hätte noch ein paar Fragen zum Thema *Urlaubsanspruch*. 5. Ich würde mir die Präsentation des neuen Produkts gerne ansehen. 6. Ich würde es für wichtig halten, über das Thema *Leistungsanreize* weiterzudiskutieren. 7. Eine mögliche Zusammenarbeit würde ich sehr interessant finden. 8. Ich könnte mir vorstellen, dass sich mehr Anerkennung der Leistungen auf die Mitarbeitermotivation positiv auswirkt.
b) 1. Die entsprechenden Abteilungsleiter sollten sofort nach Auftauchen eines Problems handeln. 2. Der Verantwortliche sollte für die Fehlentscheidungen (die) Verantwortung übernehmen. 3. Das Management sollte die bisherigen Belohnungssysteme überarbeiten. 4. Die Personalabteilung sollte auf Mitarbeiter zugeschnittene Weiterbildungsangebote entwickeln. 5. Wir sollten im Rahmen eines Audits die Führungskompetenzen des mittleren Managements evaluieren. 6. Wir sollten die Mitarbeiter in bestimmte Entscheidungsprozesse einbinden.

20 a) 2. gut Ausgebildete/Personen in höheren beruflichen Positionen. 3. viele Frauen, Teilzeitarbeitende, ältere Arbeitnehmer, wenig Qualifizierte, Angestellte kleiner Betriebe. 4. nicht durchsetzen. 5. der Schweizer Baumeisterverband/das Pilotprojekt „Deutsch auf der Baustelle". 6. eine Lohnentschädigung/Geld. 7. medizinischem Personal, Lehrpersonen und Erwerbslosen. 8. die Motivation. 9. neue Funktionen, Wiedereinstieg oder Umorientierung, Arbeitslosigkeit, Selbstständigkeit, Branchenwechsel. 10. Weiterbildungspflicht.
b) 1. die erwerbstätige Person 2. der jährliche Anspruch auf Weiterbildungsurlaub 3. der ältere Arbeitnehmer/die älteren Arbeitnehmer (Pl.) 4. das gesetzlich verankerte Recht auf Weiterbildung 5. die branchenspezifischen Ansätze (Pl.) 6. das lebenslange Lernen 7. der allgemein anerkannte/ein allgemein anerkannter Grundsatz 8. die gegenwärtige Tendenz 9. der soziale Zwang 10. die beruflichen Ziele (Pl.) 11. der technologische Wandel 12. die komplizierten Fahrkartenautomaten (Pl.)
c) 1. erhalten 2. sorgen 3. durchgesetzt 4. schaffen 5. gezahlt 6. gekürzt 7. erfolgen 8. umfassen 9. motivieren 10. fortsetzt 11. erstellt 12. haben 13. freuen 14. herumkommen

Transkription Hörtext: Weiterbildung: Fluch oder Gebot der Zeit?
In den letzten Jahren wurde von verschiedener Seite immer wieder ein Recht auf Weiterbildung gefordert. Am weitesten gingen in dieser Hinsicht die Gewerkschaften, die nicht nur ein Recht fordern, sondern die Einführung einer obligatorischen Weiterbildung: Jede erwerbstätige Person soll jährlich Anspruch auf einige Tage bezahlten Weiterbildungsurlaub erhalten. Die Idee dahinter: Solange die Weiterbildungsförderung in Unternehmen freiwillig ist, werden nur gut Ausgebildete sowie Personen in höheren beruflichen Positionen davon profitieren. Benachteiligt sind viele Frauen, Teilzeitarbeitende, ältere Arbeitnehmende, wenig Qualifizierte und Angestellte kleiner Betriebe. Die obligatorische Weiterbildung soll für Chancengerechtigkeit sorgen.
Erfahrungen in Deutschland und Frankreich zeigen allerdings, dass ein gesetzlich verankertes Recht auf Weiterbildung in der Praxis kaum durchzusetzen ist. Überzeugender sind branchenspezifische Ansätze, die Anreize und gute Rahmenbedingungen für die Weiterbildung schaffen, wie dies beispielsweise der Schweizerische Baumeisterverband mit dem Pilotprojekt „Deutsch auf der Baustelle" realisiert hat. In Kooperation mit dem paritätischen Fonds erhalten Bauarbeiter für den Besuch von Deutschkursen eine Lohnentschädigung, und zwar auch dann, wenn der Kurs in der Freizeit stattfindet. Wie die Entwicklung der letzten Jahre zeigt, rückt über den Diskurs des lebenslangen Lernens auch das Thema *Weiterbildungspflicht* verstärkt in den Fokus. Für eine ganze Reihe von Zielgruppen ist eine solche Pflicht bereits heute – und teilweise seit Langem – Realität, so etwa für medizinisches Personal oder Lehrpersonen. Ebenfalls zur Weiterbildung verpflichtet sind Erwerbslose. Ihnen droht bei Nichterfüllung der Weiterbildungspflicht eine Kürzung der finanziellen Unterstützung.
Zur Zeit gilt der allgemein anerkannte Grundsatz der Bildungsarbeit mit Erwachsenen, wonach Lernen grundsätzlich freiwillig erfolgen sollte. Wenn die gegenwärtige Tendenz dennoch in Richtung eines sozialen Zwangs zum lebenslangen Lernen geht, so ist zu bedenken, dass lebenslanges Lernen nicht mit Kursbesuchen gleichzusetzen ist.
Lebenslanges Lernen umfasst neben dem klassischen Kurs eine ganze Palette an weiteren Lernformen: selbstständiges Lernen mit Fachliteratur, Lernen am Arbeitsplatz, E-Learning, Lernen in Gruppen, Teilnahme an kulturellen Veranstaltungen, beim Zeitunglesen und so weiter. Entscheidend ist nicht die Lernform, sondern die Motivation, und hier zeigt sich ein sehr breites Spektrum.
Die Gründe, warum Menschen lernen, sind äußerst vielfältig. Dazu gehören berufliche Ziele, aber auch persönliche Interessen. Im beruflichen Bereich sind es häufig Rollen- und Funktionswechsel, die zum Lernen motivieren: neue Funktionen, Wiedereinstieg oder Umorientierung, Arbeitslosigkeit, Selbstständigkeit oder Branchenwechsel. Hinzu kommen die ständigen kleineren Anpassungen an den gesellschaftlichen und technologischen Wandel, die ebenfalls Lernleistungen erfordern. Informations- und Kommunikationstechnologien entwickeln sich weiter, Smartphones setzen sich durch, Verkehrsbetriebe montieren komplizierte Fahrkartenautomaten, usw.
Ob es uns gefällt oder nicht: Es ist davon auszugehen, dass sich der Trend in Richtung Weiterbildungspflicht weiter fortsetzt. Belege dafür sind nicht schwer zu finden. So hat etwa der Fachverband der Schweizer Psychologen FSP dieses Jahr ein umfangreiches Reglement erstellt, das in 57 Artikeln die Weiterbildung der Psychologen und Psychologinnen regelt. Diese Entwicklung wird für immer größere Bevölkerungsgruppen Folgen haben, und nicht alle werden sich darüber freuen. Tatsache ist aber, dass wir nicht darum herumkommen, uns mit den Vor- und Nachteilen des Weiterbildungszwangs auseinanderzusetzen.

23 (Beispielsätze) a) 2. In vielen Unternehmen spielt Alter eine wichtige Rolle. Traut man Jüngeren mehr zu? 3. Können ältere Kollegen beim Lernen mit jüngeren wirklich noch mithalten? 4. Das heißt also, ein älterer Mensch kann genauso gut lernen wie ein jüngerer Mensch? 5. Wie ist es, wenn es für den Einzelnen darum geht, sich etwas Neues anzueignen, eine Sprache zum Beispiel. 6. Kann man auch das Lernen selbst erlernen? 7. Welche Rolle spielt die Motivation? 8. Wie motiviert man ältere Mitarbeiter? 9. Was macht man mit denjenigen, die nicht lernen wollen?

24 a) 1. Selbst wenn man 70-Jährige mit Jüngeren vergleicht, sind die Unterschiede oft sehr gering. 2. Es besteht kein Grund, älteren Mitarbeitern andere, eher unbedeutende Aufgaben zu geben. 3. Die Meinung, dass Jüngere sich in etwas Neues schneller einarbeiten, basiert auf einem traurigen Missverständnis. 4. Sobald jemandem ab einem gewissen Alter mal ein Fehler unterläuft, wird dem Alter die Schuld gegeben. 5. Lernkompetenz ist eine Art Handwerkszeug, das man erlernen kann. 6. Gute Führung trägt zur Motivation älterer Mitarbeiter bei, schlechte Führung zur Demotivation.
b) 1. f 2. b 3. d 4. g 5. i 6. a 7. j 8. k 9. e 10. h

26 a) 1. Die meisten Teilnehmer sind von dem Seminar begeistert/sind begeistert von dem Seminar. 2. In der Organisation ist die Personalabteilung für Fortbildungsveranstaltungen zuständig/ist die Perso-

nalabteilung zuständig für Fortbildungsveranstaltungen. **3.** Fernlernkurse sind nur bedingt für berufliche Fortbildungen geeignet/sind nur bedingt geeignet für berufliche Fortbildungen. **4.** Manche Kurse sind in Präsenzstunden und Onlinestunden unterteilt/sind unterteilt in Präsenzstunden und Onlinestunden. **5.** In unserem Unternehmen sind die Mitarbeiter an der Auswahl der geplanten Fortbildungen beteiligt/sind beteiligt an der Auswahl der geplanten Fortbildungen. **6.** Einige Kollegen sind neuen Lerninhalten gegenüber immer aufgeschlossen, andere nicht. **7.** Herr Probst ist im Bereich der Sicherheitstechnik sehr erfahren/ist sehr erfahren im Bereich der Sicherheitstechnik.
b) 1. Manche Manager zweifeln an den Fähigkeiten älterer Beschäftigter. **2.** Man sollte Fehler nicht auf das Alter schieben. **3.** Auch jüngere Leute kommen mit manchen neuen Programmen nicht zurecht. **4.** Gute Vorgesetzte motivieren ihre Mitarbeiter zu ständigem Lernen. **5.** Berufliches Lernen gehört auch zur betrieblichen Unterstützung. **6.** Der Betrieb muss für ein positives Lernumfeld sorgen. **7.** Gut ausgebildete Mitarbeiter wirken sich positiv auf den Erfolg der Firma aus.

29 a) 1. Auswirkungen des Führungsstils von Managern auf die Gesundheit ihrer Mitarbeiter **2.** Knapp 94 000 Mitarbeiter aus 16 Ländern **3.** *transformationale Führung*: Die Führungskraft gilt als Vorbild, sie inspiriert durch ihren Optimismus und durch Zielorientierung, sie fördert die Kreativität, sie geht auf die Bedürfnisse ihrer Mitarbeiter ein. *transaktionale Führung*: Im Mittelpunkt steht die Setzung klarer Ziele, die Erreichung der Ziele wird belohnt. *Laisser-faire-Führung*: Sie ist keine Führung, die Führungskraft trifft keine Entscheidungen, sie gibt keine Vorgaben und löst keine Probleme. **4.** der transformationale Führungsstil **5.** In verschiedenen Kulturkreisen wurden dieselben Ergebnisse erzielt.
b) 1. beschreiben **2.** machen **3.** ordneten ... zu **4.** wahrgenommen **5.** fördert **6.** geht ... ein **7.** belohnt **8.** angesehen **9.** vermeidet **10.** treffen **11.** zieht ... ein **12.** fühlten **13.** pflegt **14.** klagten **15.** spiegelten ... wider **16.** beeinflusst **17.** auswirken **18.** erzielt

Transkription Hörtext: Folgen von Führungsstilen
Wie wirkt sich der Führungsstil von Managern auf die Gesundheit ihrer Mitarbeiter aus? Dieser Frage ist ein Team um die Psychologin Ina Zwingmann von der Technischen Universität Dresden nachgegangen. Die Forscher baten in 16 Ländern knapp 94 000 Mitarbeiter eines Konzerns zum einen, den Führungsstil ihres unmittelbaren Vorgesetzten zu beschreiben. Zum anderen sollten sie Aussagen zu ihrer Gesundheit machen. Das beschriebene Führungsverhalten ordneten die Wissenschaftler jeweils einem von drei Idealtypen zu: entweder der transformationalen Führung, die sich dadurch auszeichnet, dass die Führungskraft als Vorbild wahrgenommen wird, durch ihren Optimismus und durch Zielorientierung inspiriert, Kreativität fördert und auf die Bedürfnisse ihrer Mitarbeiter eingeht. Oder der transaktionalen Führung, in deren Mittelpunkt die Setzung klarer Ziele steht, deren Erreichung die Führungskraft fair belohnt. Oder aber die Laisser-faire-Führung, die eigentlich keine Führung ist, denn die Führungskraft vermeidet es, Entscheidungen zu treffen, gibt ihren Mitarbeitern keine Vorgaben und zieht bei Problemen den Kopf ein.
Mit Abstand am gesündesten fühlten sich im Schnitt jene Befragten, deren Führungskraft einen transformationalen Führungsstil pflegt. Transaktional geführte Mitarbeiter fühlen sich nicht ganz so topfit, aber immerhin gesundheitlich gut auf der Höhe. Und damit deutlich besser als die, deren Chef einen Laisser-faire-Stil pflegt. Diese Mitarbeiter berichteten überdurchschnittlich häufig von Kopfschmerzen, Müdigkeit und generellem körperlichen Unwohlsein. Die verschiedenen Führungsstile schlugen sich laut Untersuchung nicht nur in der gefühlten Gesundheit nieder, sondern spiegelten sich auch in den Krankenständen wider. In transformational geführten Teams war der Krankenstand im Mittel am niedrigsten, in den Laisser-faire geführten am höchsten. Die Ergebnisse sind laut Studienleiterin Zwingmann nicht überraschend, denn seit Langem sei bekannt, dass sich Faktoren, die wesentlich durch den Führungsstil beeinflusst werden, wie Identifikation mit dem Job, empfundene Sinnhaftigkeit bei der Arbeit und Rollenklarheit, auf die Gesundheit auswirken. „Überraschend war allerdings, wie robust die Zusammenhänge – auch über verschiedene Kulturen hinweg – sind."

30 a) 1. die Begeisterungsfähigkeit **2.** die Fachkompetenz **3.** das Durchsetzungsvermögen **4.** das Machtbewusstsein/das Machtinteresse **5.** die Souveränität **6.** der Optimismus **7.** Beobachtungsgabe **8.** die Gewissenhaftigkeit **9.** die Zielorientierung/die Zielstrebigkeit **10.** die Entscheidungsfreude **11.** die Kreativität **12.** die Eigensinnigkeit **13.** das Einfühlungsvermögen **14.** die Risikobereitschaft **15.** die Leidenschaftlichkeit **16.** das Selbstbewusstsein

32 (Beispielsätze) **Teil A: 1.** Unter Führung versteht man die direkte und indirekte Verhaltensbeeinflussung von Menschen, um bestimmte Ziele zu realisieren. Direkte Einflussnahme erfolgt durch eine Führungskraft, indirekte Einflussnahme erfolgt durch betriebliche Strukturen. **2.** Nach dem Zweiten Weltkrieg erstarkte die Wirtschaft, die Unternehmen wuchsen. Damit entstand ein Bedarf an Führungskräften, die in der Lage waren, richtig zu führen. Modelle und Theorien zum Thema *Führung* sollten Führungserfolg erklären, Handlungsempfehlungen zur Verbesserung der Führungspraxis liefern und dabei helfen, die richtigen Führungspersönlichkeiten zu finden. **3.** Es könnte sein, dass die Fachkräfte weniger gute Fähigkeiten haben, mit Menschen umzugehen.
Teil B: 1. Führungsstile beschreiben das Verhalten von Führungskräften (demokratisch, autokratisch, laisser-faire). Sie werden mit anderen Indikatoren des Mitarbeiters (Qualifikation, Engagement, Motivation) kombiniert. Daraus werden dann Techniken zum Handeln abgeleitet (situative Führung). **2.** Die Führung ist zu sehr an die Persönlichkeit gebunden, Führungsstile sind deshalb nur begrenzt erlernbar. **3.** Persönliche Eigenschaften haben laut einer Studie fast keinen Einfluss auf den Führungserfolg. **4.** Das Modell der transformationalen Führung basiert auf konkretem, beobachtbarem Verhalten, wie Vorbildfunktion, Motivation durch Zielsetzung, Anregung zur Kreativität, individuelle Förderung der Mitarbeiter.

33 1. Erfahrungen in Theorie und Praxis **2.** ein neuer Trend **3.** Bedeutung **4.** eine bestimmte Anzahl unternehmensspezifischer Kompetenzen **5.** möglichst präzise Verhaltensbeschreibungen **6.** Summe von unternehmensspezifischen Verhaltenserwartungen

34 1. f **2.** e **3.** a **4.** h **5.** b **6.** i **7.** g **8.** d

36 a) 1. Viele Modelle und Theorien zum Thema *Führung* wurden entwickelt, um Führungserfolg zu erklären. **2.** Außerdem bieten sie Handlungsempfehlungen, um die Führungspraxis zu verbessern. **3.** Um gleiche Anerkennung und Vergütung sicherzustellen, wurden bei Microsoft zwei getrennte Karrierewege für Fachleute und für Führungskräfte eingeführt. **4.** Um eine optimale Führungskräfteentwicklung zu gewährleisten, versucht man heute, die erforderlichen Kompetenzen durch möglichst präzise Verhaltensbeschreibungen zu konkretisieren.
b) 1. zur Schulung von Führungskräften im Bereich der Problemlösung **2.** zur Erhöhung der Motivation der Mitarbeiter **3.** zur erfolgreicheren Durchführung von zukünftigen Projekten

37 1. f **2.** a **3.** h **4.** b **5.** g **6.** d **7.** c

38 2. Modell **3.** Problem **4.** Praxis **5.** Entwicklung **6.** Verhalten **7.** Theorie **8.** Führung **9.** Ziel **Lösungswort:** Kompetenz

Kapitel 7: Internationale Zusammenarbeit und Interkulturelles

1 b) (Beispiele) Zusammenarbeit, Gemeinschaftsarbeit, Teamarbeit, Teamwork, Partnerschaft, Verbund, Gruppenarbeit, Kollektivarbeit
c) (Beispiele) Kooperationsabkommen, Kooperationsbereitschaft, Kooperationsbeziehung, Kooperationsmöglichkeit, Kooperationsvereinbarung, Kooperationsvertrag, Kooperationsbündnis

4 a) 1. f **2.** e **3.** b **4.** k **5.** g **6.** c **7.** j **8.** a **9.** d **10.** i
b) 1. Er nahm viel Geld in die Hand. Er hat ... genommen **2.** Er bildete sich ein, alles zu können. Er hat sich eingebildet, ... **3.** Er trieb Technologien voran. Er hat ... vorangetrieben. **4.** Sie sprang arrogant mit Datenschützern um. Sie ist ... umgesprungen. **5.** Sie legte den Quellcode offen. Sie hat ... offengelegt. **6.** Er heckte ein großes Ding aus. Er hat ... ausgeheckt. **7.** Sie ersann absurde Apps. Sie hat ... ersonnen. **8.** Er konzentrierte sich auf eigene Stärken. Er hat sich ... konzentriert. **9.** Er räumte Schwächen ein. Er hat ... eingeräumt. **10.** Sie kontrollierte die Wertschöpfungskette. Sie hat ... kontrolliert. **11.** Er kassierte als Einziger. Er hat ... kassiert.
c) 1. in **2.** um **3.** mit, gegenüber **4.** auf, auf **5.** an **6.** im, mit **7.** von **8.** von, am

Lösungen — Kapitel 7

5 1. setzen 2. gelingt 3. verlieren 4. drängen, die Zeit drängt 5. kommen 6. haben
(**Beispielsätze**) Mit der Zusammenarbeit setzt das Unternehmen ein Zeichen. Dem Unternehmen ist ein großer Coup gelungen. Individualismus verliert an Bedeutung. Die Konkurrenz versucht, unser Produkt vom Markt zu drängen. Dabei kommen auch unlautere Mittel zum Einsatz. Der Chef hatte von diesen Vorgängen keine Ahnung.

7 a) (**Beispielsätze**) 1. Die Arbeitsökonomen fordern von den Politikern Maßnahmen zur Stärkung der Arbeitsmobilität innerhalb der Europäischen Union. 2. Nach Meinung der Ökonomen steigert ein funktionierender Binnenmarkt die Wachstumschancen und erleichtert die europaweite Balance zwischen Angebot und Nachfrage. Außerdem hilft er beim Abbau des ökonomischen Ungleichgewichts zwischen den Mitgliedsstaaten und beim Kampf gegen die Alterung der Gesellschaft. 3. Es werden eine Reihe von Maßnahmen gefordert, u. a. Maßnahmen zur besseren Koordinierung in verschiedenen Bereichen, die Unterstützung der grenzüberschreitenden Mobilität oder die Anerkennung von beruflichen Abschlüssen.

Transkription Hörtext: Arbeiten ohne Grenzen
In einer gemeinsamen Stellungnahme fordern führende Arbeitsökonomen aus zehn EU-Ländern von der europäischen Politik ein Bündel von Maßnahmen, um die freie Arbeitsmobilität innerhalb der Europäischen Union zu stärken.
Damit wenden sich die Wissenschaftler gegen den wachsenden Europa-Pessimismus und die jüngsten Vorstöße, das Grundrecht auf Freizügigkeit aufgrund der Debatte um vermeintlichen Sozialtourismus wieder zu beschneiden.
Die Ökonomen erklären: „Ein echter europäischer Arbeitsmarkt ohne Grenzen ist nicht zuletzt eine Grundvoraussetzung für einen funktionierenden Binnenmarkt und einen stabilen Euro. Er steigert die Wachstumschancen und erleichtert die europaweite Ausbalancierung von Angebot und Nachfrage. Die ungehinderte Freizügigkeit für Arbeitnehmer sorgt für mehr wirtschaftliche Dynamik in der gesamten EU, hilft beim Abbau der gravierenden ökonomischen Ungleichgewichte zwischen den Mitgliedsstaaten und mildert die negativen Auswirkungen der demografischen Entwicklung."
Vor diesem Hintergrund fordern die Experten ein europaweites Aktionsbündnis aus Politik, Wirtschaft und Wissenschaft zur Umsetzung der folgenden Maßnahmen:
1. Bessere Koordinierung im Bereich des Steuer- und Sozialrechts sowie bei der betrieblichen und privaten Altersvorsorge
2. Aufbau einer effektiven europaweiten Arbeitskräftevermittlung
3. Klare Bedingungen beim Bezug von Sozialleistungen während der Arbeitssuche in einem anderen EU-Mitgliedsstaat
4. Unterstützung von grenzüberschreitender Mobilität etwa durch Sprachförderung und Umzugshilfen; Ausweitung der Austauschprogramme für Auszubildende, Studierende und Erwerbstätige
5. Generelle europaweite Anerkennung von beruflichen Qualifikationen und Abschlüssen sowie klare Regeln für den Zugang zu regulierten Berufen
6. Öffnung auch der öffentlichen Verwaltungen für qualifizierte Bewerber aus dem EU-Ausland
7. Verbesserung der Informationspolitik, um die EU-Bürger von den individuellen und gesamtgesellschaftlichen Vorteilen uneingeschränkter Mobilität zu überzeugen.

8 a) 1. Bündel 2. Union 3. Wissenschaftler 4. Pessimismus 5. Debatte 6. Sozialtourismus 7. Grenzen 8. Grundvoraussetzung 9. Euro 10. Wachstumschancen 11. Nachfrage 12. Dynamik 13. Ungleichgewichte 14. Auswirkungen
b) 2. koordinieren 3. die Umsetzung/das Umsetzen 4. der Aufbau 5. beziehen 6. die Suche 7. unterstützen 8. die Förderung 9. die Anerkennung 10. verbessern 11. die Öffnung 12. erklären

9 a) 1. b 2. a 3. c 4. a 5. b 6. b 7. c 8. a 9. a 10. b

13 **können**: ich kann; ich konnte; Möglichkeit, Fähigkeit; es ist möglich, die Möglichkeit/Gelegenheit haben
müssen: du musst; du musstest; Pflicht, Notwendigkeit; es ist notwendig, es besteht die Notwendigkeit
nicht müssen/brauchen: du brauchst; du brauchtest; du würdest brauchen
dürfen: er darf; er durfte; er dürfte; Erlaubnis, Berechtigung; es ist erlaubt
sollen: es sollte; es sollte; Auftrag, moralisches Gebot bzw. Verbot; es wird erwartet
wollen: ich will; ich wollte; Wunsch, Absicht, Plan; einen Plan haben, etwas beabsichtigen
mögen: du magst; du mochtest; Vorliebe bzw. Abneigung; etwas gut finden, bevorzugen

b) 1. Das Management will (über) Umstrukturierungsmaßnahmen beraten. Ich habe gehört, dass das Management (über) Umstrukturierungsmaßnahmen beraten will. 2. Klaus konnte die Resultate seiner Untersuchungsergebnisse mit/in weiteren Tests bestätigen. Es ist toll, dass Klaus die Resultate seiner Untersuchungsergebnisse mit/in weiteren Tests bestätigen konnte. 3. Er darf seine Studienergebnisse jetzt in einer Fachzeitschrift veröffentlichen. Klaus freut sich darüber, dass er seine Studienergebnisse jetzt in einer Fachzeitschrift veröffentlichen darf. 4. Du sollst den Bericht heute Abend abliefern. Der Chef hat gesagt, dass du den Bericht heute Abend abliefern sollst. 5. Alle Mitarbeiter sollten zur besseren Abstimmung ihren Urlaubsantrag rechtzeitig einreichen. Es wurde noch einmal darauf hingewiesen, dass alle Mitarbeiter zur besseren Abstimmung ihren Urlaubsantrag rechtzeitig einreichen sollten.

c) (**Beispiele**) 1. Wir planen nicht/haben nicht vor, Mitarbeiter zu entlassen. 2. Aus finanziellen Gründen ist es uns bis auf Weiteres nicht möglich, neues Personal einzustellen. 3. Es ist sinnvoll/zu empfehlen, dass die Abteilungsleiter mit gezielten Maßnahmen die Motivation und Leistungsbereitschaft jedes Einzelnen fördern. 4. Es ist notwendig, einige Strukturen innerhalb des Unternehmens zu verändern. 5. Der Vorstand plant/hat vor, die Veränderungen mit dem Betriebsrat zu diskutieren. 6. Der Betriebsrat hat die Möglichkeit, bis Mitte Mai auch selbst Vorschläge zu unterbreiten. 7. Im Bereich der Forschung ist es ratsam, neue Sponsoren zu suchen.

14 a) 1. Unterhalter d; 2. Macher c; 3. Führer f; 4. Berater h; 5. Helfer g; 6. Organisator a; 7. Künstler e;

15 b) 1. Die kulturellen Unterschiede könnten/können zu groß sein. 2. Das Bonussystem könnte/kann sich negativ auswirken. 3. Das könnte zu Neid und Missgunst führen. 4. Die neuen Entscheidungen des Managements dürften auch zur Unruhe im Team beitragen. 5. Die Streichung des Betriebsausflugs dürfte ebenfalls nicht förderlich gewesen sein.

16 a) 1. e 2. f 3. j 4. h 5. i 6. d 7. a 8. b 9. g

17 (**Beispiele**) Teil A: 1. (Inflation des Begriffs) „Teamarbeit" 2. Team-Euphorie flaut ab 3. Eine Gruppe ist kein Team Teil B: 4. Jedes Team braucht einen Leader 5. Teams müssen sich entwickeln 6. Besonders geeignet für komplexe Aufgaben

19 a) die Schlüsselqualifikation, der Gesamtprozess, die Fördermaßnahme, die Arbeitsstrukturen (Pl.), die Teamarbeit, das Lippenbekenntnis, die Worthülse, das Kompetenzgerangel, das Teammitglied, der Einzelkämpfer, die Orientierungsphase
b) 1. l 2. a 3. k 4. b 5. m 6. h 7. e 8. d 9. i 10. c 11. g 12. j
c) 1. eine Botschaft verkünden 2. jemandes Verärgerung spüren 3. einen Beitrag leisten 4. Yoga praktizieren 5. einen Posten besetzen 6. das System funktioniert, bewährt sich 7. dringende Geschäfte als Grund vorgeben 8. die eigenen Pflichten vernachlässigen 9. ein Wunder geschieht 10. Fingerspitzengefühl erfordern 11. das Tempo vorgeben
d) Erfahrungen sammeln, Aufgaben klar definieren, eine Rolle spielen, einen Zeitrahmen vorgeben, Kreativität entwickeln
auch möglich: eine Rolle klar definieren, Aufgaben vorgeben

20 1. In den meisten Organisationen nehmen nur einzelne Mitarbeiter Verantwortung wahr. 2. Fragt man aber nach der Bedeutung von Teamarbeit, hört man oft nur Worthülsen. 3. Die Abgrenzung zwischen Team-, Gruppen- und Projektarbeit ist nicht immer einfach. 4. Ein Team ist ein Resultat eines längeren Teambildungsprozesses. 5. Unter anderem sollte es eine genaue Definition der Rollen und Aufgaben der einzelnen Teammitglieder geben. 6. Der Teamleiter ist für die Koordination der Teamarbeit sowie für die Integration der Mitglieder verantwortlich. 7. Das Gleiche passiert, wenn Unternehmen Projektteams bilden. 8. Es wird daran Kritik geübt, dass die Aufgabe selbst nicht so wichtig genommen wird, wenn die Teams zusammengestellt werden. 9. Man betont zwar immer wieder die Bedeutung der Auswahl der Teammitglieder für den Erfolg der Teamarbeit, aber im Alltag wird diese Erkenntnis nicht konsequent umgesetzt. 10. Um aus Einzelkämpfern Teams zu machen, braucht es vor allem Zeit. 11. Der Einsatz von Teams für Routinearbeiten ist

Kapitel 7 — Lösungen

nach Expertenmeinung absurd. **12.** Hier soll es zur Bündelung und Vernetzung von Wissen kommen.

21 a) **1.** nein **2.** ja **3.** nein **4.** nein **5.** nein **6.** ja
b) **1.** entfalten **2.** lässt **3.** geworden **4.** bedeutet/heißt **5.** verbringen **6.** schreiben **7.** zurückziehen **8.** merkt **9.** heißt/bedeutet **10.** wäre **11.** hängen **12.** entwickeln **13.** hinterfragen **14.** verläuft **15.** wiederholt

Transkription Hörtext: Fluch der Teamarbeit
Teams produzieren oft schlechtere Ergebnisse als brillante Köpfe, die sich mit eigensinnigen, ungewöhnlichen Vorschlägen entfalten dürfen. Man lässt sie nur so selten. Denn der Team-Begriff ist längst zum großen verbindenden Narrativ der Arbeitswelt geworden.
Teamfähigkeit bedeutet Leidensfähigkeit. Von 40 Wochenstunden verbringen Angestellte US-amerikanischer Konzerne im Schnitt 21 Stunden in Meetings. Dabei schreiben sie allerdings oft nebenher E-Mails. Es ist einer der schäbigen Nebeneffekte von Teamarbeit: Zumindest Einzelne können sich komplett zurückziehen, ohne dass es gleich jeder merkt. Team heißt dann einfach: „Toll, ein anderer macht's."
Nicht, dass der Beitrag der übrigen Teammitglieder unbedingt besser wäre. Die meisten hängen sich an die Leitwölfe, statt eigene Ansätze zu entwickeln oder die Thesen der Gruppe zu hinterfragen. Dann verläuft das Gespräch nach dem bewährten Motto: Es wurde zwar schon alles gesagt, aber wir hören erst auf, wenn alle es in eigenen Worten wiederholt haben. Falls doch mal jemand mit eigenen Ideen ausschert, findet sich immer eine Führungskraft, die, gewollt oder ungewollt, signalisiert, dass man hier besser nicht auffallen sollte.
Niemand ist mehr bereit, persönlich Verantwortung zu übernehmen, man versteckt sich lieber in der Gruppe. Schlimmer noch: Gruppenkonformität ist zum Wert an sich geworden, der andere Erwägungen und auch ethische Maßstäbe aussticht.
Zu guten Ergebnissen führt Teamarbeit, wenn gesichert ist, dass man Ziele offen formuliert, Alternativen vollständig in die Überlegungen einbeziehen und störende Informationen nicht einfach ausblendet. Zugleich sollten auch die Risiken bevorzugter Lösungen kalkuliert sowie Notfallpläne entwickelt werden.
Teamleiter sollten zu Kritik ermuntern und auf keinen Fall zu Beginn der Arbeit ihre eigenen Präferenzen äußern. Jedes Teammitglied sollte die Zwischenergebnisse mit Außenstehenden diskutieren und deren Reaktionen ins Team zurückmelden. In einzelne Teamtreffen sollten externe Experten eingeladen werden. Genug Zeit einräumen sollte man auch der kritischen Analyse ähnlicher Ideen, etwa bei Konkurrenten.
Außerdem wird von Experten empfohlen, mindestens einem Teammitglied die Rolle des Advocatus Diaboli zuzuweisen, mit dem Auftrag, alle Vorschläge prinzipiell zu kritisieren – als Absicherung gegen vorschnelle Begeisterung und Betriebsblindheit. Hilfe bietet außerdem eine Wissenschaft, die sich auf ganz anderer Ebene mit Meinungsfindung in großen Gruppen beschäftigt: die Politikwissenschaft. Nicht umsonst funktioniert Demokratie am besten, wenn Wahlen geheim stattfinden. Das verhindert nicht nur kontrollierbare Einzelentscheidungen an der Urne. Es ermöglicht überhaupt erst, ehrliche Vorlieben zu entwickeln, ohne fürchten zu müssen, dass die Nachbarn sie anrüchig finden.
Was das bedeutet, lässt sich an einer der beliebtesten Teamaufgaben zeigen, dem Brainstorming. Klar, wenn man viele Ideen braucht, ist es erst mal gut, viele Kollegen zu fragen. Doch auch hier wirkt oft die Gruppendynamik menschlicher Harmoniesucht – dann ähneln sich alle Ideen. Mit einem digitalen Brainstorming kann man das verhindern, ohne Spezialsoftware – es genügt, wenn alle Teammitglieder ihre Vorschläge in ein Textdokument eintragen. Weil sie das an ihrem Computer allein tun, werden die meisten sozialen Effekte minimiert.
Wer also der Teammode nicht blind hinterherläuft, sondern die Fähigkeiten der Gruppe mit Bedacht einsetzt, kann viel erreichen.

26 (Beispielsätze) **Ein Gespräch beginnen**
Entschuldigen Sie: Sind Sie nicht …?; Ah, Herr/Frau …, schön Sie zu sehen. Wie geht es Ihnen?; Grüß Sie, Herr/Frau … Ich habe Sie schon auf der Teilnehmerliste gesehen.; Hallo Herr/Frau … Freut mich, Sie mal persönlich kennenzulernen.

Sich oder jemanden vorstellen
(Heinz Zander, Firma IMTEC), Guten Tag.; Das ist mein Kollege/meine Kollegin (Jo Fischler).; Darf ich Ihnen kurz meinen Kollegen/meine Kollegin vorstellen: …;

Ein Thema ansprechen/das Thema wechseln
Ich bin sehr gespannt auf Ihren Vortrag/Ihre Präsentation. Im Bereich … hat sich ja in letzter Zeit einiges getan/verändert.; Es gibt ja auch Veränderungen in/im …; Haben Sie schon von … gehört?; Was halten Sie eigentlich von …?

Interesse zeigen
Die Ergebnisse/Entwicklungen … finde ich sehr interessant/bemerkenswert.; Mich/Unsere Firma interessiert besonders, …; Die neuen Entwicklungen auf diesem Gebiet sind wirklich großartig.; Wir verfolgen das Thema … mit großem Interesse.

Ein Gespräch beenden
Wir sehen uns ja später beim Essen/in der Sitzung/auf der Konferenz …; Viel Erfolg für Ihren Vortrag/Ihre Präsentation.; Hat mich gefreut, Sie kennenzulernen.; Grüßen Sie … von mir.

30 (Beispielsätze) a) **1.** Wenn man aus Unwissen um Sitten und Gebräuche eines anderen Landes Fehler macht. **2.** Im Zuge der fortschreitenden Globalisierung treffen immer öfter Menschen aus unterschiedlichen Nationen aufeinander, die unterschiedlich sozialisiert sind. **3.** Ein Konflikt ist dann interkulturell bedingt, wenn bestimmte Grundannahmen/Grundverständnisse nicht geteilt werden und man sich dessen nicht bewusst ist. **4.** Es werden zum Beispiel sprachliche Missverständnisse, unterschiedliche Gesprächseröffnungsstrategien bei Verhandlungen und Begrüßungsrituale genannt. **5.** Eine Bewusstmachung der eigenen kulturellen Prägung, anderen zuhören und im Zweifel nachfragen – das kann Konflikte vermeiden.

31 a) **1.** d **2.** i **3.** a **4.** g **5.** b **6.** j **7.** h **8.** k **9.** f **10.** e
c) **1.** Wie die Deutsche Bundesbank mitteilte, gibt es im Ausland ca. 20 000 Unternehmen mit unmittelbarer deutscher Kapitalbeteiligung. **2.** Wenn bestimmte Grundannahmen nicht geteilt werden und man sich dessen nicht bewusst ist, spricht man von einem interkulturellen Konflikt. **3.** Die Vorstellungen über die Bedeutung des Wortes *Konzept* gehen im Französischen und im Deutschen auseinander. **4.** In Frankreich steht *concept* für eine Ideenskizze, wohingegen man in Deutschland ein klar ausgearbeitetes und durchstrukturiertes Schriftstück erwartet. **5.** Das nächste Treffen könnte unangenehm werden. **6.** Die deutschen Teilnehmer sind/waren von der mangelnden Sorgfalt ihrer gallischen Kollegen enttäuscht und die Franzosen fühlen/fühlten sich von der teutonischen Gründlichkeit überrannt. **7.** Die Experten raten, sich unterschiedliche Perspektiven derselben Sache zu vergegenwärtigen. **8.** Im Zweifelsfall kann man nachfragen, was der andere meint.

33 a) Brasilien: der Brasilianer, die Brasilianerin; die Brasilianer; brasilianisch; Europa: der Europäer, die Europäerin; die Europäer; europäisch; Italien: der Italiener, die Italienerin; die Italiener; italienisch; die Niederlande: der Niederländer, die Niederländerin; die Niederländer; niederländisch; Österreich: der Österreicher, die Österreicherin; die Österreicher; österreichisch; die Türkei: der Türke, die Türkin; die Türken; türkisch; die Schweiz: der Schweizer, die Schweizerin; die Schweizer; schweizerisch/Schweizer; die USA: der Amerikaner, die Amerikanerin; die Amerikaner; amerikanisch; Frankreich: der Franzose, die Französin; die Franzosen, französisch
b) **1.** den Spaniern, den Franzosen, den Deutschen, den Chinesen **2.** dem Griechen, dem Brasilianer, dem Amerikaner, dem Tschechen **3.** den Japaner, den Briten, den Chilenen, den Niederländer **4.** des Deutschen, des Inders, des Portugiesen, des Bulgaren

35 a) **1.** Der Leitfaden (der FIFA) sollte dazu dienen, Besuchern mithilfe von Regeln und Anweisungen den Umgang mit Brasilianern während der Fußballweltmeisterschaft zu erleichtern. Nach Protest der Brasilianer wurde der Leitfaden wieder aus dem Netz genommen. **2.** Als Beispiel für typisch deutsches Verhalten wird angeführt, dass Kritik sehr direkt geäußert wird. In Brasilien dagegen erfolge Kritik indirekt und auf dezente Weise. **3.** Wer sich in gezielten interkulturellen Trainings vorbereiten, muss sich vor Ort nach und nach an die Brasilianer „herantasten": Je mehr Kontakte man knüpft, desto klarer wird einem, dass es je nach Situation unterschiedlich ist.
c) **1.** Realität **2.** veröffentlichen **3.** heftigen **4.** Mittelpunkt **5.** verallgemeinerte **6.** letztlich **7.** ticken **8.** Kommt drauf an. **9.** ansässig sein **10.** implementieren **11.** eins zu eins **12.** Grundlage **13.** widersprüchliche **14.** angepasst

Transkription Hörtext: Brasilianer kennen keine Leitfäden
Wir in Deutschland haben gerne Regeln und klare Anleitungen. Dies gerne auch im Umgang mit Menschen in oder aus anderen Kulturen. Ob die „Dos and Dont"-Listen der Realität entsprechen oder ob

sogar Empfindlichkeiten damit berührt werden, spielt zunächst keine Rolle. Die FIFA veröffentlichte beispielsweise vor der Fußballweltmeisterschaft 2014 einen sogenannten Leitfaden mit dem Titel „Brasilien für Einsteiger", der nach heftigen Protesten aus Brasilien wieder aus dem Netz genommen werden musste.

In einer Kultur wie in Brasilien, in der Menschen und der persönliche Umgang miteinander im Mittelpunkt stehen, trifft eine verallgemeinerte Verhaltensliste auf Unbehagen und führt letztendlich auch zu Fehleinschätzungen. Wie sind nun „die Brasilianer", wie ticken sie? Ganz einfach: Depende! – „Kommt drauf an!" würde man in Brasilien antworten.

Heute sind allein in São Paulo über 800 deutsche Firmen ansässig. Viele davon versuchen, ihre Strukturen und damit das deutsche Know-how in Brasilien zu implementieren. Leitfäden und Handlungsanweisungen werden eins zu eins übernommen und stoßen sicherlich auf Anerkennung und Interesse. Leitfäden werden in Deutschland befolgt. In Brasilien dienen sie als Grundlage für situationsspezifische und dem jeweiligen Gegenüber angepasste – für uns vielleicht sogar widersprüchliche – Lösungen. Im Mittelpunkt stehen der Mensch und die zwischenmenschliche Beziehung. Leitfäden werden den Menschen angepasst. Depende eben.

Zwischenmenschliche Beziehungen verlangen einen harmonischen Umgang miteinander. Folgender Fall zeigt auf, was dies im beruflichen Alltag in Brasilien bedeuten kann: Ein deutscher Abteilungsleiter einer Bank in Brasilia trägt seiner brasilianischen Mitarbeiterin auf, ein Unternehmen auf seine Kreditwürdigkeit zu prüfen. Als sie ihm das Ergebnis zeigt, fallen ihm einige Fehler auf. Er erläutert seiner Mitarbeiterin, wo etwas falsch ist, etwas fehlt oder was er anders ausdrücken würde. Seine Mitarbeiterin wird während des Gesprächs immer stiller. Später erfährt der deutsche Abteilungsleiter, dass seine brasilianische Mitarbeiterin sein Büro völlig aufgelöst verlassen hätte, mit der Überzeugung, sie würde entlassen werden.

Eine für Deutsche durchaus sachlich gemeinte und damit vertretbare Kritik ist in Brasilien so nicht denkbar. Kritik wird indirekt und dezent geäußert. Wie Deutsche ein Gespür dafür bekommen können, wird in speziellen interkulturellen Trainings vermittelt. Viele Deutsche lernen nach ihren langjährigen beruflichen Einsätzen in Brasilien diesen wertschätzenden und damit weniger verletzenden Umgang lieben und haben zu Hause wiederum Schwierigkeiten in der Anpassung an altbekannte Regeln.

Der brasilianische Kommunikationsstil ist sehr emotional und es gibt vor allem viele nonverbale Zeichen und Gesten. Ein kurzes Zeichen im Lokal, eine sanfte Berührung an der Schulter oder ein kurzer Blickkontakt gibt dem Gegenüber zu verstehen, was erwartet wird. Selbst das Fehlen solcher Zeichen unterliegt speziellen Interpretationen. Hier hilft keine Anleitung, hier gibt es nur die Chance, sich langsam im wahrsten Sinne des Wortes heranzutasten und zu beobachten. Gezielte interkulturelle Vorbereitungen helfen den Weg zu ebnen – laufen muss man danach aber selbst. Wie Brasilianer sind, erfährt man im Lande so nach und nach, und je mehr Kontakte man knüpft, desto klarer wird einem: Depende eben.

36 1. auf 2. während 3. mit 4. aus 5. in 6. (da)für 7. in 8. bei 9. zu 10. bei 11. an

Kapitel 8: Vertragliches und Juristisches

2 a) 1. die Parteien 2. der Handschlag 3. die Formulare 4. die Leistung 5. der Rechtsstreit 6. die Elemente 7. der Schadensersatz 8. die Bereiche 9. die Geschäfte
b) 1. Alltag 2. Formulare 3. Elemente 4. Parteien 5. Geschäfte 6. Handschlag 7. Leistung 8. Rechtsstreit 9. Schadensersatz 10. Bereichen

3 1 – H, 2 – K, 3 – G, 4 – J, 5 – A, 6 – I, 7 – C, 8 – B, 9 – F, 10 – E, 11 – D

4 a) 1. der Vermieter, der Mieter 2. der Verkäufer, der Käufer 3. der Arbeitgeber, der Arbeitnehmer 4. der Versicherer, der Versicherte 5. das Geldinstitut/die Bank, der Kunde/der Sparer 6. der Lieferant, das Unternehmen/der Kunde 8. der Lizenzgeber (z. B. der Autor), der Lizenznehmer
b) 1. ein unbefristeter Vertrag 2. Ein Gesetz tritt außer Kraft. 3. einen Vertrag abschließen 4. eine Klausel verletzen/brechen 5. die Laufzeit verlängern 6. eine langfristige Vereinbarung 7. der Angeklagte/Beklagte 8. ein Verfahren beginnen/einleiten 9. eine unverbindliche Zusage
c) ratifizieren, unterzeichnen, gegenzeichnen, paraphieren, abzeichnen 2. einen Vertrag aufheben, auflösen, beenden, kündigen, lösen, beendigen, aufkündigen, annullieren, rückgängig machen, zurückziehen 3. einen Vertrag aufsetzen, formulieren, verfassen, schreiben, konzipieren, erarbeiten, entwerfen, festlegen 4. einen Vertrag befolgen, einhalten, erfüllen, beibehalten 5. einen Vertrag umwandeln, anpassen, verändern, umändern, umformen, umgestalten

5 1. richtig 2. falsch 3. richtig 4. falsch 5. richtig 6. falsch 7. falsch 8. richtig 9. falsch

11 a) 1. das „Kleingedruckte" 2. bürgerliche Recht 3. alle Einzelheiten 4. Rationalisierung 5. Bereichen des Zivilrechts 6. gesetzliche Regelungen 7. Schutz des Verbrauchers 8. unangemessenen Benachteiligung 9. Preiserhöhungsvorbehalte 10. Mängelhaftung 11. Pflicht
b) 1. h 2. f 3. g 4. i 5. a 6. e 7. c 8. b

Transkription Hörtext: Das „Kleingedruckte"
Umgangssprachlich werden allgemeine Geschäftsbedingungen häufig als das „Kleingedruckte" bezeichnet. Grundlage allgemeiner Geschäftsbedingungen ist das bürgerliche Recht.
Es gibt den Vertragspartnern das Recht, den Inhalt des Vertrages weitgehend selbst zu bestimmen. Da Vertragspartner normalerweise nicht alle Einzelheiten ihres Vertrages immer wieder neu aushandeln und formulieren wollen, verwenden sie Formularverträge. AGB werden also häufig aus dem Gedanken der Rationalisierung geschaffen. Man findet sie in vielen Bereichen des Zivilrechts, wie in Mietverträgen, Kaufverträgen, Bauverträgen, in Verträgen des Bankrechts und bei Verträgen mit Internetanbietern. Allerdings gibt es einige gesetzliche Regelungen, die in den allgemeinen Geschäftsbedingungen berücksichtigt werden müssen. Diese Regelungen dienen hauptsächlich dem Schutz des Verbrauchers vor einseitiger Risikoabwälzung und beugen der unangemessenen Benachteiligung einer Vertragspartei vor. Unwirksam sind zum Beispiel Preiserhöhungsvorbehalte in kurzfristigen Verträgen. Eine wichtige Gruppe von Klauseln betrifft die Einschränkung von Sachmängelrechten, insbesondere bei Kaufverträgen. Hier bestimmt das Gesetz, dass die Mängelhaftung oder die Gewährleistung im Rahmen der Lieferung neu hergestellter Sachen nicht grundsätzlich ausgeschlossen werden darf. Wird ein defektes Gerät verkauft, so hat der Verkäufer die Pflicht, das Gerät zu reparieren oder ein anderes zu liefern.

12 a) Vertragspartner, Vertragsbedingungen, Vertragspartei, Vertragsmängel, Vertragshändler; Gesetzbuch, Gesetzesmängel; Zivilrecht; Mietrecht, Mietvertrag, Mieterhöhung; Kaufvertrag; Bauvertrag, Baumängel; Internetanbieter; Tarifvertrag, Tarifpartei; Gesellschaftsrecht; Familienrecht; Erbrecht; Verbraucherschutz; Sachbuch, Sachmängel; Mängelhaftung; Fachhändler; Gewährleistung
b) 1. Der Tarifvertrag 2. Das Zivilrecht 3. Der Verbraucherschutz 4. Der Sachmangel 5. Die Gewährleistung 6. Das Gesellschaftsrecht 7. Das Erbrecht 8. Das Bürgerliche Gesetzbuch

17 1. Der Versandhandel hat sich in den letzten zehn Jahren verzehnfacht, der restliche Markt stagnierte. 2. falsche Ware (Schokolade statt Gold), Warenverlust (durch Diebstahl oder Schlamperei) und Beschädigung auf dem Postweg 3. Edelmetalle, Schmuck, Kunstwerke oder ein Luxusauto 4. Geht die Ware auf dem Transportweg verloren oder wird beschädigt, haftet der Unternehmer. Nachdem die Ware beim Kunden eingetroffen ist, haftet der Kunde selbst.

18 a) 1. vertrieben/verkauft 2. erhöhte 3. Wert 4. Laut 5. Anzeige 6. aufklären/klären/herausfinden 7. Gründen 8. Erstattung 9. der Versand per Paketdienst 10. haftet 11. Kosten 12. beschädigt
b) 1. e 2. j 3. f 4. i 5. a 6. k 7. g 8. h 9. b 10. d
c) 1. kaufen 2. Das steht in den Sternen. 3. teuer 4. versenden 5. haften 6. seinen Augen nicht trauen 7. der Verlust 8. bestellen 9. schiefgehen 10. der Verbraucher

22 a) 1. Immer wieder klagen Firmen gegen die Stiftung Warentest, weil sie sich ungerecht behandelt fühlen. 2. Die Stiftung Warentest ist in Deutschland bei Produzenten und Verbrauchern berühmt und berüchtigt, denn sie hat seit 1968 in mehr als 5 000 Tests etwa 100 000 Produkte geprüft. 3. Die Transparenz ihrer Testmethoden wurde angezweifelt, deswegen kam die Stiftung 2014 erneut in die Kritik. 4. Die Stiftung erregte großes Aufsehen, als sie Nussschokoladen der deutschen Marke RITTER SPORT überprüfen ließ. 5. Die Tester behaupteten, die Schokolade enthalte künstliche Zusatzstoffe, denn sie fanden in der Sorte Voll-Nuss das Aroma Piperonal. 6. Der

Kapitel 8 — Lösungen

Schokoladenhersteller zog vor Gericht, weil er vor allem damit wirbt, keine künstlichen Stoffe für seine Produkte zu verwenden. **7.** Die Stiftung und die Tester erlitten einen großen Imageschaden, weil das Gericht der Stiftung Warentest die Weiterverbreitung der Behauptung, in der quadratischen Tafel seien künstliche Aromastoffe, untersagte. **8.** Verbraucher und Politik sollten auch in Zukunft Transparenz fordern, denn offensichtlich legt die Stiftung bei Tests mit Schadstoffen eigene Qualitätskriterien an, die teilweise strenger als die gesetzlichen Grenzwerte sind. **9.** Die Frage „Wer testet eigentlich die Tester?" bleibt nach wie vor im Raum stehen, demzufolge beruhigten sich die Gemüter nur langsam.

b) Wegen des unzumutbaren Lärms im Haus …, Aufgrund der schnell steigenden Mietpreise …, Wegen der mangelhaften Qualität des neuen Geräts …, Aufgrund des unvollständigen Arbeitsvertrags …, Wegen der langsamen Auftragsabwicklung …, Aus Ärger über den Servicemitarbeiter …, Wegen der unzureichenden Sicherheitsvorschriften …, Aus Wut über die Arroganz des Verwaltungsmitarbeiters …, Aus Stress durch die Umbauarbeiten … reicht Herr Müller eine Beschwerde ein.

c) 1. Die Zahlung von Sondervergütungen ist mangels Rechtsanspruch nicht im Arbeitsvertrag verankert. **2.** Frau Lange erhält aufgrund zusätzlicher Arbeit im letzten Monat eine Überstundenvergütung. **3.** Wegen der vielen ihm noch zustehenden Urlaubstage nimmt Herr Petersen die ganze nächste Woche frei. **4.** Wegen seiner Urlaubsplanung für nächstes Jahr hat er diese Woche einen Termin mit seinem Chef gemacht.

25 b) A – 5, B – 3, C – 4, D – 1, E – 6, F – 8, G – 0, H – 2, I – 0, J – 7

26 a) 1. i **2.** k **3.** d **4.** a **5.** j **6.** f **7.** h **8.** e **9.** l **10.** b **11.** g

b) 1. In der Zeit des Nationalsozialismus dienten die Gerichte zur Ausschaltung von Gegnern. **2.** Die neutrale Rechtsprechung kam komplett zum Erliegen. **3.** Am 1. April 1946 nahmen die deutschen Gerichte ihre Arbeit wieder auf. **4.** Am 24. Mai 1949 trat das Grundgesetz in Kraft. **5.** Das Grundgesetz prägte wesentlich die Rechtsentwicklung der Bundesrepublik. **6.** Jedes Gesetz muss sich heute an den Maßstäben des Grundgesetzes messen lassen. **7.** Direkte Eingriffe in die Arbeit der Richter sind nicht möglich. **8.** Richter sind nur dem Gesetz unterworfen.

28 1. über die Aufgaben des Bundesverfassungsgerichts **2.** vereidigte Gerichtsdolmetscherin **3.** jeder, der sich in seinen Rechten beschnitten fühlt/jeder, der sich in seinen Grundrechten verletzt fühlt **4.** bei Fragen, die das Grundgesetz oder die Landesverfassungen betreffen **5.** bei Zweifel an Gesetzen, die vom Bundestag verabschiedet wurden/bei Streitfällen zwischen Bund und Ländern oder zwischen Bundesorganen/bei der Einleitung eines Parteiverbotsverfahrens **6.** Bundeskanzler Konrad Adenauer **7.** jeglicher Missbrauch der Verfassung durch den Staat **8.** in jedem Senat 8 Richterinnen und Richter (2 Senate) = insgesamt 16 **9.** 12 Jahre **10.** das Kruzifix–Urteil (Es mussten keine Kreuze mehr in den Klassenzimmern bayerischer Grundschulen hängen.)/die Tucholsky–Entscheidung (Es ist nicht verboten, zu behaupten, dass Soldaten Mörder sind.) **11.** Die Bundesrepublik darf sich in internationalen Verbänden engagieren und deutsche Soldaten können fortan im Ausland eingesetzt werden. **12.** Einzelpersonen, ein süddeutsches Ehepaar **13.** die Gleichheitsbehandlung/der Gleichheitsgrundsatz

Transkription Hörtext: Die Aufgaben des Bundesverfassungsgerichts
Tobias Müller: Guten Tag, liebe Hörerinnen und Hörer im In- und Ausland. Im digitalen Hörfunk-ABC International beschäftigen wir uns heute im Rahmen der Bildungsreihe „Alles was Recht ist" mit den Aufgaben des Bundesverfassungsgerichtes. Zu Gast sind der Jurist und Dozent Herr Dr. Florian Ruhe von der Fernuniversität Hagen und die vereidigte Gerichtsdolmetscherin Frau Klara Stolarova. Guten Tag, die Herrschaften.
Klara Stolarova/Florian Ruhe: Schönen guten Tag, Herr Müller.
Stolarova: Es freut mich sehr, dass Sie im digitalen Bildungsfunk die Aufgaben des Bundesverfassungsgerichtes einmal ausführlich besprechen, denn im Ausland schaut man diesbezüglich oft mit staunenden Augen nach Deutschland. Womit sich das Bundesverfassungsgericht, das oberste Gericht in Deutschland, nicht alles befasst! Aber auf die Details und auf einige Beispiele kommen wir sicher später noch.
Müller: Frau Stolarova, da haben Sie gleich einen sehr wichtigen Punkt angeschnitten. Im Ausland wird nicht selten mit Erstaunen reagiert, wenn ich als Journalist berichte, welche unterschiedlichen und oft tief greifenden Entscheidungen unser Bundesverfassungsgericht treffen muss. Aber fangen wir von vorne an. Herr Ruhe, vielleicht könnten Sie mit einer treffenden Definition das Thema einleiten.
Ruhe: Sehr gern. Wie Frau Stolarova schon richtig sagte, ist das Bundesverfassungsgericht (BVerfG) das oberste Gericht in Deutschland und sorgt für die Einhaltung und Durchsetzung der Grundrechte und damit unserer Demokratie. Aber die Richterinnen und Richter des BVerfG werden nur dann tätig, wenn es um Fragen des Grundgesetzes oder der Länderverfassungen geht. Jeder, der sich in seinen Grundrechten beschnitten fühlt, kann eine Klage beim Bundesverfassungsgericht einreichen. In diesem Zusammenhang sollte man unterstreichen, dass die Urteile der Verfassungsrichter endgültig und unanfechtbar sind. Verfassungsrichter können im Zweifelsfall sogar bereits vom Bundestag verabschiedete Gesetze für verfassungswidrig erklären.
Stolarova: Ja, jeder, der sich in seinen Grundrechten verletzt fühlt, kann sich an die Verfassungsrichter in Karlsruhe wenden. So hat jeder Bürger über eine Verfassungsbeschwerde Zugang zum obersten deutschen Gericht. Bekannt ist der Fall eines Gefangenen geworden, der mittels einer Postkarte seine Beschwerde vorbrachte. Er beklagte, dass seine Gefängniszelle zu klein sei, was gegen Artikel 1 des Grundgesetzes, die Menschenwürde, verstoße. Er bekam recht.
Ruhe: Tja, das ist ein plastisches Beispiel. Aber natürlich hat nicht jede Beschwerde Erfolg. Neben formalen Kriterien muss eine begründete Grundrechtsverletzung vorliegen. Das Bundesverfassungsgericht entscheidet aber auch in Streitfällen zwischen dem Bund und den Ländern sowie zwischen obersten Bundesorganen. Auch muss das Bundesverfassungsgericht hinzugezogen werden, wenn ein Parteiverbotsverfahren eingeleitet werden soll.
Stolarova: Während meines Studiums habe ich gelernt, dass Bundeskanzler Adenauer 1951 das Bundesverfassungsgericht berief und dies als Konsequenz aus den Lehren, die man aus den Gräueln des Nationalsozialismus gezogen hatte. Jeglicher Missbrauch der Verfassung sollte grundsätzlich unterbunden werden.
Ruhe: Exakt. Ein Gericht, das den Bürger vor den Eingriffen des Staates schützte und dazu noch den Status eines Verfassungsorgans bekam, war etwas völlig Neues in der deutschen Geschichte.
Müller: Aber so weit ich informiert bin, gab es doch schon 1495 das Reichskammergericht und in der Weimarer Republik den Staatsgerichtshof?
Ruhe: Die von Ihnen genannten Gerichte verfügten aber nicht über die weitreichenden Kompetenzen des heutigen Bundesverfassungsgerichts. Vielmehr regelten sie die Streitigkeiten zwischen den einzelnen Staatsorganen. Das Reichsgericht, das man 1848 vorgesehen hatte, nahm seine Arbeit nie auf und in der Verfassung von 1871 war überhaupt kein Verfassungsgericht vorgesehen.
Müller: Herr Ruhe, unsere Zuhörer würde jetzt noch interessieren, wie das Bundesverfassungsgericht zusammengesetzt ist.
Ruhe: Das Bundesverfassungsgericht besteht aus zwei Senaten mit jeweils acht Richterinnen und Richtern, die anteilig vom Bundesrat und dem Bundestag gewählt werden. Außerdem müssen sie mindestens 40 Jahre alt sein und die Qualifikation besitzen, ein Richteramt auszuüben. Ihre Amtszeit beträgt zwölf Jahre. Danach können sie nicht wiedergewählt werden. Ihre Urteile fällen sie unabhängig von der Parteipolitik.
Stolarova: Ich beobachte schon eine Weile, dass so manche Entscheidung in Karlsruhe für großes Aufsehen in der Bevölkerung sorgt. Ich denke da nur an das Kruzifix-Urteil aus dem Jahr 1995. Das Bundesverfassungsgericht hob ein bayerisches Schulgesetz auf, nach dem ein Kreuz in jedem Klassenzimmer einer Grundschule hängen sollte. Auch die „Tucholsky-Entscheidung" sorgte für viel Diskussion. 1931 schrieb Kurt Tucholsky in einer Glosse den Satz „Soldaten sind Mörder". Mehrfach stand dieser Ausspruch daraufhin in der Kritik, da er die Reichswehr beziehungsweise später die Bundeswehr beleidigt haben soll. Die Klage ging schließlich bis zum Bundesverfassungsgericht, das 1995 ein Urteil fällte: Es ist nicht verboten zu behaupten, dass Soldaten Mörder sind. Eine solche Behauptung ist entsprechend der Meinungsfreiheit in Deutschland zulässig.
Ruhe: Da haben Sie wirklich die spektakulärsten Fälle genannt, Frau Stolarova. Weniger spektakulär und von der Öffentlichkeit nicht so wahrgenommen, dafür aber umso folgenreicher ist das „Awacs-Urteil" aus dem Jahr 2008. Die Bundesrepublik darf sich demnach in internationalen Verbänden engagieren und deutsche Soldaten können fortan im Ausland eingesetzt werden.

235

Lösungen
Kapitel 8

Müller: Frau Stolarova, Herr Ruhe, Sie haben Fälle genannt, bei denen in erster Linie politische Parteien oder Organisationen die Klage, die Verfassungsklage, eingereicht haben. Gibt es auch Beispiele für erfolgreiche Verfassungsklagen von Einzelpersonen?
Ruhe: Ja, auch Einzelpersonen sind immer wieder vor dem Bundesverfassungsgericht erfolgreich, wie etwa bei dem Urteil über die Pendlerpauschale. Ein süddeutsches Ehepaar erstritt ein Urteil, von dem Millionen anderer Pendler in Deutschland profitieren.
Stolarova: Das Gesetz, in dem eine Steuerbegünstigung erst ab dem 20. Kilometer vorgesehen war, verstieß gegen den Gleichheitsgrundsatz. Entweder hätte niemand eine Steuererleichterung bekommen dürfen oder alle. Wie schon viele Male zuvor kippte das Bundesverfassungsgericht ein bereits beschlossenes Gesetz und das ist – wie ich bereits am Anfang erwähnte – für viele Menschen im Ausland ein Phänomen.
Müller: Vielleicht sollten wir zum Schluss noch einen Beschluss aus dem Jahr 2013 erwähnen, der noch evidenter den sozialen und gesellschaftlichen Gleichheitsgrundsatz, dem das BVerfG nachstrebt, zum Ausdruck bringt.
Ruhe: Im Juni 2013 entschieden die Verfassungsrichter, dass die Ungleichbehandlung von gleichgeschlechtlichen Ehepartnern beim Ehegattensplitting verfassungswidrig ist. Schwule und lesbische Ehepaare können nun genauso wie heterosexuelle Ehepaare von den steuerlichen Vergünstigungen profitieren. Dieses Urteil wird weitreichende Folgen für die soziale Gleichberechtigung von Homosexuellen haben.
Müller: Ich bedanke mich bei Ihnen beiden für die sehr informativen und aufschlussreichen Erläuterungen zu den Arbeitsthemen unseres Bundesverfassungsgerichts.

29 **Zeile 4:** unwichtige (*richtig:* tief greifende)
Zeile 7: für alle strafrechtlichen und politischen Entscheidungen zuständig seien. (*richtig:* nur bei Fragen, die das Grundgesetz oder die Landesverfassungen betreffen, hinzugezogen werden.)
Zeile 12: sind zwar anfechtbar, aber der Kläger darf nur einmal in Berufung gehen. (*richtig:* sind endgültig und unanfechtbar)
Zeile 26: gab es bislang nur einmal in der Geschichte, und das war 1495 das Reichskammergericht (*richtig:* war etwas völlig Neues in der deutschen Geschichte)
Zeile 30: die von der Bundesversammlung gewählt werden (*richtig:* die anteilig vom Bundesrat und dem Bundestag gewählt werden)
Zeile 34: nur äußerst selten (*richtig:* des Öfteren)
Zeile 38: Jahr 2003 (*richtig:* 2013)

30 1. Gesetz 2. Streit 3. Urteil 4. Anklage 5. Berufung 6. Richterin
Lösungswort: Strafe

31 1. Die meisten Menschen gehen zwar eher selten in einen Gerichtssaal, aber mit Gerichten, genauer gesagt deren Urteilen, hat jeder zu tun, denn sie haben auf viele Bereiche unseres Alltags Einfluss. 2. Gegenstand der Gerichtsverhandlung sind alltägliche Fragen wie: Ist der gerade beschlossene Streik wirklich zulässig? Muss die geplante Autobahn wirklich um das Naturschutzgebiet herum gebaut werden? 3. Deutschland verfügt über mehr als 1 100 Gerichte. Jedes Gericht hat seine festgelegten Aufgaben und Zuständigkeiten und gehört einem von fünf Gerichtszweigen an. 4. Die Zahl der Amtsgerichte beträgt 660. Ein Amtsgericht fungiert als Strafgericht und als Zivilgericht. 5. Wer sich etwas zu Schulden kommen lässt, für das nicht mehr als vier Jahre Freiheitsstrafe zu erwarten sind, wird vor das Amtsgericht geladen. 6. Auch privatrechtliche Streitigkeiten werden bei Amtsgerichten ausgetragen. Das bedeutet, dass der Staatsanwalt nicht eingeschaltet wird, sondern ein Bürger einen anderen Bürger verklagt: der Mieter den Vermieter, der Käufer den Verkäufer, der Nachbar den Nachbarn. 7. Amtsgerichte sind z. B. für Unterhalts- und Familienangelegenheiten oder Zwangsversteigerungen zuständig. Wer ein Mahnverfahren einleiten will, wendet sich auch an das Amtsgericht. 8. Beim Landgericht landen die sogenannten schweren Jungs. Hier werden Verbrechen und Vergehen verhandelt, bei denen die Strafe mindestens vier Jahre beträgt. 9. Das Landgericht ist für Zivilprozesse zwischen Privatleuten oder Firmen ab einem Streitwert von 5 000 Euro verantwortlich. Es wird außerdem zur Berufungsinstanz für Entscheidungen der Amtsgerichte. 10. Liegen Streitigkeiten zwischen Arbeitnehmern und Arbeitgebern (Kündigung, Abmahnung, Lohnzahlungen usw.) vor oder ein Rechtsstreit zwischen Gewerkschaften und Arbeitgebern, wird das Arbeitsgericht eingeschaltet. 11. Außerdem gibt es in Deutschland noch Finanzgerichte, Sozialgerichte und Verwaltungsgerichte. Finanzgerichte sind in erster Linie auf Steuerfragen spezialisiert. Zu den Aufgabenbereichen der Sozialgerichte zählen Kranken- und Pflegeversicherung, die Arbeitsförderung, die Grundsicherung für Arbeitssuchende und die Feststellung von Behinderungen. 12. Wer glaubt, von der öffentlichen Verwaltung, also von Behörden, in seinen Rechten beschnitten worden zu sein, der kann beim Verwaltungsgericht eine Klage einreichen. Hier werden z. B. über abgelehnte Baugenehmigungen und Bürgerbegehren, über Versammlungs- und Demonstrationsverbote und Studiengebühren Urteile gefällt.

34 a) 1. Obwohl die Verbindungen mit öffentlichen Verkehrsmitteln gut sind, fährt der Angestellte immer mit seinem Wagen zum Landgericht. 2. Die Verantwortlichen schweigen, obwohl es viele Proteste zu diesem Verfahren gab. 3. Obwohl die beruflichen Aussichten nach einem Jurastudium gut sind, entscheiden sich viele Abiturienten lieber für ein Studium im Kommunikations- und Medienbereich. 4. Obwohl viel eingespart werden musste, konnten wir noch einen Mitarbeiter einstellen. 5. Der Staatsanwalt bleibt bei seiner Meinung, obwohl die Kritik immer lauter wird. 6. Er lässt den Fall von einer höheren Instanz neu prüfen, obwohl es wenig Aussicht auf Erfolg gibt. 7. Obwohl er zu vielen Verfahren wenig weiß, hat er immer eine Meinung und äußert diese auch ständig. 8. Die Angeklagte beteuert ihre Unschuld, obwohl es viele plausible Zeugenaussagen gibt. 9. Obwohl ihre Freundinnen sie gewarnt haben, arbeitet sie als Sekretärin in der Anwaltskanzlei ihres Mannes. 10. Obwohl sie als Strafverteidigerin viele Erfolge verbuchen konnte/sehr erfolgreich war, ist sie immer bescheiden geblieben. 11. Obwohl die Anschuldigungen schwer sind, bleibt er ruhig und gelassen.

Quellenverzeichnis

Textquellen

S. 10–11, 3 Sibylle Haas: Wie wir morgen arbeiten. Aus: Süddeutsche Zeitung online, 29.11.2011 [http://www.sueddeutsche.de]

S. 14–15, 10 Inf. aus: Europäische Union, 29.08.2011 [http://europa.eu]

S. 18, 19 Zahlen nach: Studie PA Consulting in Kooperation mit GPM Deutsche Gesellschaft für Projektmanagement e.V., 2008 [http://www.gpm-ipma.de]

S. 19, 21 Inf. aus: Süddeutsche Zeitung online, 11.05.2010 [http://www.sueddeutsche.de]

S. 20–21, 23 Inf. aus: Wikipedia [https://www.wikipedia.de]

S. 23, 27 Verena Töpper: Zeitverschwendung im Job. E-Mails kosten einen Arbeitstag pro Woche. Aus: Spiegel online, 14.08.2014 [http://www.spiegel.de]

S. 35, 9a, b Burkhard Heidenberger: Ist das Großraumbüro leistungsfeindlich? Aus: zeitblueten.com [http://www.zeitblueten.com]

S. 40, 19 Inf. aus: Wikipedia [https://www.wikipedia.de]

S. 41, 22 Inf. aus: Europäisches Patentamt [http://www.epo.org]

S. 42, 23a Inf. aus: Europäisches Patentamt [http://www.epo.org]

S. 44, 27 Inf. aus: Wikipedia [https://www.wikipedia.de]

S. 45, 30 Inf. aus: Microsoft Deutschland GmbH, 2012 [www.microsoft.com/de-de]

S. 46, 32 Alexandra Mesmer: Praktikanten wollen dazugehören. Aus: Computerwoche, 17.10.2013 [http://www.computerwoche.de]

S. 48, 36 Bernd Reder: Bring your own device. Generation Y will flexibel arbeiten. Aus: Computerwoche, 16.06.2014 [http://www.computerwoche.de]

S. 50, 41 Rückblick 2013. Zehn spektakuläre Softwarefehler. Aus: Computerwoche, 29.05.2014 [http://www.computerwoche.de]

S. 51, 42b Kulturgeschichte des Büros. Aus: Heinz Nixdorf MuseumsForum [http://www.hnf.de/museum]

S. 54, 2 Inf. aus: Wirtschaftslexicon24.com, 2015 [http://www.wirtschaftslexikon24.com]

S. 54, 4 Christin Bohmann. Das sind die innovativsten Firmen der Welt. Aus: Die Welt, 26.09.2013 [http://www.welt.de]

S. 58, 13 Inf. aus: Spiegel online, 01.07.2012 [http://www.spiegel.de]

S. 60, 16 Inf. aus: Onomastik, Namen und Namensbedeutung [http://www.onomastik.com]

S. 61, 18 Inf. aus: Bundesministerium der Justiz und für Verbraucherschutz [http://www.gesetze-im-internet.de]

S. 62, 20b Inf. aus: Der Bundesgerichtshof, 10/2010 [http://www.juris.bundesgerichtshof.de]

S. 66–67, 29 Inf. aus: Wikipedia [https://www.wikipedia.de]

S. 68, 32 Inf. aus: Frankfurter Allgemeine Zeitung online, 09.02.2008 [http://www.faz.net]

S. 68, 33 Zahlen nach: Institut der deutschen Wirtschaft, 2008 [http://www.iwkoeln.de]

S. 70, 35 Studenten entwickeln digitale Schutzbrille. Aus: INGENIEUR360, 01.04.2014 [http://www.ingenieur360.de]

S. 71 Werner Grosch: Erfolgreicher Start von Russland aus. Bayerische Unis bringen Klein-Satelliten ins All. Aus: INGENIEUR.de, 21.11.2013 [http://www.ingenieur.de]

S. 72, 39 Inf. aus: Wikipedia [https://www.wikipedia.de]

S. 76, 3 Prof. Dr. Jürgen Schulz: Werbung. Definition. Zitat aus: GABLER Wirtschaftslexikon [http://wirtschaftslexikon.gabler.de]

S. 77, 4 Axel Kannenberg: Studie: Online-Werbung nervt die meisten Verbraucher. Aus: heise online, 14.06.2013 [http://www.heise.de]

S. 78/79, 5 Lukas Bay: Welche Firmen am meisten für Werbung ausgeben. Aus: Handelsblatt online, 07.01.2013 © Handelsblatt GmbH. Alle Rechte vorbehalten. [http://www.handelsblatt.com]

S. 78, 5b Zahlen nach: Nielsen Media Research, 2012 [http://www.nielsen.com]

S. 80, 8 Interview: Gabriele Fischer: Offene Verführung. Aus: brandeins, Ausgabe 02/2014 [http://www.brandeins.de]

S. 85, 14 Inf. aus: Wikipedia [https://www.wikipedia.de]

S. 87, 16 Inf. aus: Computerwoche, 19.10.2012 [http://www.computerwoche.de]

S. 87 Edmund Ruhenstroth: Werbung im Internet [http://www.aphorismen.de]

S. 89, 21 Susanne Grautmann: Die Lust der Kunden gequält zu werden. Aus: Der Tagesspiegel, 24.05.2014 [http://www.tagesspiegel.de]

S. 91–92, 25 Inf. aus: Handelsblatt online, 26.10.2011 [http://www.handelsblatt.com]; Zahlen nach: Globeone Unternehmensberatung Köln, 2011 [http://globe-one.com]

S. 92, 26 Inf. aus: Ralf Gerbershagen: Wie ein Produkt zur Marke wird. Aus: Manager Magazin, 04.05.2006 [http://www.manager-magazin.de]

S. 98, 2 Zahlen nach: Statista. Das Statistik-Portal, 2014 [http://de.statista.com]

S. 98, 3/S. 100, 7 Miriam Opresnik: Nur Bares ist Wahres. Aus: Hamburger Abendblatt, 15.03.2014 [http://www.abendblatt.de]

S. 105, 14 Banken verlieren Vertrauen der Privatanleger. Aus: Handelsblatt, 12.02.2014 [http://www.handelsblatt.com], Quelle: dpa

S. 105, 15 Lothar Gries: Riskantes Spiel mit Bankaktien. Aus: boerse.ARD.de, 03.12.2014 [http://boerse.ard.de]

S. 107, 18a Zahlen nach: boerse.ARD.de, 2014 [http://boerse.ard.de]

S. 107, 18c Inf. aus: Die Welt, 15.01.2015 [http://www.welt.de]

S. 108, 20 Inf. aus: Planet Wissen, 02.12.2014 [http://planet-wissen.de]

S. 110, 24 Inf. aus: Europäische Kommission [http://ec.europa.eu/index_de.htm]

S. 111, 27 Inf. aus/Zahlen nach: DESTATIS Statistisches Bundesamt, Mai 2015 [https://www.destatis.de]

S. 114, 32 Inf. aus: Randstad Österreich, 06.05.2012 [http://www.randstad.at]

S. 115, 35 Inf. aus: Main-Post, 23.06.2015 [http://www.mainpost.de]

S. 117, 39b Inf. aus: T-Online [http://www.t-online.de]

S. 120, 2 Kein Job wie jeder andere. Aus: Greenpeace e.V. [https://www.greenpeace.de]

S. 127, 12 Frust bei der Arbeit: Jeder Zweite ist unzufrieden mit seinem Job. Aus: Spiegel online, 07.05.2013 [http://www.spiegel.de]

S. 128 Stefan Rippler: Fünf Tipps zur nachhaltigen Mitarbeitermotivation. Aus: Focus Money online, 2013 [http://www.focus.de]

S. 132, 20 André Schläfli: Weiterbildung – Gebot oder Fluch der Zeit. Aus: Neue Zürcher Zeitung online, 6.11.2013 [http://www.nzz.ch]

S. 134–135, 23 Christian Heinrich im Gespräch mit Christian Stamov Roßnagel: Lernen im Alter? Yes we can! Aus: Die Zeit online, 10.12.2013 [http://www.zeit.de]

S. 138, 29 Folgen von Führungsstilen. Aus managerSeminare, Heft 199 vom 19.09.2014

S. 139–140, 31 Inf. aus: Wikipedia [https://www.wikipedia.de]

S. 146, 2 Varinia Bernau: Google verzichtet auf die Alleinherrschaft. Aus: Süddeutsche Zeitung online, 28.06.2014 [http://www.sueddeutsche.de]

S. 149, 7 Inf. aus: Institut zur Zukunft der Arbeit (IZA), 05/2014 [http://www.iza.org]

S. 150, 9 Inf. aus: Süddeutsche Zeitung online, 29.06.2012 [http://www.sueddeutsche.de]

S. 153, 14 Inf. aus: 4managers.de [http://4managers.de]

S. 155, 17 Bernhard Kuntz (Die PRofilBerater GmbH): Mythos Teamarbeit. Voraussetzungen damit Teamarbeit funktioniert. Aus: business-wissen.de, 14.06.2010 [http://www.business-wissen.de]

S. 158, 21 Matthias Kaufmann: Fluch der Teamarbeit. Gemeinsam sind wir dumm. Aus: Spiegel online, 28.10.2014 [http://www.spiegel.de]

S. 161, 29 Nina Brodbeck: Tritt ins interkulturelle Fettnäpfchen. Aus: Frankfurter Allgemeine Zeitung online, 22.12.2011 © Alle Rechte vorbehalten. Frankfurter Allgemeine Zeitung GmbH, Frankfurt. Zur Verfügung gestellt von Frankfurter Allgemeine Archiv. [http://www.faz.net]

Quellenverzeichnis

S. 165, 35 Gerhard Hain: Höflich in Brasilien. Diese Regeln gelten, wenn wir am Sonntag Weltmeister werden. Aus: Focus Money online, 11.07.2014 [http://www.focus.de]

S. 173, 12 Justiz-Online, Justizportal Nordrhein-Westfalen, Stand 2015 [https://www.justiz.nrw.de]

S. 176, 17 Jens Hagen: Schokolade statt Gold. Aus: Handelsblatt online, 27.09.2013 © Handelsblatt GmbH. Alle Rechte vorbehalten. [http://www.handelsblatt.com]

S. 181, 23c Zahlen nach: Statista. Das Statistik-Portal, 2015 [http://de.statista.com]

S. 182–183, 24 Martina Frietsch: Gericht. Aus: Planet Wissen, 12.03.2015 [http://www.planet-wissen.de]

S. 185, 28/29 Sabine Kaufmann/Wiebke Ziegler: Geschichte des Bundesverfassungsgerichtes. Aus: Planet Wissen, 19.07.2013 [http://www.planet-wissen.de]

S. 186-187, 31 Inf. aus: Planet Wissen, 29.04.2015 [http://planet-wissen.de]

Trotz intensiver Bemühungen konnten nicht alle Rechteinhaber ausfindig gemacht werden. Für entsprechende Hinweise ist der Verlag dankbar.

Bildquellen

Fotolia: Titel/ Robert Kneschke, stockpics, S. 9/weseetheworld, 31/contrastwerkstatt, 53/corepics, 75/lightpoet, 97/drubig-photo, 119/contrastwerkstatt, 145/Kzenon, 167/Kzenon, 191/Olesia Bilkei, 195/stillkost

Pixelio: S. 18/(1) S. hofschlaeger; (2)/FotoHiero, 23 (2)/birgitH, 36/RainerSturm, 41/luise, 42/Tim Reckmann, 44/Dickimatz, 49/w.r.wagner, 53/Name, 59/Christian Jerx, 61/S. Hofschlaeger, 68/S. Hofschlaeger, 88/Tim Reckmann, 78/Thorben Wengert, 91/Jörg Brinckheger, 95/Joujou, 98/Lupo, 101/birgitH, 104/Andreas Hermsdorf, 107/Dirk Kruse, 111/Thomas Klauer, 123/S. Hofschlaeger, 143/Joujou, 155/S. Hofschlaeger, 156/S. Hofschlaeger, 172/Tony Hegewald, 173/Tim Reckmann, 181 (1)/Thorben Wengert, (2)/Q.pictures, 186/Joujou, 187/Thorben Wengert

Wikipedia: S. 57/Logos, 85/Logos, 186/Fritz Lüdtke für das Bundesministerium der Finanzen und die Deutsche Post AG

Copyright (C) SCHUBERT-Verlag und dessen Lizenzgeber. Alle Rechte vorbehalten: S. 23 (1), 47, 51

Zeichnungen: Jean-Marc Deltorn